高等职业教育建设工程管理类专业融媒体创新系列教材

总主编　文桂萍

建筑材料

主　编　任永祥　杨晓蕴　郑东辉

副主编　张　艳　刘小梅

主　审　张广峻

中国建筑工业出版社

图书在版编目（CIP）数据

建筑材料 / 任永祥，杨晓蕴，郑东辉主编；张艳，刘小梅副主编. -- 北京： 中国建筑工业出版社，2025.7. -- （高等职业教育建设工程管理类专业融媒体创新系列教材 / 文桂萍主编）. -- ISBN 978-7-112-31109-5

Ⅰ. TU5

中国国家版本馆 CIP 数据核字第 2025QV1241 号

责任编辑：张　晶　张　健　吴越恺　冯之倩
责任校对：党　蕾

高等职业教育建设工程管理类专业融媒体创新系列教材
总主编　文桂萍

建筑材料

主　编　任永祥　杨晓蕴　郑东辉
副主编　张　艳　刘小梅
主　审　张广峻

*

中国建筑工业出版社出版、发行(北京海淀三里河路 9 号)
各地新华书店、建筑书店经销
北京鸿文瀚海文化传媒有限公司制版
北京云浩印刷有限责任公司印刷

*

开本：787 毫米×1092 毫米　1/16　印张：20¾　字数：390 千字
2025 年 7 月第一版　2025 年 7 月第一次印刷
定价：**68.00** 元（赠教师课件）
ISBN 978-7-112-31109-5
（44834）

前言
Foreword

　　建筑材料是人类建造活动所用一切材料的总称，与人们的生产生活息息相关，了解常用建筑材料的生产工艺、熟悉建筑材料的性质与应用，是进行建筑设计、材料研发和工程管理的前提条件。建筑材料作为建筑类专业的技术基础课，主要介绍建筑材料的组成与构造、性质与应用、技术标准、检验方法及保管等知识。

　　本书根据高等职业技术教育培养目标和培养要求，针对高等职业教育建设工程管理、工程造价、建筑工程技术等相关专业的课程标准进行编写。全书在编写内容安排上以适应实际需要为宗旨，以理论知识适度、培养技术应用和实际动手能力为目标，力求内容实用、突出重点，注重理论与实践结合。

　　本书主要阐述了建筑材料识别及检测、水泥、普通混凝土、钢材、砖和砌块、建筑防水材料、建筑装饰材料等内容。在教学设计和内容组织上，本书具有以下特点：校企双元育人，注重实践操作；以应用为主线，优化知识体系；配备课后习题，巩固成果；有机融入课程思政素材；提供数字化资源。

　　本书由许昌职业技术学院任永祥、运城职业技术大学杨晓蕴、郑州腾飞建设工程集团有限公司郑东辉担任主编，许昌职业技术学院张艳、刘小梅担任副主编，参与编写的还有许昌职业技术学院王祎沛、韩昭，郑州腾飞建设工程集团有限公司罗延鹏。本书编写分工如下：王祎沛编写模块 1，任永祥编写模块 2、模块 7，杨晓蕴编写模块 3、模块 8，张艳、郑东辉编写模块 4，刘小梅编写模块 5，郑东辉、罗延鹏编写模块 6，韩昭编写模块 9。

　　在编写本书的过程中，我们参考了大量的资料和教材，在此对这些资料的作者表示衷心的感谢。由于编写人员水平有限，书中不尽如人意之处在所难免，希望广大读者批评指正。

Informative Abstract

内容提要

　　本教材是按照建设工程管理类专业的教学基本要求及国家现行标准规范编写的。全书共分为9个教学单元，内容包括：建筑材料的基本性质，胶凝材料，建筑钢材，混凝土，建筑砂浆，墙体材料，建筑防水密封材料，绝热、吸声和隔声材料，建筑装饰材料等。

　　本教材可作为高等职业教育建设工程管理类专业的教学用书，也可作为岗位培训教材或供土建工程技术人员参考使用。

　　为更好地支持相应课程的教学，我们向采用本书作为教材的教师提供教学课件，有需要者可与出版社联系，邮箱：jckj@cabp.com.cn，电话010-58337285，建工书院http://edu.cabplink.com（PC端）。

数字资源一览

任永祥

许昌职业技术学院建筑工程学院院长，许昌市数字化建造技术与装备重点实验室主任，博士，副教授，从事建设工程管理、土木建筑类相关专业教学与管理工作，主要教授《建筑材料》《建设工程招投标与合同管理》等相关课程。主持或参与省部级教学、科研项目10余项，指导学生参加职业技能大赛和创新创业大赛获国家级、省级奖励20余项，多次担任国家级、省级职业技能大赛裁判，先后获河南省首届省技能人才高地建设先进个人、河南省教育厅学术技术带头人、许昌市第十一批优秀学术技术带头人等荣誉称号。《能力递进、双元双线、融合进阶：高职土建专业课程改革探索与实践》获河南省教学成果奖二等奖。

杨晓蕴

运城职业技术大学建筑工程学院教师，副教授，博士（国家公派留学加拿大联合培养博士），从事建设工程管理专业教学工作，主要教授《建筑材料》《土力学与地基基础》等相关课程。主要研究方向为绿色建筑材料，主持山西省基础研究计划项目和山西省高等学校科技创新项目各一项，目前已发表论文10余篇，其中以第一作者发表SCI论文4篇，中文核心论文3篇，国际会议论文若干；授权实用新型专利2项。

郑东辉

郑州腾飞建设工程集团有限公司建筑公司总工程师，高级工程师，河南省工程勘察设计行业协会专家，河南省建筑业企业优秀总工程师，从事建筑工程技术等相关工作。从业期间编写省级标准2项：《建筑施工悬挑式脚手架安全技术规程》《结构胶粘贴内墙饰面砖施工及验收标准》，编写著作《基坑支撑设计与施工》，并多次主持编写完成省级工法及专利20余项。主持的项目获河南省建设工程中州杯2项、省级示范工程8项、全国QC成果一等奖、三等奖各1项；主持完成腾飞东站前府项目BIM综合应用，获得全国优秀奖。

上智云图

使 用 说 明

一册教材　=　海量教学资源　=　开放式学堂

微课视频
知识要点
名师示范
扫码即看
备课无忧

教学课件
教学课件
精美呈现
下载编辑
预习复习

在线案例
具体案例
实践分析
加深理解
拓展应用

拓展学习
课外拓展
知识延伸
强化认知
激发创造

素材文件
多样化素材
深度学习
共建共享

"上智云图"为学生个性化
定制课程，让教学更简单。

PC 端登录方式：www.szytu.com

详细使用说明请参见网站首页
《教师指南》《学生指南》

　　本教材是基于移动信息技术开发的智能化教
材的一种探索。为了给师生提供更多增值服务，
由"上智云图"提供本系列教材的所有配套资源
及信息化教学相关的技术服务支持。如果您在使
用过程中有任何建议或疑问，请与我们联系。

课程兑换码

教材课件索取方式：

1. 邮箱 :jckj@cabp.com.cn;

2. 电话 :(010)58337285;

3. 建工书院 :http://edu.cabplink.com;

4. 上智云图： www.szytu.com。

建设工程管理专业类丛书课程地图

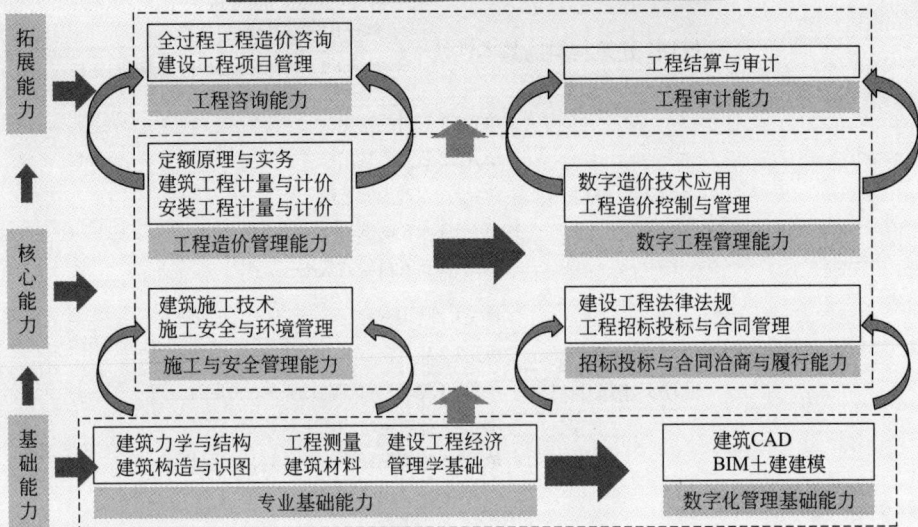

拓展能力

- 全过程工程造价咨询
- 建设工程项目管理

工程咨询能力

- 工程结算与审计

工程审计能力

核心能力

- 定额原理与实务
- 建筑工程计量与计价
- 安装工程计量与计价

工程造价管理能力

- 数字造价技术应用
- 工程造价控制与管理

数字工程管理能力

- 建筑施工技术
- 施工安全与环境管理

施工与安全管理能力

- 建设工程法律法规
- 工程招标投标与合同管理

招标投标与合同洽商与履行能力

基础能力

- 建筑力学与结构　工程测量　建设工程经济
- 建筑构造与识图　建筑材料　管理学基础

专业基础能力

- 建筑CAD
- BIM土建建模

数字化管理基础能力

本教材内容思维导图

建筑材料

- **模块1 建筑材料的基本性质**
  - 单元1.1 建筑材料的分类
  - 单元1.2 建筑材料基本性质测(评)定与应用

- **模块2 胶凝材料**
  - 单元2.1 石膏的选用
  - 单元2.2 石灰的选用
  - 单元2.3 水玻璃的选用
  - 单元2.4 水泥的选用
  - 单元2.5 沥青材料的选用

- **模块3 建筑钢材**
  - 单元3.1 认识钢材
  - 单元3.2 建筑钢材力学性质测(评)定与应用
  - 单元3.3 建筑钢材工艺性质测(评)定与应用
  - 单元3.4 建筑钢材的评定与选用
  - 单元3.5 建筑钢材的防护、验收与运储

- **模块4 混凝土**
  - 单元4.1 认识混凝土
  - 单元4.2 混凝土的工作性能
  - 单元4.3 混凝土的耐久性与混凝土的变形
  - 单元4.4 普通混凝土的配合比设计
  - 单元4.5 混凝土质量控制与强度评定
  - 单元4.6 其他品种混凝土

- **模块5 建筑砂浆**
  - 单元5.1 砂浆组成材料的选用
  - 单元5.2 砌筑砂浆技术性质测(评)定与应用
  - 单元5.3 砂浆配合比设计
  - 单元5.4 砂浆的应用

- **模块6 墙体材料**
  - 单元6.1 墙用砖技术性质测(评)定与选用
  - 单元6.2 墙用砌块技术性质测(评)定与选用
  - 单元6.3 墙用板材技术性质评定与选用

- **模块7 建筑防水密封材料**
  - 单元7.1 认识建筑防水材料
  - 单元7.2 防水卷材的技术性能和选用
  - 单元7.3 防水涂料的技术性能和选用
  - 单元7.4 密封材料的技术性能和选用

- **模块8 绝热、吸声和隔声材料**
  - 单元8.1 绝热材料的种类及应用
  - 单元8.2 吸声材料的种类及应用
  - 单元8.3 隔声材料的种类及应用

- **模块9 建筑装饰材料**
  - 单元9.1 认识建筑装饰材料
  - 单元9.2 认识建筑石材
  - 单元9.3 认识建筑塑料
  - 单元9.4 认识建筑涂料
  - 单元9.5 认识建筑陶瓷
  - 单元9.6 认识建筑玻璃

本书配套资源清单

模块	单元	资源类型		
		动画(28个)	视频(13个)	PDF(2个)
模块1 建筑材料的基本性质	1.1建筑材料的分类		1-1城市建设领域如何实现碳达峰 1-2低能耗建筑 1-3绿色低碳建筑 1-4模块化零能耗建筑 1-5双碳背景下的绿色建筑设计	
模块2 胶凝材料	2.4水泥的选用	2-1水泥比表面积试验(勃氏法) 2-2水泥的安定性试验 2-3水泥的标准稠度用水量试验 2-4水泥凝结时间试验 2-5水泥细度试验(筛析法) 2-6水泥抗折强度和抗压强度		
	2.5沥青材料的选用	2-7沥青针入度试验 2-8沥青延度试验 2-9沥青软化点试验		
模块3 建筑钢材	3.2建筑钢材力学性质测(评)定与应用	3-1钢筋拉伸试验 3 2钢筋原材拉伸试验	3-3钢材的冲击韧性 3-4金属材料韧性和疲劳性测定方法	
	3.3建筑钢材工艺性质测(评)定与应用	3-5钢筋冷弯试验		
模块4 混凝土	4.1认识混凝土	4-1细集料堆积密度及紧装密度试验 4-2细集料含泥量试验(筛洗法) 4-3细集料含水率试验 4-4细集料泥块含量试验 4-5细集料筛分试验 4-6粗集料的泥块含量试验 4-7粗集料含泥量 4-8粗集料针片状颗粒含量试验(游标卡尺法) 4-9粗集料的筛分试验		
	4.2混凝土的工作性能	4-10混凝土和易性 4-14混凝土强度试验	4-11混凝土和易性试验 4-12混凝土拌和物坍落度试验 4-13混凝土坍落度试验方法流程	
	4.6其他品种混凝土		4-15可再生混凝土	

模块	单元	资源类型		
		动画(28个)	视频(13个)	PDF(2个)
模块5 建筑砂浆	5.1 砂浆组成材料的选用			5-1 中国古建筑千年不倒的秘密:糯米砂浆
	5.2 砌筑砂浆技术性质测(评)定与应用	5-2 水泥砂浆分层度试验 5-3 水泥砂浆及稠度试验	5-4 建筑砂浆保水性试验 5-5 砂浆强度检测方法	
模块7 建筑防水密封材料	7.2 防水卷材的技术性能和选用	7-1 防水卷材不透水性试验 7-2 防水卷材拉伸试验 7-3 防水卷材耐热性试验		
模块9 建筑装饰材料	9.1 认识建筑装饰材料			9-1 卧室选择柔和的色调

目录
Contents

模块1
建筑材料的基本性质

模块1
建筑材料的基本性质

【项目引入】

深圳国际会展中心位于深圳市宝安区福海街道的会展新城片区，项目一期占地面积 121.42 万 m^2，总建筑面积 160.05 万 m^2，室内展览面积 40 万 m^2。会展中心地上部分的主体建筑为全钢结构，满足建筑大开间灵活分隔的需求，节约材料且材料可回收率高，节能效果好。项目施工选用高耐久性可回收混凝土、耐候防腐涂料等绿色建材，安全耐久、节能低碳。会展中心总计应用 52 项全球领先的绿建技术，降低了施工费用和建筑主体结构的运营维护费用。

深圳国际会展中心

深圳国际会展中心内部展馆图

【思维导图】

```
                              ┌─────────────┐
                    ┌── 单元1.1  建筑材料的分类 ──┤ 认识建筑材料 │
                    │                         ├─────────────┤
┌──────────────┐   │                         │ 建筑材料相关技术标准 │
│ 模块1  建筑材料 │───┤                         └─────────────┘
│    的基本性质   │   │                         ┌──────────────────┐
└──────────────┘   │                         ┌─│ 建筑材料物理性质测(评)定与应用 │
                    │                         │ ├──────────────────┤
                    └── 单元1.2  建筑材料基本性质 ─┼─│ 建筑材料力学性质评定与应用 │
                        测(评)定与应用           │ ├──────────────────┤
                                              └─│ 建筑材料耐久性质评定与应用 │
                                                └──────────────────┘
```

内容介绍

【建议学时】4

【学习目标】

1. 知识目标

- 了解建筑材料的分类、特点、类型；
- 掌握建筑材料的技术标准；
- 掌握建筑材料的基本性质概念及表征。

2. 技能目标

- 能够根据工程的需要，正确判断材料的类型、特点，选用合适的材料。

3. 素质目标

- 求实精神和科学态度；
- 独立获取知识的能力；
- 发现问题和提出问题的能力。

【学习重点】

- 建筑材料的分类；
- 建筑材料的物理性质、力学性质、耐久性质的概念、含义及相应的公式表达。

【学习难点】

- 材料基本性质的影响因素；
- 材料性质对建筑结构的影响。

【学习建议】

- 认真阅读教材，了解建筑材料的分类和基本性质，辅以参考资料深入学习相关知识。

- 建议将各类材料的分类、特性以及性能参数整理成思维导图或总结表格，帮助记忆和理清思路。

- 通过分析实际工程案例，了解建筑材料的选取和具体应用，对建筑材料的性能和特点有更深入的理解。

- 与同学们共同学习、交流思想、参与讨论，能够加深对建筑材料的理解和应用。

【项目导读】

建筑材料是构筑现代工程的基石，其性能直接影响工程结构的安全、耐久与功能表现。在设计与施工中，科学分类与精准测定材料的基本性质，不仅是选材用材的核心依据，更是保障工程质量、控制施工成本的重要技术支撑。

根据材料的化学性质分类，建筑材料可分为无机材料、有机材料和复合材料。若按照材料的使用功能进行分类，则分为结构材料和功能材料。此外，材料的基本性质涵盖物理性质（密度、孔隙率等）、力学性质（强度、弹性等）、耐久性（抗冻性、耐腐蚀性）等，这些性质需通过标准化试验方法进行测定与评价，以确保工程设计与施工的科学性。

通过本模块内容学习，结合工程实际需求，尝试完成以下任务：

（1）掌握建筑材料的分类方法，理解不同类别材料的特点与应用场景。

（2）结合实际案例，分析建筑材料基本性质对工程性能的影响，并归纳材料选用中的常见问题及解决方案。

单元 1.1 建筑材料的分类

1.1.1 认识建筑材料

人类赖以生存的环境中，所有构筑物或建筑物所用材料及制品统称为建筑材料。本课程所讲的建筑材料是指用于建筑物地基、基础、地面、墙体、梁、板、柱、屋顶和建筑装饰的所有材料。

按照分类标准不同，建筑材料可以划分为不同的类型。常用的分类方法主要有按照材料的化学性质分类和按照材料的使用功能分类两种方法，分类结果见表 1-1。

分类标准	材料类型	材料明细	样例展示
按照材料的化学性质分类	无机材料	金属材料（钢、铁、铝、铜、各类合金等）	
		非金属材料（天然石材、水泥、混凝土、玻璃、烧土制品等）	
		金属—非金属复合材料（钢筋混凝土等）	
	有机材料	木材、塑料、合成橡胶、石油沥青	
	复合材料	无机非金属—有机复合材料（聚合物混凝土、玻璃纤维增强塑料等）	

分类标准	材料类型	材料明细	样例展示
按照材料的化学性质分类	复合材料	金属—有机复合材料(轻质金属夹芯板等)	
按照材料的使用功能分类	结构材料	主要承受荷载作用的材料,决定了建筑工程结构安全性和使用可靠性	建筑物的基础、柱、梁所用材料
	功能材料	具有其他功能的材料,决定了工程使用的可靠性、适用性和美观效果	如防水材料、地面材料、饰面材料、绝热材料、吸声材料、卫生工程材料及其他特殊材料等

建筑材料在工程中使用必须满足工程要求的使用功能、与使用环境条件相适应的耐久性等条件,满足建筑工程对材料量的需求,质优价廉。在建筑环境中,理想的建筑材料应具有轻质、高强、美观、保温、吸声、防水、防震、防火、无毒和高效节能等特点。

金属材料具有光泽、延展性、容易导电和传热;非金属材料无金属光泽,是热电不良导体、耐磨、耐腐蚀;钢筋混凝土材料具有高强度、耐久性、整体性、可模性和耐火性;有机材料一般具有较低的密度和较轻的重量;复合材料是将不同性质的材料组分优化组合而成的新材料,不仅保持各组分材料性能的优点,而且还具有单一组成材料所不能达到的综合性能。

1.1.2 建筑材料相关技术标准

产品标准化是现代社会化大生产的产物,是组织现代化大生产的重要手段,也是科学管理的重要组成部分。目前,我国绝大部分建筑材料均制定有技术标准,生产单位按标准生产合格的产品,使用部门根据使用要求参照标准量材选用即可。此外,在部分材料的管理、贮运和使用方面,国家也制定了相应的质量标准。建筑材料中常用标准按等级高低依次为国家标准、行业标准、地方标准(又称区域标准)、企业标准,标准类型及适用范围见表1-2。

标准类型	标准代号	适用范围	标准样例
国家标准	国家标准有强制性标准（代号 GB）、推荐性标准（代号 GB/T）	国家标准适用于全国范围内，不受行业限制，在全国范围内普遍通用	
行业标准	建筑工程行业标准（代号 JGJ）、建筑材料行业标准（代号 JC）	行业标准是指对没有国家标准而又需要在全国某个行业范围内统一的技术要求，行业不同，其行业标准代号不同。如"YJ"表示冶金行业，"SH"表示石化行业等	
地方标准	代号 DB	地方标准适用于某个省、自治区、直辖市范围内，不得与国家标准、行业标准的规定相抵触	
企业标准	—	由企业制定，作为组织生产的依据	

一、判断题

1. 塑料的刚度小，因此不宜作结构材料使用。（　　）

2. 行业标准适用于全国范围内，不受行业限制。（　　）

3. 金属材料具有光泽、延展性，但不容易导电和传热。（　　）

4. 玻璃是一种金属—有机复合材料。（　　）

5. 建筑材料在工程中的使用只需要考虑满足工程要求的使用功能即可。（　　）

二、单选题

1. 以下材料不属于有机材料的有（　　）。

　A. 沥青　　　　　　B. 石灰　　　　　　C. 木材　　　　　　D. 塑料

2. 材料依（　　）可分为无机、有机及复合建材。

　A. 用途　　　　　　B. 化学成分　　　　C. 力学性能　　　　D. 工艺性能

3. （　　）标准适用于全国范围内。

　A. 国家　　　　　　B. 行业　　　　　　C. 企业　　　　　　D. 地方

4. 以下哪种材料具有较低的密度和较轻的重量？（　　）

　A. 钢材　　　　　　B. 石材　　　　　　C. 塑料　　　　　　D. 混凝土

5. 以下哪种材料属于结构材料。（　　）

　A. 防水材料　　　　　　　　　　　　　　B. 地面材料

　C. 建筑物基础所用材料　　　　　　　　　D. 饰面材料

单元1.2　建筑材料基本性质测（评）定与应用

1.2.1　建筑材料物理性质测（评）定与应用

1. 材料与质量有关的性质

由于材料在自然界中所处的环境、状态等不同，它们的内部结构、孔隙和空隙特征的分布情况也不同，所以导致单位体积材料的质量在不同环境和状态下存在一定差别。这些差别分别表现为材料的密度、表观密度和堆积密度，它们对材料的相关性质及其工程应用有重要影响。

（1）密度

密度是指材料在绝对密实状态下单位体积的质量。

$$\rho = \frac{m}{V} \tag{1-1}$$

式中　ρ——材料的密度（g/cm^3）；

　　　m——材料在干燥状态下的质量（g）；

　　　V——干燥材料在绝对密实状态下的体积（cm^3），简称绝对密实体积或实
　　　　　体积。

材料密度的大小取决于组成该物质的原子量和分子结构，原子量越大，分子结构越紧密，材料的密度就越大。

表观密度（ρ_0）指材料在自然状态下单位体积的干质量。堆积密度（ρ_0'）指粒状或粉状材料在堆积状态下单位体积的质量。

建筑材料中，除钢材、玻璃等少数材料外，绝大多数材料内部都有一些孔隙。在自然状态下，松散颗粒材料含孔隙的体积 V_0 是由固体物质的体积 V（即绝对密实状态下材料的体积）空隙体积 V_K 和孔隙体积 $V_孔$ 三部分组成的，材料内部的孔隙又分为开口孔隙和闭口孔隙两种，如图 1-1 所示。其中，闭口孔隙是指彼此不连通且与外界隔绝的孔隙，而开口孔隙是指彼此相通且与外界相接触的孔隙，如毛细孔。孔隙的数量会对材料的部分性质产生影响。

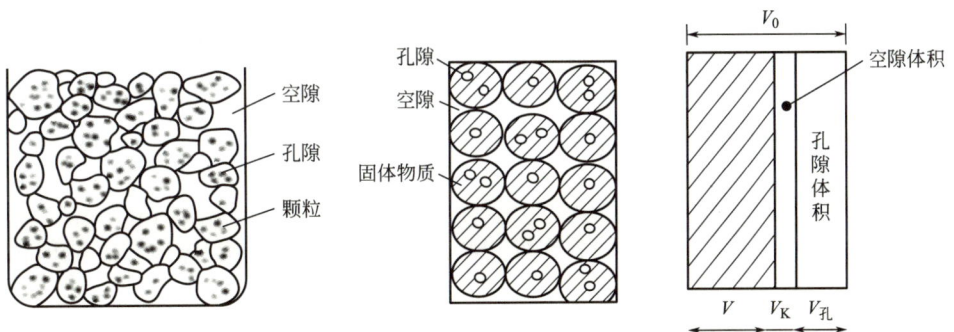

图 1-1　开口孔隙与闭口孔隙

（2）密实度

密实度是指材料体积内固体物质所充实的程度，也就是固体物质的体积占总体积的百分率。密实度越大，表明材料致密程度越高。密实度的计算公式如下：

$$D = \frac{V}{V_0} \times 100\% = \frac{\rho_0}{\rho} \times 100\% \tag{1-2}$$

式中 D——材料的密实度（%）。

（3）孔隙率

孔隙率是指材料内部孔隙体积占材料在自然状态下总体积的百分率。孔隙率越小，表明材料致密程度越高。孔隙率的计算公式如下：

$$P = \frac{V_0 - V}{V_0} \times 100\% = \left(1 - \frac{V}{V_0}\right) \times 100\% = \left(1 - \frac{\rho_0}{\rho}\right) \times 100\% \tag{1-3}$$

式中 P——材料的孔隙率（%）。

密实度 D 和孔隙率 P 从不同角度反映了材料的致密程度，它们的大小取决于材料的组成、结构以及制造工艺，密实度与孔隙率的关系为 $P + D = 1$。工程上一般常用孔隙率表示材料的致密程度。

材料的许多工程性质，如强度、吸水性、抗渗性、抗冻性、导热性、吸声性等都与材料的孔隙有关。这些性质不仅取决于孔隙率的大小，还与孔隙的形状、分布、是否连通等构造特征密切相关。材料内部开口孔隙增多会使材料的吸水性、吸湿性、透水性、吸声性提高，但是抗冻性和抗渗性变差。材料内部闭口孔隙增多会提高材料的保温性能、隔热性能和耐久性。

（4）填充率

填充率是指颗粒或粉状材料在堆积状态下，颗粒体积占堆积总体积的百分率。填充率的计算公式如下：

$$D' = \frac{V_0}{V_0'} \times 100\% = \frac{\rho_0'}{\rho} \times 100\% \tag{1-4}$$

式中 D'——材料的填充率（%）。

（5）空隙率

空隙率是指颗粒状或粉状材料在堆积状态下，颗粒之间的空隙体积占堆积总体积的百分率。空隙率的计算公式如下：

$$P' = \frac{V_0' - V}{V_0'} \times 100\% = \left(1 - \frac{V_0}{V_0'}\right) \times 100\% = \left(1 - \frac{\rho_0'}{\rho_0}\right) \times 100\% \tag{1-5}$$

式中 P'——材料的空隙率（%）。

填充率和空隙率从不同角度反映了颗粒或粉状材料堆积的紧密程度，其关系为：$P' + D' = 1$，一般工程上常用空隙率表示材料堆积时的紧密程度。空隙率在配制混凝土时可作为控制混凝土粗、细骨料的配料比例以及计算混凝土含砂率的依据。

2. 材料与水有关的性质

（1）亲水性与憎水性

根据材料被水润湿的程度，可将材料分为亲水性与憎水性两大类。

亲水性与憎水性可用润湿角 θ 来表示。润湿角是指在材料、水、空气三者的交点处，沿水滴表面作切线，切线与材料表面之间的夹角，如图1-2所示。夹角 θ 越小，表示该种材料表面容易吸附水分，亲水性好；夹角 θ 越大，表示该种材料表面不容易吸附水分，则憎水性好。

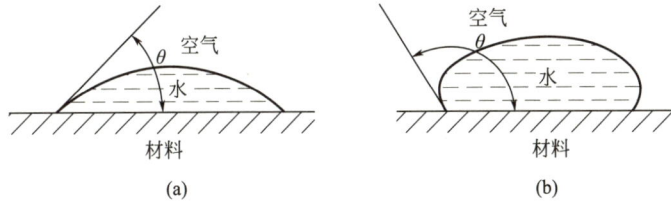

图1-2 亲水性材料与憎水性材料的 θ 角

（a）亲水性材料；（b）憎水性材料

（2）吸水性

材料在浸水状态下吸收水分的能力称为吸水性，其大小用吸水率表示。吸水率有两种表示方式：质量吸水率和体积吸水率。

质量吸水率是指材料吸水饱和时，其所吸收水分的质量占材料干燥时质量的百分率。质量吸水率的计算公式如下：

$$W_{\mathrm{m}} = \frac{m_{饱和} - m_干}{m_干} \times 100\% \qquad (1\text{-}6)$$

式中　W_{m}——材料的质量吸水率（%）；

　　　$m_{饱和}$——材料在吸水饱和状态下的质量（g）；

　　　$m_干$——材料在干燥状态下的质量（g）。

体积吸水率是指材料吸水饱和时，吸入水分的体积占干燥材料自然体积的百分率。体积吸水率的计算公式如下：

$$W_{\mathrm{V}} = \frac{V_0 - V}{V_0} \times 100\% = \left(1 - \frac{\rho}{\rho_{0干}}\right) \times 100\% \qquad (1\text{-}7)$$

式中　W_{V}——材料的体积吸水率（%）；

　　　V——材料在绝对密实状态下的体积（cm³）；

　　　V_0——干燥材料在自然状态下的体积（cm³）；

　　　$\rho_{0干}$——材料在干燥状态下的表观密度（g/cm³ 或 kg/m³）。

材料吸水率的大小不仅取决于材料本身的亲水性，还与材料孔隙率的大小及孔隙特征密切相关。如果材料是亲水性的，且具有细小的开口孔，则孔隙率越大，材料的吸水性越强。但是，水分的吸入会使材料的许多性质发生改变，往往会带来一系列不良影响，例如体积发生膨胀、保温性能下降、强度降低、抗冻性变差等。

（3）吸湿性

材料在潮湿的空气中吸收水分的性质，称为吸湿性。吸湿性的大小用含水率来表示。含水率的计算公式如下：

$$W_{含} = \frac{m_{湿} - m_{干}}{m_{干}} \times 100\%$$ （1-8）

式中 $W_{含}$——材料的含水率（%）；

$m_{湿}$——材料含水时的质量（g）；

$m_{干}$——材料烘干到恒重时的质量（g）。

材料含水率的大小不仅与材料自身亲水性、孔隙率和孔隙特征等有关，还会受到周围环境的影响，随温度和湿度变化而改变。当材料的含水率与环境湿度保持相对平衡时，此时材料的含水率称为平衡含水率。

（4）耐水性

材料长期在饱和水作用下不破坏，强度也无显著降低的性质称为耐水性，通常以软化系数作为耐水性的评定指标。材料的软化系数计算公式如下：

$$K_{软} = \frac{f_{饱和}}{f_{干}}$$ （1-9）

式中 $K_{软}$——材料的软化系数；

$f_{饱}$——材料在饱和状态下的抗压强度（MPa）；

$f_{干}$——材料在干燥状态下的抗压强度（MPa）。

软化系数一般在 0～1 之间波动，其值越小，说明材料吸水饱和强度越低，材料的耐水性越差。通常，软化系数大于 0.80 的材料可认为是耐水材料。对于经常位于水中或处于潮湿环境中的重要建筑物，其所用材料的软化系数不得低于 0.85；对于受潮较轻或次要结构所用材料，软化系数允许稍有降低，但不宜小于 0.75。钢材、玻璃、沥青等材料的软化系数基本为 1。

（5）抗渗性

材料抵抗有压力水或其他液体渗透的性质称为抗渗性，抗渗性的高低与材料的孔隙率及孔隙特征有关，但是绝对密实或具有封闭孔隙的材料实际上是不透水的。

材料的抗渗性有两种表示方法，即渗透系数和抗渗等级，一般常用的表示方法为抗渗等级 P。混凝土和砂浆抗渗性的好坏常用抗渗等级表示。抗渗等级 P 值越大，表明材料的抗渗性越好。材料抗渗性不仅与其亲水性有关，更取决于材料自身的孔隙率及孔隙特征。孔隙率很小而且是封闭孔隙的材料，一般具有较高的抗渗性。

（6）抗冻性

材料在吸水饱和状态下，能够经受多次冻结和融化作用（冻融循环）而不破坏，同时强度也无显著降低的性质称为抗冻性。抗冻性的大小用抗冻等级 F 表示。抗冻等级用材料能经受最大冻融循环的次数表示，如 F15、F25、F50、F100 等，数值越大，表明材料的抗冻性越好。

3. 材料与热有关的性质

（1）导热性

当材料的两面存在温度差时，热量从材料一面传导至另一面的性质称为材料的导热性。材料导热性的大小用导热系数表示，热量传递示意图如图 1-3 所示。

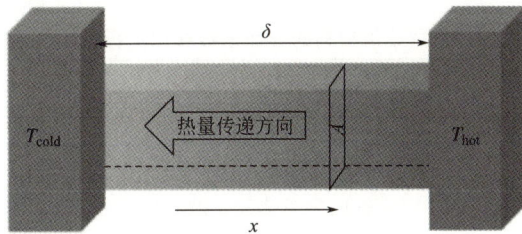

图 1-3　热量传递示意图

材料传导热量的大小与材料两侧的温度差、热传导面积和热传导时间成正比，与材料的厚度成反比，材料传导热量计算公式如下：

$$Q = \lambda \frac{\Delta T \times A \times t}{d} \qquad (1\text{-}10)$$

式中　Q——传导的热量（J）；

　　　λ——导热系数［W/（m·K）］；

　　　A——热传导面积（m²）；

　　　d——材料厚度（m）；

　　　t——热传导时间（s）；

　　　ΔT——材料两侧温差（K）。

导热系数越小，表明材料的导热性越差。不同种类的建筑材料的导热系数差别很大，导热系数的范围值大致在 0.035～3500W/（m·K）之间。通常将 $\lambda <$ 0.23W/（m·K）的材料称为绝热材料。

材料的导热系数除了与材料的化学组成有关外，与材料内部的孔隙构造也有密切关系。材料的孔隙率越大，其导热系数越小。但如果孔隙粗大或贯通，则会增加热的对流作用，材料的导热系数反而变大。但材料受潮或受冻后，导热率会发生变化，这是由于水和冰的导热系数比空气的导热系数高很多，导致材料导热率会大大提高。因此，在设计构造和施工时，应采取有效措施使绝热材料经常处于干燥状态，以发挥材料的绝热效能。

（2）热容量

材料在加热时吸收热量，冷却时放出热量的性质称为热容量。热容量的大小用比热来表示。比热在数值上等于1g材料其温度升高或降低1K时所吸收或放出的热量。

材料的导热系数和比热是设计建筑物围护结构、进行热工计算时的重要参数，选用导热率小、比热容大的材料可以节约能耗并长时间保持室内温度的稳定。常用建筑材料的导热系数和比热指标见表1-3。

常用建筑材料的导热系数和比热指标　　　　表1-3

材料	导热系数 ［W/(m·K)］	比热 ［J/(g·K)］	材料	导热系数 ［W/(m·K)］	比热 ［J/(g·K)］
建筑钢材	58	0.48	黏土空心砖	0.64	0.92
花岗岩	3.49	0.92	松木	0.17～0.35	2.51
普通混凝土	1.28	0.88	泡沫塑料	0.03	1.30
水泥砂浆	0.93	0.84	冰	2.20	2.05
白灰砂浆	0.81	0.84	水	0.60	4.19
普通黏土砖	0.81	0.84	密闭空气	0.025	1.00

（3）耐燃性

耐燃性是评定建筑物防火和耐火等级的重要因素。材料的耐燃性能可以分为以下四种：

A级材料——不燃材料；

B1级材料——难燃性材料；

B2级材料——可燃性材料；

B3级材料——易燃性材料。

（4）耐火性

耐火性是指材料在火焰或高温作用下保持其不破坏、性能无明显下降的能力，常用耐火极限来表示。耐火极限是指按规定方法从材料受到火的作用起，直到材料失去支持能力、完整性被破坏或失去隔火作用止用的时间。耐火极限用时间（h）

来表示。

耐燃性和耐火性的区别是，耐燃的材料不一定耐火，耐火的材料一般都耐燃。例如，金属材料、玻璃等虽属于耐燃性材料，但在高温或火的作用下在短时间内就会变形，甚至熔融，因而不属于耐火材料；钢材是耐燃材料，但其耐火极限仅有0.25h。

1.2.2 建筑材料力学性质评定与应用

材料的力学性能是指材料在温度、介质、湿度不同环境下，承受各种拉伸、压缩、弯曲、扭转、冲击、交变应力等外加载荷时所表现出的力学特征。

（1）强度

材料在力（或荷载）的作用下抵抗破坏的能力称为强度。材料的强度通常以材料受外力或荷载破坏时，单位面积上所承受力的大小来表示，单位为 N/mm^2，常用MPa表示，即 $1MPa=1N/mm^2$。材料的强度可用下式计算：

$$f = \frac{F}{A} \tag{1-11}$$

式中　f——材料的极限强度（MPa）；

　　　F——材料破坏时的最大荷载（N）；

　　　A——试件受力截面面积（mm^2）。

材料强度的大小不仅与材料内部质点间结合力的强弱有关，还与材料中存在的结构缺陷有直接关系。成分相同的材料，其强度取决于孔隙率的大小。此外，材料的强度还与测试强度时的测试条件和测试方法等外部因素有关。所以，为使测试结果准确、可靠，并具有可比性，对于以强度为主要性质的材料，必须严格按照标准试验方法进行静力强度测试，即将试件放在材料试验机上施加荷载直至破坏，然后根据破坏时的荷载即可计算出材料的强度。

大部分建筑材料根据其抵抗外力的种类和大小不同，划分为若干不同的强度等级。例如，水泥、石材、砖、混凝土、砂浆等脆性材料，它们在建筑物中主要承受压力作用，故按抗压强度划分强度等级。将建筑材料划分为若干强度等级对掌握材料性能、合理选用材料、正确进行设计和控制工程质量是十分必要的。

（2）弹性与塑性

材料在外力作用下产生变形，外力取消后，变形立即消失并能完全恢复原来形状的性质称为弹性。当外力取消后瞬间即可完全消失的变形称为弹性变形。具有明显弹性变形的材料称为弹性材料。

材料的弹性变形曲线如图1-4所示。材料的弹性变形与外力（荷载）大小成正比，比例常数量称为弹性模量，它是衡量材料抵抗变形能力的指标之一。弹性模量越大，材料越不易变形。

实际上，纯弹性与纯塑性材料都是不存在的。许多材料受力不大时仅产生弹性变形，当受力超过弹性极限之后则产生塑性变形，如低碳钢。有的材料在受力开始时，弹性变形和塑性变形同时产生，如果取消外力，则弹性变形可以恢复（消失）而塑性变形不消失，这种变形称为弹塑性变形，如混凝土，其弹塑性变形曲线如图 1-5 所示。

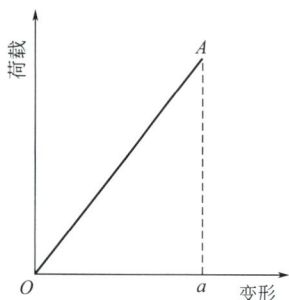

图 1-4　材料的弹性变形曲线

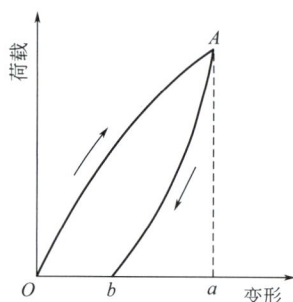

图 1-5　弹塑性材料变形曲线

ab—可恢复的弹性变形；*bO*—不可恢复的塑性变形

（3）脆性与韧性

当材料受力到一定程度后突然破坏，但破坏前并无明显塑性变形的性质称为脆性，具有这种破坏性质的材料称为脆性材料。脆性材料的特点是抗压强度远大于其抗拉强度，受力作用时塑性变形小，而且破坏时无任何征兆，具有突发性，主要适用于承受压力静载荷。建筑材料中的大部分无机非金属材料均为脆性材料，如天然岩石、陶瓷、玻璃、砖、生铁、普通混凝土等。

韧性又称冲击韧性，是指材料在冲击或振动荷载作用下能吸收较大能量，同时产生一定变形而不致破坏的性质，具有这种性质的材料称为韧性材料。韧性材料的特点是塑性变形大，抗拉强度接近或高于抗压强度，破坏前有明显征兆，主要适用于承受拉力或动荷载，如木材、建筑钢材、沥青等均属于韧性材料。对于路面、桥梁、吊车梁等需要承受冲击荷载和有抗震要求的部件，其选用的材料应具有较高的韧性。

（4）硬度与耐磨性

硬度是材料抵抗较硬物体压入或刻画的能力。一般来说，硬度大的材料其强度和耐磨性高，但不易加工。

耐磨性是指材料表面抵抗磨损的能力，用磨损率表示。对于地面、路面、楼梯踏步等较易磨损的部位，应选用具有较高耐磨性的材料。

1.2.3　建筑材料耐久性质评定与应用

材料在建筑物实际使用过程中，除受到各种外力作用外，还要长期受到使用因素和各种自然因素的破坏作用，主要有物理作用、化学作用、受力作用和生物作用，还会受到多种破坏因素的同时作用。材料的耐久性是指材料在使用过程中抵抗各种自然因素及其他有害物质长期作用、能长久保持其原有性质的能力。

材料类型不同，其影响耐久性的因素也不同。一般的矿物材料，如石材、砖瓦、陶瓷、混凝土、砂浆等暴露在大气中时，主要受大气的物理作用；当材料处于水位变化或水中时，还要受到环境的化学侵蚀作用。金属材料在大气中易遭锈蚀；木材及植物纤维材料常因虫蛀、腐朽而遭到破坏；沥青及高分子材料在阳光、空气及热的作用下会逐渐老化、变质从而被破坏。由此可见，耐久性是材料的一种综合性质，抗冻性、抗风化性、抗老化性、耐化学侵蚀性等均属于耐久性的范畴。此外，材料的强度、抗渗性、耐磨性等性能也与材料的耐久性有很大关系。

一般情况下采用快速检验法来测定材料的耐久性，即模拟实际使用环境，将材料在实验室进行有关的快速试验，如干湿循环、冻融循环、加湿与紫外线干燥循环、碳化、盐溶液浸渍与干燥循环等，根据实验结果对材料的耐久性作出判定。

为了提高材料的耐久性，可根据材料的使用情况和特点采取相应的措施，如可降低湿度、排除侵蚀性物质等减轻大气或周围介质对材料的破坏作用；通过提高材料的密实度、采用防腐措施等提高材料本身对外界作用的抵抗性；通过覆面、抹灰、油漆粉料等用其他材料保护主体材料免受破坏。

材料在使用时，除了要满足设计所要求的技术性能、使用环境及使用条件，还需要在使用前根据设计要求对其进行验证试验，以检验其部分或全部技术指标。只有这些技术指标能够达到相关标准规定时，才允许在工程中使用该材料。

【本单元测试】

一、判断题

1. 材料吸水后导热性增大，强度降低。（　　）
2. 材料的软化系数越大，材料的耐水性越好。（　　）

3. 材料的开口孔隙增多会提高材料的保温性能、隔热性能和耐久性。（　　　）

4. A 材料抗冻等级为 F15，B 材料抗冻等级为 F50，A 材料的抗冻性较 B 的抗冻性好。（　　　）

5. 影响材料耐久性的因素是多种多样的，不能只考虑某一个因素。（　　　）

二、单选题

1. 下列（　　　）材料的抗冻性较差。

A. 孔隙率极小的材料

B. 含有大量封闭、球形、间隙小且干燥孔隙的材料

C. 软化系数小的材料

D. 韧性好、变形能力大的材料

2. 一般情况下，材料的孔隙率小且连通孔隙少时，其下列性质中表述不正确的是。（　　　）

A. 强度较高　　　　B. 吸水率小　　　　C. 抗渗性好　　　　D. 抗冻性差

3. （　　　）和孔隙率从不同角度反映了材料的致密程度。

A. 密实度　　　　B. 空隙率　　　　C. 填充率　　　　D. 吸水率

4. 以下哪种材料为韧性材料。（　　　）

A. 天然岩石　　　　B. 陶瓷　　　　C. 玻璃　　　　D. 沥青

5. 以下哪种方式不能提高材料的耐久性。（　　　）

A. 降低湿度　　　　　　　　　　B. 采用防腐措施

C. 表面涂刷油漆　　　　　　　　D. 降低材料的密实度

【综合练习】

一、判断题

1. 多孔材料吸水后，其保温隔热效果变差。（　　　）

2. 材料的抗冻性与材料的孔隙率有关，与孔隙中的水饱和程度无关。（　　　）

3. 建筑材料根据其抵抗外力的种类和大小不同，划分为若干不同的强度等级。（　　　）

4. 耐燃的材料不一定耐火，耐火的一般都耐燃。（　　　）

5. 导热系数越大，表明材料的导热性越差。（　　　）

二、单选题

1. 下述导热系数最小的是（　　）。

A. 水　　　　　　　　B. 冰　　　　　　　　C. 空气　　　　　　　D. 木材

2. 某河砂质量为 1260kg，烘干至恒重时质量为 1145kg，此河砂的含水率为（　　）。

A. 9.12%　　　　　　B. 10.04%　　　　　　C. 4.88%　　　　　　D. 9.76%

3. 下列概念中，（　　）表明材料的耐水性。

A. 质量吸水率　　　　　　　　　　　　B. 体积吸水率

C. 孔隙水饱和系数　　　　　　　　　　D. 软化系数

4. 对于某一种材料来说，无论环境怎样变化，其（　　）都是一定值。

A. 体积密度　　　　B. 密度　　　　　　C. 导热系数　　　　D. 平衡含水率

5. 以下哪个公式可以计算材料的含水率。（　　）

A. $W_m = \dfrac{m_{饱和} - m_{干}}{m_{干}} \times 100\%$

B. $P = \dfrac{V_0 - V}{V_0} \times 100\%$

C. $W_含 = \dfrac{m_{湿} - m_{干}}{m_{干}} \times 100\%$

D. $P' = \dfrac{V_0' - V}{V_0'} \times 100\%$

模块2
胶凝材料

【项目引入】

　　某工程使用的袋装水泥包装标明为 50kg，而实际质量只有 48kg，个别只有 42kg，计量的误差已明显超过规范的要求，配置混凝土时施工配合比仍按 50kg 计算，使得配置的混凝土强度偏低，不符合设计要求，混凝土强度保证率大幅下降。同时，该工程车辆驾驶员为搅拌站运输水泥，泵房通知其进 7 号库，驾驶员将车开到 6 号库开始卸货，卸一大半时被路过的管理人员发现，随后马上制止，不同品种水泥进错库所引发的后果是极其严重的。

【思维导图】

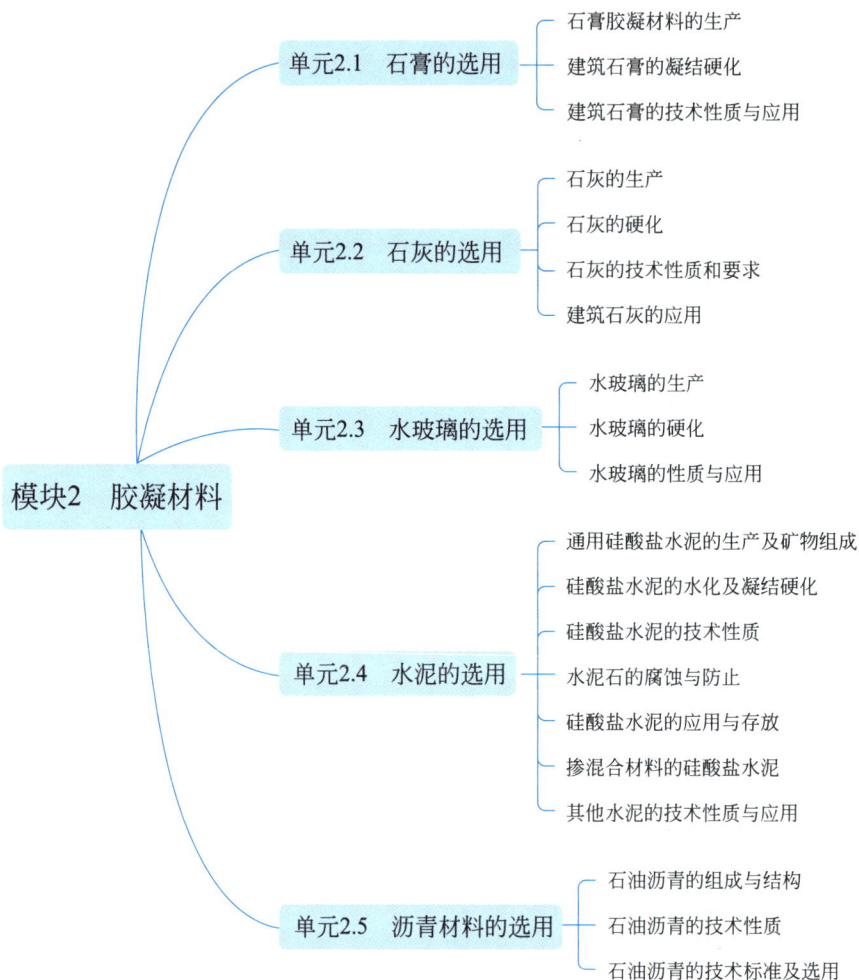

内容介绍

【建议学时】 8

【学习目标】

1. 知识目标

• 掌握胶凝材料的分类、技术性质及其检测、评定方法。

• 熟悉胶凝材料的取样及保管方法。

• 了解胶凝材料的生产工艺。

2. 技能目标

• 能够进行胶凝材料的常规性能检测。

• 能够进行胶凝材料的合格判定。

• 能够结合工程实践要求合理选用胶凝材料。

3. 素质目标

• 培养知行合一、真抓实干的社会责任感。

• 树立攻坚克难、不畏艰辛的职业操守。

• 树立认真严谨、细致入微的工匠精神。

• 培养行远自迩、笃行不怠的务实态度。

【学习重点】

• 胶凝材料的含义及作用。

• 石灰、石膏质量评定方法。

• 硅酸盐水泥熟料的矿物组成及特性。

• 硅酸盐水泥的技术要求。

• 水泥石的腐蚀与防止措施。

【学习难点】

• 石膏水化硬化原理。

• 水泥水化的凝结硬化过程及机理。

【学习建议】

• 认真阅读教材，掌握胶凝材料的含义及作用。

• 建议将各类胶凝材料的分类、特性以及性能参数整理成思维导图或总结表格，对知识点和能力点进行梳理、总结。

• 通过分析实际工程案例，了解各类胶凝材料的选取和具体应用，从而加深理解。

• 与同学们共同学习、交流思想、参与讨论，能够帮助加深对胶凝材料的理解和应用。

【项目导读】

土木工程材料中，凡是经过一系列物理、化学作用，能将散粒状或块状材料黏结成整体的材料，统称为胶凝材料。通过它的胶结作用可配制出各种混凝土及各种建筑制品，并衍生出许多新型材料，这些材料及制品的性质与所使用的胶凝材料的性质密切相关。

根据胶凝材料的化学组成，一般可分为有机胶凝材料和无机胶凝材料两大类。有机胶凝材料以天然的或合成的有机高分子化合物为基本成分，工程中常用的有沥青、各种合成树脂等。无机胶凝材料则以无机化合物为基本成分，工程中常用的有石膏、石灰、各种水泥等。根据无机胶凝材料凝结硬化条件的不同，又可分为气硬性胶凝材料和水硬性胶凝材料两类。只能在空气中硬化，也只能在空气中保持和发展其强度的无机胶凝材料称气硬性胶凝材料。常用的气硬性胶凝材料有石灰、石膏和水玻璃。气硬性胶凝材料一般只适用于干燥环境中，而不宜用于潮湿环境，更不可用于水中。和水成浆后，既能在空气中硬化，又能在水中硬化、保持和继续发展其强度的无机胶凝材料称水硬性胶凝材料。常用的水硬性胶凝材料为水泥。

通过本模块内容学习，结合项目背景，尝试完成以下任务：

（1）了解水泥进场验收的基本规定。

（2）收集《通用硅酸盐水泥》GB 175—2023 中有关水泥进场验收、存储等部分知识。

（3）熟记水泥检测验收和存储的常见问题。

单元 2.1　石膏的选用

石膏胶凝材料是以硫酸钙为主要成分的气硬性胶凝材料。石膏胶凝材料及其制品具有许多优良的性质，原料来源丰富，生产能耗低，在建筑工程中得到广泛应用。目前，常用的石膏胶凝材料有：建筑石膏、高强石膏、无水石膏水泥等。

2.1.1　石膏胶凝材料的生产

生产石膏胶凝材料的原料主要是天然二水石膏（$CaSO_4 \cdot 2H_2O$）矿石，也可用含有二水石膏的化工副产品和废渣（称为化工石膏）。天然无水石膏（$CaSO_4$）又称天然硬石膏，只可用于生产无水石膏水泥。石膏胶凝材料生产的主要工序是破碎、加热煅烧与磨细。根据加热方式和煅烧温度的不同，可生产出不同性质的石膏胶凝材料产品。

将主要成分为二水石膏的天然二水石膏或化工石膏加热时，随着温度的升高，将发生如下变化。当加热温度为 $65\sim75℃$ 时，$CaSO_4 \cdot 2H_2O$ 开始脱水，加热至 $107\sim170℃$ 时，生成半水石膏（$CaSO_4 \cdot \frac{1}{2}H_2O$）。在该加热阶段中，因加热条件不同，所获得的半水石膏有 α 型和 β 型两种形态。若将二水石膏在非密闭的窑炉中加热脱水，得到的是 β 型半水石膏，称为建筑石膏。建筑石膏的晶粒较细，调制成一定稠度的浆体时需水量较大，因而硬化后强度较低。若将二水石膏置于 0.13MPa、124℃的过饱和蒸汽条件下蒸炼脱水，或置于某些盐溶液中沸煮，可得到 α 型半水石膏，称为高强石膏。高强石膏的晶粒较粗，调制成一定稠度的浆体时需水量较小，因而硬化后强度较高。

当加热温度为 170～200℃时，半水石膏继续脱水，成为可溶性硬石膏，与水调和后仍能很快凝结硬化；当加热温度为 200～250℃时，石膏中残留很少的水，凝结硬化非常缓慢；当加热温度为 400～750℃时，石膏完全失去水分，成为不溶性硬石膏，失去凝结硬化能力，成为死烧石膏；当加热温度高于 800℃时，部分石膏分解成的氧化钙起催化作用，所得产品又重新具有凝结硬化性能，这就是高温煅烧石膏。

在土木建筑工程中，应用的石膏胶凝材料主要是建筑石膏。

2.1.2 建筑石膏的凝结硬化

建筑石膏与适量的水拌合后，最初成为可塑的浆体，但很快就失去塑性和产生强度，并逐渐发展成为坚硬的固体，这种现象称为凝结硬化，它是由于浆体内部发生了一系列的物理化学反应而形成的。

建筑石膏与水拌合后，半水石膏与水反应生成二水石膏：

$$CaSO_4 \cdot \frac{1}{2}H_2O + 1\frac{1}{2}H_2O = CaSO_4 \cdot 2H_2O \tag{2-1}$$

由于二水石膏在水中的溶解度仅为半水石膏溶解度的 1/5 左右，半水石膏的饱和溶液对于二水石膏就成了过饱和溶液。所以二水石膏以胶体微粒自溶液中析出，从而破坏了半水石膏溶解的平衡，使半水石膏又继续溶解和水化。如此循环进行，直到半水石膏全部耗尽。在这一过程中，浆体中的自由水分因水化和蒸发而逐渐减少，二水石膏胶体微粒数量不断增加，浆体的稠度逐渐增大、可塑性逐渐减小，表现为石膏的"凝结"。其后，浆体继续变稠，胶体微粒逐渐凝聚成为晶体，晶体逐渐长大、共生和相互交错，使浆体产生强度并不断增长，这就是石膏的"硬化"（图 2-1）。

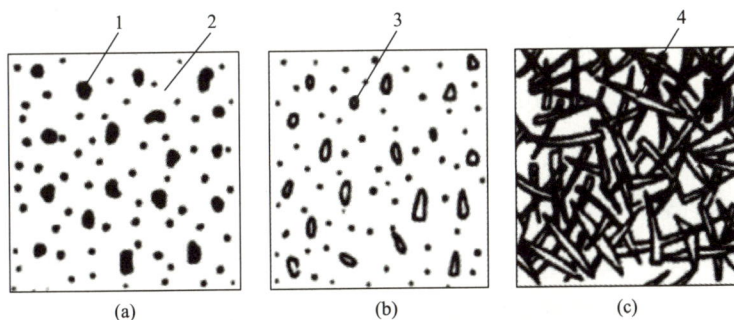

图 2-1　建筑石膏凝结硬化示意图

（a）胶化；（b）结晶开始；（c）结晶长大与交错

1—半水石膏；2—二水石膏晶体微粒；3—二水石膏晶体；4—交错的晶体

2.1.3 建筑石膏的技术性质与应用

建筑石膏为白色粉末，密度约为 $2.60\sim2.75g/cm^3$，堆积密度约为 $800\sim1000kg/m^3$。建筑石膏按原材料分为天然建筑石膏、脱硫建筑石膏和磷建筑石膏三种，对于建筑石膏的强度和凝结时间等技术要求见表 2-1。

建筑石膏的技术要求（引自 GB/T 9776—2022）　　　表 2-1

等级	凝结时间（min）		强度（MPa）			
	初凝	终凝	2h 湿强度		干强度	
			抗折	抗压	抗折	抗压
4.0	≥3	≤30	≥4.0	≥8.0	≥7.0	≥15.0
3.0			≥3.0	≥6.0	≥5.0	≥12.0
2.0			≥2.0	≥4.0	≥4.0	≥8.0

建筑石膏初凝和终凝时间都很短，为便于使用，需降低其凝结速度，可加入缓凝剂。常用的缓凝剂有硼砂、酒石酸钾钠、柠檬酸、聚乙烯醇、石灰活化骨胶或皮胶等。缓凝剂的作用在于降低半水石膏的溶解度和溶解速度。

建筑石膏水化反应的理论需水量只占半水石膏重量的 18.6%，在使用中为使浆体具有足够的流动性，通常加水量可达 60%～80%，因而，硬化后由于多余水分的蒸发，在内部形成大量孔隙，孔隙率可达 50%～60%，导致与水泥相比强度较低，表观密度小。

由于石膏制品的孔隙率大，因而导热系数小、吸声性强、吸湿性大，可调节室内的温度和湿度。同时，石膏制品质地洁白细腻，凝固时不像石灰和水泥那样出现体积收缩，反而略有膨胀（膨胀量约 1%），可浇注出纹理细致的浮雕花饰，所以是一种较好的室内饰面材料。

建筑石膏硬化后有很强的吸湿性，在潮湿条件下，晶粒间的结合力减弱，导致强度下降。若长期浸泡在水中，水化生成物二水石膏晶体将逐渐溶解，从而导致破坏。若石膏制品吸水后受冻，会因孔隙中水分结冰膨胀而破坏。所以，石膏制品的耐水性和抗冻性较差，不宜用于潮湿部位。为提高其耐水性，可加入适量的水泥、矿渣等水硬性材料，也可加入氨基、密胺、聚乙烯醇等水溶性树脂，或沥青、石蜡等有机乳液，以改善石膏制品的孔隙状态和孔壁的憎水性。

建筑石膏制品在遇火灾时，二水石膏中的结晶水蒸发，吸收热量，并在表面形成蒸汽幕和脱水物隔热层，而且无有害气体产生，所以具有较好的抗火性能。但建筑石膏制品不宜长期用于靠近 65℃以上高温的部位，以免二水石膏在此温度作用下

　　　　　　　　　　　　　　　　　　　　　　　建筑材料

脱水分解而失去强度。

建筑石膏在运输及贮存时应注意防潮，一般贮存 3 个月后强度将降低 30％左右，所以贮存期超过 3 个月应重新进行质量检验，以确定其等级。

根据建筑石膏的上述性能特点，它在建筑上的主要用途有：制成石膏抹灰材料、各种墙体材料（如纸面石膏板、石膏空心条板、石膏砌块等），各种装饰石膏板、石膏浮雕花饰、雕塑制品等。

【本单元测试】

一、判断题

1. 石膏胶凝材料是以硫酸钙为主要成分的气硬性胶凝材料。（　　）

2. 建筑石膏初凝和终凝时间都很短，为便于使用，需降低其凝结速度，可加入缓凝剂。（　　）

3. 建筑石膏贮存期超过 3 个月应重新进行质量检验，以确定其等级。（　　）

二、单选题

1. 在土木建筑工程中，应用的石膏胶凝材料主要是（　　）。

A. 建筑石膏　　　　　　　　　　　B. 高强石膏

C. 无水石膏水泥　　　　　　　　　D. 半水石膏

2. 由于石膏制品的孔隙率（　　），因而导热系数（　　）、吸声性强、吸湿性（　　），可调节室内的温度和湿度。

A. 大，小，强　　　　　　　　　　B. 小，大，弱

C. 大，小，弱　　　　　　　　　　D. 小、大，强

单元 2.2　石灰的选用

石灰是在土木工程中使用较早的矿物胶凝材料之一。由于其原料来源广泛、生产工艺简单、使用方便、成本低廉，并具有良好的建筑及装饰性能，在土木工程中应用很广。

石灰有以下四种成品：

（1）块状生石灰，由原料煅烧成白色或浅灰色疏松结构块状物，主要成分为

CaO。块状生石灰如图 2-2 所示。

图 2-2 块状生石灰

（2）生石灰粉（Ground Quick Lime），由块状石灰磨细而成，主要成分为 CaO。

（3）消石灰粉（Slaked Lime），由生石灰加适量的水消化而成的粉末，也称熟石灰粉，主要成分为 $Ca(OH)_2$。

（4）石灰膏（Lime Plaster），将块状生石灰用过量水（为生石灰体积的 3～4 倍）消化，或将消石灰粉和水拌合，所得到的一定稠度的膏状物，主要成分是 $Ca(OH)_2$ 和水。

2.2.1 石灰的生产

生产石灰的原料有石灰石、白云石、白垩、贝壳等。它们的主要成分是碳酸钙，经煅烧后，碳酸钙分解成为氧化钙，得到块状生石灰：

$$CaCO_3 \xrightarrow{900℃} CaO + CO_2 \uparrow \qquad (2-2)$$

为加速分解过程，煅烧温度常提高至 1000～1100℃左右。在生产石灰的原料中常含有碳酸镁，经煅烧后分解成氧化镁；按氧化镁含量的多少，石灰分为钙质石灰和镁质石灰两类。

将煅烧成的块状生石灰经过不同的加工可得到工程中常用的生石灰粉、消石灰粉和石灰膏。其中，生石灰粉是将块状生石灰磨细而成，消石灰粉和石灰膏则是生石灰加水消解而成。

在使用石灰时，将生石灰加水使之消解为消石灰的过程称为石灰的"消化"，又称"熟化"。

$$CaO+H_2O \longrightarrow Ca(OH)_2+64.9\times10^3 J/mol \qquad (2-3)$$

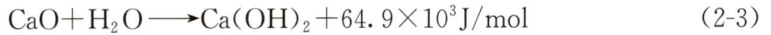

石灰的熟化为放热反应，熟化时体积增大 2.5 倍。

按用途，石灰熟化的方法有两种：

（1）用于拌制石灰砌筑砂浆或抹灰砂浆时，需将生石灰熟化成石灰膏。生石灰在化灰池中熟化成石灰浆后通过筛网流入储灰坑，石灰浆在储灰坑中沉淀并除去上层水分后称为石灰膏。

生石灰中常含有欠火石灰和过火石灰。欠火石灰会降低石灰的利用率。过火石灰颜色较深，密度较大，表面常被黏土杂质融化形成的玻璃釉状物包覆，熟化很慢。当石灰已经硬化后，其中过火颗粒才开始熟化，体积膨胀，引起隆起和开裂。为了消除过火石灰的危害，石灰浆应在储灰坑中"陈伏"两星期以上。"陈伏"期间，石灰浆表面应保有一层水分，与空气隔绝，以免碳化。

（2）用于拌制石灰土（石灰、黏土）、三合土（石灰、黏土、砂石或炉渣等）时，将生石灰熟化成消石灰粉。生石灰熟化成消石灰粉时，理论上需水 32.1%，由于一部分水分需消耗于蒸发，实际加水量常为生石灰重量的 60%～80%，应以能充分消解而又不过湿成团为度。工地一般采用分层浇水法，每层生石灰块厚约 50cm。或在生石灰块堆中插入有孔的水管，缓慢地向内灌水。

消石灰粉在使用以前，也应有类似石灰浆的"陈伏"时间。

2.2.2 石灰的硬化

石灰浆体在空气中逐渐硬化，是由于结晶与碳化作用在过程中同时进行。

（1）结晶作用：游离水分蒸发，氢氧化钙逐渐从饱和溶液中结晶。

（2）碳化作用：氢氧化钙与空气中的二氧化碳化合生成碳酸钙结晶，释出水分并被蒸发。

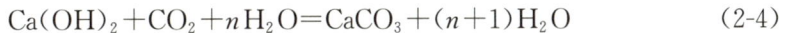

$$Ca(OH)_2+CO_2+nH_2O=CaCO_3+(n+1)H_2O \qquad (2-4)$$

碳化作用实际是二氧化碳与水形成碳酸，然后与氢氧化钙反应生成碳酸钙，所以这个作用不能在没有水分的全干状态下进行。而且，碳化作用在长时间内只限于表层，氢氧化钙的结晶作用则主要在内部发生。所以，石灰浆体硬化后是由表里两种不同的晶体组成的。随着时间延长，表层碳酸钙的厚度逐渐增加。

2.2.3 石灰的技术性质和要求

（1）分类

根据我国建材行业标准《建筑生石灰》JC/T 479—2013 规定，气硬性生石灰由石灰石（包括钙质石灰石、镁质石灰石）焙烧而成，呈块状、粒状或粉状，化学成分主要为氧化钙，可和水发生放热反应生成消石灰。钙质石灰主要由氧化钙或氢氧化钙组成，而不添加任何水硬性的或火山灰质的材料。镁质石灰主要由氧化钙和氧化镁（MgO>5%）或氢氧化钙和氢氧化镁组成，而不添加任何水硬性的或火山灰质的材料。按生石灰的加工情况分为建筑生石灰和建筑生石灰粉。按生石灰的化学成分分为钙质石灰和镁质石灰两类，并根据化学成分的含量将钙质石灰和镁质石灰进行分级，见表2-2。

建筑生石灰的分类   表2-2

类别	名称	代号
钙质石灰	钙质石灰90	CL90
	钙质石灰85	CL85
	钙质石灰75	CL75
镁质石灰	镁质石灰85	ML85
	镁质石灰80	ML80

我国建材行业标准《建筑消石灰》JC/T 481—2013规定了以建筑生石灰为原料，经水化和加工所制得的建筑消石灰粉（不包括水硬性消石灰）的分类。建筑消石灰分类按扣除游离水和结合水后（CaO+MgO）的百分含量加以分类，见表2-3。

建筑消石灰的分类   表2-3

类别	名称	代号
钙质消石灰	钙质消石灰90	HCL90
	钙质消石灰85	HCL85
	钙质消石灰75	HCL75
镁质消石灰	镁质消石灰85	HML85
	镁质消石灰80	HML80

（2）标记

根据我国建材行业标准《建筑生石灰》JC/T 479—2013规定，生石灰的识别标志由产品名称、加工情况和产品依据标准编号组成。生石灰块在代号后加Q，生石灰粉在代号后加QP。例如，符合JC/T 479—2013的钙质生石灰粉90标记为：CL90-QPJC/T 479—2013。其中：CL代表钙质石灰，90代表（CaO+MgO）百分含量，QP代表粉状，JC/T 479—2013是产品依据标准。

我国建材行业标准《建筑消石灰》JC/T 481—2013规定，消石灰的识别标志由产品名称和产品依据标准编号组成。例如，符合 JC/T 481—2013 的钙质消石灰 90 标记为：HCL90JC/T 481—2013。其中：HCL 代表钙质消石灰，90 代表（CaO＋MgO）含量，JC/T 481—2013 是产品依据标准。

（3）技术要求

建筑生石灰的化学成分应符合表 2-4 的要求。

建筑生石灰的化学成分　单位:% 　　　　　表 2-4

名称	氧化钙＋氧化镁（CaO＋MgO）	氧化镁（MgO）	二氧化碳（CO$_2$）	三氧化硫（SO$_3$）
CL90-Q CL90-QP	≥90	≤5	≤4	≤2
CL85-Q CL85-QP	≥85	≤5	≤7	≤2
CL75-Q CL75-QP	≥75	≤5	≤12	≤2
ML85-Q ML85-QP	≥85	＞5	≤7	≤2
ML80-Q ML80-QP	≥80	＞5	≤7	≤2

建筑生石灰的物理性质应符合表 2-5 的要求。

建筑生石灰的物理性质　　　　　表 2-5

名称	产浆量（dm^3/10kg）	细度	
		0.2mm 筛余量（%）	90μm 筛余量（%）
CL90-Q CL90-QP	≥26 —	— ≤2	— ≤7
CL85-Q CL85-QP	≥26 —	— ≤2	— ≤7
CL75-Q CL75-QP	≥26 —	— ≤2	— ≤7
ML85-Q ML85-QP	—	— ≤2	— ≤7
ML80-Q ML80-QP	—	— ≤7	— ≤2

注：其他物理特性根据用户要求可按照 JC/T 478.1 进行测试。

建筑消石灰的化学成分和物理性质应分别满足表 2-6、表 2-7 的要求。

建筑消石灰的化学成分　单位：% 表2-6

名称	氧化钙＋氧化镁（CaO＋MgO）	氧化镁（MgO）	三氧化硫（SO_3）
HCL90 HCL85 HCL75	≥90 ≥85 ≥75	≤5	≤2
HML85 HML80	≥85 ≥80	＞5	≤2

注：表中数值以试样扣除游离水和结合水后的干基为基础。

建筑消石灰的物理性质 表2-7

名称	游离水（%）	细度		安定性
		0.2mm 筛余量（%）	90μm 筛余量（%）	
HCL90	≤2	≤2	≤7	合格
HCL85				
HCL75				
HML85				
HML80				

2.2.4 建筑石灰的应用

1. 建筑石灰的特性

（1）可塑性、保水性好

生石灰熟化后形成的石灰浆是一种表面吸附水膜的高度分散的氢氧化钙胶体，因而摩擦力小，颗粒间滑移较易进行，故具有良好的可塑性、保水性。利用这一性质，将其掺入水泥浆中可显著提高砂浆的可塑性和保水性。

（2）硬化慢、强度低、耐水性差

石灰是一种硬化缓慢、强度较低的材料，同时，石灰的硬化体中含有大量未碳化的氢氧化钙，而氢氧化钙易溶于水，所以石灰的耐水性很差，受潮后石灰溶解，强度更低，在水中还会溃散。所以，石灰不宜在潮湿的环境中使用，也不宜用于重要建筑物的基础。

（3）硬化时体积收缩大

石灰在硬化过程中蒸发大量的游离水而引起显著的收缩，所以除调成石灰乳作薄层涂刷外，不宜单独使用。常在石灰中掺入砂、纸筋等以提高抗拉强度，抵抗收缩引起的开裂。

（4）吸湿性强

生石灰容易吸收水分和二氧化碳转变成氢氧化钙和碳酸钙，因此常作为干燥剂使用。

2. 建筑石灰的应用与储运

（1）石灰的应用

石灰在建筑及装饰工程中的应用范围非常广泛，常见用途如下：

1）制作石灰乳涂料和砂浆。在熟化好的石灰膏或消石灰粉中加入过量的水搅拌稀释，成为石灰乳。石灰乳是一种传统的室内粉刷涂料，但目前已很少使用，主要用于临时性建筑的室内粉刷。利用石灰膏配制的石灰砂浆、混合砂浆广泛应用于建筑物±0.00以上部位墙体的砌筑和抹灰，配制时常要加入纸筋等纤维质材料。

2）配制灰土和三合土。消石灰粉和黏土拌合后成为灰土，若再加入砂（或炉渣、石屑）则成为三合土。石灰改善了黏土的可塑性，经碾压或夯实，在潮湿环境中使石灰与黏土或硅铝质工业废料表面的活性氧化硅或氧化铝反应，生成具有水硬性的水化硅酸钙或水化铝酸钙，适于在潮湿环境中使用。灰土和三合土广泛用于建筑物基础和道路垫层。

3）生产硅酸盐制品。石灰与天然砂或硅铝质工业废料混合均匀，加水搅拌，经压振或压制形成硅酸盐制品。为使其获得早期强度，往往采用高温高压养护或蒸压，使石灰与硅铝质材料反应速度显著加快，使制品产生较高的早期强度。这类制品有灰砂砖、硅酸盐砖、硅酸盐混凝土制品等。

4）生产碳化石灰板。细石灰纤维状填料或轻质骨料和水按一定比例搅拌、成形，然后通入高浓度一氧化碳，经人工碳化（12～14h）而成轻质碳化石灰板。碳化石灰板主要用作非承重内墙、天花板等。

（2）建筑石灰的贮运注意事项

生石灰的吸水、吸湿性极强，所以存放时应注意防潮，而且不宜贮存过久。建筑工地上一般将石灰的贮存期变为陈伏期，以防碳化。此外，生石灰受潮熟化时放出大量的热并产生体积膨胀，所以生石灰不宜与易燃、易爆品同存、同运。

【本单元测试】

一、判断题

1. 生产石灰原料的主要成分是碳酸钙。（　　）

2. 在使用石灰时，将生石灰加水使之消解为消石灰的过程称为石灰的"消化"，又称"熟化"。（   ）

3. 块状生石灰放置多久都不会失去胶结能力。（   ）

4. 石灰的硬化是由两个同时进行的物理及化学变化过程来完成的，包括结晶过程和碳化过程。（   ）

二、多选题

1. 石灰在土木工程中的用途很广，主要有（   ）。

A. 石灰乳和砂浆　　　　　　　　B. 石灰土

C. 三合土　　　　　　　　　　　D. 生产硅酸盐制品

2. 建筑石灰的特性有（   ）。

A. 可塑性、保水性好　　　　　　B. 硬化慢、强度低、耐水性差

C. 硬化时体积收缩大　　　　　　D. 生石灰吸湿性强

单元 2.3　水玻璃的选用

水玻璃俗称泡花碱，是一种能溶于水的硅酸盐，由不同比例的碱金属和二氧化硅所组成。最常用的是硅酸钠水玻璃 $Na_2O \cdot nSiO_2$，还有硅酸钾水玻璃 $K_2O \cdot nSiO_2$ 等。

2.3.1　水玻璃的生产

生产水玻璃的方法有湿法和干法（碳酸盐法）两种。湿法生产硅酸钠水玻璃时，将石英砂和苛性钠溶液在压蒸锅（2～3 大气压）内用蒸汽加热并搅拌，直接反应形成液体水玻璃。干法是将石英砂和碳酸钠磨细拌匀，在熔炉内于 1300～1400℃ 温度下熔化，按下式反应生成固体水玻璃，然后在水中加热溶解形成液体水玻璃。

$$Na_2CO_3 + nSiO_2 \longrightarrow Na_2O \cdot nSiO_2 + CO_2 \uparrow \qquad (2\text{-}5)$$

氧化硅和氧化钠的分子比 n 称为水玻璃的模数，一般在 1.5～3.5 之间。

液体水玻璃因所含杂质不同，而呈青灰色、绿色或微黄色，以无色透明的液体水玻璃为最好。液体水玻璃可以与水按任意比例混合成不同浓度（或比重）的溶液。同一模数的液体水玻璃，其浓度越稠，则比重越大，黏结力越强。在液体水玻璃中加入尿素，在不改变其黏度的情况下可提高黏结力 25% 左右。

除了液体水玻璃外，尚有不同形状的固体水玻璃。如未经溶解的块状或粒状水

玻璃、溶液除去水分后呈粉状的水玻璃等。

固体水玻璃在水中溶解的难易随模数而定。n 为 1 时能溶解于常温的水中，n 加大，则只能在热水中溶解；当 n 大于 3 时，要在 4 个大气压以上的蒸汽中才能溶解。低模数水玻璃的晶体组分较多，黏结能力较差，模数提高时，胶体组分相对增多，黏结能力随之增大。

2.3.2 水玻璃的硬化

液体水玻璃在空气中吸收二氧化碳形成无定形硅酸，并逐渐干燥而硬化。

$$Na_2O \cdot nSiO_2 + CO_2 + mH_2O = Na_2CO_3 + nSiO_2 \cdot mH_2O \qquad (2\text{-}6)$$

这个过程进行得很慢，为了加速硬化，可将水玻璃加热或加入硅氟酸钠（Na_2SiF_6）作为促硬剂。水玻璃中加入硅氟酸钠后发生反应，促使硅酸凝胶加速析出。硅氟酸钠的适宜用量为水玻璃质量的 $12\% \sim 15\%$，如果用量太少，不但硬化速度缓慢、强度降低，而且未经反应的水玻璃易溶于水，因而耐水性差。但如用量过多，又会引起凝结过速，使施工困难，而且渗透性大，强度也低。

2.3.3 水玻璃的性质与应用

水玻璃有良好的黏结能力，硬化时析出的硅酸凝胶有堵塞毛细孔隙而防止水渗透的作用。水玻璃不燃烧，在高温下硅酸凝胶干燥得更加强烈，强度并不降低，甚至有所增加。水玻璃具有高度的耐酸性能，能抵抗大多数无机酸和有机酸的作用。

水玻璃由于具有以上性能，在土木工程中可有多种用途。

（1）涂刷建筑材料表面，提高抗风化能力。

用浸渍法处理多孔材料时，可使其密实度和强度提高。常用水将液体水玻璃稀释至比重为 1.35 左右的溶液，多次涂刷或浸渍黏土砖、硅酸盐制品、水泥混凝土和石灰石等，但不能用以涂刷或浸渍石膏制品，因为硅酸钠与硫酸钙会发生化学反应生成硫酸钠，在石膏制品孔隙中结晶，体积显著膨胀，从而导致石膏制品的破坏。调制液体水玻璃时可加入耐碱颜料和填料，兼有饰面效果。

用液体水玻璃涂刷或浸渍含有石灰的材料如水泥混凝土和硅酸盐制品等时，水玻璃与石灰之间发生如下反应：

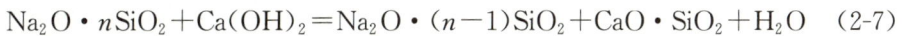

$$Na_2O \cdot nSiO_2 + Ca(OH)_2 = Na_2O \cdot (n-1)SiO_2 + CaO \cdot SiO_2 + H_2O \qquad (2\text{-}7)$$

生成的硅酸钙胶体填实制品孔隙，使制品的密实度有所提高。

（2）配制快凝堵漏防水剂。

以水玻璃为基料，加入两种、三种或四种矾配制而成，分别称为两矾、三矾或四矾防水剂。四矾防水剂是以蓝矾（硫酸铜）、明矾（钾铝矾）、红矾（重铬酸钾）和紫矾（铬矾）各 1 份，溶于 60 份 100℃的水中，降温至 50℃，投入 400 份水玻璃溶液中，搅拌均匀而成。这种防水剂凝结迅速，一般不超过 1min，适用于与水泥浆调和，堵塞漏洞、缝隙等局部抢修。

（3）用于土壤加固。

将模数为 2.5～3 的液体水玻璃和氯化钙溶液通过金属管轮流向地层压入，两种溶液发生化学反应，析出硅酸胶体，将土壤颗粒包裹并填实其空隙。硅酸胶体为一种吸水膨胀的冻状凝胶，因吸收地下水而经常处于膨胀状态，阻止水分的渗透并使土壤固结。水玻璃与氯化钙的反应式为：

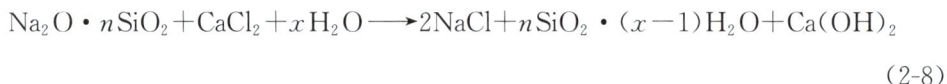

$$Na_2O \cdot nSiO_2 + CaCl_2 + xH_2O \longrightarrow 2NaCl + nSiO_2 \cdot (x-1)H_2O + Ca(OH)_2$$

$$(2-8)$$

由这种方法加固的砂土，抗压强度可达 3～6MPa。

水玻璃还可用于配制耐酸砂浆和混凝土及耐热砂浆和混凝土。水玻璃也可用作多种建筑涂料的原料，将液体水玻璃与耐火填料等调成糊状的防火漆涂于木材表面可抵抗瞬间火焰。

【本单元测试】

一、判断题

1. 水玻璃俗称泡花碱，是一种能溶于水的硅酸盐，由不同比例的碱金属和二氧化硅所组成。（ ）

2. 水玻璃有良好的黏结能力，硬化时析出的硅酸凝胶有堵塞毛细孔隙而防止水渗透的作用。（ ）

3. 水玻璃的硬化过程进行得很慢，为了加速硬化，可将水玻璃加热或加入硅氟酸钠作为促硬剂。（ ）

二、多选题

水玻璃由于具有（ ）性能，可用于配制耐酸砂浆和混凝土及耐热砂浆和混凝土。

A. 良好的黏结能力　　　　　　　B. 耐燃烧的能力

C. 有高度的耐酸性能　　　　　　D. 良好的耐水性

2.4.1　通用硅酸盐水泥的生产及矿物组成

按照《通用硅酸盐水泥》GB 175—2023 的规定，通用硅酸盐水泥是以硅酸盐水泥熟料、适量石膏和混合材料制成的水硬性胶凝材料。通用硅酸盐水泥按混合材料的品种和掺量分为硅酸盐水泥、普通硅酸盐水泥、矿渣硅酸盐水泥、粉煤灰硅酸盐水泥、火山灰质硅酸盐水泥和复合硅酸盐水泥。各品种的组分和代号应符合表 2-8～表 2-10 的规定，化学要求应符合表 2-11 规定。

硅酸盐水泥的组分要求　　　　　　　　表 2-8

品种	代号	组分(质量分数)(%)		
		熟料＋石膏	混合材料	
			粒化高炉矿渣/矿渣粉	石灰石
硅酸盐水泥	P·Ⅰ	100	—	—
	P·Ⅱ	95～100	0～<5	—
			—	0～<5

普通硅酸盐水泥、矿渣硅酸盐水泥、粉煤灰硅酸盐水泥和火山灰质硅酸盐水泥的组分要求

表 2-9

品种	代号	组分(质量分数)(%)				
		熟料＋石膏	混合材料			
			主要混合材料			替代混合材料
			粒化高炉矿渣/矿渣粉	粉煤灰	火山灰质混合材料	
普通硅酸盐水泥	P·O	80～<94	6～<20[a]			0～<5[b]
矿渣硅酸盐水泥	P·S·A	50～<79	21～<50	—	—	0～<8[c]
	P·S·B	30～<49	51～<70	—	—	
粉煤灰硅酸盐水泥	P·F	60～<79	—	21～<40	—	0～<5[d]
火山灰质硅酸盐水泥	P·P	60～<79	—	—	21～<40	

注：a 主要混合材料由符合 GB 175—2023 规定的粒化高炉矿渣矿渣粉、粉煤灰、火山灰质混合材料组成。

　　b 替代混合材料为符合 GB 175—2023 规定的石灰石。

　　c 替代混合材料为符合 GB 175—2023 规定的粉煤灰或火山灰、石灰石。替代后 P·S·A 矿渣硅酸盐水泥中粒化高炉矿渣/矿渣粉含量（质量分数）不小于水泥质量的 21%，P·S·B 矿渣硅酸盐水泥中粒化高炉矿渣/矿渣粉含量（质量分数）不小于水泥质量的 51%。

　　d 替代混合材料为符合 GB 175—2023 规定的石灰石。替代后粉煤灰硅酸盐水泥中粉煤灰含量（质量分数）不小于水泥质量的 21%，火山灰质硅酸盐水泥中火山灰质混合材料含量（质量分数）不小于水泥质量的 21%。

复合硅酸盐水泥的组分要求　　　　　　　　　　　　　表 2-10

品种	代号	组分(质量分数)(%)					
		熟料＋石膏	混合材料				
			粒化高炉矿渣/矿渣粉	粉煤灰	火山灰质混合材料	石灰石	砂岩
复合硅酸盐水泥	P·C	50～＜79	21＜50ª				

注：a 混合材料由符合 GB 175—2023 规定的粒化高炉矿渣/矿渣粉、粉煤灰、火山灰质混合材料、石灰石和砂岩中的三种（含）以上材料组成。其中，石灰石含量（质量分数）不大于水泥质量的 15%。

通用硅酸盐水泥的化学要求　　　　　　　　　　　　　表 2-11

品种	代号	不溶物（质量分数）（%）	烧失量（质量分数）（%）	三氧化硫（质量分数）（%）	氧化镁（质量分数）（%）	氯离子（质量分数）（%）
硅酸盐水泥	P·Ⅰ	≤0.75	≤3.0	≤3.5	≤5.0ª	≤0.06ᶜ
	P·Ⅱ	≤1.50	≤3.5			
普通硅酸盐水泥	P·O	—	≤5.0			
矿渣硅酸盐水泥	P·S·A	—	—	≤4.0	≤6.0ᵇ	
	P·S·B	—	—		—	
火山灰质硅酸盐水泥	P·F	—	—	≤3.5	≤6.0	
粉煤灰硅酸盐水泥	P·P	—	—			
复合硅酸盐水泥	P·C	—	—			

注：a 如果水泥压蒸安定性合格，则水泥中氧化镁含量（质量分数）允许放宽至 6.0%。
　　b 如果水泥中氧化镁含量（质量分数）大于 6.0%，需进行水泥压蒸安定性试验并合格。
　　c 当买方有更低要求时，买卖双方协商确定。

1. 硅酸盐水泥生产

硅酸盐水泥的原料主要是石灰质原料和黏土质原料两类。石灰质原料主要提供 CaO，可以采用石灰石、白垩、石灰质凝灰岩等。黏土质原料主要提供 SiO_2、Al_2O_3 及少量 Fe_2O_3，可以采用黏土、黄土等。如果所选用的石灰质原料和黏土质原料按一定比例配合不能满足化学组成要求时，则要掺加相应的校正原料。校正原料有铁质校正原料和硅质校正原料。铁质校正原料主要补充 Fe_2O_3，可采用铁矿粉、黄铁矿渣等；硅质校正原料主要补充 SiO_2，可采用砂岩、粉砂岩等。此外，为了改善煅烧条件，常常加入少量的矿化剂、晶种等。

硅酸盐水泥生产的大体步骤是：①先把几种原材料按适当比例配合后在磨机中磨成生料；②然后将制得的生料入窑进行煅烧；③再把烧好的熟料配以适当的石膏（和混合材料）在磨机中磨成细粉，即得到水泥。

水泥生料在窑内的煅烧过程虽方法各异，但都要经历干燥、预热、分解、熟料烧成及冷却等几个阶段。其中，熟料烧成是水泥生产的关键，必须有足够的温度和时间，以保证水泥熟料的质量。

2. 水泥熟料矿物组成

硅酸盐水泥主要熟料矿物的名称和含量范围如下：

（1）硅酸三钙 $3CaO \cdot SiO_2$，简写为 C_3S，含量 37%～60%；

（2）硅酸二钙 $2CaO \cdot SiO_2$，简写为 C_2S，含量 15%～37%；

（3）铝酸三钙 $3CaO \cdot Al_2O_3$，简写为 C_3A，含量 7%～15%；

（4）铁铝酸四钙 $4CaO \cdot Al_2O_3 \cdot Fe_2O_3$，简写为 C_4AF，含量 10%～18%。

在以上主要熟料矿物中，硅酸三钙和硅酸二钙的总含量在 70% 以上，铝酸三钙与铁铝酸四钙的含量在 25% 左右，故称为硅酸盐水泥。除主要熟料矿物外，水泥中还含有少量游离氧化钙、游离氧化镁和碱，但其总含量一般不超过水泥量的 10%。

2.4.2 硅酸盐水泥的水化及凝结硬化

1. 硅酸盐水泥的水化

硅酸盐水泥具有许多优良的技术性能，其性能是由其组成矿物的性能决定的，主要是水泥熟料中几种主要矿物水化作用的结果。熟料矿物与水发生的水解或水化作用统称为水化，熟料矿物与水发生水化反应，生成水化产物，并放出一定的热量。

硅酸三钙和硅酸二钙水化生成的水化硅酸钙不溶于水，以胶体微粒析出，并逐渐凝聚成凝胶体（C-S-H 凝胶）；生成的氢氧化钙在溶液中的浓度很快达到饱和，呈六方晶体析出。铝酸三钙和铁铝酸四钙水化生成的水化铝酸钙为立方晶体，在氢氧化钙饱和溶液中，还能与氢氧化钙进一步反应，生成六方晶体的水化铝酸四钙。在有石膏存在时，水化铝酸钙会与石膏反应，生成高硫型水化硫铝酸钙针状晶体，也称钙矾石。当石膏消耗完后，部分钙矾石将转变为单硫型水化硫铝酸钙晶体。

四种熟料矿物的水化特性各不相同，对水泥的强度、凝结硬化速度及水化放热等的影响也不相同；各种水泥熟料矿物水化所表现的特性见表 2-12 和图 2-3。水泥是几种熟料矿物的混合物，改变熟料矿物成分的比例时，水泥的性质即发生相应的变化，例如提高硅酸三钙的含量，可以制得高强度水泥；又如降低铝酸三钙和硅酸三钙含量，提高硅酸二钙含量，可制得水化热低的水泥，如大坝水泥。

各种熟料矿物单独与水作用时表现出的特性　　　　　　表 2-12

名称	硅酸三钙	硅酸二钙	铝酸三钙	铁铝酸四钙
凝结硬化速度	快	慢	最快	快
28d 水化放热量	多	少	最多	中
强度	高	早期低、后期高	低	低

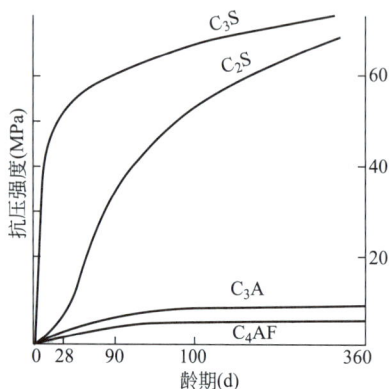

图 2-3　各种熟料矿物的强度增长

硅酸盐水泥是多矿物、多组分的物质，它与水拌合后会立即发生化学反应。根据目前的认识，硅酸盐水泥加水后，铝酸三钙立即发生反应，硅酸三钙和铁铝酸四钙也很快水化，而硅酸二钙则水化较慢。如果忽略一些次要的和少量的成分，则硅酸盐水泥与水作用后生成的主要水化物有：水化硅酸钙和水化铁酸钙凝胶、氢氧化钙、水化铝酸钙和水化硫铝酸钙晶体。在充分水化的水泥石中，C-S-H 凝胶约占 70%，$Ca(OH)_2$ 约占 20%，钙矾石和单硫型水化硫铝酸钙约占 7%。

2. 硅酸盐水泥的凝结硬化

水泥加水拌合后成为可塑的水泥浆，水泥浆逐渐变稠失去塑性但尚不具有强度的过程称为水泥的"凝结"。随后产生明显的强度并逐渐发展成为坚固的人造石——水泥石，这一过程称为水泥的"硬化"。凝结和硬化是人为划分的，实际上是一个连续的复杂的物理化学变化过程。

自从 1882 年雷·查特理（Le Chatelier）首先提出水泥凝结硬化理论以来，至今仍在继续研究。下面按照当前一般的看法作简要介绍。

水泥加水拌合，未水化的水泥颗粒分散在水中，成为水泥浆体（图 2-4a）。

水泥颗粒的水化从其表面开始。水和水泥一接触，水泥颗粒表面的水泥熟料先溶解于水，然后与水反应，或水泥熟料在固态直接与水反应，形成相应的水化物，水化物溶解于水。由于各种水化物的溶解度很小，水化物的生成速度大于水化物向溶液中扩散的速度，一般在几分钟内水泥颗粒周围的溶液就成为水化物的过饱和溶液，先后析出水化硅酸钙凝胶、水化硫铝酸钙、氢氧化钙和水化铝酸钙晶体等水化产物，覆在水泥颗粒表面。在水化初期，水化物不多，覆有水化物膜层的水泥颗粒之间还是分离的，水泥浆具有可塑性（图 2-4b）。

水泥颗粒不断水化，随着时间的推移，新生水化物增多，使覆在水泥颗粒表面的水化物膜层增厚，颗粒间的空隙逐渐缩小，而覆有凝胶体的水泥颗粒则逐渐接近，以至相互接触，在接触点借助于范德华力凝结成多孔的空间网络，形成凝聚结构（图 2-4c），这种结构在振动作用下可以破坏。凝聚结构的形成使水泥浆开始失去可塑性，也就是水泥的初凝，但这时还不具有强度。

随着以上过程的不断进行，固态的水化物不断增多，颗粒间的接触点数目增加，结晶体和凝胶体互相贯穿形成的凝聚—结晶网状结构不断加强；而固相颗粒之间的空隙（毛细孔）不断减小，结构逐渐紧密，使水泥浆体完全失去可塑性，达到能承受一定荷载的强度。此时水泥表现为终凝，并开始进入硬化阶段（图2-4d）。水泥进入硬化期后，水化速度逐渐减慢，水化物随时间的增长而逐渐增加，扩展到毛细孔中使结构更趋致密，强度相应提高。

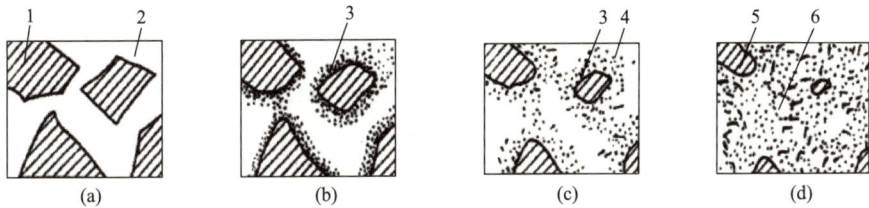

图2-4 水泥凝结硬化过程示意

（a）分散在水中未水化的水泥颗粒；（b）在水泥颗粒表面形成水化物膜层；

（c）膜层长大并互相连接（凝结）；（d）水化物进一步发展，填充毛细孔（硬化）

1—水泥颗粒；2—水分；3—凝胶；4—晶体；5—水泥颗粒的未水化内核；6—毛细孔

根据水化反应速度和物理化学的主要变化，可将水泥的凝结硬化分为表2-13所列的几个阶段。

水泥凝结硬化的阶段划分 表2-13

凝结硬化阶段	一般的放热反应速度	一般的持续时间	主要的物理化学变化
初始反应期	$168J/(g \cdot h)$	$5 \sim 10min$	初始溶解和水化凝胶体膜层围绕水泥颗粒成长膜层增厚，水泥颗粒进一步水化凝胶体填充毛细孔
潜伏期	$4.2J/(g \cdot h)$	1h	
凝结期	在6h内逐渐增加到$21J/(g \cdot h)$	6h	
硬化期	在24h内逐渐降低到$4.2J/(g \cdot h)$	6h至若干年	

注：初始反应期和潜伏期也可合称为诱导期。

水泥的水化和凝结硬化是从水泥颗粒表面开始，逐渐往水泥颗粒的内核深入进行。开始时水化速度较快，水泥的强度增长快；但由于水化不断进行，堆积在水泥颗粒周围的水化物不断增多，阻碍水和水泥未水化部分的接触，水化减慢，强度增长也逐渐减慢，但无论时间多久，水泥颗粒的内核很难完全水化。因此，在硬化水泥石中同时包含有水泥熟料矿物水化的凝胶体和结晶体、未水化的水泥颗粒、水（自由水和吸附水）和孔隙（毛细孔和凝胶孔），它们在不同时期相对数量的变化使水泥石的性质随之改变。

3. 影响水泥凝结硬化的因素

水泥的凝结硬化过程也就是水泥强度发展的过程。为了正确使用水泥，并能在生产中采取有效措施调节水泥的性能，必须了解水泥凝结硬化的影响因素。

影响水泥凝结硬化的因素除矿物成分、细度、用水量外，还有养护时间、环境的温度和湿度以及石膏掺量等。

（1）养护时间

水泥的水化是从表面开始向内部逐渐深入进行的，随着时间的延续，水泥的水化程度在不断增大，水化产物也不断增加并填充毛细孔，使毛细孔孔隙率减少，凝胶孔孔隙率相应增大（图 2-5）。水泥加水拌合后前 4 周的水化速度较快，强度发展也快，4 周之后显著减慢。但是，只要维持适当的温度与湿度，水泥的水化将不断进行，其强度在几个月、几年、甚至几十年后还会继续增长。

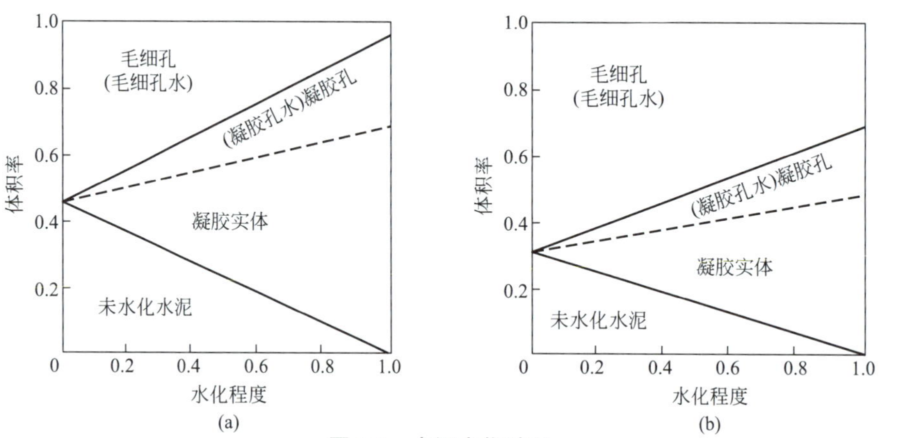

图 2-5　水泥水化过程

（a）水灰比 0.4；（b）水灰比 0.7

（2）环境的温度和湿度

保持环境的温度和湿度，使水泥石强度不断增长的措施称为养护。在测定水泥强度时，必须在规定的标准温度与湿度环境中养护至规定的龄期。

温度对水泥的凝结硬化有明显影响。当温度升高时，水化反应加快，水泥强度增加也较快；而当温度降低时，水化作用则减缓，强度增加缓慢。当温度低于 5℃时，水化硬化大大减慢，当温度低于 0℃时，水化反应基本停止。同时，由于温度低于 0℃，当水结冰时还会破坏水泥石结构。

潮湿环境下的水泥石，能保持有足够的水分进行水化和凝结硬化，生成的水化物进一步填充毛细孔，促进水泥石的强度发展。

（3）石膏掺量

水泥中掺入适量石膏可调节水泥的凝结硬化速度。在水泥粉磨时，若不掺石膏或石膏掺量不足，水泥会发生瞬凝现象；这是由于铝酸三钙在溶液中电离出三价离子 Al^{3+}，它与硅酸钙凝胶的电荷相反，促使胶体凝聚。加入石膏后，石膏与水化

　　　　　　　　　　　　　　　　　　　　　　　建筑材料

铝酸钙作用生成钙矾石，难溶于水，沉淀在水泥颗粒表面上形成保护膜，降低了溶液中 Al^{3+} 的浓度，并阻碍了铝酸三钙的水化，延缓了水泥的凝结。但如果石膏掺量过多，则会促使水泥凝结加快。同时，还会在后期引起水泥石的膨胀而开裂破坏。

2.4.3　硅酸盐水泥的技术性质

根据《通用硅酸盐水泥》GB 175—2023 的规定，对硅酸盐水泥的技术要求有细度、凝结时间、体积安定性和强度等。

1. 细度

水泥颗粒的粗细对水泥的性质有很大影响。水泥颗粒粒径一般在 $7 \sim 200 \mu m$（$0.007 \sim 0.2mm$）范围内，颗粒越细，与水发生反应的表面积就越大，因而水泥颗粒细、水化较快而且较完全，早期强度和后期强度都较高，但在空气中的硬化收缩性较大，成本也较高。水泥颗粒过粗则不利于水泥活性的发挥。一般认为水泥颗粒小于 $40 \mu m$（$0.04mm$）时，才具有较高的活性，大于 $100 \mu m$（$0.1mm$）活性就很小了。在 GB 175—2023 中规定水泥的细度可用筛析法和比表面积法检验。

筛析法是采用边长为 $80 \mu m$ 或 $45 \mu m$ 的方孔筛对水泥试样进行筛析试验，用筛余百分数表示水泥的细度。

比表面积法是根据一定量空气通过一定空隙率和厚度的水泥层时所受阻力不同而引起流速的变化来测定水泥的比表面积（单位质量的粉末所具有的总表面积），以 m^2/kg 表示。

按照《通用硅酸盐水泥》GB 175—2023 的规定，硅酸盐水泥细度以比表面积表示，应不低于 $300m^2/kg$ 且不高于 $400m^2/kg$。普通硅酸盐水泥、矿渣硅酸盐水泥、粉煤灰硅酸盐水泥、火山灰质硅酸盐水泥、复合硅酸盐水泥的细度以 $45 \mu m$ 方孔筛筛余表示，应不低于 5%。当买方有特殊要求时，由买卖双方协商确定。

2. 凝结时间

凝结时间分初凝和终凝。初凝为水泥加水拌合起至标准稠度净浆开始失去可塑性所需的时间；终凝为水泥加水拌合起至标准稠度净浆完全失去可塑性并开始产生强度所需的时间。为使混凝土和砂浆有充分的时间进行搅拌、运输、浇捣和砌筑，水泥初凝时间不能过短。当施工完毕后，则要求尽快硬化、具有强度，故终凝时间不能太长。

水泥的凝结时间是以标准稠度的水泥净浆，在规定温度及湿度环境下用水泥净浆凝结时间测定仪测定。《通用硅酸盐水泥》GB 175—2023 规定，硅酸盐水泥的初凝时间应不小于 45min，终凝时间应不大于 390min。普通硅酸盐水泥、矿渣硅酸盐水泥、粉煤灰硅酸盐水泥、火山灰硅酸盐水泥、复合硅酸盐水泥的初凝时间应不小于 45min，终凝时间应不大于 600min。

水泥凝结时间的影响因素很多：①熟料中铝酸三钙含量高，石膏掺量不足，使水泥快凝；②水泥的细度越细，水化作用越快，凝结越快；③水灰比越小，凝结时的温度越高，凝结越快；④混合材料掺量大，水泥过粗等都会使水泥凝结缓慢。

3. 体积安定性

如果在水泥已经硬化后，产生不均匀的体积变化，即所谓体积安定性不良，就会使构件产生膨胀性裂缝，降低建筑物质量，甚至引起严重事故。

体积安定性不良一般是由于熟料中所含的游离氧化钙过多，也可能是由于熟料中所含的游离氧化镁过多或掺入的石膏过多。熟料中所含的游离氧化钙或氧化镁都是过烧的，熟化很慢，在水泥已经硬化后才进行熟化。

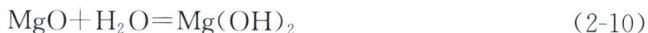

$$CaO + H_2O = Ca(OH)_2 \tag{2-9}$$

$$MgO + H_2O = Mg(OH)_2 \tag{2-10}$$

这时体积膨胀引起不均匀的体积变化，使水泥石开裂。当石膏掺量过多时，在水泥硬化后它还会继续与固态的水化铝酸钙反应生成高硫型水化硫铝酸钙，体积约增大 1.5 倍，也会引起水泥石开裂。

GB 175—2023 规定，用沸煮法检验水泥的体积安定性。测试方法可以用饼法也可以用雷氏法，有争议时以雷氏法为准。饼法是观察水泥净浆试饼沸煮（3h）后的外形变化来检验水泥的体积安定性，雷氏法是测定水泥净浆在雷氏夹中沸煮（3h）后的膨胀值。沸煮起加速氧化钙熟化的作用，所以只能检查游离氧化钙所起的水泥体积安定性不良。由于游离氧化镁在压蒸条件下才能加速熟化，石膏的危害则需长期在常温水中才能发现，两者均不便于快速检验。所以，国家标准规定硅酸盐水泥中游离氧化镁含量不得超过 5.0%，水泥中三氧化硫含量不得超过 3.5%，以控制水泥的体积安定性。

体积安定性不良的水泥不得应用于工程中。

4. 强度及强度等级

水泥的强度是水泥的重要技术指标。根据《通用硅酸盐水泥》GB 175—2023 和《水泥胶砂强度检验方法（ISO 法）》GB/T 17671—2021 的规定，水泥和标准砂按 1:3 混合，用 0.5 的水灰比，按规定的方法制成试件，在标准温度（20±1）℃的水中养护，测定 3d 和 28d 的强度。根据测定结果，将硅酸盐水泥、普通硅酸盐水泥的强度等级分为 42.5、42.5R、52.5、52.5R、62.5 和 62.5R 六个等级，将矿渣硅酸盐水泥、粉煤灰硅酸盐水泥、火山灰质硅酸盐水泥的强度等级分为 32.5、32.5R、42.5、42.5R、52.5、52.5R 六个等级，将复合硅酸盐水泥的强度等级分为 42.5、42.5R、52.5、52.5R 四个等级。其中代号 R 表示早强型水泥。各强度等级、各类型硅酸盐水泥的各龄期强度不得低于表 2-14 中的数值。

通用硅酸盐水泥不同龄期强度要求（参见 GB 175—2023）　　　　表 2-14

强度等级	抗压强度（MPa）		抗折强度（MPa）	
	3d	28d	3d	28d
32.5	≥12.0	≥32.5	≥3.0	≥5.5
32.5R	≥17.0		≥4.0	
42.5	≥17.0	≥42.5	≥4.0	≥6.5
42.5R	≥22.0		≥4.5	
52.5	≥22.0	≥52.5	≥4.5	≥7.0
52.5R	≥27.0		≥5.0	
62.5	≥27.0	≥62.5	≥5.0	≥8.0
62.5R	≥32.0		≥5.5	

5. 碱含量和氯离子含量

水泥中的碱含量按 $Na_2O+0.658K_2O$ 计算值来表示；若使用活性骨料，碱含量过高将引起碱骨料反应；若用户要求提供低碱水泥时，水泥中碱含量不得大于 0.60%，或由供需双方商定。

由于氯离子会引起和促进混凝土结构中的钢筋锈蚀，因此应限制水泥中的氯离子含量，水泥中的氯离子含量不得大于 0.06%。

6. 水化热

水泥在水化过程中放出的热称为水泥的水化热。水化放热量和放热速度不仅取决于水泥的矿物成分，而且还与水泥细度、水泥中掺混合材料及外加剂的品种、数量等有关。水泥矿物进行水化时，铝酸三钙放热量最大、速度也快，硅酸三钙放热量稍低，硅酸二钙放热量最低、速度也慢。水泥细度越细，水化反应越容易进行，因此，水化放热量越大，放热速度也越快。

大型基础、水坝、桥墩等大体积混凝土构筑物，由于水化热积聚在内部不易散失，内部温度常上升到 50～60℃以上，内外温度差所引起的应力可使混凝土产生裂缝，因此水化热对大体积混凝土是有害因素。

在进行混凝土配合比计算和储运水泥时，需要知道水泥的密度和堆积密度，硅

酸盐水泥的密度为 $3.0 \sim 3.15 g/cm^3$。其堆积密度按松紧程度在 $1000 \sim 1600 kg/m^3$ 之间。

2.4.4 水泥石的腐蚀与防止

硅酸盐水泥在硬化后，在通常使用条件下有较好的耐久性，但在某些腐蚀性液体或气体介质中会逐渐受到腐蚀。

引起水泥石腐蚀的原因很多，作用亦甚为复杂，下面介绍几种典型介质的腐蚀作用。

1. 软水的侵蚀（溶出性侵蚀）

雨水、雪水、蒸馏水、工厂冷凝水及含重碳酸盐甚少的河水与湖水等都属于软水。当水泥石长期与这些水分接触时，最先溶出的是氢氧化钙（每升水中能溶氢氧化钙 1.3g 以上）。在静水及无水压的情况下，由于周围的水易为溶出的氢氧化钙所饱和，使溶解作用中止，所以溶出仅限于表层，影响不大。但在流水及压力水作用下，氢氧化钙会不断溶解流失，而且由于石灰浓度的继续降低，还会引起其他水化物的分解溶蚀，使水泥石结构遭受进一步破坏，这种现象称为溶析。

2. 盐类腐蚀

（1）硫酸盐的腐蚀

在海水、湖水、盐沼水、地下水、某些工业污水及流经高炉矿渣或煤渣的水中常含钠、钾、铵等硫酸盐，它们与水泥石中的氢氧化钙起置换作用，生成硫酸钙。

硫酸钙与水泥石中的固态水化铝酸钙作用生成高硫型水化硫铝酸钙。

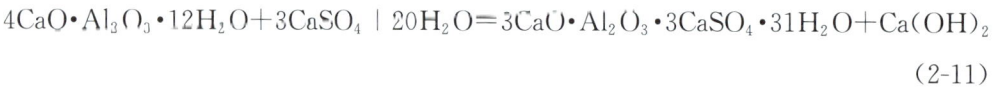

$$4CaO \cdot Al_3O_3 \cdot 12H_2O + 3CaSO_4 + 20H_2O = 3CaO \cdot Al_2O_3 \cdot 3CaSO_4 \cdot 31H_2O + Ca(OH)_2$$
$$(2\text{-}11)$$

图 2-6 高硫型水化硫铝酸钙呈针状晶体

生成的高硫型水化硫铝酸钙含有大量结晶水，比原有体积增加 1.5 倍以上，由于是在已经固化的水泥石中产生上述反应，因此会对水泥石产生极大的破坏作用。高硫型水化硫铝酸钙呈针状晶体，通常称为"水泥杆菌"，如图 2-6 所示。当水中硫酸盐浓度较高时，硫酸钙将在孔隙中直接结晶成二水石膏，使体积膨胀，从而导致水泥石破坏。

（2）镁盐的腐蚀

在海水及地下水中，常含大量的镁盐，主要是硫酸镁和氯化镁。它们与水泥石中的氢氧化钙产生复分解反应。

$$MgSO_4 + Ca(OH)_2 + 2H_2O = CaSO_4 \cdot 2H_2O + Mg(OH)_2 \qquad (2-12)$$

$$MgCl_2 + Ca(OH)_2 = CaCl_2 + Mg(OH)_2 \qquad (2-13)$$

生成的氢氧化镁松软而无胶凝能力，氯化钙易溶于水，二水石膏则引起硫酸盐的破坏作用。因此，硫酸镁对水泥石起镁盐和硫酸盐的双重腐蚀作用。

3. 酸类腐蚀

（1）碳酸腐蚀

在工业污水、地下水中常溶解有较多的二氧化碳，这种水对水泥石的腐蚀作用是通过下面方式进行的：

开始时二氧化碳与水泥石中的氢氧化钙作用生成碳酸钙。

$$Ca(OH)_2 + CO_2 + H_2O = CaCO_3 + 2H_2O \qquad (2-14)$$

生成的碳酸钙再与含碳酸的水作用转变成重碳酸钙，是可逆反应。

$$CaCO_3 + CO_2 + H_2O \Longrightarrow Ca(HCO_3)_2 \qquad (2-15)$$

生成的重碳酸钙易溶于水。当水中含有较多的碳酸并超过平衡浓度，则上式反应向右进行。因此，水泥石中的氢氧化钙通过转变为易溶的重碳酸钙而溶失。氢氧化钙浓度降低还会导致水泥石中其他水化物的分解，使腐蚀作用进一步加剧。

（2）一般酸的腐蚀

在工业废水、地下水、沼泽水中常含无机酸和有机酸，工业窑炉中的烟气常含有氧化硫，遇水后即生成亚硫酸。各种酸类对水泥石都有不同程度的腐蚀作用。它们与水泥石中的氢氧化钙作用后生成的化合物，或者易溶于水，或者体积膨胀，在水泥石内造成内应力而导致破坏。腐蚀作用最快的是无机酸中的盐酸、氢氟酸、硝酸、硫酸和有机酸中的醋酸、蚁酸和乳酸。

例如，盐酸与水泥石中的氢氧化钙作用，生成的氯化钙易溶于水。

$$2HCl + Ca(OH)_2 = CaCl_2 + 2H_2O \qquad (2-16)$$

硫酸与水泥石中的氢氧化钙作用，生成的二水石膏或者直接在水泥石孔隙中结晶产生膨胀，或者再与水泥石中的水化铝酸钙作用生成高硫型水化硫铝酸钙，其破坏性更大。

$$H_2SO_4 + Ca(OH)_2 = CaSO_4 \cdot 2H_2O \qquad (2-17)$$

4. 强碱的腐蚀

碱类溶液浓度不大时一般是无害的，但铝酸盐含量较高的硅酸盐水泥遇到强碱

（如氢氧化钠）作用后也会破坏。氢氧化钠与水泥熟料中未水化的铝酸盐作用，生成易溶的铝酸钠。

$$3CaO \cdot Al_2O_3 + 6NaOH = 3Na_2O \cdot Al_2O_3 + 3Ca(OH)_2 \tag{2-18}$$

当水泥石被氢氧化钠浸透后又在空气中干燥，与空气中的二氧化碳作用而生成碳酸钠。

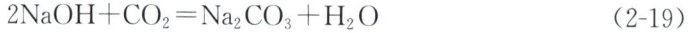

$$2NaOH + CO_2 = Na_2CO_3 + H_2O \tag{2-19}$$

碳酸钠在水泥石毛细孔中结晶沉积，从而使水泥石胀裂。

除上述腐蚀类型外，对水泥石有腐蚀作用的还有一些其他物质，如糖、氨盐、动物脂肪、含环烷酸的石油产品等。

实际上水泥石的腐蚀是一个极为复杂的物理化学作用过程，它在遭受腐蚀时很少仅有单一的侵蚀作用，往往是几种作用同时存在、互相影响，但产生水泥腐蚀的基本原因是：①水泥石中存在有引起腐蚀的组成成分氢氧化钙和水化铝酸钙；②水泥石本身不密实，有很多毛细孔通道，侵蚀性介质易于进入其内部；③腐蚀与通道的相互作用。

干的固体化合物对水泥石不起侵蚀作用，腐蚀性化合物必须呈溶液状态，而且浓度须在某一最小值以上。促进化学腐蚀的因素有较高的温度、较快的流速、干湿交替和出现钢筋的锈蚀。

5. 腐蚀的防止

根据对以上腐蚀原因的分析，使用水泥时可采用下列防止措施：

（1）根据侵蚀环境特点合理选用水泥品种。例如采用水化产物中氢氧化钙含量较少的水泥，可提高对软水等侵蚀作用的抵抗能力；为抵抗硫酸盐的腐蚀，采用铝酸三钙含量低于5%的抗硫酸盐水泥。掺入活性混合材料，可提高硅酸盐水泥对多种介质的抗腐蚀性。

（2）提高水泥石的密实度。硅酸盐水泥水化只需水（化学结合水）23%左右（占水泥质量的百分数），而实际用水量较大（约占水泥质量的40%～70%），多余的水蒸发后形成连通的孔隙，腐蚀介质就容易透入水泥石内部，从而加速了水泥石的腐蚀。在实际工程中，提高混凝土或砂浆密实度的各种措施，如合理设计混凝土配合比、降低水灰比、仔细选择骨料、掺外加剂以及改善施工方法等，均能提高其抗腐蚀能力。另外在混凝土或砂浆表面进行碳化或氟硅酸处理，生成难溶的碳酸钙外壳或氟化钙及硅胶薄膜，提高表面密实度，也可减少侵蚀性介质渗入内部。

（3）加做保护层。当侵蚀作用较强时，可在混凝土及砂浆表面加上耐腐蚀性高而且不透水的保护层，一般可用耐酸石料、耐酸陶瓷、玻璃、塑料、沥青等。

2.4.5　硅酸盐水泥的应用与存放

硅酸盐水泥强度较高，主要用于重要结构的高强度混凝土和预应力混凝土工程。

硅酸盐水泥凝结硬化较快、耐冻性好，适用于要求凝结快、早期强度高，冬季施工及严寒地区遭受反复冻融的工程。

水泥石中有较多的氢氧化钙，耐软水侵蚀和耐化学腐蚀性差，故硅酸盐水泥不适用于经常与流动的淡水接触及有水压作用的工程，也不适用于受海水、矿物水等作用的工程。

硅酸盐水泥在水化过程中，水化热的热量大，不宜用于大体积混凝土工程。

运输和贮存水泥要按不同品种、强度等级及出厂日期存放，并加以标志。散装水泥应分库存放；袋装水泥一般堆放高度不应超过 10 袋，平均每平方米堆放 1t，并应考虑先存先用。即使在良好的贮存条件下，水泥也不可贮存过久，因为水泥会吸收空气中的水分和二氧化碳，使颗粒表面水化甚至碳化，丧失胶凝能力，强度大为降低。在一般贮存条件下，经 3 个月后，水泥强度约降低 10%～20%；经 6 个月后，约降低 15%～30%；1 年后，约降低 25%～40%。

2.4.6　掺混合材料的硅酸盐水泥

1. 水泥混合材料

在生产水泥时，为改善水泥性能、调节水泥强度等级而加到水泥中的人工的和天然的矿物材料称为水泥混合材料。水泥混合材料通常分为活性混合材料和非活性混合材料两大类。

（1）活性混合材料

混合材料磨成细粉，与石灰或与石膏拌合在一起并加水后，在常温下能生成具有胶凝性的水化产物，既能在水中又能在空气中硬化的，称为活性混合材料。属于这类性质的有粒化高炉矿渣、火山灰质混合材料和粉煤灰。

1）粒化高炉矿渣。粒化高炉矿渣是将炼铁高炉的熔融矿渣经急速冷却而成的松软颗粒，颗粒直径一般为 0.5～5mm。急冷一般用水淬方法进行，故又称水淬高炉矿渣。急冷成粒的目的在于阻止结晶，使其绝大部分成为不稳定的玻璃体，储有较高的潜在化学能，从而有较高的潜在活性。

粒化高炉矿渣中的活性成分一般认为是活性氧化铝和活性氧化硅，即使在常温下也可与氢氧化钙起作用而产生强度。在含氧化钙较高的碱性矿渣中，因其中还含有硅酸二钙等成分，故本身具有弱的水硬性。

2）火山灰质混合材料。火山喷发时，随同熔岩一起喷发的大量碎屑沉积在地面或水中成为松软物质，称为火山灰。由于喷出后即遭急冷，因此含有一定量的玻璃体，这些玻璃体是火山灰活性的主要来源，它的成分主要是活性氧化硅和活性氧化铝。火山灰质混合材料是泛指火山灰一类物质，按其化学成分与矿物结构可分为含水硅酸质、铝硅玻璃质、烧黏土质等。

含水硅酸质混合材料有硅藻土、硅藻石、蛋白石和硅质渣等。其活性成分以氧化硅为主。

铝硅玻璃质混合材料有火山灰、凝灰岩、浮石和某些工业废渣。其活性成分为氧化硅和氧化铝。

烧黏土质混合材料有烧黏土、煤渣、煅烧的煤矸石等。其活性成分以氧化铝为主。

3）粉煤灰。它是发电厂锅炉以煤粉做燃料，从煤粉炉烟气中收集的粉体材料。它的颗粒直径一般为 $0.001\sim0.05\text{mm}$，呈玻璃态实心或空心的球状颗粒，表面致密性较好。粉煤灰的活性主要决定于玻璃体含量，粉煤灰的活性成分主要是活性氧化硅和活性氧化铝。

（2）非活性混合材料

磨细的石英砂、石灰石、慢冷矿渣及各种废渣等属于非活性混合材料。它们与水泥成分不起化学作用（即无化学活性）或化学作用很小，非活性混合材料掺入硅酸盐水泥中仅起提高水泥产量和降低水泥强度等级、减少水化热等作用。

（3）活性混合材料的作用

粒化高炉矿渣、火山灰质混合材料和粉煤灰都属于活性混合材料，它们与水调和后本身不会硬化或硬化极为缓慢、强度很低，但在氢氧化钙溶液中就会发生显著的水化，在饱和的氢氧化钙溶液中水化更快。其水化反应一般认为是：

$$x\,\text{Ca(OH)}_2 + \text{SiO}_2 + m\,\text{H}_2\text{O} \longrightarrow x\,\text{CaO} \cdot \text{SiO}_2 \cdot n\,\text{H}_2\text{O} \qquad (2\text{-}20)$$

式中，x 值决定于混合材料的种类、氢氧化钙和活性氧化硅的比例、环境温度以及作用所延续的时间等，一般为 1 或稍大；n 值一般为 $1\sim2.5$。

Ca(OH)_2 和 SiO_2 相互作用的过程为：无定形的硅酸吸收了钙离子，开始形成不定成分的吸附系统，然后形成无定形的水化硅酸钙，再经过较长一段时间后慢慢地转变成微晶体或结晶不完善的凝胶。

Ca(OH)_2 与活性氧化铝相互作用形成水化铝酸钙。

当液相中有石膏存在时，其将与水化铝酸钙反应生成水化硫铝酸钙。这些水化物能在空气中凝结硬化，并能在水中继续硬化，具有相当高的强度。可以看出，氢氧化钙和石膏的存在使活性混合材料的潜在活性得以发挥，即氢氧化钙和石膏起着激发水化、促进凝结硬化的作用，故称为激发剂。常用的激发剂有碱性激发剂和硫酸盐激发剂两类。一般用作碱性激发剂的是石灰和能在水化时析出氢氧化钙的硅酸盐水泥熟料。硫酸盐激发剂有二水石膏或半水石膏，并包括各种化学石膏。硫酸盐激发剂的激发作用必须在有碱性激发剂的条件下才能充分发挥。

2. 普通硅酸盐水泥

由硅酸盐水泥熟料、6%～20%混合材料、适量石膏磨细制成的水硬性胶凝材料称为普通硅酸盐水泥（简称普通水泥），代号 P·O。

普通硅酸盐水泥中绝大部分仍为硅酸盐水泥熟料，其性能与硅酸盐水泥相近。但由于掺入了少量混合材料，与硅酸盐水泥相比早期硬化速度稍慢，抗冻性与耐磨性能也略差。在应用范围方面与硅酸盐水泥相同，广泛用于各种混凝土或钢筋混凝土工程，是我国的主要水泥品种之一。

3. 矿渣硅酸盐水泥

由硅酸盐水泥熟料和粒化高炉矿渣、适量石膏磨细制成的水硬性胶凝材料称为矿渣硅酸盐水泥（简称矿渣水泥）。矿渣硅酸盐水泥分为两种类型，矿渣掺量为21%～50%的称为 A 型矿渣硅酸盐水泥，代号 P·S·A；矿渣掺量为51%～70%的称为 B 型矿渣硅酸盐水泥，代号 P·S·B。

按照《通用硅酸盐水泥》GB 175—2023，A 型矿渣水泥中氧化镁的含量不得超过 6%，三氧化硫的含量不得超过 4%。如氧化镁含量大于 6%，则水泥需经压蒸安定性试验合格。

水泥中矿渣硅酸盐水泥的细度用筛析法检验，要求 $80\mu m$ 方孔筛筛余不大于10%或 $45\mu m$ 方孔筛筛余不大于30%。矿渣硅酸盐水泥对凝结时间及沸煮安定性的要求均与普通硅酸盐水泥相同。矿渣硅酸盐水泥的密度通常为 $2.8～3.1g/cm^3$。堆积密度约为 $1000～1200kg/m^3$。

矿渣水泥的凝结硬化和性能相对于硅酸盐水泥来说有如下主要特点：

（1）矿渣硅酸盐水泥中熟料矿物较少而活性混合材料（粒化高炉矿渣、火山灰和粉煤灰）较多。就局部而言，其水化反应是分两步进行的。首先是熟料矿物水化，此时所生成的水化产物与硅酸盐水泥基本相同。随后是熟料矿物水化析出的氢氧化钙和掺入水泥中的石膏分别作为矿渣的碱性激发剂和硫酸盐激发剂与矿渣中的活性氧化硅、活性氧化铝发生二次水化反应，生成水化硅酸钙、水化铝酸钙、水化硫铝酸钙或水化硫铁酸钙，有时还可能形成水化铝硅酸钙等水化产物，而凝结硬化过程基本上与硅酸盐水泥相同。

（2）因为矿渣水泥中熟料矿物含量比硅酸盐水泥少得多，而且混合材料中的活性氧化硅、活性氧化铝与氢氧化钙、石膏的作用在常温下进行缓慢，故凝结硬化稍慢，早期（3d、7d）强度较低。但在硬化后期（28d以后），由于水化硅酸钙凝胶数量增多，使水泥石强度不断增长，最后甚至超过同强度等级普通硅酸盐水泥，如图2-7所示。

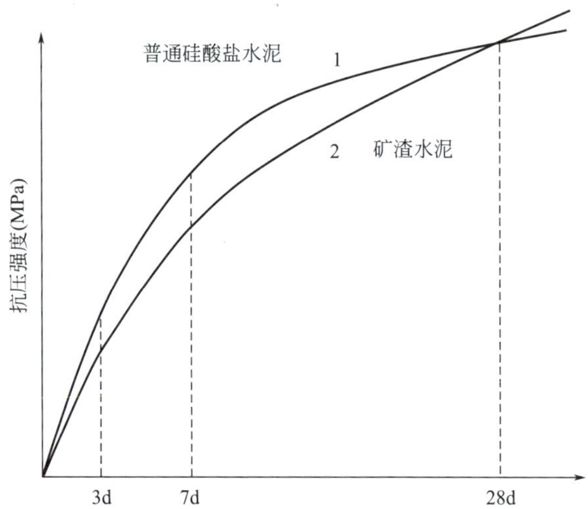

图 2-7　矿渣水泥和普通水泥抗压强度曲线

还应注意，矿渣水泥二次反应对环境的温湿度条件较为敏感，为保证矿渣水泥强度的稳步增长，需要较长时间的养护。若采用蒸汽养护或压蒸养护等湿热处理方法，则能显著加快硬化速度，并且在处理完毕后不影响其后期的强度增长。

（3）矿渣水泥水化所析出的氢氧化钙较少，而且在与活性混合材料作用时又消耗掉大量的氢氧化钙，水泥石中剩余的氢氧化钙就更少了。因此这种水泥抵抗软水、海水和硫酸盐腐蚀能力较强，宜用于水工和海港工程。

（4）矿渣水泥还具有一定的耐热性，因此可用于耐热混凝土工程，如制作冶炼车间、锅炉房等高温车间的受热构件和窑炉外壳等。但这种水泥硬化后碱度较低，故抗碳化能力较差。

（5）矿渣水泥中混合材料掺量较多，且磨细的粒化高炉矿渣有尖锐棱角，所以矿渣水泥的标准稠度需大量加大，但保持水分的能力较差，泌水性较大，故矿渣水泥的干缩性较大，如养护不当就易产生裂纹。使用这种水泥容易析出多余水分，形成毛细管通路或粗大孔隙，降低水泥石的匀质性，因此矿渣水泥的抗冻性、抗渗性和抵抗干湿交替循环的性能均不及普通水泥。

矿渣水泥应用较广泛，也是我国水泥产量最大的品种之一。

4. 火山灰质硅酸盐水泥

由硅酸盐水泥熟料和火山灰质混合材料、适量石膏磨细制成的水硬性胶凝材料称为火山灰质硅酸盐水泥（简称火山灰水泥），代号 P·P。水泥中火山灰质混合材料掺加量按质量百分比计为 21%～40%。

按照《通用硅酸盐水泥》GB 175—2023 的规定，火山灰水泥中氧化镁的含量不得超过 6%，三氧化硫的含量不得超过 3.5%。如果水泥中氧化镁的含量大于 6%，则水泥需经压蒸安定性试验合格。火山灰质硅酸盐水泥的细度、凝结时间、沸煮安定性和强度的要求与矿渣硅酸盐水泥相同。火山灰质硅酸盐水泥的密度通常为 2.8～3.1g/cm³，堆积密度约为 3.0～3.15g/cm³。

火山灰质硅酸盐水泥的凝结硬化与矿渣水泥大致相同。首先是水泥熟料矿物水化，所生成的氢氧化钙再与混合材料中的活性氧化物进行二次水化反应，形成以水化硅酸钙为主的水化产物，其他还有水化硫铝酸钙和水化铝酸钙。特别要指出的是，火山灰质硅酸盐水泥的水化产物和水化速度常常由于具体的混合材料、熟料矿物以及硬化环境的不同而有所变化。

火山灰质硅酸盐水泥的凝结硬化特性、水化放热、强度发展、碳化等性能都与矿渣硅酸盐水泥基本相同，但火山灰水泥的抗冻性和耐磨性比矿渣水泥差，干燥收缩较大，在干热条件下会产生起粉现象。因此，火山灰水泥不宜用于有抗冻、耐磨要求和干热环境使用的工程。

此外，火山灰-石灰混合材料在潮湿环境下，随着龄期的增长，溶解的 SiO_2 和 Al_2O_3 的数量也增多，会吸收石灰而产生膨胀胶化作用，使水泥石结构致密，因而具有较高的密实度和抗渗性，适宜用于抗渗要求较高的工程。

5. 粉煤灰硅酸盐水泥

由硅酸盐水泥熟料和粉煤灰、适量石膏磨细制成的水硬性胶凝材料称为粉煤灰硅酸盐水泥（简称粉煤灰水泥），代号 P·F。水泥中粉煤灰掺加量按质量百分比计为 21%～40%。

按照《通用硅酸盐水泥》GB 175—2023，粉煤灰硅酸盐水泥的细度、凝结时间、体积安定性和强度的要求与火山灰质硅酸盐水泥相同。

粉煤灰硅酸盐水泥的凝结硬化与火山灰质硅酸盐水泥相近，主要是水泥熟料矿物水化所生成的氢氧化钙通过液相扩散到粉煤灰球形玻璃体表面，与活性氧化物发生作用（或称为吸附和侵蚀）生成水化硅酸钙和水化铝酸钙；当有石膏存在时，随即生成水化硫铝酸钙晶体。

粉煤灰硅酸盐水泥的主要技术性能与矿渣水泥和火山灰水泥相似。由于粉煤灰的颗粒多呈球形微粒、内比表面积较小、吸附水的能力较小，因而粉煤灰水泥的干燥收缩小、抗裂性较好。同时，拌制的混凝土和易性较好。

6. 复合硅酸盐水泥

由硅酸盐水泥、两种或两种以上规定的混合材料、适量石膏磨细制成的水硬性胶凝材料称为复合硅酸盐水泥（简称复合水泥）。按照《通用硅酸盐水泥》GB 175—2023 的规定，复合硅酸盐水泥中氧化镁的含量不得超过 6%，三氧化硫的含量不得超过 3.5%。如水泥中氧化镁的含量大于 6%，则水泥需经压蒸安定性试验合格。

复合硅酸盐水泥的特性取决于所掺两种混合材料的种类、掺量及相对比例，与矿渣硅酸盐水泥、火山灰质硅酸盐水泥、粉煤灰硅酸盐水泥有不同程度的相似，其使用应根据所掺入的混合材料种类参照其他掺混合材料水泥的适用范围和工程实践经验选用。

目前，硅酸盐水泥、普通硅酸盐水泥、矿渣硅酸盐水泥、火山灰质硅酸盐水泥、粉煤灰硅酸盐水泥和复合硅酸盐水泥是我国广泛使用的六种水泥（通用水泥），在混凝土结构工程中，这些水泥的选用可参照表 2-15 选择。

常用水泥的选用　　　　　　　　　　　　　　　　　表 2-15

	混凝土工程特点或所处环境条件	优先选用	可以使用	不宜使用
普通混凝土	1. 在普通气候环境中的混凝土	普通硅酸盐水泥	矿渣硅酸盐水泥、火山灰质硅酸盐水泥、粉煤灰硅酸盐水泥、复合硅酸盐水泥	
	2. 在干燥环境中	普通硅酸盐水泥	矿渣硅酸盐水泥	火山灰质硅酸盐水泥、粉煤灰硅酸盐水泥
	3. 在高湿度环境中或永远处在水下的混凝土	矿渣硅酸盐水泥	普通硅酸盐水泥、火山灰质硅酸盐水泥、粉煤灰硅酸盐水泥、复合硅酸盐水泥	
	4. 厚大体积的混凝土	粉煤灰硅酸盐水泥、矿渣硅酸盐水泥、火山灰质硅酸盐水泥、复合硅酸盐水泥	普通硅酸盐水泥	硅酸盐水泥、快硬硅酸盐水泥

混凝土工程特点或所处环境条件		优先选用	可以使用	不宜使用
有特殊要求的混凝土	1. 要求快硬的混凝土	快硬硅酸盐水泥、硅酸盐水泥	普通硅酸盐水泥	矿渣硅酸盐水泥、火山灰质硅酸盐水泥、粉煤灰硅酸盐水泥、复合硅酸盐水泥
	2. 高强（大于 C60 级）的混凝土	硅酸盐水泥	普通硅酸盐水泥、矿渣硅酸盐水泥	火山灰质硅酸盐水泥、粉煤灰硅酸盐水泥
	3. 严寒地区的露天混凝土，寒冷地区处在水位升降范围内的混凝土	普通硅酸盐水泥	矿渣硅酸盐水泥	火山灰质硅酸盐水泥、粉煤灰硅酸盐水泥
	4. 严寒地区处在水位升降范围内的混凝土	普通硅酸盐水泥		火山灰质硅酸盐水泥、矿渣硅酸盐水泥、粉煤灰硅酸盐水泥、复合硅酸盐水泥
	5. 有抗渗性要求的混凝土	普通硅酸盐水泥、火山灰质硅酸盐水泥		矿渣硅酸盐水泥
	6. 有耐磨性要求的混凝土	硅酸盐水泥、普通硅酸盐水泥	矿渣硅酸盐水泥	火山灰质硅酸盐水泥、粉煤灰硅酸盐水泥

注：蒸汽养护时用的水泥品种宜根据具体条件通过试验确定。

2.4.7 其他水泥的技术性质与应用

在土木工程中，除了前面介绍的通用水泥外，还需使用一些特性水泥和专用水泥。本节将介绍白色和彩色硅酸盐水泥、快硬水泥、膨胀水泥和自应力水泥，以及道路硅酸盐水泥。

1. 白色和彩色硅酸盐水泥

以适当成分的生料烧至部分熔融，得到以硅酸钙为主要成分、氧化铁含量很小的白色硅酸盐水泥熟料，加入适量石膏和标准规定的混合材料，共同磨细制成的水硬性胶凝材料称为白色硅酸盐水泥（简称白水泥），代号 P·W。

白色硅酸盐水泥是采用含极少量着色物质（氧化铁、氧化锰、氧化钛、氧化铬等）的原料，如纯净的高岭土、纯石英砂、纯石灰石或白垩等，在较高温度（1500～1600℃）烧成熟料。其熟料矿物成分主要还是硅酸盐。为了保持白水泥的白度，在煅烧、磨细和运输时均应防止着色物质混入，常采用天然气、煤气或重油作燃料，在磨机中用硅质石材或坚硬的白色陶瓷作为衬板及研磨体，不能用铸钢板和钢球。

在熟料磨细时可加入 50％以内的石灰石或窑灰。

白色硅酸盐水泥的性质与普通硅酸盐水泥相同，按照《白色硅酸盐水泥》GB/T 2015—2017 的规定，白色硅酸盐水泥分为 32.5、42.5 和 52.5 三个强度等级。白色硅酸盐水泥按照白度分为 1 级和 2 级，代号分别为 P·W-1 和 P·W-2，其中 1 级白度应不低于 89％、2 级白度应不低于 87％。白水泥的初凝时间不小于 45min，终凝不大于 600min。熟料中氧化镁的含量不得超过 5％，如果水泥经压蒸安定性试验合格，则熟料中氧化镁的含量允许放宽到 6％。

白色硅酸盐水泥熟料、石膏和耐碱矿物颜料共同磨细可制成彩色硅酸盐水泥。耐碱矿物颜料不应对水泥起有害作用，常用的有氧化铁（红、黄、褐、黑色）、氧化锰（褐、黑色）、氧化铬（绿色）、赭石（赭色）、群青（蓝色）以及普鲁士红等，但制造红色、黑色或棕色水泥时可在普通硅酸盐水泥中加入耐碱矿物颜料，而不一定用白色硅酸盐水泥。

白色和彩色硅酸盐水泥主要用于建筑物内外的表面装饰工程上，如地面、楼面、楼梯、墙、柱及台阶等，可做成水泥拉毛、彩色砂浆、水磨石、水刷石、斩假石等饰面，也可用于雕塑及装饰部件或制品。使用白色或彩色硅酸盐水泥时应以彩色大理石、石灰石、白云石等彩色石子或石屑和石英砂作粗细骨料，可以在工地现场浇制，也可在工厂预制。

2. 快硬水泥

（1）快硬硅酸盐水泥

凡以硅酸盐水泥熟料和适量石膏磨细制成的，以 3d 抗压强度表示标号的水硬性胶凝材料称为快硬硅酸盐水泥（简称快硬水泥）。

快硬硅酸盐水泥的使用已日益广泛，主要适用于要求早期强度高的工程、紧急抢修工程、抗冲击及抗震性工程、冬季施工工程、制作混凝土及预应力混凝土预制构件。

（2）铝酸盐水泥

铝酸盐水泥是以铝矾土和石灰石为原料，经煅烧（或熔融状态）得到以铝酸钙为主、氧化铝含量大于 50％的熟料磨制的水硬性胶凝材料，代号 CA。它是一种快硬、高强、耐腐蚀、耐热的水泥。铝酸盐水泥又称高铝水泥。

铝酸盐水泥具有快凝、早强、高强、低收缩、耐热性好和耐硫酸盐腐蚀性强等特点，可用于工期紧急的工程、抢修工程、冬季施工工程，以及配制耐热混凝土及耐硫酸盐混凝土。但高铝水泥的水化热大、耐碱性差、长期强度会降低，使用时应予以注意。

　　　　　　　　　　　　　　　　　　　　　　　　　　　　建筑材料

（3）快硬硫铝酸盐水泥

以适当成分的生料经煅烧所得以无水硫铝酸钙和硅酸二钙为主要矿物成分的熟料和少量石灰石、适量石膏磨细制成的早期强度高的水硬性胶凝材料称为快硬硫铝酸盐水泥，代号 R·SAC。

快硬硫铝酸盐水泥具有快凝、早强、不收缩的特点，宜用于配制早强、抗渗和抗硫酸盐侵蚀等混凝土，负温施工（冬季施工），浆锚、喷锚支护、抢修、堵漏、水泥制品及一般建筑工程。但由于这种水泥碱度较低，使用时应注意钢筋的锈蚀问题。此外，钙矾石在 150℃ 以上会脱水，强度大幅度下降，故耐热性较差。

3. 膨胀水泥和自应力水泥

前述各种水泥的共同点是在硬化过程中产生一定的收缩，可能造成裂纹、透水和不适于某些工程的使用。膨胀水泥及自应力水泥的不同之处是在硬化过程中不但不收缩，而且有不同程度的膨胀。膨胀水泥及自应力水泥有两种配制途径：一种是以硅酸盐水泥为主配制的，凝结较慢，俗称硅酸盐型；另一种是以高铝水泥为主配制的，凝结较快，俗称铝酸盐型。

硅酸盐型膨胀水泥及自应力水泥是由硅酸盐水泥、高铝水泥和石膏按一定比例共同磨细或分别粉磨再经混匀而成。铝酸盐型水泥是以高铝水泥熟料和二水石膏磨细而成的。

膨胀水泥适用于补偿收缩混凝土，用作防渗混凝土；填灌混凝土结构或构件的接缝及管道接头，结构的加固与修补，浇筑机器底座及固结地脚螺栓等。自应力水泥适用于制造自应力钢筋混凝土压力管及配件。

4. 道路硅酸盐水泥

道路硅酸盐水泥是由道路硅酸盐水泥熟料、适量石膏和混合材料磨细制成的水硬性胶凝材料，代号 P·R，按照 28d 抗折强度分为 7.5 和 8.5 两个等级，如 P.R7.5。水泥中三氧化硫的含量（质量分数）不大于 3.5%；水泥中氧化镁的含量（质量分数）不大于 5%。如果水泥压蒸试验合格，则水泥中氧化镁的含量（质量分数）允许放宽至 6%。道路硅酸盐水泥中熟料和石膏含量（质量分数）为 90%～100%，活性混合材料含量（质量分数）为 0～10%。道路硅酸盐水泥熟料是以硅酸钙为主要成分和较多量的铁铝酸钙的硅酸盐水泥熟料；其中，铝酸三钙（$3CaO·Al_2O_3$，C_3A）的含量不应大于 5%，铁铝酸四钙（$4CaO·Al_2O_3·Fe_2O_3$，C_4AF）的含量不应小于 15%，游离氧化钙的含量，不应大于 1.0%。

道路水泥的技术要求，按国家标准 GB/T 13693—2017 的规定：比表面积为 300～450m^2/kg；初凝时间不小于 90min，终凝时间不大于 720min；沸煮法安定性用雷氏夹检验合格；28d 干缩率不大于 0.10％；28d 磨损量不大于 3.0kg/m²。

道路水泥主要用于公路路面、机场跑道等工程结构，也可用于要求较高的工厂地面和停车场等工程。

【本单元测试】

一、判断题

1. 硅酸盐水泥指由硅酸盐水泥熟料加适量石膏制成，不掺加混合材料。（　　）

2. 水泥的早强高是因为熟料中硅酸二钙含量较多。（　　）

3. 普通硅酸盐水泥的初凝时间应不早于 45min，终凝时间不迟于 10h。（　　）

4. 火山灰水泥的抗硫酸盐腐蚀性很好。（　　）

5. 在水位升降范围内的混凝土工程宜选用矿渣水泥，因其抗硫酸盐腐蚀性较强。（　　）

6. 水泥为气硬性胶凝材料。（　　）

7. 水泥的硬化过程是从加水拌合至形成水泥石。（　　）

8. 生产水泥的最后阶段还要加入石膏，主要是为调整水泥的凝结时间。（　　）

9. 体积安定性不合格的水泥属于废品，不得使用。（　　）

10. 硅酸盐水泥因其耐腐蚀性好、水化热高，故适宜建造混凝土桥墩。（　　）

11. 因硅酸盐水泥的耐磨性好，且干缩小、表面不易起粉，可用于地面或道路工程。（　　）

12. 一般磨细的活性混合材料与水拌合后不会产生水化及凝结硬化。（　　）

13. 硫铝酸盐系列水泥泌水性大，所以应加大水灰比。（　　）

14. 高铝水泥在使用时应避免与硅酸盐类水泥混杂使用。（　　）

15. 硫铝酸盐系列水泥不能与其他品种水泥混合使用。（　　）

二、单选题

1. 有硫酸盐腐蚀的混凝土工程应优先选择（　　）水泥。

A. 硅酸盐　　　　　B. 普通　　　　　C. 矿渣　　　　　D. 高铝

2. 有耐热要求的混凝土工程，应优先选择（　　）水泥。

A. 硅酸盐　　　　　B. 矿渣　　　　　C. 火山灰　　　　D. 粉煤灰

3. 有抗渗要求的混凝土工程，应优先选择（　　）水泥。

A. 硅酸盐　　　　　B. 矿渣　　　　　C. 火山灰　　　　D. 粉煤灰

4. 下列材料中属于非活性混合材料的是（　　）。

A. 石灰石粉　　　　B. 矿渣　　　　　　C. 火山灰　　　　　D. 粉煤灰

5. 为了延缓水泥的凝结时间，在生产水泥时必须掺入适量（　　）。

A. 石灰　　　　　　B. 石膏　　　　　　C. 助磨剂　　　　　D. 水玻璃

6. 对于通用水泥，下列性能中（　　）不符合标准规定为废品。

A. 终凝时间　　　　B. 混合材料掺量　　C. 体积安定性　　　D. 包装标志

7. 通用水泥的储存期不宜过长，一般不超过（　　）。

A. 一年　　　　　　B. 六个月　　　　　C. 一个月　　　　　D. 三个月

8. 对于大体积混凝土工程，应选择（　　）水泥。

A. 硅酸盐　　　　　B. 普通　　　　　　C. 矿渣　　　　　　D. 高铝

9. 硅酸盐水泥熟料矿物中，水化热最高的是（　　）。

A. C_3S　　　　　B. C_2S　　　　　C. C_3A　　　　　D. C_4AF

10. 有抗冻要求的混凝土工程，在下列水泥中应优先选择（　　）硅酸盐水泥。

A. 矿渣　　　　　　B. 火山灰　　　　　C. 粉煤灰　　　　　D. 普通

单元 2.5　沥青材料的选用

沥青是一种褐色或黑褐色的有机胶凝材料，是土木工程建设中不可缺少的材料。在建筑、公路、桥梁等工程中有着广泛的应用，主要用于生产防水材料和铺筑沥青路面、机场道面等。

沥青按产源可分为地沥青（包括天然沥青、石油沥青）和焦油沥青（包括煤沥青、页岩沥青）。常用的主要是石油沥青，另外还使用少量的煤沥青。

采用沥青作胶结料的沥青混合料是公路路面、机场道面结构的一种主要材料，也可用于建筑地面或防渗坝面。它具有良好的力学性能，用作路面具有抗滑性好、噪声小、行车平稳等优点。

2.5.1　石油沥青的组成与结构

石油沥青是石油原油经蒸馏等提炼出各种轻质油（如汽油、柴油等）及润滑油以后的残留物，或再经加工而得的产品。它是一种有机胶凝材料，在常温下呈固体、半固体或黏性液体，颜色为褐色或黑褐色。

1. 石油沥青的组分

石油沥青是由许多高分子碳氢化合物及其非金属（主要为氧、硫、氮等）衍生物组成的复杂混合物。因为沥青的化学组成复杂，对其组成进行分析很困难，同时化学组成还不能反映沥青物理性质的差异。因此，一般不作沥青的化学分析，只从使用角度将沥青中化学成分及性质极为接近并且与物理力学性质有一定关系的成分划分为若干个组，这些组即称为组分。在沥青中各组分含量多寡与沥青的技术性质有直接关系。沥青中各组分的主要特性简述如下：

（1）油分

油分为淡黄色至红褐色的油状液体，是沥青中分子量最小和密度最小的组分，密度介于 $0.7 \sim 1 \mathrm{g/cm}^3$ 之间。在 170℃ 较长时间加热，油分可以挥发。油分能溶于石油醚、二硫化碳、三氯甲烷、苯、四氯化碳和丙酮等有机溶剂中，但不溶于酒精。油分赋予沥青以流动性。

（2）沥青脂胶（树脂）

沥青脂胶为黄色至黑褐色黏稠状物质（半固体），分子量（600～1000）比油分大，密度为 $1.0 \sim 1.1 \mathrm{g/cm}^3$。沥青脂胶中绝大部分属于中性树脂。中性树脂能溶于三氯甲烷、汽油和苯等有机溶剂，但在酒精和丙酮中难溶解或溶解度很低。沥青脂胶使石油沥青具有良好的塑性和黏结性。

（3）地沥青质（沥青质）

地沥青质为深褐色至黑色固态无定形物质（固体粉末），分子量比树脂更大（1000 以上），密度大于 $1 \mathrm{g/cm}^3$。不溶于酒精、正戊烷，但溶于三氯甲烷和二硫化碳。地沥青质是决定石油沥青温度敏感性、黏性的重要组分，其含量越多，软化点越高、黏性越大。

2. 石油沥青的胶体结构

石油沥青的结构是以地沥青质为核心，周围吸附部分树脂和油分构成胶团，无数胶团分散在油分中从而形成胶体结构。当油分和树脂较多时，胶团外膜较厚，胶团之间的相对运动较自由，这种胶体结构的石油沥青称为溶胶型石油沥青。特点是流动性和塑性较好，温度敏感性强。

当油分和树脂含量较少时，胶团外膜较薄，胶团靠近集聚，相互吸引力增大，胶团间相互移动比较困难，这种胶体结构的石油沥青称为凝胶型石油沥青。特点是弹性和黏性较高，温度敏感性较小。

当地沥青质不如凝胶型石油沥青中的多，而胶团间靠得又较近，相互间有一定的吸引力，形成一种介于溶胶型和凝胶型二者之间的结构，称为溶凝胶型结构。溶凝胶型石油沥青的性质也介于溶胶型和凝胶型二者之间。

溶胶型、溶凝胶型及凝胶型胶体结构的石油沥青示意图如图 2-8 所示。

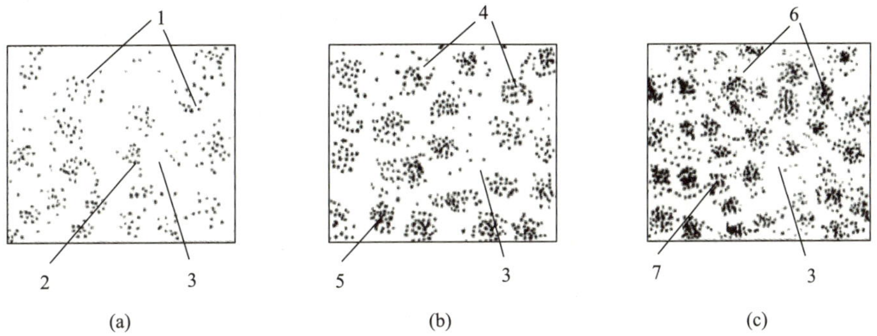

图 2-8　石油沥青胶体结构的类型示意

（a）溶胶型；（b）溶凝胶型；（c）凝胶型

1—溶胶中的胶粒；2—质点颗粒；3—分散介质油分；4—吸附层；

5—地沥青质；6—凝胶颗粒；7—结合的分散介质油分

2.5.2　石油沥青的技术性质

（1）防水性

石油沥青是憎水性材料，几乎完全不溶于水，而且本身构造致密；另外它与矿物材料表面有很好的黏结力，能紧密黏附于矿物材料表面；同时，它还具有一定的塑性，能适应材料或构件的变形。所以，石油沥青具有良好的防水性，故广泛用作土木工程的防潮、防水材料。

（2）黏滞性（黏性）

石油沥青的黏滞性是反映沥青材料内部阻碍其相对流动的一种特性，以绝对黏度表示，是沥青性质的重要指标之一。

各种石油沥青的黏滞性变化范围很大，黏滞性的大小与组分及温度有关。当地沥青质含量较高，同时又有适量树脂，而油分含量较少时，则石油沥青的黏滞性较大。在一定温度范围内，当温度升高时，石油沥青的黏滞性随之降低，反之则随之增大。

绝对黏度的测定方法因材而异，并较为复杂。工程上常用相对黏度（条件黏度）来表示。测定相对黏度的主要方法是用标准黏度计和针入度仪。对于黏稠石油沥青的相对黏度是用针入度仪测定的针入度来表示，它反映了石油沥青抵抗剪切变形的能力。针入度值越小，表明黏度越大。黏稠石油沥青的针入度是在规定温度 25℃ 条件下，以规定重量 100g 的标准针，经历规定时间 5s 贯入试样中的深度，以 1/10mm 为单位表示。

对于液体石油沥青或较稀的石油沥青的相对黏度，可用标准黏度计测定的标准黏度表示。

（3）塑性

塑性指石油沥青在外力作用时产生变形而不破坏，除去外力后仍保持变形后形状的性质。它是沥青性质的重要指标之一。

石油沥青的塑性与其组分有关。石油沥青中树脂含量较多且其他组分含量又适当时，则塑性较大。影响沥青塑性的因素有温度和沥青膜层厚度，温度升高，则塑性增大，膜层越厚则塑性越高。反之，膜层越薄，则塑性越差，当膜层薄至 $1\mu m$，塑性近于消失，即接近于弹性。在常温下，塑性较好的沥青在产生裂缝时，也可能由于特有的黏塑性而自行愈合，故塑性还反映了沥青开裂后的自愈能力。沥青之所以能制造出性能良好的柔性防水材料，很大程度上取决于沥青的塑性。沥青的塑性对冲击振动荷载有一定的吸收能力，并能减少摩擦时的噪声，故沥青是一种优良的道路路面材料。

石油沥青的塑性用延度（伸长度）表示。延度越大，塑性越好。

沥青延度是把沥青试样制成一字形标准试模（中间最小截面积 $1cm^2$），在规定速度（5cm/min）和规定温度（25℃）下拉断时的伸长，以厘米为单位表示。

（4）温度敏感性

温度敏感性是指石油沥青的黏滞性和塑性随温度升降而变化的性能。因沥青是一种高分子非晶态热塑性物质，故没有一定的熔点。当温度升高时，沥青由固态或半固态逐渐软化，使沥青分子之间发生相对滑动，此时沥青就像液体一样发生了黏性流动，称为黏流态。与此相反，当温度降低时又逐渐由黏流态凝固为固态（或称高弹态），甚至变硬变脆（像玻璃一样硬脆，称作玻璃态）。在此过程中，反映了沥青随温度升降其黏滞性和塑性的变化。在相同的温度变化间隔里，各种沥青黏滞性及塑性变化幅度不相同，工程要求沥青随温度变化而产生的黏滞性及塑性变化幅度应较小，即温度敏感性应较小。土木工程宜选用温度敏感性较小的沥青。所以温度敏感性是沥青性质的重要指标之一。

通常石油沥青中地沥青质含量较多，在一定程度上能够减小其温度敏感性。在工程使用时往往加入滑石粉、石灰石粉或其他矿物填料来减小其温度敏感性。沥青中含蜡量较多时，则会增大温度敏感性，当温度不太高（60℃左右）时就发生流淌；在温度较低时又易变硬开裂。

沥青软化点是反映沥青温度敏感性的重要指标。由于沥青材料从固态至液态有一定的变态间隔，故规定其中某一状态作为从固态转到黏流态（或某一规定状态）的起点，相应的温度称为沥青软化点。

沥青软化点测定方法很多，国内外一般采用环球法软化点仪测定。它是把沥青试样装入规定尺寸（直径约 16mm，高约 6mm）的铜环内，试样上放置一标准钢球（直径 9.5mm，重 3.5g），浸入水或甘油中，以规定的升温速度（每分钟 5℃）加热，使沥青软化下垂，当下垂到规定距离 25.4mm 时的温度，以摄氏度（℃）为单位表示。

（5）大气稳定性

大气稳定性是指石油沥青在热、阳光、氧气和潮湿等因素的长期综合作用下抵抗老化的性能。

在阳光、空气和热的综合作用下，沥青各组分会不断递变。低分子化合物将逐步转变成高分子物质，即油分和树脂逐渐减少，而地沥青质逐渐增多。实验发现，树脂转变为地沥青质比油分变为树脂的速度快很多（约 50%）。因此，使石油沥青随着时间的进展而流动性和塑性逐渐减小，硬脆性逐渐增大直至脆裂，这个过程称为石油沥青的"老化"。所以大气稳定性可用抗"老化"性能来说明。

石油沥青的大气稳定性常以蒸发损失和蒸发后针入度比来评定。其测定方法是：先测定沥青试样的重量及其针入度，然后将试样置于加热损失试验专用的烘箱中，在 160℃ 下蒸发 5h，待冷却后再测定其重量及针入度。计算蒸发损失重量占原重量的百分数，称为蒸发损失；计算蒸发后针入度占原针入度的百分数，称为蒸发后针入度比。蒸发损失百分数越小、蒸发后针入度比越大，则表示大气稳定性越高，"老化"越慢。

此外，为评定沥青的品质和保证施工安全，还应当了解石油沥青的溶解度、闪点和燃点。

溶解度是指石油沥青在三氯乙烯、四氯化碳或苯中溶解的百分率，以表示石油沥青中有效物质的含量，即纯净程度。那些不溶解的物质会降低沥青的性能（如黏性等），应把不溶物视为有害物质（如沥青碳或似碳物）而加以限制。

闪点（也称闪火点）是指加热沥青至挥发出的可燃气体和空气的混合物在规定条件下与火焰接触，初次闪火（有蓝色闪光）时的沥青温度（℃）。

燃点（也称着火点）是指加热沥青产生的气体和空气的混合物与火焰接触能持续燃烧 5s 以上时，此时沥青的温度即为燃点（℃）。燃点温度比闪点温度约高10℃。地沥青质组分多的沥青燃点相差较大，液体沥青由于轻质成分较多，闪点和燃点的温度相差很小。

闪点和燃点的高低表明沥青引起火灾或爆炸的可能性的大小，它关系到运输、贮存和加热使用等方面的安全。

2.5.3 石油沥青的技术标准及选用

石油沥青按用途分为建筑石油沥青、道路石油沥青和普通石油沥青三种。在土木工程中使用的主要是建筑石油沥青和道路石油沥青。道路石油沥青和建筑石油沥青技术标准见表 2-16。

建筑石油沥青针入度较小（黏性较大），软化点较高（耐热性较好），但延伸度较小（塑性较小），主要用作制造油纸、油毡、防水涂料和沥青嵌缝膏。它们绝大部分用于屋面及地下防水、沟槽防水防腐蚀及管道防腐等工程。在屋面防水工程中使用时制成的沥青胶膜较厚，增大了对温度的敏感性。同时黑色沥青表面又是好的吸热体，一般同一地区的沥青屋面的表面温度比其他材料的都高，据高温季节测试，沥青屋面达到的表面温度比当地最高气温高 25～30℃；为避免夏季流淌，一般屋面用沥青材料的软化点还应比本地区屋面最高温度高 20℃ 以上。在地下防水工程中，沥青所经历的温度变化不大，为了使沥青防水层有较长的使用年限，宜选用牌号较高的沥青材料。

道路石油沥青的牌号较多，选用时应根据地区气候条件、施工季节气温、路面类型、施工方法等按有关标准选用。道路石油沥青还可作密封材料和黏结剂以及沥青涂料等。

道路石油沥青和建筑石油沥青技术标准 　　　　表 2-16

质量指标	道路石油沥青 NB/SH/T 0522—2010					建筑石油沥青 GB/T 494—2010		
	200 号	180 号	140 号	100 号	60 号	40 号	30 号	10 号
针入度(25℃,100g, 5s)/(1/10mm)	201～300	150～200	110～150	80～110	50～80	36～50	26～35	10～25
延度(25℃,5cm/min)/cm,不小于	20	100	100	90	70	3.5	2.5	1.5
软化点(环球法)/℃	30～48	35～48	38～51	42～55	45～58	95	75	60
溶解度(三氯乙烯)/%,不小于	99							
闪点(开口)/℃,不低于	180	200	230			260		

【本单元测试】

一、判断题

1. 采用沥青作胶结料的沥青混合料是公路路面、机场道面结构的一种主要材料，具有良好的力学性能，用作路面具有抗滑性好、噪声小、行车平稳等优点。（   ）

2. 道路沥青的牌号较多，选用时应根据地区气候条件、施工季节气温、路面类型、施工方法等按有关标准选用。（   ）

二、单选题

在土木工程中使用的沥青应具有一定的物理性质和黏附性。在低温条件下应有（   ）；在高温条件下要有足够的（   ）；在加工和使用条件下具有（   ）；还应与各种矿料和结构表面有较强的黏附力；以及对变形的适应性和（   ）。

A. 弹性和塑性　　　　　　　　　　B. 强度和稳定性

C. 抗"老化"能力　　　　　　　　D. 耐疲劳性

【综合练习】

一、单选题

1. 以下哪种系列的水泥生产量最大、应用最广泛。（   ）

A. 硅酸盐　　　　　B. 铝酸盐　　　　　C. 硫铝酸盐　　　　　D. 铁铝酸盐

2. 通用硅酸盐水泥按（   ）的品种和掺量分为硅酸盐水泥、普通硅酸盐水泥、矿渣硅酸盐水泥、火山灰质硅酸盐水泥、粉煤灰硅酸盐水泥和复合硅酸盐水泥。

A. 混合材料　　　　　　　　　　B. 硅酸盐熟料

C. 原材料　　　　　　　　　　　D. 原材料的矿物成分

3. 粉煤灰硅酸盐水泥的代号为（   ）。

A. P·O　　　　　B. P·P　　　　　C. P·F　　　　　D. P·C

4. 火山灰质硅酸盐水泥的代号为（   ）。

A. P·O　　　　　B. P·P　　　　　C. P·F　　　　　D. P·C

5. 复合硅酸盐水泥的代号为（   ）。

A. P·O   B. P·P   C. P·F   D. P·C

6. 普通硅酸盐水泥的代号为（   ）。

A. P·O   B. P·P   C. P·F   D. P·C

7. 硅酸盐水泥熟料中强度较高的成分为（   ）。

A. 硅酸三钙、硅酸二钙   B. 硅酸三钙、铝酸三钙

C. 硅酸二钙、铝酸三钙   D. 铝酸三钙、铁铝酸四钙

8. 普通硅酸盐水泥的终凝时间不应大于（   ）h。

A. 6.0   B. 6.5   C. 10   D. 12

9. 硅酸盐水泥的初凝时间不应小于（   ）min。

A. 45   B. 55   C. 390   D. 600

10. 水泥的终凝时间不宜太长是因为（   ）。

A. 加快水泥水化速度

B. 不致拖延施工工期

C. 防止水泥制品冬季受冻

D. 确保水泥混凝土各工序施工有足够的施工时间

11. 硅酸盐水泥熟料中水化速度最快、水化热最大的是（   ）。

A. CS B. C_2S C. C_3A D. C_4AF

12. 下列材料中属于水硬性胶凝材料的是（   ）。

A. 石灰   B. 水泥   C. 石膏   D. 沥青

13. 硅酸盐水泥熟料的水化产物中最多的是（   ）。

A. 水化硅酸钙   B. 水化铁酸钙   C. 氢氧化钙   D. 水化铝酸钙

14. 水泥颗粒越细，凝结硬化速度越（   ），早期强度越（   ）。

A. 快、低   B. 慢、高   C. 快、高   D. 慢、低

15. 生产硅酸盐水泥，在粉磨熟料时加入适量石膏的目的是（   ）。

A. 促凝   B. 增强   C. 缓凝   D. 防潮

二、多选题

1. 矿渣硅酸盐水泥、火山灰质硅酸盐水泥、粉煤灰硅酸盐水泥的共性是（   ）。

A. 凝结硬化慢，早期强度低   B. 抗腐蚀能力差

C. 抗冻性强   D. 硬化时对湿热敏感性强

2. 《通用硅酸盐水泥》GB 175—2023 规定，（   ）指标均合格时水泥为合格品。

A. 化学指标   B. 凝结时间

C. 体积安定性   D. 强度

3. 下列关于矿渣硅酸盐水泥性质及应用的叙述中，正确的是（   ）。

A. 凝结硬化慢，早期强度低，但后期强度较高

B. 抗腐蚀能力差

C. 硬化时对湿热敏感性强，适于蒸汽养护

D. 抗碳化能力强

4. 下列关于硅酸盐水泥性质及应用的叙述中，正确的是（   ）。

A. 水化放热量大，不宜用于大体积混凝土工程

B. 凝结硬化速度快，抗冻性好，适用于冬季施工

C. 强度等级较高，常用于重要结构的高强混凝土

D. 抗碳化性能好，对钢筋有保护作用

5. 根据水泥石侵蚀的原因，下列水泥石防侵蚀措施中正确的是（   ）。

A. 提高水泥石的密实度

B. 提高水泥强度等级

C. 根据侵蚀环境特点，选用适当品种的水泥

D. 在混凝土或砂浆表面设置耐侵蚀且不透水的防护层

模块3
建筑钢材

【项目引入】

国家体育场又名鸟巢，位于北京奥林匹克公园中心区南部，其采用独特的网格状钢结构设计，酷似鸟巢。它是作为 2008 年北京奥运会的主会场而建造，由瑞士赫尔佐格和德梅隆建筑设计公司与中国的建筑设计研究院合作设计。鸟巢的钢结构是其最突出的特点之一，设计和建造在工程界具有里程碑意义。鸟巢的设计灵感来源于自然界中的鸟巢形态，采用了复杂的扭曲钢结构，形成一个巨大的椭圆形碗状结构。这种非线性的设计不仅美观，而且在结构上能够有效分散荷载。鸟巢的主体钢结构跨度达到 343m，高度最高处达 69.2m。整个钢结构总重量超过 4.2 万 t，使用了大量 Q460 高强钢材，这是中国首次在大型项目中大规模应用这种高强度钢材。由于鸟巢的结构极其复杂，对施工精度要求极高。建设过程中采用了先进的三维建模技术和精确的测量技术来确保每一块钢材都能精准安装到位。虽然鸟巢的外观给人以坚固庞大的感觉，但其设计中也融入了环保理念。例如，屋顶采用了半透明膜材料，既允许自然光进入，又能有效减少能源消耗。

【思维导图】

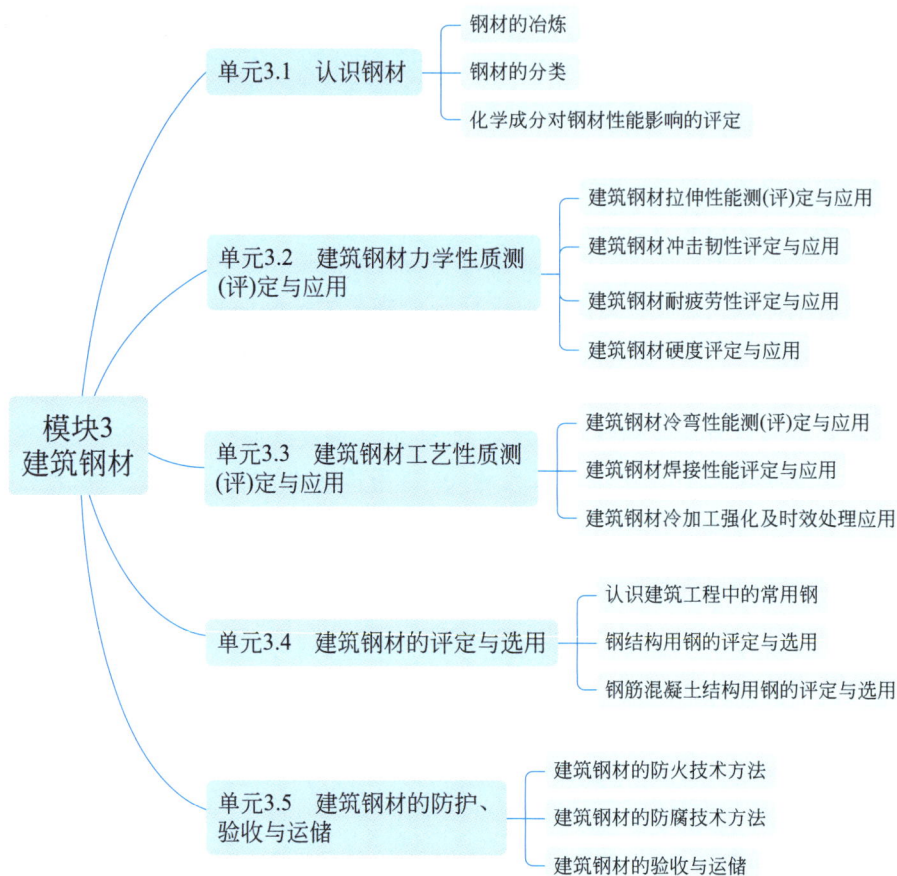

内容介绍

【建议学时】 6

【学习目标】

1. 知识目标

• 掌握建筑钢材的力学性质、工艺性能、钢结构用钢和钢筋混凝土用钢的检测和评定方法。

• 熟悉钢中的化学成分对钢材性能的影响及钢材的防护。

• 了解钢材的验收和运储。

2. 技能目标

• 能够进行建筑钢材的常规性能检测。

• 能够进行建筑钢材材料的合格判定。

• 能够结合工程实践要求，合理选用钢材材料。

3. 素质目标

• 培养认真严谨和敢于吃苦的工作态度。

• 具备勇于创新和精益求精的工匠精神。

【学习重点】

• 钢材的分类：钢材按脱氧程度、品质、化学成分、用途的分类方法。

• 化学成分对钢材性能的影响：不同化学元素含量对钢材性能的影响。有害元素和有益元素区分。

• 钢材力学性能评定：钢材的拉伸、冲击韧性、耐疲劳、硬度评定方法。

• 钢材工艺性能评定：钢材冷弯、焊接及冷加工强化工艺。

• 建筑钢材防护和运储：钢材防护方法和储运注意事项。

【学习难点】

• 钢材的分类方法。

• 钢材的力学性能。

• 钢材的工艺性能。

【学习建议】

• 阅读教材和参考资料：认真学习教材和参考资料，认识钢材，掌握钢材力学性能和工艺性能的测定方法，了解钢材防护方法和运储知识。

• 分析工程案例并进行实践应用：通过分析实际工程案例，如地标性钢结构建筑、市场上常见钢材等，加深对钢材分类、影响的钢材有益和有害元素的认识和理解。

【项目导读】

在建筑工程领域，钢材凭借其优异的力学性能和施工便利性成为不可或缺的材料。以632m高的上海中心大厦为例，其主体结构采用Q390、Q420等高强度钢材，通过钢筋-混凝土组合结构实现了超高层建筑的安全性与经济性；港珠澳大桥则创新性地运用Q345qD低合金钢，配合特殊防腐工艺，解决了海洋环境下的耐久性难题。

本模块将系统介绍钢材的基础知识，包括钢材的分类、成分、力学性能、生产工艺以及典型用途。通过本模块的学习，结合项目背景，完成以下几个任务：

（1）了解钢材的种类。

（2）掌握钢材的力学性质、工艺测（评）定方法。

（3）根据实际工程，学会选用钢材。

（4）了解钢材防护、运输、存储和验收的注意事项和方法。

单元 3.1 认识钢材

3.1.1 钢材的冶炼

钢是含碳量在 $0.02\%\sim2.11\%$ 之间的铁碳合金的统称。钢可由生铁、海绵铁以及废钢冶炼而成，主要化学成分为铁和碳，同时含有少量的硅、锰、磷、硫、氮和氧等元素。

炼钢方法可分为转炉炼钢法、平炉炼钢法、电弧炉炼钢法三类。转炉炼钢法是以熔融的铁水、废钢、铁合金为原料，在无外加能源下靠铁液的物理热和组分间的化学反应热在转炉内完成炼钢的方法。平炉炼钢法以铁、铁矿石或废钢铁为原料，反应过程中需以煤气或重油为燃料提供所需热量。电弧炉炼钢法是以生铁和废铁为原料，利用电弧热来冶炼，脱磷和脱硫率相对较高。不同的冶炼方法可制作出不同质量的钢材，这三类方法可满足一般工程对钢的质量要求。为了满足更高的工程要求，可通过多种钢水炉外处理（炉外精炼）和特殊炼钢法（电渣重熔、真空冶金），生产更高规格的高级钢种。

3.1.2 钢材的分类

钢材可按脱氧程度、品质、化学成分和用途进行分类。

1. 按脱氧程度分类

按照脱氧程度的不同，钢可分为沸腾钢、镇静钢和特殊镇静钢。

沸腾钢（F）是脱氧不完全的钢，其因钢水在凝固过程中氧气与碳激烈反应放出了 CO 气泡，表现出了"沸腾"现象而命名。沸腾钢具备高收缩率、低成本、表面质量好和优良冷弯和冲压性能等优点，适用于汽车壳体、一般型钢、中板、管材等。缺点为杂质多、气泡多、成分偏析大，从而导致力学性能波动大，只能用于不太重要的钢结构中。

镇静钢（Z）为完全脱氧的钢。炼钢时选用锰铁、硅铁和铝锭为脱氧剂，使得镇静钢所含氧不超过 0.01%。镇静钢成本较高、收缩率低，其内部致密、偏析低、成分均匀，故而性能稳定、质量好。优质钢和合金多属于镇静钢，常用于重要的结构工程。

特殊镇静钢（TZ）的脱氧程度比镇静钢更充分彻底，其质量最好，用于特别重要的结构工程。

2. 按品质分类

按钢的品质分类可分为普通钢、优质钢、高级优质钢和特级优质钢，其划分标准依据钢中的硫（S）和磷（P）杂质的百分含量，见表3-1。

钢中杂质限量（%） 表3-1

普通钢	优质钢	高级优质钢	特级优质钢
S≤0.050,P≤0.045	S≤0.035,P≤0.035	S≤0.025,P≤0.025	S≤0.015,P≤0.025

3. 按化学成分分类

按钢的化学成分分类可分为碳素钢和合金钢。碳素钢和合金钢分别根据含碳量和合金元素进行划分，见表3-2。

钢中化学成分（%） 表3-2

碳素钢含碳量			合金钢合金元素总含量		
低碳钢	中碳钢	高碳钢	低合金钢	中合金钢	高合金钢
<0.25	0.25~0.60	>0.60	<5	5~10	>10

4. 按用途分类

钢按用途分类可分为结构钢、工具钢、特殊钢和专用钢。结构钢一般适用于各种工程结构，例如钢结构、钢筋混凝土结构等。工具钢适用于刀具、量具和模具等。特殊钢具有不锈、耐酸、耐热耐磨、磁性等性能。专用钢通常为桥梁、船舶、锅炉、压力容器、农机等用钢。

3.1.3 化学成分对钢材性能影响的评定

钢材中除了有主要化学成分铁元素外，还包含少量的碳、硅、硫、锰、磷、钛、钒、铌、氧、氮等元素，碳元素对钢材性能影响最大，其余元素的含量也对钢材的性能有明显的影响。

1. 决定钢材性能的主要元素

碳元素（C）是决定钢材性能的主要元素，对钢材的力学及工艺性能影响较大。碳含量的增加有益于提高钢的强度和硬度，而塑性和韧性下降。当碳含量大于1.0%时，钢材变脆，强度下降。

2. 有益元素

硅（Si）、锰（Mn）、铝（Al）、钛（Ti）、钒（V）、铌（Nb）等元素是钢材中的有益元素。硅和锰可起到脱氧和降硫的作用。铝、钛、钒、铌均为强脱氧剂，也属于合金钢常用的合金元素，这些元素的加入可提高钢材强度并改善其韧性。

3. 有害元素

硫（S）、磷（P）、氧（O）、氮（N）是钢材中的有害元素。硫会增加钢材的热脆性。磷会显著降低钢材的塑性和韧性，增加其冷脆性。氧、氮元素可降低钢材的强度、冷弯性能和焊接性能。氧还会增加钢材的热脆性，氮增加其冷脆性和时效敏感性。

【本单元测试】

一、判断题

1. 钢是含碳量在 $0.02\%\sim2.11\%$ 之间的铁碳合金的统称。（   ）

2. 镇静钢为不完全脱氧的钢。（   ）

3. 氮增加钢材的冷脆性和时效敏感性。（   ）

4. 硅、锰、铝、钛、钒、铌等元素是钢材中的有益元素。（   ）

二、单选题

1. （   ）是决定钢材性能的主要元素，对钢材的力学及工艺性能影响较大。

A. 硅　　　　　　　B. 氧　　　　　　C. 碳　　　　　　D. 磷

2. （   ）会显著降低钢材的塑性和韧性，增加其冷脆性。

A. 磷　　　　　　　B. 硫　　　　　　C. 氧　　　　　　D. 氮

3. 普通钢中硫、磷含量应为（   ）。

A. $S\leqslant0.050$，$P\leqslant0.045$　　　　B. $S\leqslant0.035$，$P\leqslant0.035$

C. $S\leqslant0.025$，$P\leqslant0.025$　　　　D. $S\leqslant0.015$，$P\leqslant0.025$

4. 沸腾钢（F）是（   ）的钢。

A. 完全脱氧　　B. 脱氧不完全　　C. 超高脱氧　　C. 不脱氧

三、多选题

1. 钢按使用用途分类可分为（   ）。

A. 普通钢　　　　B. 结构钢　　　　C. 工具钢　　　　D. 特殊钢

E. 碳素钢

2. 钢材按化学成分分可分为（   ）。

A. 碳素钢　　　　B. 镇静钢　　　　C. 优质钢　　　　D. 合金钢

E. 工具钢

3. 钢材中的有益元素包含（　　　）。

A. 硫　　　　　　　B. 硅　　　　　　　C. 锰　　　　　　　D. 磷

E. 铝

4. 炼钢方法可分为（　　）三类。

A. 转炉炼钢法　　　　　　　　　B. 平炉炼钢法

C. 电弧炉炼钢法　　　　　　　　D. 湿法炼钢法

单元 3.2　建筑钢材力学性质测（评）定与应用

3.2.1　建筑钢材拉伸性能测（判）定与应用

1. 低碳钢拉伸性能

低碳钢为含碳量小于 0.25％ 的钢材，塑性较好但强度低。为了解钢材抗拉性能的特征指标和变化规律，可绘制轴向拉伸的应力-应变曲线（σ-ε 曲线），如图 3-1 所示。低碳钢拉伸过程包含四个阶段，即弹性阶段（OA 段）、屈服阶段（AB 段）、强化阶段（BC 段）和颈缩阶段（CD 段）。

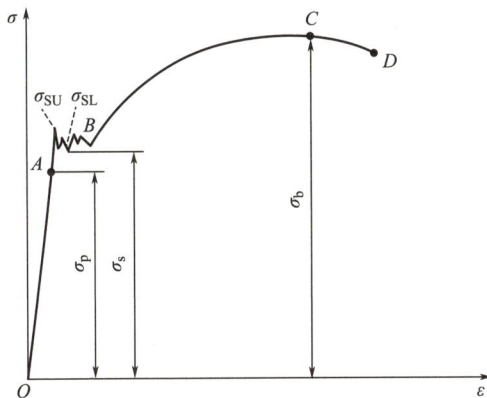

图 3-1　低碳钢轴向拉伸的应力-应变曲线

（1）弹性阶段（OA 段）

该阶段钢材主要表现为弹性性能，曲线为一条直线段。试件在此阶段作用荷载产生变形后撤去荷载变形可恢复为零，表现出弹性性质。A 点处对应的应力为最大应力，称为弹性极限，用 σ_p 表示，单位为 MPa。在 OA 段，应力与应变成正比，比值称为弹性模量（E），即 $E = \dfrac{\sigma}{\varepsilon} = \tan\alpha$，单位为 MPa。弹性模量可反映钢材抵抗变形的能力，其值越大，表明在相同应力下产生的弹性变形越小。建筑工程中常用的低碳钢弹性模量为 200～210GPa。

（2）屈服阶段（AB 段）

当荷载继续增大，钢材应力超过了弹性极限，开始丧失抵抗变形的能力，应变快速增加，而应力基本不变，试件表现为明显的塑性变形，该现象称为屈服。该阶段应力与应变比值不再恒定，应力-应变曲线上下波动，最高点对应的应力称为上屈服点（σ_{SU}）；最低点对应的应力称为下屈服点（σ_{SL}），由于下屈服点容易测试，所以将下屈服点应力值定义为钢材的屈服强度，用 σ_S 表示，单位为 MPa。屈服强度是评定钢材设计强度依据值和结构计算中的主要依据和技术参数。

（3）强化阶段（BC 段）

荷载超过屈服强度后，钢材内部组织结构发生变化，抵抗塑性变形能力重新提高，应变随应力增加而增加。表现出强化性质，曲线最高点 C 点的应力称为强度极限或抗拉强度，用 σ_b 表示，单位为 MPa。而抗拉强度不能直接作为工程设计的计算依据。钢材屈服强度与抗拉强度之比（σ_s/σ_b）称为屈强比，可反映钢材利用率和结构安全可靠度。该比值越小，表明结构可靠性越高，但比值过小时，钢材强度有效利用率低，因此合理的屈强比为 0.60～0.75。

（4）颈缩阶段（CD 段）

达到钢材强化的最高点后，CD 段变形速度快，钢材承载能力明显下降，对应的试件部位截面急剧缩小，出现颈缩现象，钢材将在此处断裂。

2. 高碳钢拉伸性能

高碳钢为碳含量大于 0.6% 的钢材。高碳钢在拉伸过程中无明显的屈服阶段，通常以条件屈服点 $\sigma_{0.2}$ 代替屈服点。条件屈服点是高碳钢产生 0.2% 塑性形变（残余变形）时的应力。

3. 拉伸性能指标

钢材的拉伸性能指标包含屈服强度、抗拉强度和伸长率。屈服强度和抗拉强度属于钢材的强度指标。伸长率为钢材的塑性指标，伸长率越大，钢材的塑性越好。

屈服强度或屈服点：
$$\sigma_s = \frac{F_s}{A_0} \tag{3-1}$$

抗拉强度或屈服点：
$$\sigma_b = \frac{F_b}{A_0} \tag{3-2}$$

伸长率：
$$\delta_n = \frac{l_1 - l_0}{l_0} \times 100\% \tag{3-3}$$

式中 σ_s, σ_b——分别为钢材的屈服强度和抗拉强度，MPa；

$\quad\quad F_s$, F_b——分别为钢材的屈服荷载和极限荷载，N；

$\quad\quad A_0$——钢材试件初始横截面积，mm^2；

$\quad\quad l_1$——试件断裂后标距长度，mm；

$\quad\quad l_0$——试件原始标距长度，mm；

$\quad\quad \delta_n$——伸长率（%），n 为长或短试件标识，$n=10$ 或 $n=5$。

3.2.2 建筑钢材冲击韧性评定与应用

冲击韧性是指钢材抵抗冲击荷载作用下吸收塑性变形功和断裂功的能力，可用来评定材料的韧脆程度。冲击韧性是通过标准试件的冲击韧性试验评定的。试验中通过获得试件冲断时所吸收的单位面积上的能量，即冲击韧性值来评定冲击韧性。冲击韧性值用 α_k 表示，按式计算。α_k 值越大，钢材的韧性越好，越不容易发生脆性断裂。

$$\alpha_k = \frac{W}{A} \tag{3-4}$$

式中 α_k——冲击韧性值，J/cm^2；

$\quad\quad W$——试件冲断时所吸收的冲击能，J；

$\quad\quad A$——试件槽口处最小横截面积，cm^2。

钢材的冲击韧性与钢的化学成分、晶体结构、轧制与焊接质量、环境温度、时效等有关。

（1）化学成分

钢材中硫和磷杂质含量较高、存在偏析或其他非金属杂质时，冲击韧性会降低。

（2）晶体结构

钢材的晶体结构也对韧性有很大的影响，钢材的基本晶体结构有四种，分别为铁素体、渗碳体、奥氏体与马氏体。铁素体是碳在 α-Fe 中的固溶体，含碳量接近纯铁，性能与纯铁相似，表现为塑性和韧性好，而强度和硬度很低。渗碳体是由铁和碳比例为 3:1 形成的 Fe_3C 化合物，特点为塑性和韧性差，硬度高。奥氏体是碳在 y-Fe 中的间隙化合物，其强度和硬度高于铁素体，塑性和韧性好。马氏体是由奥氏体钢在骤冷至 150℃下形成的，硬度高但韧性差，容易产生裂纹。晶粒度也对冲击韧性有较大的影响，粗晶或混晶都可削弱冲击功的吸收能力。

（3）轧制与焊接质量

钢材在轧制过程中，钢材中晶粒沿主变方向伸长，形成纤维组织，会严重影响钢材的冲击韧性，因此，沿着轧制方向取样的试件冲击韧性较大。焊接中形成的热裂纹和不均匀的晶体组织，均可降低钢材的冲击韧性。

（4）环境温度

大量试验研究表明，冲击韧性会随温度的降低而下降，且开始下降时平缓，达到一定温度范围时会急剧下降呈现脆性特征，这种特性被称为钢材的冷脆性，对应的温度为脆性临界温度，脆性临界温度值越低，钢材低温冲击性越好。通常采用气温条件在$-20℃$或$-40℃$时测定的冲击韧性值来推断钢材的脆性临界温度范围。

（5）时效

钢材的时效性是指随着时间的延长，钢材呈现出强度和硬度提高、塑性与韧性降低的现象。

3.2.3　建筑钢材耐疲劳性评定与应用

钢材的疲劳是指在反复荷载作用下，钢材会在应力远远小于抗拉强度发生突然破坏。钢材的耐疲劳性用疲劳极限评定，是其指在疲劳试验中，试件在循环荷载作用下，不发生疲劳破坏的最大应力值，钢材的疲劳强度通常采用可承受荷载 $10^6\sim$ 10^7 次时不发生破坏的最大应力。

影响钢材疲劳特性的主要因素有钢材内部缺陷，制作过程中的剪切、冲孔、切割、残余应力、焊接缺陷、孔洞、刻槽、构件截面突变、附加应力集中等。

3.2.4　建筑钢材硬度评定与应用

钢材的硬度是衡量钢材软硬程度的一个指标，指钢材抵抗硬物压入表面的能力。评定钢材硬度的主要方法有布氏法、洛氏法和维氏法等。

布氏法用于测量原材料与半成品、非铁金属、硬度较低的钢的硬度。试验过程为选用直径为 D 的球型压头，以相应的试验力压入材料表面，维持规定时间后卸去试验力，用读数显微镜测量残余压痕平均直径，球冠形压痕单位表面积上所受的压力即为硬度值，代号为 HB（Brinelll-Hardness）。HBS 为淬火钢球压头测量的布氏硬度值，适用范围小于 450，HBW 表示用硬质合金压头测量的布氏硬度值，适用范围为 $450\sim650$。在 HBS 或 HBW 之前的数字表示硬度值，符号后面的数字分别表示球体直径、载荷和荷载保持的时间。120HBS10/1000/30 表示硬度值为 120，用直径为 10mm 的硬质合金球，载荷为 1000kgf（9.807kN），保持时间为 30s。布氏硬度的优点为测量的数值稳定、准确，较真实地反映了材料的平均硬度；缺点为压痕大，操作慢，不适合批量生产成品件和薄形件。

洛氏法可用于测量成品和薄件，但不宜测量组织粗大的不均匀材料。测量原理是用金刚石圆锥或淬火钢球压头在试验压力作用下将压头压入材料表面，保持规定时间后撤去主试验力，保留初始试验力，用残余压痕深度增量计算硬度值，即洛氏硬度值 HR（Rockwll Hardness）。洛氏硬度值硬度符号为可分为 HRA、HRB 和 HRC。洛氏法的优点为测量快、操作简便、压痕小、硬度测量范围广等，缺点为数据准确度、稳定性、重复性差。

维氏法在常用硬度试验方法中精度最高，其优点为硬度值与试验力大小无关、精度高、测量范围广等，主要应用于材料研究中测试小型精密零件的硬度。缺点为试验效率低、技术要求高、试样制备烦琐等。维氏硬度代号为 HV，标准试验中时间保持在 10～15s。

【本单元测试】

一、判断题

1. 钢材屈强比越大，表示结构使用安全度越低。（   ）

2. 冲击韧性值 α_k 值越大，钢材的韧性越好，越不容易发生脆性断裂。（   ）

3. 伸长率越大，钢材的塑性越差。（   ）

4. 弹性模量值越大，在相同应力下产生的弹性变形越大。（   ）

二、单选题

1. （   ）是评定钢材设计强度的依据值和结构计算中的主要依据和技术参数。

A. 抗拉强度　　　　 B. 伸缩率　　　　　 C. 冲击韧性　　　　 D. 屈服强度

2. （   ）可反映钢材的利用率和结构安全可靠度。

A. 伸长率　　　　　 B. 屈强比　　　　　 C. 弹性模量　　　　 D. 耐久性

3. 低碳钢拉伸过程中（   ）阶段的曲线为一条直线段。

A. 弹性阶段　　　　 B. 屈服阶段　　　　 C. 强化阶段　　　　 D. 颈缩阶段

4. 钢材的（   ）是指在反复荷载作用下，钢材会在应力远远小于抗拉强度发生突然破坏。

A. 抗裂　　　　　　 B. 抗压　　　　　　 C. 疲劳　　　　　　 D. 脆性

三、多选题

1. 低碳钢拉伸过程包含（   ）四个阶段。

A. 弹性阶段　　　　 B. 屈服阶段　　　　 C. 强化阶段　　　　 D. 颈缩阶段

E. 塑性阶段

2. 钢材拉伸性能指标包含（　　　）。

A. 屈服强度　　　　B. 抗拉强度　　　　C. 抗压强度　　　　D. 伸长率

E. 冲击韧性

3. 影响钢材疲劳特性的主要因素有（　　　）。

A. 钢材内部缺陷　　　　　　　　　B. 制作过程中的剪切

C. 附加应力集中　　　　　　　　　D. 冲孔

E. 焊接缺陷

4. 评定钢材硬度的主要方法有（　　　）。

A. 锤击法　　　　　B. 布氏法　　　　　C. 洛氏法　　　　　D. 维氏法

E. 实验法

单元 3.3　建筑钢材工艺性质测（评）定与应用

3.3.1　建筑钢材冷弯性能测（评）定与应用

冷弯性能是指钢材在常温下能够承受弯曲变形的能力。钢材的冷弯性能一般以弯曲角度 α、弯心直径 d 与试件直径或厚度 a 的比值来表示弯曲程度。弯曲角度 α 角越大、d/a 值越小，冷弯性能就越好。评价钢材冷弯性能的试验为冷弯试验，如图 3-2 所示。在常温下，将钢材以规定弯心直径和弯曲角度（90°或180°）弯曲，弯曲处外表面的受拉区或侧面无裂纹、起层、鳞落、断裂等情况发生，则钢材冷弯性能合格。若有一种以上现象发生，则冷弯性能不合格。

钢材的塑性变形能力由冷弯性能和伸长率来评定。冷弯性能可反映钢材内部组

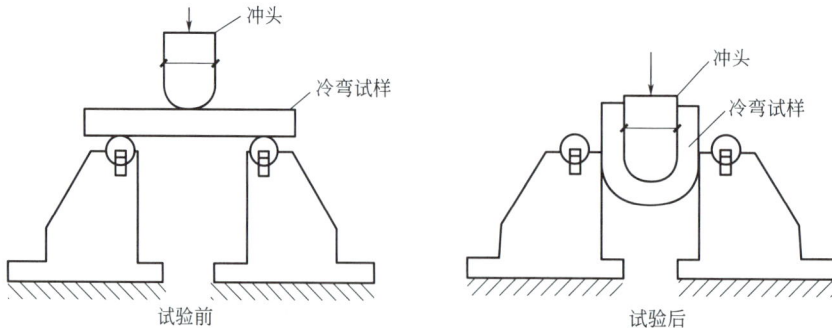

图 3-2　钢材冷弯试验示意图

织均匀程度、内应力、夹杂物和微裂纹等，冷弯试验常用来检测钢材的焊接质量。伸长率是反映在均匀变形条件下钢材的塑性变形能力。

3.3.2 建筑钢材焊接性能评定与应用

钢材的可焊性是指在一定的焊接工艺条件下，钢材在焊缝和附近过热区是否产生裂缝及硬脆现象，焊接后可获得良好的焊接接头的性能。

焊接是一种以加热、高温或高压方式（如电弧焊、气焊等）方法将钢材局部加热并熔融，冷却后使其牢固连接的方式。焊接过程中，焊缝和热影响区的晶体组织和结构会发生变化，从而产生局部变形和内应力，钢材表现出硬脆现象。具备良好的可焊性的钢材，焊接后的接头强度可保持与母材（原有钢材）相近的性能。

钢材的可焊性主要受钢材化学成分及其含量的影响。碳元素对钢材可焊性影响最大，含碳量的多少决定了碳的可焊性。含碳量小于 0.25% 的低碳钢可焊性良好，焊后的接头塑性和冲击韧性较好。含碳量超过 0.30% 的钢材可焊性较差，硬脆倾向增加。钢材中的硫、锰、钒、硅等杂质元素均会降低钢材的可焊性，硫含量过高会增加热脆性并产生裂纹。锰、钒元素含量的增加会导致钢材的硬脆性增加。

3.3.3 建筑钢材冷加工强化及时效处理应用

建筑钢材冷加工强化是指钢材在常温下以大于其屈服点但不超过抗拉强度的应力进行冷拉、冷拔或冷轧等机械加工，使其产生一定的塑性变形，强度明显提高，但塑性和韧性降低。冷加工强化的目的是利用时效提升钢材强度和节约钢材，同时调直钢材和对钢材除锈。常用的冷加工方式主要有冷拉、冷拔、冷轧和刻痕等。

热轧钢筋使用冷拉设备加力冷拉后，其屈服强度可提高 20%～30%，钢筋长度伸长 4%～10%，可节约钢材 10%～20%。冷拔工艺比纯拉伸作用更强，钢筋受拉的同时受到挤压作用，低碳钢丝经过一次或多次冷拔后，其屈服点可提高 40%～60%。冷拔后的钢筋抗拉强度有所提高，但塑性低、脆性大，具有硬质钢材特点。

时效处理是指钢筋经过冷拉后，在常温中存放 15～20d（自然时效）或加热至 100～200℃（人工时效），并保持 2～3h 后，钢筋的强度会进一步提高，而塑性和韧性会相应降低。强度较低的钢筋通常可采用自然时效，而强度较高的钢筋需采用人工时效。

一、判断题

1. 钢材进行冷拉处理，是为了提高其加工性能。（　　）

2. 弯曲角度 α 角越大、d/a 值越小，冷弯性能就越好。（　　）

3. 强度较高的钢筋通常可采用自然时效，而强度较低的钢筋需采用人工时效。（　　）

二、单选题

1. （　　）是利用时效提升钢材强度和节约钢材，同时调直钢材和对钢材除锈。

A. 防腐 　　　　　 B. 热加工 　　　　　 C. 焊接 　　　　　 D. 冷加工强化

2. （　　）试验常用来检测钢材的焊接质量。

A. 抗压 　　　　　 B. 冷弯 　　　　　 C. 疲劳 　　　　　 D. 弯曲

3. （　　）元素含量过高会增加热脆性并产生裂纹。

A. 锰 　　　　　 B. 钒 　　　　　 C. 硫 　　　　　 D. 碳

三、多选题

1. 钢材冷弯性能测试时，弯曲处外表面的受拉区或侧面（　　）等情况发生，则钢材冷弯性能合格。

A. 无裂纹 　　　　　 B. 无起层 　　　　　 C. 无鳞落 　　　　　 D. 无断裂

E. 无锈

2. 钢材的塑性变形能力由（　　）来评定。

A. 冷弯性能 　　 B. 伸长率 　　 C. 屈强比 　　 D. 抗拉性能

E. 弹性模量

单元 3.4　建筑钢材的评定与选用

3.4.1　认识建筑工程中的常用钢

建筑工程中常用的钢材品种主要是碳素结构钢和低合金高强度结构钢。结构钢是指符合特定强度和可成形性等级的钢。钢的强度是重要的设计标准，可成形性是以伸长率表示。结构钢一般用于承重，为保证承重结构的承载能力，应选用适宜的钢材牌号和质量等级的钢材。工程结构的重要性、荷载特征、结构形式、应力状态、连接方法、钢材厚度和使用环境等因素，在选钢时均需评定及考虑。

1. 碳素结构钢

碳素结构钢包含一般结构钢和工程用热轧钢板、钢带、型钢等。碳素结构钢的屈服强度、质量等级、脱氧方法可通过钢的牌号表示。《碳素结构钢》GB/T 700—2006 规定了碳素结构钢的牌号表示方法，牌号由代表屈服强度的字母、屈服强度数值、质量等级符号、脱氧方法符号四部分按顺序组成。屈服强度字母用钢材屈服强度"屈"字汉语拼音首位字母 Q 表示。屈服强度数值为 195、215、235、255 和 275（MPa）。质量等级按硫、磷含量由多至少分为 A、B、C、D 四个等级。脱氧方法分别用 F（沸腾钢）、Z（镇静钢）、TZ（特殊镇静钢）表示。在牌号表示中，Z 与 TZ 可以省略。例如 Q235AF 表示屈服强度为 235MPa、质量等级为 A 级的沸腾钢；Q235D 表示屈服强度为 235MPa、质量等级为 D 级的特殊镇静钢。

碳素结构钢牌号及化学成分见表 3-3。

碳素结构钢牌号及化学成分表　　　　　　表 3-3

牌号	统一数字代号	等级	厚度或直径(mm)	脱氧方法	化学成分(质量分数,%),≤				
					C	Si	Mn	P	S
Q195	U11952	—	—	F、Z	0.12	0.30	0.50	0.035	0.040
Q215	U12152	A	—	F、Z	0.15	0.35	1.20	0.045	0.050
	U12155	B							0.045
Q235	U12352	A	—	F、Z	0.22	0.35	1.40	0.045	0.050
	U12355	B			0.20				0.045
	U12358	C		Z	0.17			0.040	0.040
	U12359	D		TZ				0.035	0.035
Q275	U12752	A	—	F、Z	0.24	0.35	1.50	0.045	0.050
	U12755	B	≤40	Z	0.21			0.045	0.045
			>40		0.22				
	U12758	C	—	Z	0.20			0.040	0.040
	U12759	D		TZ				0.035	0.035

碳素结构钢的力学性能即拉伸、冲击、冷弯性能应分别满足表 3-4 和表 3-5 的要求。

牌号	等级	屈服强度（MPa），≥						抗拉强度（MPa）	断后伸长率/%，>					冲击试验（V型缺口）	
		厚度（或直径）(mm)							厚度（或直径）(mm)					温度（℃）	冲击吸收功（J），≥
		≤16	>16~40	>40~60	>60~100	>100~150	>150~200		≤40	>40~60	>60~100	>100~150	>150~200		
Q195	—	195	185	—	—	—	—	315~430	33	—	—	—	—	—	—
Q215	A	215	205	195	185	175	165	335~450	31	30	29	27	26	—	—
	B													+20	27
Q235	A	235	225	215	215	195	185	370~500	26	25	24	22	21	—	—
	B													+20	27
	C													0	
	D													−20	
Q275	A	275	265	255	245	225	215	410~540	22	21	20	18	17	—	—
	B													+20	27
	C													0	
	D													−20	

碳素结构钢的冷弯性能　　　　　表 3-5

牌号	试样方向	冷弯试验 180° B=2a（B 为试样宽度，a 为试样厚度/直径，钢材厚度/直径>100mm 时，弯曲试验由双方协商确定）	
		钢材厚度（或直径）(mm)	
		≤60	>60~100
		弯心直径 d	
Q195	纵	0	—
	横	0.5a	
Q215	纵	0.5a	1.5a
	横	a	2a
Q235	纵	a	2a
	横	1.5a	2.5a
Q275	纵	1.5a	2.5a
	横	2a	3a

由表 3-5 可知，牌号大的钢材含碳量、强度和硬度高，而塑性和韧性低。Q255 和 Q275 号钢强度高，而韧性和塑性差，不易焊接和冷弯，多用于制作机械零件和工具，也可用于轧制带肋钢筋或螺栓配件。Q195 和 Q215 号钢强度低，但塑性和韧性好，易于冷加工，常用作钢钉、铆钉、螺栓及铁丝等。建筑工程中应用最广的钢为 Q235 号钢，其综合性能好，具有高强度、良好的塑性、韧性和可焊性，可满足一般钢结构和钢筋混凝土用钢要求。

2. 低合金高强度结构钢

低合金高强度结构钢是在碳素结构钢的基础上，添入总量小于 5％ 的合金元素（硅、锰、钛、钒、铬、镍、铜等）而练成。它是一种综合性较为理想的建筑钢材，在钢结构中，常用低合金高强度结构钢轧制型钢、钢板用于桥梁、高层及大跨度建筑。《低合金高强度结构钢》GB/T 1591—2018 将低合金高强度结构钢分为 8 个牌号。牌号由屈服强度字母 Q、最小上屈服强度值、交货状态、质量等级符号四部分组成。屈服强度值为 355、390、420、460、500、550、620、690（MPa）。交货状态为热轧时，代号 AR 或 WAR 可省略，状态为正火或正火轧制状态时，用 N 表示。质量等级符号为 B、C、D、E、F。如 Q355ND 表示，最小上屈服强度值为 355MPa，交货状态为正火或正火轧制，质量等级为 D 级的低合金高强度结构钢。表 3-6 和表 3-7 为低合金高强度结构钢的钢牌号及化学成分。

热轧钢的牌号及化学成分 表 3-6

牌号		化学成分（质量分数）（%）														
钢级	质量等级	C≤ 公称厚度或直径（mm）		Si≤	Mn≤	P≤	S≤	Nb≤	V≤	Ti≤	Cr≤	Ni≤	Cu≤	Mo≤	N≤	B≤
		≤40	>40													
Q355	B	0.24		0.55	1.60	0.035	0.035	—	—	—	0.30	0.30	0.40	—	0.012	—
	C	0.20	0.22			0.030	0.030									
	D	0.20	0.22			0.025	0.025								—	
Q390	B	0.20		0.55	1.70	0.035	0.035	0.05	0.13	0.05	0.30	0.50	0.40	0.10	0.015	—
	C					0.030	0.030									
	D					0.025	0.025									
Q420	B	0.20		0.55	1.70	0.035	0.035	0.05				0.80	0.40	0.20	0.015	—
	C					0.030	0.030									
Q460	C	0.20		0.55	1.80	0.030	0.030	0.05	0.13	0.05	0.30	0.80	0.40	0.20	0.015	0.004

正火、正火轧制钢的牌号及化学成分 表 3-7

牌号		化学成分（质量分数）（%）													
钢级	质量等级	C≤	Si≤	Mn	P≤	S≤	Nb	V	Ti	Cr≤	Ni≤	Cu≤	Mo≤	N≤	B≤
Q355N	B	0.20	0.50	0.90 ~ 1.65	0.035	0.035	0.005 ~ 0.05	0.01 ~ 0.12	0.006 ~ 0.05	0.30	0.50	0.40	0.10	0.015	0.015
	C				0.030	0.030									
	D				0.030	0.025									
	E	0.18			0.025	0.020									
	F	0.16			0.020	0.010									

| 牌号 | | 化学成分(质量分数)(%) | | | | | | | | | | | | | |
钢级	质量等级	C≤	Si≤	Mn	P≤	S≤	Nb	V	Ti	Cr≤	Ni≤	Cu≤	Mo≤	N≤	B≤
Q390N	B	0.20	0.50	0.90 ~ 1.70	0.035	0.035	0.01 ~ 0.05	0.01 ~ 0.20	0.006 ~ 0.05	0.30	0.50	0.40	0.10	0.015	0.015
	C				0.030	0.030									
	D				0.030	0.025									
	E				0.025	0.020									
Q420N	B	0.20	0.60	1.00 ~ 1.70	0.035	0.035	0.01 ~ 0.05	0.01 ~ 0.20	0.006 ~ 0.05	0.30	0.80	0.40	0.10	0.015	0.015
	C				0.030	0.030									
	D				0.030	0.025									
	E				0.025	0.020									0.025
Q460N	C	0.20	0.60	1.00 ~ 1.70	0.030	0.030	0.01 ~ 0.05	0.01 ~ 0.20	0.006 ~ 0.05	0.30	0.80	0.40	0.10	0.015	0.015
	D				0.030	0.025									
	E				0.025	0.020								0.025	

3.4.2 钢结构用钢的评定与选用

钢结构用钢需具备较高的抗拉强度、屈服强度、良好的塑性、冲击韧性和良好的耐久性。钢结构用钢主要是钢板、热轧型钢以及冷弯薄壁型钢。

1. 钢板

钢板按厚度分类可分为：薄板、中板、厚板和特厚板。在建筑工程中，薄板常用于屋面板、楼板、墙板等。厚板主要用于结构。常用的钢板规格见表 3-8。

常用的钢板规格　　　　　　　　　　　　表 3-8

钢板种类	厚度(mm)	宽度(mm)	长度(m)
薄板	0.2~4	500~1500	1.5~4
中板	4~20	600~3000	4~12
厚板	20~60		
特厚板	>60		

2. 热轧型钢

热轧型钢是一种通过高温加热后进行压力加工的钢材，主要生产工艺包括加热、轧制和冷却等步骤。在高温状态下，钢材被送入轧机中，经过一系列的变形过程形成各种形状和尺寸的型钢产品，如工字钢、槽钢、角钢、扁钢等。热轧型钢具有强度高、塑性好、成本较低等特点，但其尺寸精度相对较差。在钢结构中，热轧型钢可用于承重骨架，如建筑结构的梁、柱、桁架等承重部分，工业和民用建筑的主体结构框架，以及桥梁的主梁、次梁和桥墩等关键部位。

3. 冷弯薄壁型钢

冷弯薄壁型钢是指通过冷弯成型技术，将薄钢板连续多次弯曲，最终形成特定几何形状（如 C 形、Z 形、U 形等）的一种高效轻型钢结构材料。这种钢具有轻质高强、灵活多样、施工便捷和环保节能等特点。在钢结构中，冷弯薄壁型钢可以制作成墙体立柱、横梁和支撑结构，构成轻钢结构住宅、办公楼或其他建筑的墙体框架体系，也可作为屋面檩条、屋脊梁和其他屋面支撑结构，因其具有轻量化和高稳定性等特点，特别适用于大跨度轻型屋面结构。另外，冷弯薄壁型钢也可用于制作轻钢结构建筑的维护系统，如墙面板、屋面板，以及室内的隔断墙等。

3.4.3 钢筋混凝土结构用钢的评定与选用

钢筋混凝土结构用钢主要包含热轧钢筋、预应力混凝土用热处理钢筋、预应力混凝土用钢丝、预应力混凝土用钢绞线。

1. 热轧钢筋

热轧钢筋是钢筋混凝土结构中最常用的钢材类型，其是通过将低碳钢或普通合金钢加热至高温后，迅速通过一系列轧辊进行连续塑性变形，并在随后的自然空气中冷却而制成的一种成品钢筋。热轧钢筋主要分为 I 级钢筋、II 级钢筋、III 级钢筋、IV 级钢筋。I 级钢筋的屈服强度大约为 235MPa，其强度较低但塑性较好，适合用于对强度要求不高的结构部位。II 级钢筋的屈服强度约为 335MPa，适用于一般的建筑结构。III 级钢筋屈服强度可达到 400MPa 或更高，是现代建筑结构中广泛应用的高强度钢筋。IV 级钢筋的屈服强度至少为 540MPa，属于超高强度钢筋，用于特别需要高强度材料的工程结构。

2. 预应力混凝土用热处理钢筋

预应力混凝土用热处理钢筋的生产工艺通常是先采用中碳合金钢进行热轧，然后进行淬火和回火热处理，使其内部组织变为回火索氏体，这种组织状态具有极高的抗拉强度（一般大于 1500MPa）和较低的应力松弛率，同时保持适度的韧性。

3. 预应力混凝土用钢丝

钢丝通常通过冷拉或冷拔的方式制造，具有很高的强度和均匀性，可用于制作预应力混凝土构件中的预应力筋。其中包括无黏结预应力筋（即裸露钢丝直接埋入混凝土中）和有黏结预应力筋（包裹在塑料套管或油脂中，通过黏结剂与混凝土产生黏结力）。

4. 预应力混凝土用钢绞线

预应力混凝土用钢绞线是由多根高强钢丝捻制而成，具有极高的抗拉强度和良好的柔韧性，常用于增强混凝土结构的承载能力和耐久性，特别是在大跨度、重载荷、高地震烈度地区或特殊结构设计中有广泛应用。预应力混凝土用钢绞线包含镀锌钢绞线和环氧涂层钢绞线。

【本单元测试】

一、判断题

1. 碳素结构钢的牌号越大，其强度越高，塑性越好。（   ）

2. 在建筑工程中，厚板常用于屋面板、楼板、墙板等。（   ）

3. 低合金结构钢质量等级符号为 A、B、C、D、E 五个等级。（   ）

4. 在大跨度、重载荷、高地震烈度地区或特殊结构设计中常使用预应力混凝土用钢绞线。（   ）

二、单选题

1. 屈服强度字母用（   ）表示。

A. H   B. L   C. Q   D. S

2.《低合金高强度结构钢》GB/T 1591—2018 将低合金高强度结构钢分为（   ）个牌号。

A. 6   B. 7   C. 8   D. 9

3. 低合金高强度结构钢交货状态为正火或正火轧制状态时，用（   ）表示。

A. N   B. G   C. Z   D. F

4.（   ）钢是一种通过高温加热后进行压力加工的钢材。

A. 冷弯薄壁型   B. 热轧型钢   C. 钢丝   D. 钢绞线

三、多选题

1. 牌号由（   ）四部分按顺序组成。

A. 耐久性   B. 代表屈服强度的字母

C. 屈服强度数值   D. 质量等级符号

E. 脱氧方法符号

2. 热轧钢筋主要分为（   ）钢筋。

A. Ⅰ级   B. Ⅱ级   C. Ⅲ级   D. Ⅳ级

E. Ⅴ级

3. 钢板按厚度分类可分为（   ）。

A. 薄板　　　　　B. 中板　　　　　C. 厚板　　　　　D. 特厚板

E. 超厚板

4. （　　）钢强度低，但塑性和韧性好，常用作钢钉、铆钉、螺栓及铁丝等。

A. Q195　　　　　B. Q215　　　　　C. Q255　　　　　D. Q275

E. Q460

单元 3.5　建筑钢材的防护、验收与运储

3.5.1　建筑钢材的防火技术方法

建筑钢材具有很高的强度和优秀的结构性能，但在火灾情况下，由于钢材导热性强，温度一旦超过 500℃，强度会迅速下降，从而导致建筑物结构失稳。常见的建筑钢材防火技术方法主要有涂防火涂料、外包混凝土、防火板包裹、填充耐火纤维制品、设置防火系统等方法。

1. 涂防火涂料

涂防火涂料是一种重要的防火手段，通过在钢材表面喷涂或刷涂一层或多层防火涂料，在火灾时能够膨胀形成一层隔热保护层，减缓钢材升温速度，从而延迟其达到临界失效温度的时间。防火涂料种类多样，包括膨胀型防火涂料、矿物基防火涂料等。根据膨胀机理和材料不同，防火涂料可分为薄涂型、厚涂型、复合型和矿物棉类等。

2. 外包混凝土或砖石结构

外包混凝土或砖石结构是防火技术方法中常见的一种，其是在钢结构外部包裹一层或多层混凝土或砖石，从而形成一个隔离层，以延长钢结构在火灾中的耐火时间，防止内部钢构件过早因高温而丧失承载能力。

3. 防火板包裹

使用耐火板材将钢结构包裹起来，如硅酸盐防火板、石膏板、玻镁板、陶铝板等，这些材料在高温下仍能保持结构稳定性，不易燃烧或能阻止火焰蔓延，同时也能限制热量传递到钢结构上，从而起到防火作用。

4. 耐火纤维制品

耐火纤维制品是一种高性能的高温隔热材料，具有低导热系数、重量轻、耐高温、抗热震性强、化学稳定性好等优点。对建筑钢材进行耐火纤维喷涂（陶瓷纤

维）、耐火纤维板包覆（硅酸铝纤维板、玄武岩纤维板）、耐火纤维织物包裹（耐火纤维布、带等制品）等，可有效提高建筑钢材的防火能力。

5. 夹心复合结构

采用双层钢板中间夹耐火材料（如石膏板、岩棉等）构成的复合墙体或屋面板，可间接保护隐藏在其间的钢结构。

6. 设置防火系统

通过在建筑中设置防火隔墙和楼板、防火卷帘、挡烟垂壁等限制火势蔓延，间接保护钢结构免受火焰直接烘烤。安装火灾自动报警系统，如安装感烟探测器、感温探测器、火焰探测器等探测设备。配置自动灭火系统，如自动喷水灭火系统和气体灭火系统。

除上述防火技术外，建筑中须确保疏散通道和安全出口畅通无阻，且数量和宽度满足相应规范要求，同时设置应急照明和疏散指示标志，工作正常且清晰，从而确保紧急情况下能快速识别逃生路径。所有防火系统必须按照规定周期进行检测、维护保养和性能测试，确保其始终处于良好的工作状态。

3.5.2 建筑钢材的防腐技术方法

建筑钢材防腐技术方法主要通过物理和化学等技术方法阻止或减缓建筑钢材与环境介质（如空气、水分、盐分和化学物质）接触，从而抑制其腐蚀反应的发生。主要技术方法包含热浸镀锌防腐法、涂层法、电弧喷涂防腐法、使用耐候钢、阴极保护法、环氧树脂涂层法等。

1. 热浸镀锌防腐法

热浸镀锌是最常见的钢结构防腐处理方式，将除锈后的钢构件浸入熔融锌液中，使钢材表面形成一层均匀、致密的锌保护层。锌保护层可以有效隔离空气和水分，防止钢材基体遭受腐蚀。镀层厚度一般介于 $30\sim50\mu m$ 之间，根据不同的使用环境和防腐年限需求，厚度可适当调整。

2. 涂层法

涂层防腐包括油漆涂层、氟碳涂料等。其中，氟碳涂料因其出色的耐候性和长达数十年的防腐寿命，在很多场合得到广泛应用。对钢材进行表面处理后涂覆多层防腐漆，包括底漆、中间漆和面漆，构成完整的防腐体系。

3. 电弧喷涂防腐法

电弧喷涂防腐法是一种利用电弧放电产生的高温熔化金属或合金粉末，然后通过高速气流将其雾化并喷射到基材表面形成涂层的工艺技术。具体操作步骤为首先

　　　　　　　　　　　　　　　　　　　　建筑材料

对需要进行防腐处理的基材表面进行彻底清理，包括除锈、脱脂和粗糙化处理，以确保涂层与基材之间具有良好的附着力，根据需求选择适合的金属或合金粉末（锌、铝、铝合金、不锈钢、镍基合金等）作为喷涂材料，之后使用电弧喷涂设备，通过两根导线之间的电弧放电产生高温，将导线末端的金属丝瞬间熔化成液态微粒，随后借助高压气体（氩气、氮气）吹散并加速喷向预先处理过的基材表面，冷却后形成连续、均匀的金属涂层。为了增强整体防护效果，后期还需进行封孔处理、涂装封闭漆或其他后续处理。

4. 使用耐候钢

耐候钢是一种特殊低合金钢，含有一定比例的铜、磷、镍、铬、钛等元素，这种钢能在自然环境中形成紧密且黏附牢固的氧化铁锈层结构，从而阻止空气和水分进一步侵蚀内部金属，具有优异的耐久性。

5. 阴极保护法

阴极保护法是一种电化学防腐蚀技术，主要用于防止金属结构在电解质（如海水、淡水、土壤等）中发生腐蚀。在建筑工程中，在钢结构表面附加较活泼的金属（如镁、锌等），通过牺牲阳极的方式来保护钢材不被腐蚀。

6. 环氧树脂涂层法

环氧树脂涂层是一种以环氧树脂为主要成膜物质，通过与固化剂反应生成三维网状结构的热固性高分子复合材料。这种涂层具有卓越的物理机械性能、化学稳定性和良好的附着力，将其涂于建筑钢材表面可提高钢材的耐腐蚀性能。

3.5.3 建筑钢材的验收与运储

钢材是建筑结构中重要的承重材料，其质量直接影响整个工程的安全性和耐久性。建筑钢材的验收是确保工程质量的关键环节，通过严格的钢材验收流程，可以确保进入施工现场的钢材满足设计要求和相关标准，从而保障最终工程的质量。钢材验收主要包括检查钢材批次与标识、外观质量、尺寸与重量、力学性能、证明文件等部分。

1. 批次与标识要求

进场的每一批钢材都应符合国家现行标准要求，如《碳素结构钢》GB/T 700—2006 等规范。建筑钢材应按批到货，并且每批钢材应具有相同的牌号、规格和级别。钢材应具有清晰的产品标识、牌号、规格尺寸、生产日期等信息，并附有生产厂家出具的质量证明书或出厂检验报告。钢材上应有清晰可见的生产厂家标记、产品名称、牌号、规格尺寸、强度级别等信息。

2. 外观质量检查

钢材外观质量检查是评估钢材在生产、运输和储存过程中是否保持良好状态的重要步骤。合格的钢材表面应无裂纹、折叠、结疤、分层、夹渣等明显缺陷，不应存在因冷加工产生的划痕、凹陷或其他机械损伤。允许有轻微的浮锈或氧化皮，但不应影响到材料性能和焊接性。

3. 尺寸与重量检验

检查钢材的实际尺寸（如直径、长度、厚度）是否符合国家标准或合同规定的允许偏差范围。纵肋、横肋以及光圆钢筋的截面形状是否对称、均匀，螺纹钢的螺纹形状和间距是否合规。

4. 力学性能检测

对于部分钢材，尤其是对结构安全至关重要的钢材，需要进行力学性能抽样复验，包括抗拉强度、屈服强度、伸长率、冲击韧性等指标，以确保其达到设计要求。根据不同的钢材类型和使用场合，还需要对疲劳极限、蠕变性能、焊接接头等力学性能指标进行检测。

5. 材料证明文件

钢材材料证明文件是钢材生产厂商按照国家和行业相关标准出具的、用来证明所供应钢材的质量符合要求的正式文件，它详细记录了钢材的各种特性指标和检验结果，如完整的材质证明书、出厂试验报告和第三方检测机构的检验报告等。

6. 隐蔽工程验收

建筑钢材隐蔽验收是建筑工程施工过程中对钢筋工程等重要部分在浇筑混凝土之前进行的一次关键质量控制环节。在钢筋绑扎完成、模板安装之前，应确认钢筋数量、规格、间距、位置、锚固长度、预埋件等符合设计图纸和规范要求。

在进行建筑钢材的验收工作时，既要注重实物质量的直观判断，也要结合相应的实验室测试数据，需建设单位、施工单位、监理单位、设计单位、质量监督站以及其他相关部门进行现场验收，最终确保建筑工程中使用的钢材品质满足工程质量和安全的需求。

建筑钢材的储运是指从钢材生产工厂出厂到最终使用地点这一过程中，对钢材进行储存、装卸、运输的一系列操作和管理活动。在建筑钢材的储运过程中，需要注意以下几方面：

1. 场地选择与准备

存放钢材的场地应选择在地势较高、排水良好的地方，避免积水导致钢材锈蚀。场地要保持清洁干燥，远离有害气体、粉尘和酸碱盐等腐蚀性物质的环境，避免对钢材造成侵蚀。地面平整坚实，并且可以预先设置好排水沟槽，确保雨雪天气时水分能够及时排出。

2. 分类合理堆放

不同规格、型号、材质的钢材应分开存放，明确标识，防止混淆和交叉污染。对于有特殊要求的冷拉、冷拔等高精度钢材，建议存放在库房内，以减少外界环境对其精度的影响。堆放时应遵循合理的堆码原则，保证稳固安全，尽量避免因堆放不当引起的变形或损坏。大型型钢、钢轨等可以露天堆放，但要做好垫层和防潮措施。中小型型钢、盘条、钢筋等应在通风良好并有苫盖的料棚内存放。

3. 防护措施

露天存放的钢材在雨雪季节需做好防水覆盖，使用防雨布或其他防水材料遮挡。小型钢材、薄钢板、钢带等易受潮、易损材料应当入库保管，并注意控制仓库内的湿度和温度。加强防火防盗措施，设立明显的警示标志和消防设施。

4. 搬运装卸

在运输和装卸过程中，采用合适的吊装工具和方法，避免对钢材造成机械损伤。吊索具应有足够的承载能力和适当的绑扎方式，确保钢材在吊运过程中的稳定性和安全性。

5. 管理制度与定期检查

建立完善的出入库管理制度，包括登记造册、账单记录、日清月结等，确保每一批次钢材的来源、数量、质量和去向清晰可查。定期对存储的钢材进行外观质量检查，发现锈蚀、变形等问题应及时处理。根据需要，对于长时间储存的钢材可能还需要定期进行维护保养和防腐处理。

【本单元测试】

一、判断题

1. 温度一旦超过1000℃，钢材的强度会迅速下降，从而导致建筑物结构失稳。（　　）

2. 不同规格、型号、材质的钢材应分开存放。（　　）

3. 存放钢材的场地应选择在地势较高、排水良好的地方，避免积水导致钢材锈蚀。（　　）

4. 在进行建筑钢材的验收工作时，不需要监理单位参与。（　　）

二、单选题

1. 将除锈后的钢构件浸入熔融锌液中，使钢材表面形成一层均匀、致密的锌保护层，这种防腐方法称为（　　）。

A. 涂层法　　　　　B. 电弧喷涂防腐法　C. 热浸镀锌防腐法　D. 阴极保护法

2. 露天存放的钢材在雨雪季节需做好（　　）措施。

A. 防晒　　　　　　B. 防水覆盖　　　　C. 防酸碱　　　　　D. 防冻

3. 在钢结构外部包裹一层或多层混凝土或砖石，从而形成一个隔离层防火结构称为（　　）。

A. 外包混凝土或砖石结构　　　　B. 防火板包裹

C. 耐火材料　　　　　　　　　　D. 夹心复合结构

4. 可以在场地预先设置好（　　），确保雨雪天气时水分能够及时排出。

A. 排水沟槽　　　　B. 防雨布　　　　　C. 钢筋棚　　　　　D. 坡地

三、多选题

1. 钢材验收主要包括（　　）等部分。

A. 检查钢材批次与标识　　　　　B. 外观质量

C. 尺寸与重量　　　　　　　　　D. 力学性能

E. 证明文件

2. 耐候钢是一种特殊低合金钢，含有一定比例的（　　）等元素。

A. 铜　　　　　　　B. 磷　　　　　　　C. 镍　　　　　　　D. 铬

E. 钛

3. 钢材材料的证明文件包含（　　）。

A. 完整的材质证明书　　　　　　B. 出厂试验报告

C. 第三方检测机构的检验报告　　D. 订单

E. 建设单位信息

📑【综合练习】

一、判断题

1. 建筑钢材的主要成分是铁和碳组成的铁碳合金。（　　）

2. 钢筋进行冷拉处理是为了提高其加工性能。（　　）

3. 钢材的强度与其碳含量呈负相关关系。（　　）

4. Q355 钢属于低合金结构钢。（　　）

5. 热轧钢材是指在常温状态下进行轧制的钢材。（　　）

6. 钢材的物理性能与其化学成分无关。（　　）

7. 钢材的标准规格是根据行业标准或地方标准制定而成的。（　　）

8. 钢材在高温状态下较容易变形。（　　）

二、单选题

1. 建筑钢材是在严格的技术控制下生产的材料，下面哪一条不属于它的优点。（　　）

A. 品质均匀，强度高

B. 防火性能好

C. 有一定的塑性和韧性，具有承受冲击和振动荷载的能力

D. 可以焊接

2. 以下化学元素中，（　　）对钢材是有害的。

A. C　　　　　　　　B. Si　　　　　　　　C. Mn　　　　　　　　D. O

3. 热轧带肋钢筋的牌号是（　　）。

A. CRB335　　　　B. HPB335　　　　C. HRB400　　　　D. HRB

4. 钢材的屈强比能反映钢材的（　　）。

A. 抗压强度　　　　　　　　　　B. 利用率和结构安全可靠强度

C. 抗拉强度　　　　　　　　　　D. 耐久性

5. （　　）是一种电化学防腐蚀技术，主要用于防止金属结构在电解质中发生腐蚀。

A. 阴极保护法　　　　　　　　　B. 涂层法

C. 热浸镀锌防腐法　　　　　　　D. 电弧喷涂防腐法

6. 建筑工程施工过程中对钢筋工程等重要部分在浇筑混凝土之前进行一次关键质量控制环节，该环节为（　　）。

A. 场地选择　　　　　　　　　　B. 建筑钢材隐蔽验收

C. 结构验收　　　　　　　　　　D. 尺寸与重量检验

7. 钢材的韧性是指其在拉伸过程中的（　　）能力。

A. 抗拉　　　　　　B. 抗压　　　　　　C. 弹性　　　　　　D. 抗弯

8. （　　）是评价钢材耐磨性的指标。

A. 抗压　　　　　　B. 抗拉　　　　　　C. 硬度　　　　　　D. 耐火性

模块4
混凝土

上智云图

教学资源素材

【项目引入】

混凝土是工程建设的主要材料之一。混凝土是指由胶凝材料、细骨料（砂）、粗骨料（石子）和水按适当比例配制的混合物，必要时掺入化学外加剂和矿物混合材料，按适当比例配合，经过均匀拌制、密实成型和一定时间的养护硬化而成的人造石材。目前，建筑工程中使用最为广泛的是普通混凝土。某工程使用商品混凝土，对其原材料的要求如下：

（1）石子粒径为 5～25mm，应采用连续级配，针片状颗粒含量不宜大于10％；含泥量不大于1％；不得使用碱活性骨料。其他要求应符合《普通混凝土用砂、石质量标准及检验方法标准》JGJ 52—2006 的规定。

（2）砂宜采用中砂，含泥量不大于3％，其通过 0.315mm 筛孔的颗粒含量不应小于15％。其他要求应符合《普通混凝土用砂、石质量标准及检验方法标准》JGJ 52—2006 的规定。

（3）拌制混凝土所用的水采用饮用水，应符合《混凝土用水标准》JGJ 63—2006 的规定。

（4）所用外加剂及粉煤灰、掺合料宜使用同一厂家、同一批次的产品。抗渗混凝土使用的防水外加剂应提供详细的试验数据，符合相关规范标准。粉煤灰的级别不应低于1级，单独采用粉煤灰作为掺合料，硅酸盐水泥混凝土粉煤灰掺量不应超过胶凝材料总量的35％，普通硅酸盐水泥混凝土粉煤灰掺量不应超过胶凝材料总量的30％；采用矿渣粉煤灰作为掺合料时，应采用矿渣粉和粉煤灰复合技术，混凝土中掺合料总量不应超过胶凝材料总量的50％，矿渣粉掺量不得大于掺合总量的50％。

（5）水泥使用同一厂家产品，砂、石料使用同一产地产品，以保证混凝土表面观感。如有变动，必须提前一周通知使用方技术部门。

（6）外加剂选用聚羧酸系高性能外加剂品种，并根据不同季节、不同工艺分别选用早强型、标准型、缓凝型或防冻型产品。引气剂的选用必须满足规范要求。

【思维导图】

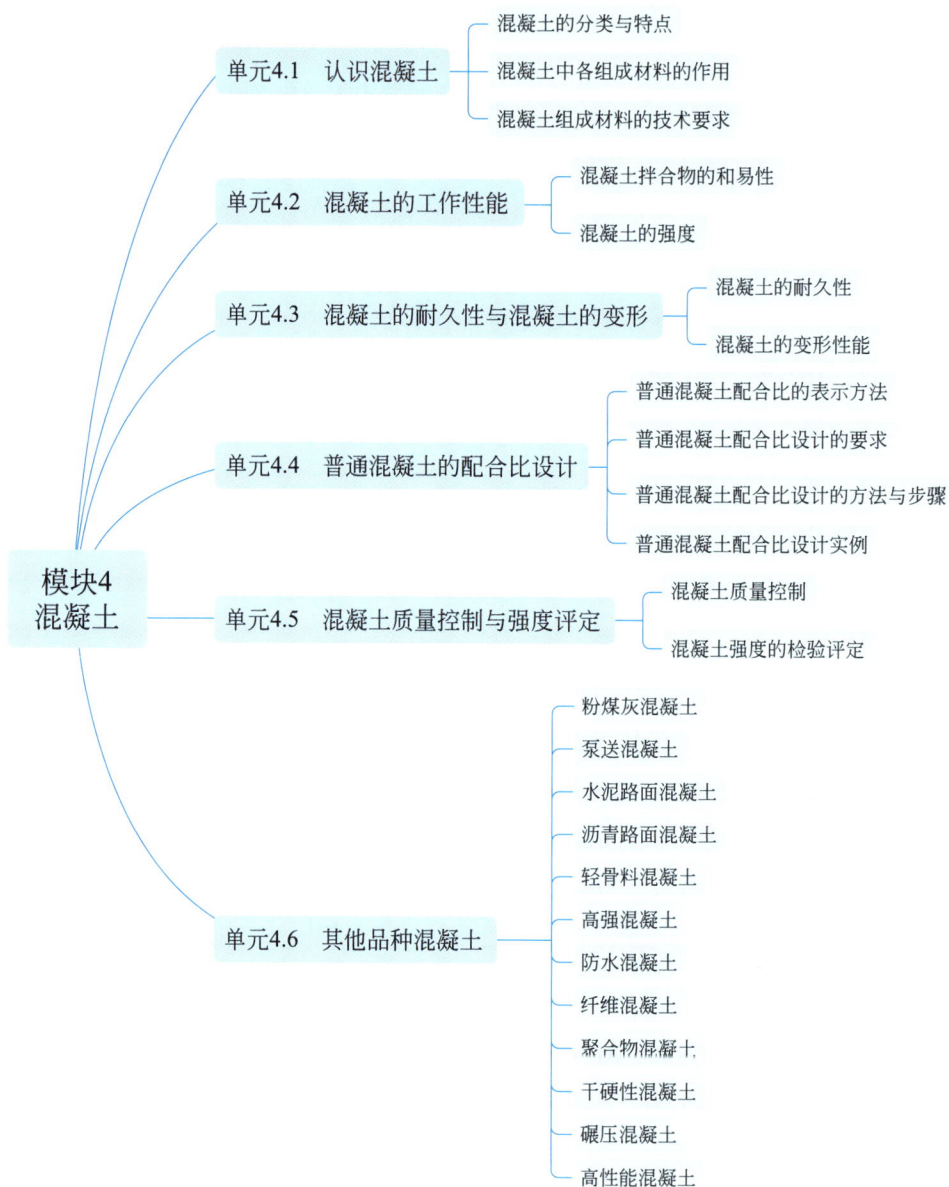

内容介绍

【建议学时】 10

【学习目标】

1. 知识目标

- 掌握普通混凝土组成材料技术参数、质量标准与检测标准。

- 掌握混凝土拌合物的主要技术性质、要求及影响因素。

- 掌握硬化后水泥混凝土的主要技术性质、要求及影响因素。

- 掌握普通混凝土的配合比设计步骤。

- 熟悉普通混凝土的质量控制。

2. 技能目标

- 能够进行砂、石常规检测。

- 能够进行混凝土拌合物的和易性检测。

- 能做混凝土标准试块，会检测混凝土强度值，确定每组试件混凝土的代表值。

- 能够填写规范的检测原始记录并出具规范的检测报告。

- 能按要求进行混凝土配合比设计、试配与调整。

- 能根据施工单位给出的混凝土强度历史资料，对混凝土质量进行合格性判定。

3. 素质目标

- 培养知行合一、真抓实干社会责任感。

- 树立攻坚克难、不畏艰辛的职业操守。

- 树立认真严谨、细致入微的工匠精神。

- 树立求真创新精神、广阔的国际视野、良好的团队协作精神。

- 培养沟通交流的能力及自主和终身学习能力。

【学习重点】

- 普通混凝土组成材料技术参数、质量标准与检测标准。

- 混凝土拌合物的主要技术性质、要求及影响因素。

- 硬化后水泥混凝土的主要技术性质、要求及影响因素。

- 普通混凝土的配合比设计。

【学习难点】

- 普通混凝土的配合比设计。

【学习建议】

- 认真阅读教材，掌握混凝土相关的概念。

- 建议将各种类型混凝土的特性以及性能参数整理成思维导图或总结表格，对知识点和能力点进行梳理、总结。

- 通过分析实际工程案例，了解混凝土材料的选取和具体应用，从而加深理解。

- 与同学们共同学习、交流思想、参与讨论，能够帮助加深对混凝土的理解和应用。

混凝土作为现代建筑工程的核心材料，其性能直接影响工程结构的安全性与耐久性。本模块围绕普通混凝土材料展开系统性学习，通过理论知识与工程实践相结合的方式，帮助学习者掌握混凝土材料的基本特性、技术标准与质量控制要点。以普通混凝土为研究对象，重点解析原材料技术指标、配合比设计原理及质量检验体系，建立工程材料选用的科学思维。

（1）学习本模块关于混凝土材料的相关知识，了解实际工程采用普通混凝土材料时对混凝土材料的基本要求。

（2）收集与普通混凝土原材料有关的标准规范。

（3）结合引导问题，学习普通混凝土组成材料的要求和性能检验。

单元 4.1 认识混凝土

混凝土是由胶凝材料将骨料胶结成整体的工程复合材料的统称。

4.1.1 混凝土的分类与特点

混凝土按胶凝材料的组成，可分为水泥混凝土、沥青混凝土、聚合物混凝土、聚合物水泥混凝土等。

混凝土按照表观密度的大小，可分为重混凝土、普通混凝土和轻混凝土。重混凝土是干表观密度大于 $2600 kg/m^3$ 的混凝土，通常用特别密实和特别重的骨料制备，如重晶石混凝土、钢屑混凝土等，它们具有减少 X 射线和 γ 射线透过的性能。普通混凝土是干表观密度为 $1950 \sim 2600 kg/m^3$ 的混凝土，是用天然的砂、石作骨料配制成的。这类混凝土在土木工程中最常用，如房屋及桥梁等承重结构，道路中的路面及机场的道面等。轻混凝土是干表观密度小于 $1950 kg/m^3$ 的混凝土。它可以分为三类：

（1）轻骨料混凝土，其表观密度范围是 $800 \sim 1950 kg/m^3$，是用轻骨料如浮石、火山渣、膨胀珍珠岩、膨胀矿渣、黏土陶粒等配制而成。

（2）多孔混凝土（泡沫混凝土、加气混凝土），其表观密度范围是 $300 \sim 1000 kg/m^3$。泡沫混凝土是由水泥浆或水泥砂浆与稳定的泡沫制成的。加气混凝土是由水泥、水与加气剂配制而成的。

（3）大孔混凝土（普通大孔混凝土、轻骨料大孔混凝土），其组成中无细骨料。

普通大孔混凝土的表观密度范围为 1500～1900kg/m³，是用碎石、卵石、重矿渣作骨料配制而成的。轻骨料大孔混凝土的表观密度范围为 500～1500kg/m³，是用陶粒、浮石、碎砖、煤渣等作骨料配制而成的。

此外，还有为满足不同工程的特殊要求配制而成的各种特种混凝土，如高强混凝土、流态混凝土、防水混凝土、耐热混凝土、耐酸混凝土、纤维混凝土、聚合物混凝土和喷射混凝土等。

混凝土具有许多优点，可根据不同要求配制各种不同性质的混凝土；在凝结前混凝土具有良好的可塑性，因此可以浇筑成各种形状和大小的构件或结构物；它与钢筋有牢固的黏结力，能制作钢筋混凝土结构和构件；经硬化后混凝土有抗压强度高与耐久性等良好的特性；其组成材料中砂、石等地方材料占 80% 以上，符合就地取材和经济原则。但混凝土也存在抗拉强度低、受拉时变形能力小、容易开裂、自重大等缺点。

由于混凝土具有上述各种优点，无论是工业与民用建筑、给水与排水工程、道路工程、桥梁工程、水利工程以及地下工程、国防建设等都广泛地应用混凝土。因此，它是一种主要的土木工程材料，在国家基础建设中占有重要地位。

一般对混凝土质量的基本要求是：具有符合设计要求的强度；具有与施工条件相适应的和易性；具有与工程环境相适应的耐久性。

4.1.2 混凝土中各组成材料的作用

在混凝土中，砂、石除起填充作用外，还起限制水泥石变形、提高强度、增加刚度和抗裂性等骨架作用，称为骨料；水泥与水形成水泥浆，水泥浆包裹在骨料表面并填充其空隙。在硬化前，水泥浆起润滑作用，赋予拌合物一定的和易性，便于施工。水泥浆硬化后，则将骨料胶结成一个坚实的整体。混凝土的结构如图 4-1 所示。

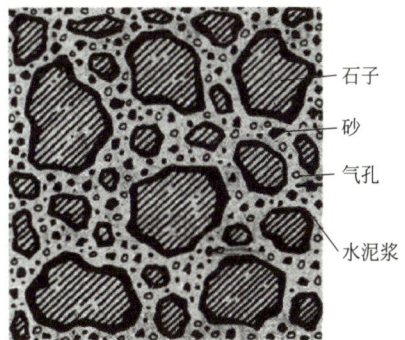

图 4-1　混凝土的结构

加入适宜的外加剂和掺合料，在硬化前能改善拌合物的和易性，硬化后能改善混凝土的物理力学性能和耐久性等。尤其是在配制高强度混凝土、高性能混凝土时，外加剂和掺合料是必不可少的。

4.1.3 混凝土组成材料的技术要求

混凝土的技术性质在很大程度上是由原材料的性质及其相对含量决定的。同时，也与施工工艺（搅拌、输送方式、成型、养护）有关。因此，必须了解其原材料的性质、作用及其质量要求，合理选择原材料才能保证混凝土的质量。

1. 水泥

（1）水泥品种选择

采用何种水泥，应根据混凝土工程的特点和所处的环境条件确定。配制混凝土一般可采用硅酸盐水泥、普通硅酸盐水泥、矿渣硅酸盐水泥、火山灰质硅酸盐水泥、粉煤灰硅酸盐水泥和复合硅酸盐水泥。必要时也可采用快硬硅酸盐水泥或其他水泥。用混凝土泵和管道输送的混凝土，称为泵送混凝土。泵送混凝土应选用硅酸盐水泥、普通硅酸盐水泥、矿渣硅酸盐水泥和粉煤灰硅酸盐水泥，不宜采用火山灰质硅酸盐水泥。水泥的性能指标必须符合现行国家有关标准的规定。

（2）水泥强度等级选择

水泥强度等级的选择应与混凝土的设计强度等级相适应。原则上配制高强度等级的混凝土，选用高强度等级的水泥；配制低强度等级的混凝土，选用低强度等级的水泥。

如必须用高强度等级的水泥配制低强度等级的混凝土时，水泥用量偏少，会影响和易性及密实度，所以应掺入一定数量的掺合料。如必须用低强度等级的水泥配制高强度等级的混凝土时，水泥用量过多，不经济而且会影响混凝土的其他技术性质。

2. 细骨料

粒径小于等于 4.75mm 的骨料为细骨料（砂）。依据《建设用砂》GB/T 14684—2022，建设用砂按产源可分为天然砂、机制砂和混合砂。

天然砂是在自然条件作用下岩石产生破碎、风化、分选、运移、堆/沉积形成的粒径小于 4.75mm 的岩石颗粒。天然砂包括河砂、湖砂、山砂、净化处理的海砂，但不包括软质、风化的颗粒。

机制砂是以岩石、卵石、矿山废石和尾矿等为原料，经除土处理，由机械破碎、整形、筛分、粉控等工艺制成的，级配、粒形和石粉含量满足要求且粒径小于 4.75mm 的颗粒。机制砂不包括软质、风化的颗粒。

注：细骨料与细集料表义相同。

混合砂是由机制砂和天然砂按一定比例混合而成的砂。

建设用砂按颗粒级配、含泥量（石粉含量）、亚甲蓝（MB）值、泥块含量、有害物质、坚固性、压碎指标、片状颗粒含量等技术要求分为Ⅰ类、Ⅱ类和Ⅲ类。

配制混凝土时所采用的细骨料的质量要求有以下几方面：

（1）质量标准

配制混凝土的细骨料要求清洁不含杂质，以保证混凝土的质量。而砂中常含有的一些有害杂质，如云母、黏土、淤泥、粉砂等，黏附在砂的表面，妨碍水泥与砂的黏结，降低混凝土强度；同时还增加混凝土的用水量，从而加大混凝土的收缩，降低抗冻性和抗渗性。一些有机杂质、硫化物及硫酸盐，它们都对水泥有腐蚀作用。砂中杂质的含量一般应符合表 4-1 中的规定。

砂中含泥量、泥块含量和有害物质含量规定 表 4-1

项目	指标		
	Ⅰ类	Ⅱ类	Ⅲ类
含泥量(质量分数)(%)	≤1.0	≤3.0	≤5.0
泥块含量(质量分数)(%)	≤0.2	≤1.0	≤2.0
云母(质量分数)(%)	≤1.0	≤2.0	≤2.0
轻物质(质量分数)[a](%)	≤1.0	≤1.0	≤1.0
有机物(比色法)	合格	合格	合格
硫化物及硫酸盐(按 SO₃ 质量计)(%)	≤0.5	≤0.5	≤0.5
氯化物(按氯离子质量计)(%)	≤0.01	≤0.02	≤0.06[b]
贝壳(质量分数)[c](%)	≤20	≤25	≤30

注：a 天然砂中如含有浮石、火山渣等天然轻骨料时，经试验验证后，该指标可不作要求。

　　b 对于钢筋混凝土用净化处理的海砂，其氯化物含量应小于或等于 0.02%。

　　c 该指标仅适用于净化处理的海砂，其他砂种不作要求。

（2）颗粒形状及表面特征

细骨料的颗粒形状及表面特征会影响其与水泥的黏结及混凝土拌合物的流动性。人工砂和山砂的颗粒多具有棱角，表面粗糙，与水泥黏结较好，用它拌制的混凝土强度较高，但拌合物的流动性较差；河砂、海砂，其颗粒多呈圆形，表面光滑，与水泥的黏结较差，用来拌制混凝土，混凝土的强度则较低，但拌合物的流动性较好。

由于天然优质砂资源日渐枯竭，部分地区采用人工砂；人工砂中石粉含量较大，与泥土相比，石粉对混凝土和易性和强度的影响较小，用于混凝土时可适当放宽含量限制，石粉含量应符合有关规范要求。

当用较高强度等级水泥配制低强度混凝土时，由于水灰比（水与水泥的质量比）

大，水泥用量少，拌合物的和易性不好。这时，如果砂中泥土和细粉稍多，只要适当延长搅拌时间，就可改善拌合物的和易性。

（3）颗粒级配及粗细程度

颗粒级配是指骨料中大小颗粒的搭配情况。在混凝土中骨料之间的空隙由水泥浆所填充，为达到节约水泥和提高混凝土强度的目的，应尽量减小骨料之间的空隙。从图 4-2 可以看到：如果是颗粒大小相同的骨料，空隙最大（图 4-2a）；两种粒径的骨料搭配起来，空隙就减小了（图 4-2b）；三种粒径的骨料搭配，空隙就更小了（图 4-2c）。由此可见，要想减小骨料间的空隙，就必须有大小不同的颗粒搭配。

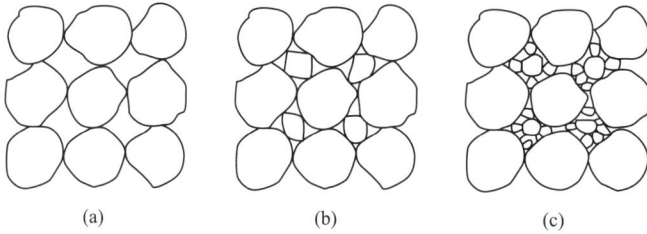

图 4-2　骨料颗粒级配示意图

（a）单一粒径；（b）两种粒径；（c）多种粒径

砂的粗细程度是指不同粒径的砂粒混合在一起后的总体粗细程度，通常有粗砂、中砂、细砂和特细砂之分。在相同的质量条件下，细砂的总表面积较大，而粗砂的总表面积较小。在混凝土中，砂子的表面需要由水泥浆包裹，砂子的总表面积越大，则需要包裹砂粒表面的水泥浆就越多。因此，一般用粗砂拌制混凝土比用细砂所需的水泥浆少。

因此，在拌制混凝土时，砂的颗粒级配和粗细程度应同时考虑。当砂中含有较多的粗粒径颗粒，并以适当的中粒径及少量细粒径填充其空隙，则可使空隙率及总表面积均较小。这样的砂比较理想，不仅水泥浆用量较少，而且还可提高混凝土的密实性与强度。可见控制砂的颗粒级配和粗细程度有很大的技术经济意义，因而它们是评定砂质量的重要指标。仅用颗粒级配或粗细程度单一指标进行评价，是不合理的。

砂的颗粒级配和粗细程度常用筛分析的方法进行测定。用级配区表示砂的颗粒级配，用细度模数表示砂的粗细。筛分析的方法是用一套公称直径为 5.00mm、2.50mm、1.25mm、0.63mm、0.315mm 及 0.16mm 的标准筛，将 500g 干试样由粗到细依次过筛，称得各个筛上颗粒的质量 m_i，并计算出各筛上的分计筛余百分率

（各筛筛余物质量占砂样总量的比例）及累计筛余百分率（该筛及比该筛孔径大的筛的所有分计筛余百分率）。累计筛余与分计筛余的关系见表4-2。

累计筛余与分计筛余的关系　　表4-2

公称直径（mm）	方孔筛尺寸（mm）	筛余量 m（g）	分计筛余百分率（%）	累计筛余百分率（%）
5.00	4.75	m_1	a_1	$A_1 = a_1$
2.50	2.36	m_2	a_2	$A_2 = a_1 + a_2$
1.25	1.18	m_3	a_3	$A_3 = a_1 + a_2 + a_3$
0.63	0.60	m_4	a_4	$A_4 = a_1 + a_2 + a_3 + a_4$
0.315	0.30	m_5	a_5	$A_5 = a_1 + a_2 + a_3 + a_4 + a_5$
0.160	0.15	m_6	a_6	$A_6 = a_1 + a_2 + a_3 + a_4 + a_5 + a_6$

细度模数 M_x 的公式：

$$M_x = \frac{(A_2 + A_3 + A_4 + A_5 + A_6) - 5A_1}{100 - A_1} \tag{4-1}$$

细度模数 M_x 越大，表示砂越粗。$M_x = 3.7 \sim 3.1$ 为粗砂，$M_x = 3.0 \sim 2.3$ 为中砂，$M_x = 2.2 \sim 1.6$ 为细砂，$M_x = 1.5 \sim 0.7$ 为特细砂。

实际颗粒级配与表4-3中的累计筛余相比，除公称粒径为5.00mm和0.63mm的累计筛余外，其余公称粒径的累计筛余可稍有超出分界线，但总超出量不应大于5%。

以累计筛余百分率为纵坐标，以筛孔尺寸为横坐标，根据表4-3的规定画出砂的Ⅰ、Ⅱ、Ⅲ级配区的筛分曲线，如图4-3所示。细骨料过粗（$M_x \geqslant 3.7$）配成的混凝土，其和易性不易控制，且内摩擦大，不易振捣成型；细骨料过细（$M_x \leqslant 0.7$）配成的混凝土，既要增加较多的水泥用量，而且强度显著降低。所以这两种砂未包括在级配区内。

细骨料颗粒级配区　　表4-3

公称粒径（mm）	累计筛余（%）		
	Ⅰ区	Ⅱ区	Ⅲ区
5.00	10～0	10～0	10～0
2.50	35～5	25～0	15～0
1.25	65～35	50～10	25～0
0.63	85～71	70～41	40～16
0.315	95～80	92～70	85～55
0.160	100～90	100～90	100～90

注：摘自《普通混凝土用砂、石质量及检验方法标准》JGJ 52—2006。

从筛分曲线也可看出细骨料的粗细，筛分曲线超过第Ⅰ区往右下偏时，表示砂

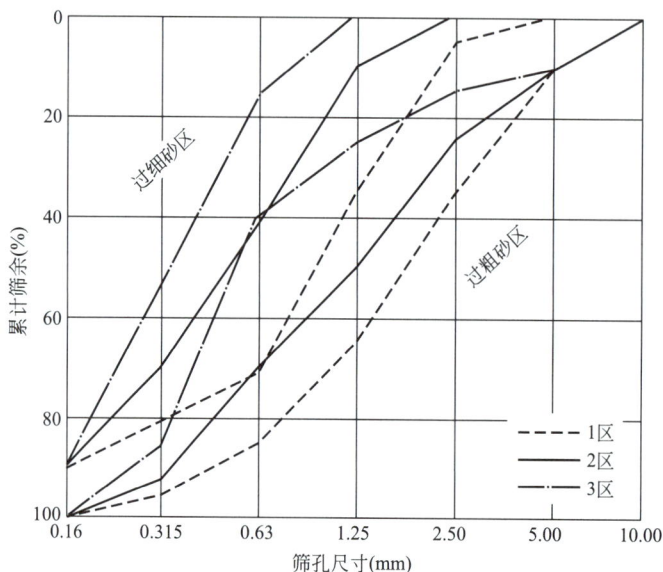

图 4-3　砂的Ⅰ、Ⅱ、Ⅲ级配区曲线

过粗。筛分曲线超过第Ⅰ区往左上偏时则表示砂过细。如果砂的自然级配不合适，不符合级配区的要求，这时就要采用人工级配的方法来改善。最简单的措施是将粗、细砂按适当比例进行试配，掺合使用。

为调整级配，在不得已时也可将砂加以过筛，筛除过粗或过细的颗粒。

配制混凝土时宜优先选用Ⅱ区砂；当采用Ⅰ区砂时，应提高砂率，并保持足够的水泥用量，以满足混凝土的和易性要求；当采用Ⅱ区砂时，宜适当降低砂率，以保证混凝土的强度。

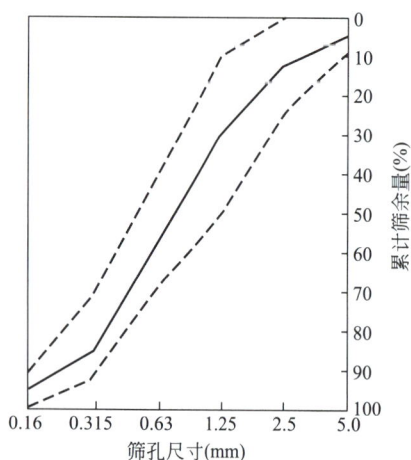

图 4-4　泵送混凝土细骨料最佳级配图

对于泵送混凝土，细骨料对混凝土拌合物的可泵性有很大影响（图 4-4）。混凝土拌合物之所以能在输送管中顺利流动，主要是由于粗骨料被包裹在砂浆中，且粗骨料是悬浮于砂浆中的，由砂浆直接与管壁接触起到润滑作用。故细骨料宜采用中砂、细度模数为 2.5～3.0、通过 0.315mm 筛孔的砂的含量应不少于 15%，通过 160μm 筛孔的砂的含量应不少于 5%。用于水泥混凝土路面混凝土板，应采用符合规定级配，细度模数在 2.5 以上的粗、中砂，当无法取得粗、中砂时，经配合比试验可行，可采用泥土杂物含量小于 3% 的细砂。

（4）砂的坚固性

砂的坚固性是指砂在气候、环境变化或其他物理因素作用下抵抗破裂的能力。按《建设用砂》GB/T 14684—2022 规定，砂的坚固性用硫酸钠溶液检验，砂的质量损失应符合表 4-4 的规定。

砂的坚固性指标　　　　　　　　　　　　　　　　表 4-4

类别	Ⅰ类	Ⅱ类	Ⅲ类
质量损失率(%)	≤8		≤10

（5）碱活性

对于长期处于潮湿环境的重要混凝土结构用砂，应采用砂浆棒（快速法）或砂浆长度法进行骨料的碱活性检验。经上述检验判断为有潜在危害时，应控制混凝土中的碱活性检验。经上述检验判断为有潜在危害时，应控制混凝土中的碱含量不超过 3kg/m³，或采用能抑制碱-骨料反应的有效措施。

3. 粗骨料

由天然岩石或卵石经破碎、筛分得到的粒径大于 4.75mm 的岩石颗粒称为碎石或碎卵石。由自然条件作用而形成表面较光滑的经筛分后粒径大于 4.75mm 的岩石颗粒称为卵石。普通混凝土常用的粗骨料有碎石和卵石。配制混凝土的粗骨料应满足以下质量要求：

（1）质量标准

粗骨料中常含有一些有害杂质，如黏土、淤泥、细屑、硫酸盐、硫化物和有机杂质。它们的危害作用与在细骨料中的相同。按照《普通混凝土用砂、石质量及检验方法标准》JGJ 52—2006，粗骨料中有害杂质的含量一般应符合表 4-5 中的规定。

粗骨料的有害杂质含量　　　　　　　　　　　　　　　　表 4-5

项　目	质量标准		
	≥C60	C55～C30	≤C25
含泥量，按质量计，≤(%)	0.5	1.0	2.0
泥块含量，按质量计，≤(%)	0.2	0.5	0.7
硫化物和硫酸盐含量(折算为 SO_3)，按质量计，≤(%)	1.0		
卵石中的有机物含量(用比色法试验)	颜色应不深于标准色。当颜色深于标准色时，应配制成混凝土进行强度对比试验，抗压强度比应不低于 0.95		
针、片状颗粒含量，按质量计，≤(%)	8	15	25

注：粗骨料与粗集料表义相同。

（2）颗粒形状及表面特征

粗骨料的颗粒形状及表面特征同样会影响其与水泥的黏结及混凝土拌合物的流动性。碎石具有棱角，表面粗糙，与水泥黏结较好，而卵石多为圆形，表面光滑，与水泥的黏结较差，在水泥用量和水用量相同的情况下，碎石拌制的混凝土流动性较差，但强度较高，而卵石拌制的混凝土则流动性较好，但强度较低。如要求流动性相同，用卵石时可减少用水量，降低水灰比，弥补卵石混凝土强度偏低的不足。

粗骨料的颗粒形状还有属于针状（长度大于该颗粒所属粒级平均粒径的 2.4 倍，平均粒径指该粒级上、下限粒径的平均值）和片状（厚度小于平均粒径的 0.4 倍）的，这种针、片状颗粒过多，会使混凝土强度降低。针、片状颗粒含量一般应符合表 3-4 中的规定。针、片状颗粒过多，对于泵送混凝土来说，会使其泵送性能变差，因此针、片状颗粒含量不宜大于 10%。

（3）最大粒径及颗粒级配

1）最大粒径

粗骨料中公称粒级的上限称为该粒级的最大粒径。当骨料粒径增大时，其比表面积随之减小。因此，保证一定厚度润滑层所需的水泥浆或砂浆的数量也相应减少，所以粗骨料的最大粒径应在条件许可下尽量选用得大些。由试验研究证明，最佳的最大粒径取决于混凝土的水泥用量。在水泥用量少的混凝土中（每 $1m^3$ 混凝土的水泥用量＞170kg），采用大骨料是有利的。在普通配合比的结构混凝土中，骨料粒径大于 40mm 并没有好处。骨料最大粒径还受结构形式、配筋疏密、保护层厚度等的限制。石子粒径过大，对运输和搅拌都不方便。为减少水泥用量、降低混凝土的温度和收缩应力，在大体积混凝土内，也常用毛石来填充。毛石（片石）是爆破石灰岩、白云岩及砂岩所得到的形状不规则的大石块，一般尺寸在一个方向达 300～400mm，质量约 20～30kg。这种混凝土也常称为毛石混凝土。

对于泵送混凝土，为防止混凝土泵送时管道堵塞，保证泵送顺利进行，粗骨料的最大粒径 D_{max} 与泵送管径之比应符合表 4-6 的规定。

D_{max} 与泵送管径之比　　　　　　　　　　　　　　　　　　　　表 4-6

粗骨料品种	泵送高度(m)	D_{max} 与泵送管径之比
碎石	≤50	1∶3
	50～100	1∶4
	＞100	1∶5
卵石	≤50	1∶2.5
	50～100	1∶3
	＞100	1∶4

2）颗粒级配

粗骨料级配对节约水泥和保证混凝土的和易性有很大关系。特别是拌制高强度混凝土，粗骨料级配更为重要。

粗骨料的级配也通过筛析法试验确定。其标准筛公称直径为（mm）：2.5、5、10、16、20、25、31.5、40、50、63、80及100；对应的方孔筛筛孔边长为（mm）：2.36、4.75、9.5、16、19、26.5、31.5、37.5、53、63、75、90。普通混凝土用碎石或卵石的颗粒级配应符合表4-7的规定。

骨料的级配分为连续级配和间断级配。连续级配是按颗粒尺寸由大到小，各粒级都占有适当比例，颗粒极差小，配制的混凝土拌合物的和易性好，不易发生离析，工程应用较为广泛。间断级配是人为剔除某些中间粒级颗粒，大颗粒的间隙由比它小得多的颗粒去填充，故空隙较小，可最大限度地发挥骨料的骨架作用，节约水泥用量。但间断级配易使混凝土拌合物产生离析，增加施工难度，工程应用较少。泵送混凝土的粗骨料应采用连续级配，粗骨料的级配影响空隙率和砂浆用量，对混凝土的可泵性有较大影响。

（4）强度

为保证混凝土的强度，粗骨料应质地致密且具有足够的强度。碎石或卵石的强度可用岩石立方体强度和压碎指标两种方法表示。

当混凝土强度等级为C60及以上时，应进行岩石抗压强度检验。在选择采石场或对粗骨料强度有严格要求或对质量有争议时，也宜用岩石立方体强度做检验。对经常性的生产质量控制则可用压碎指标值检验。用岩石立方体强度表示粗骨料强度，是将岩石制成50mm×50mm×50mm的立方体（或直径与高均为50mm的圆柱体）试件，试件在水饱和状态下，其抗压强度（MPa）与设计要求的混凝土强度等级之比，作为碎石或碎卵石的强度指标。岩石立方体的抗压强度与所采用的混凝土强度等级之比不应小于1.5。在一般情况下，火成岩试件的强度不宜低于80MPa，变质岩不宜低于60MPa，水成岩不宜低于30MPa。

用压碎指标表示粗骨料的强度时，是将一定质量气干状态下10~20mm的石子装入一定规格的圆筒内，在压力机上施加荷载至200kN，卸荷后称取试样质量（m_0），用孔径为2.5mm的筛筛除被压碎的细粒，称取试样的筛余量（m_1）。

$$\delta_a = (m_0 - m_1)/m_0 \times 100\% \tag{4-2}$$

式中　δ_a——压碎指标，%；

　　　m_0——试样的质量，g；

　　　m_1——压碎试验后筛余的试样质量，g。

表 4-7

普通混凝土用碎石或卵石的颗粒级配

级配	累计筛余率（%） 公称粒级	筛孔尺寸（mm）														
		2.36	4.76	9.5	16.0	19.0	26.5	31.5	37.5	53.0	63.0	75.0	90.0
连续级配	5～16	95～100	85～100	30～60	0～10	0							
	5～20	95～100	90～100	40～80		0～10	0						
	5～25	95～100	90～100		30～70		0～5	0					
	5～31.5	95～100	90～100	70～90		15～45		0～5	0				
	5～40		95～100	70～90		30～65			0～5	0			
单粒级配	5～10	95～100	80～100	0～15	0								
	10～16		95～100	80～100	0～15	0							
	10～20		95～100	85～100		0～15	0						
	16～25			95～100	55～70	25～40	0～10						
	16～31.5		95～100		85～100			0～10	0				
	20～40			95～100		80～100			0～10	0			
	40～80					95～100			70～100		30～60	0～10	

压碎指标表示石子抵抗压碎的能力，可间接地反映其相应的强度。压碎指标值越小，表示粗骨料抵抗压碎破坏的能力越强。压碎指标应符合表 4-8 和表 4-9 的规定。

碎石的压碎指标　　　　　　　　　　　　　　表 4-8

岩石品种	混凝土强度等级	碎石压碎指标(%)
沉积岩	C60～C40	≤10
	≤C35	≤16
变质岩或深成的火成岩	C60～C40	≤12
	≤C35	≤20
喷出的火成岩	C60～C40	≤13
	≤C35	≤30

卵石的压碎指标　　　　　　　　　　　　　　表 4-9

混凝土强度等级	C60～C40	≤C35
压碎指标(%)	≤12	≤16

（5）坚固性

有抗冻等耐久性要求的混凝土所用的粗骨料，要求测定其坚固性。碎石或卵石的坚固性指标见表 4-10。

碎石或卵石的坚固性指标　　　　　　　　　　　表 4-10

混凝土所处的环境条件及其性能要求	5 次循环后的质量损失(%)
在严寒及寒冷地区室外使用，并经常处于潮湿或干湿交替状态下的混凝土，有腐蚀性介质作用或经常处于水位变化区的地下结构或有抗疲劳、耐磨、抗冲击等要求的混凝土	≤8
在其他条件下使用的混凝土	≤12

（6）碱活性

对于长期处于潮湿环境的重要结构混凝土，其所使用的碎石或卵石应进行碱活性检验。进行碱活性检验时，首先应采用岩相法检验碱活性骨料的品种、类型和数量。当检验出骨料中含有活性二氧化硅时，应采用快速砂浆法和砂浆长度法进行碱活性检验；当检验出骨料中含有活性碳酸盐时，应采用岩石柱法进行碱活性检验。经上述检验，当判定骨料存在潜在碱-碳酸盐反应危害时，不宜用作混凝土骨料，否则，应通过专门的混凝土试验做最后评定。当判定骨料存在潜在碱-硅反应危害时，应控制混凝土中的碱含量不超过 $3kg/m^3$，或采用能抑制碱-骨料反应的有效措施。

4. 骨料的含水状态及饱和面干吸水率

骨料一般有干燥状态、气干状态、饱和面干状态和湿润状态四种含水状态，如图 4-5 所示。骨料含水率等于或接近于零时称干燥状态；含水率与大气湿度相平衡时称气干状态；骨料表面干燥而内部孔隙含水达饱和时称饱和面干状态；骨料不仅内部孔隙充满水，而且表面还附有一层表面水时称湿润状态。

图 4-5　骨料的含水状态

（a）干燥状态（烘干砂）；（b）气干状态（风干砂）；

（c）饱和面干状态（饱和面干砂）；（d）湿润状态（湿砂）

在拌制混凝土时，骨料含水状态的不同将影响混凝土的用水量和骨料用量。骨料在饱和面干状态时的含水率，称为饱和面干吸水率。在计算混凝土中各项材料的配合比时，如以饱和面干骨料为基准，则不会影响混凝土的用水量和骨料用量，因为饱和面干骨料既不从混凝土中吸取水分，也不向混凝土拌合物中释放水分。因此，一些大型水利工程、道路工程常以饱和面干状态骨料为基准，这样混凝土的用水量和骨料用量的控制就较准确，而在一般工业与民用建筑工程中，混凝土配合比设计常以干燥状态骨料为基准。这是因为坚固的骨料其饱和面干吸水率一般不超过 2%，而且在工程施工中必须经常测定骨料的含水率，以及时调整混凝土组成材料实际用量的比例，从而保证混凝土的质量。当细骨料被水湿润有表面水膜时，常会出现砂的堆积体积增大的现象。砂的这种性质在验收材料和按体积定量配制混凝土时具有重要意义。

5. 混凝土拌合及养护用水

混凝土拌合用水按水源可分为饮用水、地表水、地下水、海水以及经适当处理或处置后的工业废水（简称中水）。

对混凝土拌合及养护用水的质量要求是：不得影响混凝土的和易性及凝结；不得有损于混凝土的强度发展；不得降低混凝土的耐久性、加快钢筋腐蚀及导致预应力钢筋脆断；不得污染混凝土表面。当使用混凝土生产厂及商品混凝土厂设备的洗刷水时，水中物质含量限值应符合表 4-11 的规定。

项目	预应力混凝土	钢筋混凝土	素混凝土
pH 值	≥5.0	≥4.5	≥4.5
不溶物(mg/L)	≤2000	≤2000	≤5000
可溶物(mg/L)	≤2000	≤5000	≤10000
Cl^-(mg/L)	≤500	≤1000	≤3500
SO_4^{2-}(mg/L)	≤600	≤2000	≤2700
碱含量(mol/L)	≤1500	≤1500	≤1500

注：a 碱含量按 $Na_2O+0.658K_2O$ 计算值来表示。采用非碱活性骨料时，可不检验碱含量。
　　b 本表摘自《混凝土用水标准》JGJ 63—2006。

在对水质有怀疑时，应将该水与蒸馏水或饮用水进行水泥凝结时间、砂浆或混凝土强度对比试验。测得的初凝时间差及终凝时间差均不得大于 30min，其初凝和终凝时间还应符合相关国家标准的规定。用该水制成的砂浆或混凝土 28d 抗压强度应不低于蒸馏水或饮用水制成的砂浆或混凝土抗压强度的 90%。海水中含有硫酸盐、镁盐和氯化物，对水泥石有侵蚀作用，对钢筋也会造成锈蚀，因此不得用于拌制钢筋混凝土和预应力混凝土。为节约水资源，国家鼓励利用经检验合格的中水拌制混凝土。

6. 混凝土外加剂

混凝土外加剂是指在拌制混凝土过程中掺入的用以改善新拌混凝土和（或）硬化混凝土性能的材料，简称外加剂。在混凝土中应用外加剂，具有投资少、见效快、技术经济效益显著的特点。为适应混凝土工程现代化施工工艺的要求，混凝土外加剂已成为除水泥、砂、石和水以外混凝土的第五种必不可少的组分。

混凝土外加剂按化学成分可分为三类：无机化合物，多为电解质盐类；有机化合物，多为表面活性剂；有机和无机的复合物。按功能可分为四类：改善混凝土拌合物流变性能的外加剂，如各种减水剂和泵送剂等；调节混凝土凝结时间和硬化性能的外加剂，如缓凝剂、促凝剂和速凝剂等；改善混凝土耐久性的外加剂，如引气剂、防水剂、阻锈剂和矿物外加剂等；改善混凝土其他性能的外加剂，如膨胀剂、防冻剂和着色剂等。

（1）减水剂

减水剂是指在混凝土坍落度基本相同的条件下，能减少拌合用水量的外加剂。减水剂一般为表面活性剂，有离子型表面活性剂和非离子型表面活性剂，按其功能分为：普通减水剂、高效减水剂、高性能减水剂、早强减水剂、缓凝减水剂和引气减水剂等。

1）减水剂的作用机理及使用效果

表面活性剂是指具有显著降低液体表面能力或两相间界面能的物质。其分子带有亲水基团和憎水基团。表面活性剂加入水溶液中后可溶解于水溶液，并从溶液中向界面富集，作定向排列，其亲水基团指向溶液，憎水基团指向空气，形成定向吸附膜，从而降低水的表面张力和两相间的界面能，这种现象称为表面活性。表面活性物质具有润湿、乳化、分散、润滑、起泡和洗涤等作用。

减水剂的作用机理：当水泥加水拌合后，由于水泥颗粒的水化作用，水泥颗粒表面产生双电层结构，使之形成溶剂化水膜，且水泥颗粒表面带有异性电荷使水泥颗粒间产生缔合作用，而形成絮凝结构（图 4-6）。絮凝结构中包裹了许多游离水，使水泥颗粒不能充分被水润湿，浆体显得较干稠，流动性较小。当在水泥浆体中加入减水剂后，由于减水剂的表面活性作用，其憎水基团定向吸附于水泥颗粒表面，亲水基团指向水溶液，在水泥颗粒表面形成一层吸附膜。离子型表面活性剂使水泥颗粒表面带有相同电荷，在电性斥力作用下使水泥颗粒互相分开；而非离子型表面活性剂则因空间位阻作用使水泥颗粒分开，水泥浆体中的絮凝结构解体。一方面游离水被释放出来，水泥颗粒间流动性增强，从而增大了混凝土的流动性；另一方面由于水泥颗粒带有相同的电荷，增加了电斥力的分散作用，增加了水泥颗粒间的相对滑动能力。这就是减水剂的吸附分散、润湿、润滑作用的机理，如图 4-7 所示。

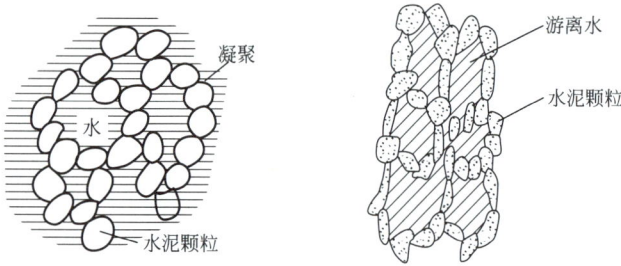

图 4-6　水泥浆的絮凝结构

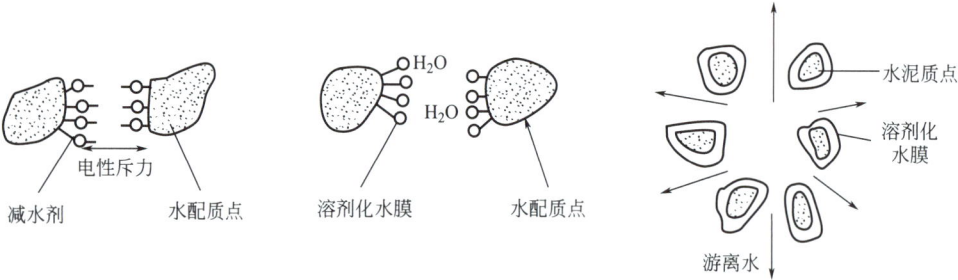

图 4-7　减水剂作用简图

减水剂的使用效果：①维持用水量和水灰比不变的条件下，可增大混凝土的流动性；②在维持流动性和水泥用量不变的条件下，可减少用水量，从而降低水灰比，可提高混凝土强度；③显著改善了混凝土的孔结构，提高其密实度，从而可提高混凝土的耐久性；④保持流动性及水灰比不变的条件下，在减少用水量的同时相应减少了水泥用量，即节约了水泥。此外，减水剂的加入还能减少新拌混凝土泌水、离析现象，延缓拌合物的凝结时间和降低水化放热速度。

2）减水剂的掺入方法

外加剂的掺入方法对其作用效果影响很大，因此应根据外加剂的种类和形态及具体情况选用掺入方法。混凝土掺入减水剂的方法有先掺法、同掺法、后掺法和滞水法。

先掺法：将减水剂与水泥混合后再与骨料和水一起搅拌。实际上，是在生产水泥时加入减水剂。其优点是使用方便；缺点是减水剂中有粗粒子时在混凝土中不易分散，影响质量且搅拌时间长，因此不常采用。

同掺法：将减水剂先溶于水形成溶液后再与混凝土原材料一起搅拌。优点是计量准且易搅拌均匀，使用方便；缺点是增加了溶解和储存工序。此法常用。

后掺法：在新拌混凝土运输至邻近浇筑地点前加入减水剂后搅拌。优点是可避免混凝土在运输过程中的分层、离析和坍落度损失，提高减水剂使用效果，提高减水剂对工程的适应性；缺点是需二次或多次搅拌。此法适用于预拌混凝土，且混凝土运输搅拌车便于二次搅拌。

滞水法：在加水搅拌后 1～3min 加入减水剂。优点是能提高减水剂使用效果；缺点是搅拌时间长，生产效率低。此法不常用。

3）常用减水剂

常用减水剂见表 4-12。

常用减水剂 表 4-12

类别		普通减水剂		高效减水剂		高性能减水剂
		木质素系	糖蜜系	多环芳香族磺酸盐系(萘系)	水溶性树脂系	聚羧酸盐系
主要成分		木质素磺酸钙 木质素磺酸钠 木质素磺酸镁	制糖废液经石灰中和处理而成	芳香族磺酸盐甲醛缩合物	三聚氢胺树脂磺酸钠(SM) 古玛隆-茚树脂磺酸钠(CRS)	聚羧酸盐共聚物
适宜掺量(%)		0.2～0.3	0.2～0.3	0.2～1.0	0.5～2.0	0.2～0.5
效果	减水率(%)	10 左右	6～10	15～25	18～30	25～35
	早强			明显	显著	显著
	缓凝	1～3h	3h 以上			
	引气(%)	1～2		非引气，或<2		

（2）早强剂

能加速混凝土早期强度发展的外加剂称早强剂。早强剂主要有氯盐类、硫酸盐类、有机胺类三类以及它们组成的复合类早强剂。

1）常用早强剂

常用早强剂见表4-13。

常用早强剂

表4-13

类别	氯盐类	硫酸盐类	有机胺类	复合类
常用品种	氯化钙	硫酸钠（元明粉）	三乙醇胺	①三乙醇胺(A)＋氯化钠(B) ②三乙醇胺(A)＋亚硝酸钠(B)＋氯化钠(C) ③三乙醇胺(A)＋亚硝酸钠(B)＋二水石膏(C) ④硫酸盐复合早强剂(NC)
掺量（占水泥质量%）	0.5～1.0	0.5～2.0	0.02～0.05 常与其他早强剂复合用	①三乙醇胺(A)＋氯化钠(B) ②三乙醇胺(A)＋亚硝酸钠(B)＋氯化钠(C) ③三乙醇胺(A)＋亚硝酸钠(B)＋二水石膏(C) ④硫酸盐复合早强剂(NC)
早强效果	3d强度可提高50%～100%；7d强度可提高20%～40%	掺1.5%时达到混凝土设计强度70%的时间可缩短一半	早期强度可提高50%，28d强度不变或稍有提高	2d强度可提高70% 28d强度可提高20%

2）常用早强剂的作用机理

氯化钙早强作用机理：$CaCl_2$ 能与水泥中 C_3A 作用，生成几乎不溶于水和 $CaCl_2$ 溶液的水化氯铝酸钙（$3CaO \cdot Al_2O_3 \cdot 3CaCl_2 \cdot 32H_2O$），又能与水化产物 $Ca(OH)_2$ 反应，生成溶解度极小的氧氯化钙（$CaCl_2 \cdot 3Ca(OH)_2 \cdot 12H_2O$）。水化氯铝酸钙和氧氯化钙固相早期析出形成骨架，加速水泥浆体结构的形成，同时也由于水泥浆中 $Ca(OH)_2$ 浓度的降低，有利于 C_3S 水化反应的进行，因此早期强度获得提高。

硫酸钠早强作用机理：Na_2SO_4 掺入混凝土中能与水泥水化生成的 $Ca(OH)_2$ 发生如下反应：

$$Na_2SO_4 + Ca(OH)_2 + 2H_2O = CaSO_4 \cdot 2H_2O + 2NaOH \tag{4-3}$$

生成的 $CaSO_4$ 均匀分布在混凝土中，并且与 C_3A 反应，迅速生成水化硫铝酸钙，此反应的发生还能加速 C_3S 的水化，使早期强度提高。

三乙醇胺早强作用机理：三乙醇胺是一种络合剂，在水泥水化的碱性溶液中能与 Fe^{3+} 和 Al^{3+} 等离子形成较稳定的络离子，这种络离子与水泥的水化物作用生成溶解度很小的络盐并析出，有利于早期骨架的形成，从而使混凝土早期强度提高，但会显著增加早期的干缩。

3）早强剂的掺入方法

含有硫酸钠的粉状早强剂使用时应加入水泥中，不能先与潮湿的砂石混合。含有粉煤灰等不溶物及溶解度较小的早强剂、早强减水剂应以粉剂掺入，并要适当延长搅拌时间。

（3）引气剂

在搅拌混凝土过程中能引入大量均匀分布的、闭合而稳定的微小气泡（直径在 $10 \sim 100 \mu m$）的外加剂，称为引气剂。主要品种有松香热聚物、松脂皂和烷基苯磺酸盐等。其中，以松香热聚物的效果较好，最常使用。松香热聚物是由松香与硫酸、苯酚经聚合反应，再经氢氧化钠中和而得到的憎水性表面活性剂。

1）引气作用机理

混凝土在搅拌过程中必然会裹挟、混入一些空气。在未掺引气剂时，这样的空气多以大气泡的形式存在。掺引气剂后，水溶液中的引气剂分子极易吸附在水-气界面上，显著降低水的表面张力和界面能。由于引气剂分子作用，混凝土在搅拌中混入的空气便会形成相对微小的球型气泡。引气剂分子定向排列在泡膜界面上，阻碍泡膜内水分子的移动，增加了泡膜的厚度及强度，使气泡不易破灭；水泥浆中的氢氧化钙与引气剂作用生成的钙皂会沉积在泡膜壁上，提高了泡膜的稳定性。

2）引气剂的使用方法

最常用的引气剂是松香热聚物，它不能直接溶解于水，使用时需将其溶解于加热的氢氧化钠溶液中，再加水配成一定浓度的溶液后加入混凝土中。当引气剂与减水剂、早强剂、缓凝剂等复合使用时，配制溶液时应注意其共溶性。

3）引气剂的作用

改善混凝土拌合物的和易性：混凝土拌合物中引入的大量微小气泡，相对增加了水泥浆体积，气泡本身又起到如同滚珠轴承的作用，使颗粒间摩擦力减小，从而可提高混凝土的流动性。由于水分被均匀分布在气泡表面，又显著改善了混凝土的保水性和黏聚性。

提高混凝土的耐久性：由于气泡能隔断混凝土中的毛细管通道以及气泡在水泥石内水分结冰时能作为"卸压空间"，对所产生的水压力起到缓卸作用，故能显著提高混凝土的抗渗性和抗冻性。

对强度、耐磨性和变形的影响：由于引入大量气泡减小了混凝土受压时的有效面积，使混凝土的强度和耐磨性有所降低，当保持水灰比不变时，含气量增加 1％，混凝土强度约下降 3%～5%，故应用引气剂改善混凝土的抗冻性时应注意控制混凝土的含气量，避免大量引气导致混凝土强度大幅降低。大量气泡的存在可使混凝土的弹性模量有所降低，从而对提高混凝土的抗裂性有利。

4）引气剂的掺量

引气剂的掺量应根据混凝土的含气量确定。一般松香热聚物引气剂的适宜掺量约为 0.006%～0.012%（占水泥质量）。

（4）缓凝剂

延长混凝土凝结时间的外加剂称为缓凝剂。其主要种类有羟基羧酸盐类、糖类、无机盐类和木质素磺酸盐类等。最常用的是糖蜜、葡萄糖酸盐和木质素磺酸钙，糖蜜的效果较好。

1）常用缓凝剂

常用缓凝剂见表 4-14。

常用缓凝剂　　　　　　　　　　　　　　　　　　表 4-14

类别	品种	掺量（占水泥质量%）	延缓凝结时间(h)
糖类	糖蜜等	0.2～0.5(水剂)；0.1～0.3(粉剂)	2～4
木质素磺酸盐类	木质素磺酸钙(钠)等	0.2～0.3	2～3
羟基羧酸盐类	柠檬酸、酒石酸钾(钠)等	0.03～0.1	4～10
无机盐类	锌盐、硼酸盐、磷酸盐等	0.1～0.2	

2）缓凝剂的作用机理

有机类缓凝剂多为表面活性剂，掺入混凝土中能吸附在水泥颗粒表面，形成同种电荷的亲水膜，使水泥颗粒相互排斥，阻碍水泥水化产物凝聚，起到缓凝作用；无机类缓凝剂往往是在水泥颗粒表面形成一层难溶的薄膜，对水泥颗粒的正常水化起阻碍作用，从而导致缓凝。

3）缓凝剂的掺入方法

缓凝剂及缓凝减水剂应配制成适当浓度的溶液加入拌合水中使用。糖蜜减水剂中常有少量难溶和不溶物，静置时会有沉淀现象，使用时应搅拌成悬浮液。当缓凝剂与其他外加剂复合使用时，必须是共溶的才能事先混合，否则应分别掺入。

（5）速凝剂

能使混凝土迅速凝结硬化的外加剂称速凝剂。其主要种类有无机盐类和有机物类。常用的是无机盐类。

1）常用速凝剂

常用速凝剂见表 4-15。

常用速凝剂   表 4-15

种类	铝氧熟料(红星 1 型)	铝氧熟料(711 型)	铝氧熟料(782 型)
主要成分	铝酸钠＋碳酸钠＋生石灰	铝氧熟料＋无水石膏	矾泥＋铝氧熟料＋生石灰
适宜掺量(%)	2.5～4.0	3.0～5.0	5.0～7.0
初凝(min)	≤5		
终凝(min)	≤10		
强度	1h 产生强度,1d 强度可提高 2～3 倍,28d 强度为不掺的 80%～90%		

2) 速凝剂的作用机理

速凝剂加入混凝土后,其主要成分中的铝酸钠、碳酸钠在碱性溶液中迅速与水泥中的石膏反应生成硫酸钠,使石膏丧失其原有的缓凝作用,从而导致铝酸钙矿物 C_3A 迅速水化,并在溶液中析出其水化产物晶体,致使水泥混凝土迅速凝结。

3) 速凝剂的使用方法

喷射混凝土施工工艺分为干、湿两种。采用干法喷射时,是将速凝剂(一般为细粉状)按一定比例与水泥、砂、石一起干拌均匀后,用压缩空气通过胶管将材料送到喷射机的喷嘴中,在喷嘴里引入高压水,与干拌料拌成混凝土,喷射到建筑物或构筑物上,这种方法施工简便,目前使用普遍;采用湿法喷射时,是在搅拌机中按水泥、砂、石、速凝剂和水拌成混凝土后,再由喷射机通过胶管从喷嘴喷出。

(6) 防冻剂

防冻剂是能使混凝土在负温下硬化,并在规定时间内达到足够防冻强度的外加剂。

1) 常用防冻剂

常用防冻剂是由多组分复合而成,其主要组分有防冻组分、减水组分、引气组分、早强组分、阻锈组分等。防冻组分可分为三类:氯盐类(如氯化钙、氯化钠);氯盐阻锈类(氯盐与阻锈剂复合,阻锈剂有亚硝酸盐、铬酸盐、磷酸盐等);无氯盐类(硝酸盐、亚硝酸盐、碳酸盐、尿素、乙酸盐等)。减水、引气、早强组分则分别采用前面所述的各类减水剂、引气剂和早强剂。

2) 防冻剂的作用机理

防冻剂中各组分对混凝土所起作用:防冻组分可改变混凝土液相浓度,降低冰点,保证混凝土在负温下有液相存在,使水泥仍能继续水化;减水组分可减少混凝土拌合用水量,从而减少混凝土中的成冰量,并使冰晶粒度细小且均匀分散,减小对混凝土的破坏应力;引气组分是引入一定量的微小封闭气泡,减缓冻胀应力;早强组分是能提高混凝土早期强度,增强混凝土抵抗冰冻的破坏能力。亚硝酸盐一类的阻锈剂可以在一定程度上防止氯盐的钢筋锈蚀作用,同时兼具防冻和早强作用。

因此，防冻剂的综合效果是能显著提高冬期施工中混凝土的早期抗冻性。

3）防冻剂的应用

防冻剂应用时应注意，掺加防冻剂的混凝土还应根据意外寒冷天气情况注意采取适宜的养护措施；对于房屋建筑结构，严禁使用含有尿素的防冻剂。尿素在混凝土中受到碱性物质作用时会释放氨气，产生刺激性气味，并会引起人体损伤。

（7）膨胀剂

膨胀剂是能使混凝土产生一定体积膨胀的外加剂。混凝土工程中采用的膨胀剂种类有硫铝酸钙类、硫铝酸钙-氧化钙类、氧化钙类等。

1）常用膨胀剂

常用膨胀剂包括：硫铝酸钙类有明矾石膨胀剂（主要成分是明矾石与无水石膏或二水石膏）；CSA膨胀剂（主要成分是无水硫铝酸钙）；U型膨胀剂（主要成分是无水硫铝酸钙、明矾石、石膏）等。氧化钙类有多种制备方法，其主要成分为石灰，再加入石膏与水淬矿渣或硬脂酸或石膏与黏土，经一定的煅烧或混磨而成。硫铝酸钙-氧化钙类为复合膨胀剂。

2）膨胀剂的作用机理

硫铝酸钙类膨胀剂加入混凝土中后，自身的无水硫铝酸钙水化或参与水泥矿物的水化或与水泥水化产物反应，生成三硫型水化硫铝酸钙（钙矾石），使固相体积大为增加，从而导致体积膨胀。氧化钙类膨胀剂的膨胀作用主要由氧化钙晶体水化生成氢氧化钙晶体，体积增大而产生。

3）膨胀剂掺量的确定方法

根据设计和施工要求，膨胀剂的推荐掺量见表4-16。膨胀剂掺量以胶凝材料（水泥＋膨胀剂或水泥＋膨胀剂＋掺合料）总量（B）为基数，按表4-16替代胶凝材料，即膨胀剂（E）％＝E/B。膨胀剂的掺量与水泥及掺合料的活性有关，应通过试验确定。考虑混凝土的强度，在有掺合料的情况下，膨胀剂的掺量应分别取代水泥和掺合料。

膨胀剂推荐掺量范围 表4-16

膨胀混凝土种类	推荐掺量（内掺法）（％）
补偿收缩混凝土	8～12
填充用混凝土	12～15
自应力混凝土	15～25

4）膨胀剂的使用

粉状膨胀剂应与混凝土其他原材料一起投入搅拌机，拌合时间应比普通混凝土

建筑材料

延长 30s。膨胀剂可与其他外加剂复合使用，但必须有良好的适应性。掺膨胀剂的混凝土不得采用硫铝酸盐水泥、铁铝酸盐水泥和高铝水泥。

（8）泵送剂

泵送剂是指能改善混凝土拌合物泵送性能的外加剂。

泵送剂一般分为非引气剂型（主要组分为木质素磺酸钙、高效减水剂等）和引气剂型（主要组分为减水剂、引气剂等）两类。个别情况下，如对于大体积混凝土，为防止收缩裂缝，掺入适量的膨胀剂。木钙减水剂除可使拌合物的流动性显著增大外，还能减少泌水，延缓水泥的凝结，使水泥水化热的释放速度明显延缓，这对泵送的大体积混凝土十分重要。引气剂能使拌合物的流动性显著增加，而且也能降低拌合物的泌水性及水泥浆的离析现象，这对泵送混凝土的和易性和可泵性很有利。

泵送混凝土所掺外加剂的品种和掺量宜由试验确定，不得任意使用，这主要是考虑外加剂对水泥的适宜性问题。

（9）外加剂的质量要求与检验

混凝土外加剂的质量应符合国家现行标准《混凝土外加剂》GB 8076—2008、《混凝土外加剂应用技术规范》GB 50119—2013 及相关的外加剂行业标准的有关规定。为了检验外加剂质量，应对基准混凝土与所用外加剂配制的混凝土拌合物进行坍落度、含气量、泌水率及凝结时间试验；对硬化混凝土检验其抗压强度、耐久性、收缩性等。

（10）常用混凝土外加剂的适用范围

常用混凝土外加剂的适用范围见表 4-17。

常用混凝土外加剂的适用范围   表 4-17

外加剂类别		使用目的或要求	适宜的混凝土工程	备注
减水剂	木质素磺酸盐	改善混凝土流变性能	一般混凝土,大模板、大体积浇筑、滑模施工、泵送混凝土、夏季施工	不宜单独用于冬期施工、蒸汽养护、预应力混凝土
	萘系	显著改善混凝土流变性能	早强、高强、流态、防水、蒸养、泵送混凝土	
	水溶性树脂系	显著改善混凝土流变性能	早强、高强、蒸养、流态混凝土	
	聚羧酸盐系	显著改善混凝土流变性能	早强、高强、蒸养、流态、高性能和自密实混凝土	
	糖类	改善混凝土流变性能	大体积、夏季施工等有缓凝要求的混凝土	不宜单独用于有早强要求、蒸养混凝土

外加剂类别		使用目的或要求	适宜的混凝土工程	备注
早强剂	氯盐类	要求显著提高混凝土早期强度;冬期施工时为防止混凝土早期受冻破坏	冬期施工、紧急抢修工程、有早强或防冻要求的混凝土;硫酸盐类适用于不允许掺氯盐的混凝土	氯盐类的掺量应符合有关标准的规定;规定不允许掺氯盐的结构均不能使用氯盐类;有机胺类应严格控制掺量,掺量过多会造成严重缓凝和强度下降
	硫酸盐类			
	有机胺类			
引气剂	松香热聚物	改善混凝土拌合物的和易性;提高混凝土抗冻、抗渗等耐久性	抗冻、防渗、抗硫酸盐的混凝土、水工大体积混凝土、泵送混凝土	不宜用于蒸养混凝土、预应力混凝土
缓凝剂	木质素磺酸盐	要求缓凝的混凝土、降低水化热、分层浇筑的混凝土过程中为防止出现冷缝等	夏季施工、大体积混凝土、泵送及滑模施工、远距离运输的混凝土	掺量过大,会使混凝土长期不硬化、强度严重下降;不宜单独用于蒸养混凝土;不宜用于低于5℃施工的混凝土
	糖类			
速凝剂	红星1型	施工中要求快凝、快硬的混凝土,迅速提高早期强度	井巷、隧道、涵洞、地下及喷锚支护时的喷射混凝土或喷射砂浆;抢修、堵漏工程	常与减水剂复合使用,以防混凝土后期强度降低
	711型			
	782型			
泵送剂	非引气型	混凝土泵送施工中为保证混凝土拌合物的可泵性,防止堵塞管道	泵送施工的混凝土	掺引气型外加剂的,泵送混凝土的含气量不宜大于4%
	引气型			
防冻剂	氯盐类	要求混凝土在负温下能继续水化、硬化、增长强度,防止冰冻破坏	负温下施工的无筋混凝土	
	氯盐阻锈类		负温下施工的钢筋混凝土	如含强电解质早强剂的,应符合GB 50119中的有关规定
	无氯盐类		负温下施工的钢筋混凝土和预应力钢筋混凝土	硝酸盐、亚硝酸盐、磺酸盐不得用于预应力混凝土;六价铬盐、亚硝酸盐等有毒防冻剂,严禁用于饮水工程及与食品接触的部位
膨胀剂	①硫铝酸钙类	减少混凝土干缩裂缝,提高抗裂性和抗渗性,提高机械设备和构件的安装质量	补偿收缩混凝土;填充用膨胀混凝土;自应力混凝土(仅用于常温下使用的自应力钢筋混凝土压力管)	①、③不得用于长期处于80℃以上的工程中,②不得用于海水和有侵蚀性水的工程;掺膨胀剂的混凝土只适用于有约束条件的钢筋混凝土工程和填充性混凝土工程;不得使用硫铝酸盐水泥、铁铝酸盐水泥和高铝水泥
	②氧化钙类			
	③硫铝酸钙—氧化钙类			

7. 矿物掺合料

矿物掺合料是以硅、铝、钙等的一种或多种氧化物为主要成分,具有规定细度,掺入混凝土中能改善混凝土性能的粉体材料。常用的矿物掺合料有粉煤灰、硅粉、磨细矿渣粉、天然火山灰质材料(如凝灰岩粉、沸石岩粉等)及磨细自燃煤矸石,其中粉煤灰的应用最为普遍。

（1）粉煤灰

粉煤灰是从煤粉炉烟道气体中收集的粉体材料。按其排放方式的不同，分为干排灰与湿排灰两种。湿排灰含水量大，活性降低较多，质量不如干排灰。按收集方法的不同，分静电收尘灰和机械收尘灰两种。静电收尘灰颗粒细、质量好；机械收尘灰颗粒较粗、质量较差。经磨细处理的称为磨细灰，未经加工的称为原状灰。

1）粉煤灰的质量要求

粉煤灰按煤种分为 F 类和 C 类。由烟煤和无烟煤煅烧形成的粉煤灰为 F 类，呈灰色或深灰色，一般 CaO 含量小于 10%，为低钙灰，具有火山灰活性；由褐煤或次烟煤煅烧形成的粉煤灰为 C 类，呈褐黄色，一般 CaO 含量大于 10%，为高钙灰，具有一定的水硬性。细度是评定粉煤灰品质的重要指标之一。粉煤灰中空心玻璃微珠颗粒最细、表面光滑，是粉煤灰中需水量最小、活性最高的成分，如果粉煤灰中空心微珠含量较多、未燃尽碳及不规则的粗粒含量较少时，粉煤灰就较细，品质较好。未燃尽的碳粒颗粒粗、孔隙大，可降低粉煤灰的活性，增大需水性，是有害成分，可用烧失量来评定。多孔玻璃体等非球形颗粒表面粗糙、粒径较大，可增大需水量，当其含量较多时会使粉煤灰品质下降。SO_3 是有害成分，应限制其含量。

根据《用于水泥和混凝土中的粉煤灰》GB/T 1596—2017 规定，拌制砂浆和混凝土用粉煤灰分为三个等级：Ⅰ级、Ⅱ级、Ⅲ级，水泥活性混合材料用粉煤灰不分级。根据用途分为拌制砂浆和混凝土用粉煤灰、水泥活性混合材料用粉煤灰两类，其质量指标分别见表 4-18、表 4-19。

拌制砂浆和混凝土用粉煤灰理化性能要求　　　　　　　表 4-18

项目		理化性能要求		
		Ⅰ级	Ⅱ级	Ⅲ级
细度（45μm 方孔筛筛余）（%）	F 类粉煤灰	≤12.0	≤30.0	≤45.0
	C 类粉煤灰			
需水量比（%）	F 类粉煤灰	≤95	≤105	≤115
	C 类粉煤灰			
烧失量（%）	F 类粉煤灰	≤5.0	≤8.0	≤10.0
	C 类粉煤灰			
含水量/%	F 类粉煤灰	≤1.0		
	C 类粉煤灰			
三氧化硫（SO_3）质量分数/%	F 类粉煤灰	≤3.0		
	C 类粉煤灰			

项目		理化性能要求		
		Ⅰ级	Ⅱ级	Ⅲ级
游离氧化钙(f-CaO)质量分数/%	F类粉煤灰	≤1.0		
	C类粉煤灰	≤4.0		
二氧化硅(SiO_2)、三氧化二铝(Al_2O_3)和三氧化二铁(Fe_2O_3)总质量分数(%)	F类粉煤灰	≥70.0		
	C类粉煤灰	≥50.0		
密度(g/cm^3)	F类粉煤灰	≤2.6		
	C类粉煤灰			
安定性(雷氏法)(mm)	C类粉煤灰	≤5.0		
强度活性指数*(%)	F类粉煤灰	≥70.0		
	C类粉煤灰			

水泥活性混合材料用粉煤灰理化性能要求　　表 4-19

项目		理化性能要求
烧失量(Loss)(%)	F类粉煤灰	≤8.0
	C类粉煤灰	
含水量(%)	F类粉煤灰	≤1.0
	C类粉煤灰	
三氧化硫(SO_3)质量分数(%)	F类粉煤灰	≤3.5
	C类粉煤灰	
游离氧化钙(f-CaO)质量分数(%)	F类粉煤灰	≤1.0
	C类粉煤灰	≤4.0
二氧化硅(SiO_2)、三氧化二铝(Al_2O_3)和三氧化二铁(Fe_2O_3)总质量分数(%)	F类粉煤灰	≥70.0
	C类粉煤灰	≥50.0
密度(g/cm^3)	F类粉煤灰	≤2.6
	C类粉煤灰	
安定性(雷氏法)(mm)	C类粉煤灰	≤5.0
强度活性指数*(%)	F类粉煤灰	≥70.0
	C类粉煤灰	

注：强度活性指数指试验胶砂与对比胶砂在规定龄期的抗压强度之比,以百分数表示。

按《粉煤灰混凝土应用技术规范》GB/T 50146—2014 的规定：预应力混凝土宜掺用Ⅰ级F类粉煤灰,掺用Ⅱ级F类粉煤灰时应经过试验论证；其他混凝土宜掺用Ⅰ级、Ⅱ级粉煤灰,掺用Ⅲ级粉煤灰时应经过试验论证。

2）粉煤灰掺入混凝土中的作用与效果

粉煤灰在混凝土中具有火山灰活性作用,它的活性成分 SiO_2 和 Al_2O_3 与水泥水化产物 $Ca(OH)_2$ 产生二次反应,生成水化硅酸钙和水化铝酸钙,增加了起胶凝作用的水化产物的数量。空心玻璃微珠颗粒具有增大混凝土（砂浆）的流动性、减少泌水、改善和易性的作用；若保持流动性不变，则可起到减水作用；其微细颗粒均匀分布在水泥浆中，填充孔隙，改善混凝土孔结构，提高混凝土的密实度，从而使混凝土的耐久性得到提高。同时，还可降低水化热、抑制碱-骨料反应。

混凝土中掺入粉煤灰的效果与粉煤灰的掺入方法有关。常用的方法有：等量取代法、超量取代法和外加法。①等量取代法：指以等质量粉煤灰取代混凝土中的水泥。可节约水泥并减少混凝土发热量，改善混凝土和易性，提高混凝土抗渗性。②超量取代法：指掺入的粉煤灰量超过取代的水泥量，超出的粉煤灰取代同体积的砂，其超量系数按规定选用，目的是保持混凝土28d强度及和易性不变。③外加法：指在保持混凝土中水泥用量不变情况下，外掺一定数量的粉煤灰。其目的只是为了改善混凝土拌合物的和易性，有时也有用粉煤灰代砂。由于粉煤灰具有火山灰活性，故使混凝土强度有所提高，而且混凝土的和易性及抗渗性等也有显著改善。

混凝土中掺入粉煤灰时，常与减水剂或引气剂等外加剂同时掺用，称为双掺技术。减水剂的掺入可以克服某些粉煤灰增大混凝土需水量的缺点；引气剂的掺用可以解决粉煤灰混凝土抗冻性较差的问题；在低温条件下施工时宜掺入早强剂或防冻剂。混凝土中掺入粉煤灰后会使混凝土抗碳化性能降低，不利于防止钢筋锈蚀。为改善混凝土抗碳化性能，也应采取双掺措施，或在混凝土中掺入阻锈剂。

（2）硅粉

硅粉又称硅灰，是在冶炼硅铁合金或工业硅时通过烟道排出的粉尘，经收集得到的以无定形二氧化硅为主要成分的粉体材料。硅粉的颗粒是微细的玻璃球体，粒径为$0.1\sim1.0\mu m$，是水泥颗粒的$1/50\sim1/100$，比表面积为$18.5\sim20m^2/g$。密度为$2.1\sim2.2g/m^3$，堆积密度为$250\sim300kg/m^3$。硅粉中无定形二氧化硅含量一般为$85\%\sim96\%$，具有很高的活性。由于硅粉具有高比表面积，因而其需水量很大，将其作为矿物掺合料需配以高效减水剂才能保证混凝土的和易性。

硅粉掺入混凝土中可取得以下几方面效果：

1）改善拌合物的黏聚性和保水性：在混凝土中掺入硅粉的同时又掺用了高效减水剂，保证混凝土拌合物必须具有的流动性的情况下，由于硅粉的掺入，会显著改善混凝土拌合物的黏聚性和保水性。故适宜配制高流态混凝土、泵送混凝土及水下灌注混凝土。

2）提高混凝土强度：当硅粉与高效减水剂配合使用时，硅粉与水泥水化产物

$Ca(OH)_2$ 反应生成水化硅酸钙凝胶，填充水泥颗粒间的空隙，改善界面结构及黏结力，形成密实结构，从而显著提高混凝土强度。一般硅粉掺量为 5％～10％，便可配出抗压强度达 100MPa 的超高强混凝土。

3）改善混凝土的孔结构，提高耐久性：掺入硅粉的混凝土虽然其总孔隙率与不掺时基本相同，但其大毛细孔减少，超细孔隙增加，改善了水泥石的孔结构，因此混凝土的抗渗性、抗冻性、抗溶出性及抗硫酸盐腐蚀性等耐久性显著提高。此外，混凝土的抗冲磨性随硅粉掺量的增加而提高，故适用于水工建筑物的抗冲刷部位及高速公路路面。硅粉还有抑制碱-骨料反应的作用。

（3）粒化高炉矿渣粉

粒化高炉矿渣粉是指以粒化高炉矿渣为主要原料，可掺加少量天然石膏，磨制成一定细度的粉体。其活性比粉煤灰高，根据《用于水泥、砂浆和混凝土中的粒化高炉矿渣粉》GB/T 18046—2017，按 7d 和 28d 的活性指数，分为 S105、S95 和 S75 三个级别，作为混凝土掺合料，可等量取代水泥，其掺量也可较大。

（4）沸石粉

沸石粉是天然的沸石岩经磨细而成，颜色为白色。沸石岩是一种天然的火山灰质铝硅酸盐矿物，含有一定量的活性二氧化硅和三氧化二铝，能与水泥的水化产物 $Ca(OH)_2$ 作用生成胶凝物质。沸石粉具有很大的内表面积和开放性孔结构，细度为 $80\mu m$ 筛筛余量小于 5％，平均粒径为 $5.0～6.5\mu m$。

沸石粉掺入混凝土后有以下几方面效果：①改善新拌混凝土的和易性：沸石粉与其他矿物掺合料一样，具有改善混凝土和易性及可泵性的功能，因此适用于配制流态混凝土和泵送混凝土。②提高混凝土强度：沸石粉与高效减水剂配合使用可显著提高混凝土强度，因而适用于配制高强混凝土。

【本单元测试】

一、判断题

1. 水泥混凝土集料粒径越小，比表面积越大，需水量也越大。（　　）

2. 集料的最大粒径是指全部通过或允许少量不通过（一般允许筛余不超过 10％）的最小标准筛筛孔尺寸。（　　）

3. 在拌制混凝土时砂越细越好。（　　）

4. 普通混凝土的用水量增大，混凝土的干缩增大。（　　）

5. 我国北方有低浓度硫酸盐侵蚀的混凝土工程宜优先选用矿渣水泥。（　　）

6. 普通混凝土的强度等级是根据 3d 和 28d 的抗压、抗折强度确定的。（　　）

7. 为了使砂的表面积尽量小，以节约水泥，应尽量选用粗砂。（　　）

8. 粗骨料粒径越大，总表面积越小，节约水泥，所以不必考虑粒径多大。（　　）

二、单选题

1. 影响混凝土强度的因素是（　　）。

A. 水泥强度等级与水灰比、骨料的性质

B. 养护条件、龄期、施工质量

C. 水泥强度等级与水灰比、骨料的性质、龄期

D. 水泥强度等级与水灰比、骨料的性质以及养护条件、龄期等

2. 有硫酸盐腐蚀的混凝土工程应优先选择（　　）水泥。

A. 硅酸盐　　　　B. 普通　　　　C. 矿渣　　　　D. 高铝

3. 有耐热要求的混凝土工程，应优先选择（　　）水泥。

A. 硅酸盐　　　　B. 矿渣　　　　C. 火山灰　　　　D. 粉煤灰

4. 有抗渗要求的混凝土工程，应优先选择（　　）水泥。

A. 硅酸盐　　　　B. 矿渣　　　　C. 火山灰　　　　D. 粉煤灰

5. 对于大体积混凝土工程，应优先选择（　　）水泥。

A. 硅酸盐　　　　B. 普通　　　　C. 矿渣　　　　D. 高铝

6. 硅酸盐水泥熟料矿物中，水化热最高的是（　　）。

A. C_3S　　　　B. C_2S　　　　C. C_3A　　　　D. C_4AF

7. 有抗冻要求的混凝土工程，在下列水泥中应优先选择（　　）硅酸盐水泥。

A. 矿渣　　　　B. 火山灰　　　　C. 粉煤灰　　　　D. 普通

8. 水泥现已成为建筑工程离不开的建筑材料，使用最多的水泥为（　　）。

A. 矿渣水泥　　　　B. 火山灰水泥　　　　C. 粉煤灰水泥　　　　D. 普通水泥

9. 下列材料中，凝结硬化最快的是（　　）。

A. 生石灰　　　　B. 水泥　　　　C. 粉煤灰　　　　D. 建筑石膏

10. 在硅酸盐水泥熟料的四种主要矿物组成中（　　）水化反应速度最快。

A. C_2S　　　　B. C_3S　　　　C. C_3A　　　　D. C_4AF

11. 在硅酸盐水泥熟料的四种主要矿物组成中（　　）水化反应速度最慢。

A. C_2S　　　　B. C_3S　　　　C. C_3A　　　　D. C_4AF

混凝土在未凝结硬化以前，称为混凝土拌合物。它必须具有良好的和易性，便于施工，以保证能获得良好的浇灌质量；混凝土拌合物凝结硬化以后应具有足够的强度，以保证建筑物能安全地承受设计荷载，并应具有必要的耐久性。

4.2.1 混凝土拌合物的和易性

1. 和易性的概念

和易性是指混凝土拌合物易于施工操作（拌合、运输、浇灌、捣实），并能获得质量均匀、成型密实的性能，也称工作性。和易性是一项与施工工艺密切相关且具有综合性的技术性质，包括有流动性、黏聚性和保水性三方面的含义。

流动性是指混凝土拌合物在本身自重或施工机械振捣的作用下能产生流动，并均匀密实地填满模板的性能。流动性的大小反映拌合物的稀稠程度。拌合物太稠，混凝土难以振捣，易造成内部孔隙；反之，拌合物太稀，会出现分层离析现象，影响混凝土的均匀性。

黏聚性是指混凝土拌合物在施工过程中其组成材料之间有一定的黏聚力，不致产生分层和离析的现象。黏聚性反映混凝土拌合物整体均匀的性能。黏聚性不好的混凝土拌合物易发生分层离析，硬化后会出现蜂窝、空洞等现象，影响混凝土的强度和耐久性。

保水性是指混凝土拌合物在施工过程中具有一定的保水能力，不致产生严重的泌水现象。发生泌水现象的混凝土拌合物，由于水分分泌出来会形成容易透水的孔隙，从而影响混凝土的密实性，降低质量。

由此可见，混凝土拌合物的流动性、黏聚性和保水性有其各自的含义，它们之间是互相联系的，但常存在矛盾。因此，所谓和易性就是这三方面性质在某种具体条件下矛盾统一的概念。良好的和易性既是施工的要求，也是获得均匀密实混凝土的基本保证。

当混凝土采用泵送施工时，混凝土拌合物的和易性常称为可泵性，可泵性包括流动性、稳定性（包括黏聚性、保水性）及管道摩阻力三方面内容。一般要求泵送性能要好，否则在输送和浇灌过程中拌合物容易发生离析造成堵塞。

2. 和易性测定方法及指标

混凝土拌合物的和易性内涵比较复杂，目前，尚没有能够全面反映混凝土拌合物和易性的测定方法。在工地和实验室，通常是做坍落度试验测定拌合物的流动性，并辅以直观经验评定黏聚性和保水性。根据《普通混凝土拌合物性能试验方法标准》GB/T 50080—2016 规定，用坍落度法和维勃稠度法测定混凝土拌合物的流动性。

（1）坍落度测定

坍落度是指混凝土拌合物在自重作用下坍落的高度。测定流动性的方法是：将混凝土拌合物按规定方法装入标准圆锥坍落度筒（无底）内，装满刮平后，垂直向上将筒提起，移到一旁，混凝土拌合物由于自重将会产生坍落现象。然后量出的向下坍落的尺寸（mm）就叫作坍落度，作为流动性指标。坍落度越大表示流动性越大。如图 4-8 所示为坍落度试验。

图 4-8　混凝土拌合物坍落度的测定

在做坍落度试验的同时，应观察混凝土拌合物的黏聚性、保水性及含砂等情况，以更全面地评定混凝土拌合物的和易性。

根据坍落度的不同，可将混凝土拌合物分为 5 级，见表 4-20。坍落度试验只适用骨料最大粒径不大于 40mm，坍落度值不小于 10mm 的混凝土拌合物。

混凝土拌合物的坍落度等级划分　　　　　　表 4-20

级别	坍落度（mm）
S1	10～40
S2	50～90
S3	100～150
S4	160～210
S5	≥220

注：a 坍落度检测结果在分级评定时，其表达取舍至临近的 10mm。
　　b 摘自《混凝土质量控制标准》GB 50164—2011。

图 4-9　维勃稠度仪

（2）维勃稠度测定

稠度是表征混凝土拌合物流动性的指标，可用坍落度、维勃稠度或扩展度表示。对于干硬性的混凝土拌合物（坍落度值小于 10mm）通常采用维勃稠度仪（图 4-9）测定其稠度（维勃稠度）。

维勃稠度测试方法是：开始在坍落度筒中按规定方法装满拌合物，提起坍落度筒，在拌合物试体顶面放一透明圆盘，开启振动台，同时用秒表计时，到透明圆盘的底面完全为水泥浆所布满时，停止秒表，关闭振动台。此时可认为混凝土拌合物已密实，所读秒数称为维勃稠度。该法适用于骨料最大粒径不超过 40mm，维勃稠度在 5～30s 之间的混凝土拌合物稠度测定。

（3）泵送混凝土的稳定性测定

稳定性常用相对压力泌水率（S_{10}）来评定。试验仪器采用普通混凝土压力泌水仪。

相对压力泌水率（S_{10}）的测定方法是：将混凝土拌合物按规定方法装入试料筒内，称取混凝土质量 G_0，尽快给混凝土加压至 3.5MPa，立即打开泌水管阀门，同时开始计时，并保持恒压，泌出的水接入 1000ml 量筒内，加压 10s 后读取泌水量 V_{10}，加压 140s 后读取泌水量 V_{140}。混凝土加压至 10s 时的相对泌水率 $S_{10} = \dfrac{V_{10}}{V_{140}}$。

经研究表明，混凝土拌合物在泵送过程中的摩阻力是拌合物的流动性与稳定性的综合反映。而且流动性与稳定性又有一定的关系。因此，拌合物的可泵性一般可用坍落度值和相对压力泌水率两个指标来评定。

3. 流动性（坍落度）的选择

低塑性和塑性混凝土拌合物坍落度的选择要根据构件截面大小、钢筋疏密和捣实方法来确定。当构件截面尺寸较小，或钢筋较密，或采用人工插捣时，坍落度可选择大些。反之，如构件截面尺寸较大，或钢筋较疏，或采用振动器振捣时，坍落度可选择小些。根据《混凝土结构工程施工质量验收规范》GB 50204—2015，混凝土灌筑时的坍落度宜按表 4-21 选用。

　　　　　　　　　　　　　　　　　　　　　　　　　　　　建筑材料

混凝土灌筑时的坍落度	表 4-21
结构种类	坍落度(mm)
基础或地面等的垫层、无配筋的大体积结构(挡土墙、基础等)或配筋稀疏的结构	10～30
板、梁和大型及中型截面的柱子等	30～50
配筋密集的结构(薄壁、斗仓、筒仓、细柱等)	50～70
配筋特密的结构	70～90

表 4-21 系指采用机械振捣的坍落度,采用人工捣实时可适当增大。

泵送混凝土选择坍落度除考虑振捣方式外还要考虑其可泵性。拌合物坍落度过小,泵送时吸入混凝土缸较困难,即活塞后退吸混凝土时,进入缸内的数量少,也就使充盈系数小,影响泵送效率。这种拌合物进行泵送时的摩阻力也大,要求用较高的泵送压力,使混凝土泵机件的磨损增加,甚至会产生阻塞,造成施工困难;如坍落度过大,拌合物在管道中滞留时间长,则泌水就多,容易产生离析而形成阻塞。泵送混凝土的坍落度可按《混凝土结构工程施工质量验收规范》GB 50204—2015 和《混凝土泵送施工技术规程》JGJ/T 10—2011 的规定选用。对不同泵送高度,入泵时混凝土的坍落度可按表 4-22 选用。

不同泵送高度入泵时混凝土坍落度选用值				表 4-22
泵送高度(m)	30 以下	30～60	60～100	100 以上
坍落度(mm)	100～140	140～160	160～180	180～200

4. 影响和易性的主要因素

混凝土拌合物在自重或外力作用下产生流动的大小与水泥浆的流变性能以及骨料颗粒间的内摩擦力有关。骨料间的内摩擦力除了取决于骨料的颗粒形状和表面特征外,还与骨料颗粒表面水泥浆层厚度有关;水泥浆的流变性能则又与水泥浆的稠度密切相关。因此,影响混凝土拌合物和易性的主要因素有以下几方面:

(1) 水泥浆的数量

混凝土拌合物中的水泥浆赋予混凝土拌合物以一定的流动性。在水灰比不变的情况下,单位体积拌合物内,如果水泥浆越多,则拌合物的流动性越大。但若水泥浆过多,将会出现流浆现象,使拌合物的黏聚性变差,同时对混凝土的强度与耐久性也会产生一定影响,且水泥用量也大。水泥浆过少,致使其不能填满骨料空隙或不能很好地包裹骨料表面时就会产生崩坍现象,黏聚性变差。因此,混凝土拌合物中水泥浆的含量应以满足流动性要求为度,不宜过量。

对于泵送混凝土而言,水泥浆体既是其获得强度的来源,又是混凝土具有可泵性的必要条件。因为它能使混凝土拌合物稠化,提高石子在混凝土拌合物中均匀分散的稳定性。它在泵送过程中形成润滑层，在输送管内壁起润滑作用，当混凝土拌合物所受的压力超过输送管内壁与砂浆之间存在的摩擦阻力时，混凝土即向前流动。为了能够形成一个很好的润滑层，以保证混凝土泵送能够顺利进行，混凝土拌合物中必须有足够的水泥浆量，它除了能够填充骨料间所有空隙并能将石子相互分开，尚有富余量使混凝土在输送管内壁形成薄浆层。混凝土在泵送过程中，水泥浆（其中包括一部分细砂）具有承受和传递压力的作用，如果浆量不够，石子相互分开得不够，则泵的压力将会经过石质骨架进行传递，造成石子被卡住和被挤碎，阻力急剧增加并形成堵塞；如果浆量不足，黏聚性差，在泵送管道内就会出现离析现象，不能形成一个很好的润滑层，也要发生堵管现象。

（2）水泥浆的稠度

水泥浆的稠度是由水灰比所决定的。在水泥用量不变的情况下，水灰比越小，水泥浆就越稠，混凝土拌合物的流动性越小。当水灰比过小时，水泥浆干稠，混凝土拌合物的流动性过低，会使施工困难，不能保证混凝土的密实性。增加水灰比会使混凝土的流动性加大，如果水灰比过大又会造成混凝土拌合物的黏聚性和保水性不良，进而产生流浆、离析现象，并严重影响混凝土的强度，所以水灰比不能过大或过小，一般应根据混凝土强度和耐久性要求合理地选用。

在泵送混凝土贴近输送管内壁的浆层内应含有较多的水，在输送管内壁处形成一层水膜，泵送时起到润滑作用，但水灰比不能过大，否则泌水率大，也会出现离析现象。一旦泵送中断，拌合水浮到表面，再泵送时表面泌水先流动，则混凝土各组分分离，造成不均匀和失去连续性，堵塞管道，不能泵送。

无论是水泥浆的多少还是水泥浆的稀稠，实际上对混凝土拌合物流动性起决定作用的是用水量的多少。因为无论是提高水灰比还是增加水泥浆用量，最终都表现为混凝土用水量的增加。当使用确定的材料拌制混凝土时，水泥用量在一定的范围内为达到一定的流动性，所需加水量为一常值。所谓一定范围是指每 $1m^3$ 混凝土水泥用量增减不超过 $50\sim100kg$，一般是根据选定的坍落度参考表 4-23 选用 $1m^3$ 混凝土的用水量。但应指出，在试拌混凝土时不能用单纯改变用水量的办法来调整混凝土拌合物的流动性，因为单纯加大用水量会降低混凝土的强度和耐久性。因此，应该在保持水灰比不变的条件下用调整水泥浆量的办法来调整混凝土拌合物的流动性。

（3）砂率

砂率是指混凝土中砂的质量占砂、石总质量的百分率（砂质量/砂、石总质量）。砂率的变动会使骨料的空隙率和骨料的总表面积有显著改变，因而会对混凝土拌合物的和易性产生显著影响。

拌合物稠度		卵石最大粒径(mm)				碎石最大粒径(mm)			
项目	指标	10	20	31.5	40	16	20	31.5	40
维勃稠度 （s）	16～20	175	160		145	180	170		155
	11～15	180	165		150	185	175		160
	5～10	185	170		155	190	180		165
坍落度 （mm）	10～30	190	170	160	150	200	185	175	165
	35～50	200	180	170	160	210	195	185	175
	55～70	210	190	180	170	220	205	195	185
	75～90	215	195	185	175	230	215	205	195

注：a 本表用水量系采用中砂时的取值。采用细砂时，每立方米混凝土用水量可增加 5～10kg；采用粗砂
时，可减少 5～10kg。

b 掺用矿物掺合料和外加剂时，用水量应相应调整。

c 水灰比小于 0.4 或大于 0.8 的混凝土以及采用特殊成型工艺的混凝土用水量应通过试验确定。

d 本表摘自《普通混凝土配合比设计规程》JGJ 55—2011。

砂率过大时，骨料的总表面积及空隙率都会增大，在水泥浆含量不变的情况下，相对地水泥浆显得少了，减弱了水泥浆的润滑作用，而使混凝土拌合物的流动性减小。如砂率过小，又不能保证在粗骨料之间有足够的砂浆层，也会降低混凝土拌合物的流动性，而且会严重影响其黏聚性和保水性，容易造成离析、流浆等现象。因此，砂率有一个合理值。当采用合理砂率时，在用水量及水泥用量一定的情况下，能使混凝土拌合物获得最大的流动性且能保持良好的黏聚性和保水性，如图 4-10 所示。或者，当采用合理砂率时，能使混凝土拌合物获得所要求的流动性及良好的黏聚性与保水性，对泵送混凝土则为获得良好的可泵性，而水泥用量为最少，如图 4-11 所示。

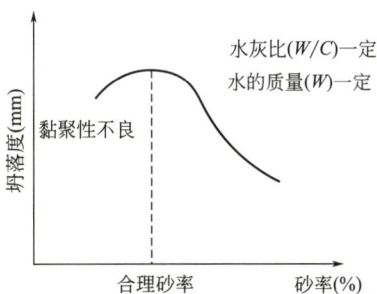

图 4-10　含砂率与坍落度的关系
（水与水泥用量为一定）

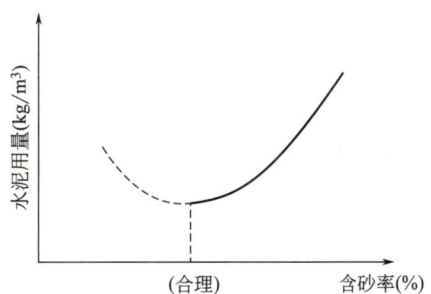

图 4-11　含砂率与水泥用量的关系
（达到相同的坍落度）

影响合理砂率大小的因素很多，可概括为：石子最大粒径较大、级配较好、表面较光滑时，由于粗骨料的空隙率较小，可采用较小的砂率；砂的细度模数较小时，

由于砂中细颗粒多，混凝土的黏聚性容易得到保证，而且砂在粗骨料中的拨开作用较小，故可采用较小的砂率；水灰比较小、水泥浆较稠时，由于混凝土的黏聚性较易得到保证，故可采用较小的砂率；施工要求的流动性较大时，粗骨料常易出现离析，所以为了保证混凝土的黏聚性，需采用较大的砂率；当掺用引气剂或减水剂等外加剂时，可适当减小砂率。

由于影响合理砂率的因素很多，因此不可能用计算的方法得出准确的合理砂率，一般在保证拌合物不离析又能很好地浇灌、捣实的条件下，应尽量选用较小的砂率，这样可以节约水泥。

砂率应根据骨料的技术指标、混凝土拌合物的性能和施工要求，参考既有历史资料确定。当缺乏砂率的历史资料时，混凝土砂率的确定应符合下列规定：坍落度小于10mm的混凝土，其砂率应经试验确定；坍落度为10～60mm的混凝土，其砂率可根据粗骨料品种、最大公称粒径及水胶比按表4-24选取；坍落度大于60mm的混凝土，其砂率可经试验确定，也可在表4-24的基础上，按坍落度每增大20mm、砂率增大1％的幅度予以调整。

混凝土的砂率（％）   表4-24

水灰比 (W/C)	卵石最大粒径(mm)			碎石最大粒径(mm)		
	10	20	40	10	20	40
0.40	26～32	25～31	24～30	30～35	29～34	27～32
0.50	30～35	29～34	28～33	33～38	32～37	30～35
0.60	33～38	32～37	31～36	36～41	35～40	33～38
0.70	36～41	35～40	34～39	39～44	38～43	36～41

注：a 本表数值系中砂的选用砂率，对细砂或粗砂，可相应地减少或增大砂率。
　　b 采用人工砂配制混凝土时，砂率可适当增大。
　　c 只用一个单粒级粗骨料配制混凝土时，砂率应当适当增大。
　　d 对薄壁构件砂率取偏大值。

砂率对于泵送混凝土的泵送性能很重要，会影响拌合物的稳定性，且泵送混凝土的管道除直管外，尚有弯管、锥形管和软管，当混凝土通过这些管道时要发生形状变化，砂率低的混凝土和易性差，变形困难，不易通过，易产生阻塞。因此，泵送混凝土的砂率比非泵送混凝土的砂率要高约2％～5％。泵送混凝土的砂率宜为35％～45％，石子粒径偏小，取下限值；石子粒径偏大，取上限值。

（4）水泥品种和骨料的性质

用矿渣水泥和某些火山灰水泥时，拌合物的坍落度一般较用普通水泥时小，而且矿渣水泥将使拌合物的泌水性显著增加。一般卵石拌制的混凝土拌合物比碎石拌制的流动性好。河砂拌制的混凝土拌合物比山砂拌制的流动性好。骨料级配好的混凝土拌合物的流动性也好。

（5）外加剂和矿物掺合料

在拌制混凝土时，加入少量的减水剂能使混凝土拌合物在不增加水泥用量的条件下获得很好的和易性，增大流动性；掺入适量的矿物掺合料可改善混凝土的黏聚性、降低泌水性，并且由于改变了混凝土的细观结构，尚能提高混凝土的耐久性，因此这种方法也是常用的。通常配制坍落度很大的流态混凝土是依靠掺入高效减水剂，这样单位用水量较少，可保证混凝土硬化后具有良好的性能。

（6）时间和温度

拌合物拌制后，随时间的延长而逐渐变得干稠，流动性减小，原因是有一部分水供水泥水化，一部分水被骨料吸收，一部分水蒸发以及凝聚结构的逐渐形成，致使混凝土拌合物的流动性变差。加入外加剂（如高效减水剂等）的混凝土会随时间的延长，由于外加剂在溶液中的浓度逐渐下降，导致坍落度损失的增加。泵送混凝土的坍落度随时间变化较大，其坍落度损失比非泵送混凝土要大。

5. 改善和易性的措施

以上讨论混凝土拌合物和易性的变化规律，目的是为了能运用这些规律去能动地调整混凝土拌合物的和易性，以适应具体的结构与施工条件。当决定采取某项措施来调整和易性时，还必须同时考虑对混凝土其他性质（如强度、耐久性）的影响。

在实际工作中调整拌合物的和易性可采取如下措施：

（1）尽可能降低砂率。通过试验采用合理砂率，有利于提高混凝土的质量和节约水泥。

（2）改善砂、石（特别是石子）的级配，好处同上，但要增加备料工作。

（3）尽量采用较粗的砂、石。

（4）当混凝土拌合物的坍落度太小时，维持水灰比不变，适当增加水泥和水的用量，或者加入外加剂等；当拌合物的坍落度太大，但黏聚性良好时，可保持砂率不变，适当增加砂、石；如黏聚性和保水性不好时，可适当增加砂率，或者掺入矿物掺合料等。

6. 新拌混凝土的凝结时间

水泥的水化反应是混凝土产生凝结的主要原因，但是混凝土的凝结时间与配制该混凝土所用水泥的凝结时间并不一致，因为水泥浆体的凝结和硬化过程要受到水化产物在空间填充情况下的影响。因此，水灰比的大小会明显影响其凝结时间，水灰比越大，凝结时间越长。一般配制混凝土所用的水灰比与测定水泥凝结时间规定的水灰比是不同的，所以这两者的凝结时间便有所不同。而且混凝土的凝结时间还会受到其他各种因素的影响，例如环境温度的变化、混凝土中掺入某些外加剂，像缓凝剂或速凝剂等，将会明显影响混凝土的凝结时间。一般流态混凝土在 20～30℃ 时不会产生缓凝，但使用矿渣水泥，在 20℃时凝结时间为 10h，5℃时为 27h，缓凝很严重。

混凝土拌合物的凝结时间通常是用贯入阻力法进行测定的。所使用的仪器为贯入阻力仪。先用 5mm 筛孔的筛从拌合物中筛取砂浆，按一定方法装入规定的容器中，然后每隔一定时间测定砂浆贯入到一定深度时的贯入阻力，绘制贯入阻力与时间的关系曲线，以贯入阻力 3.5MPa 及 28MPa 划两条平行于时间坐标的直线，直线与曲线交点的时间即分别为混凝土拌合物的初凝和终凝时间。这是从实用角度人为确定的，初凝时间表示施工时间的极限，终凝时间表示混凝土力学强度的开始发展。

4.2.2 混凝土的强度

1. 混凝土的脆性断裂

（1）混凝土的理论强度与实际强度

根据格雷菲斯（Griffith）脆性断裂理论，固体材料的理论抗拉强度可近似地用下式计算：

$$\sigma_m = \sqrt{\frac{E\gamma}{a_0}} \tag{4-4}$$

式中　σ_m——材料的理论抗拉强度，MPa；

　　　E——弹性模量，MPa；

　　　γ——单位面积的表面能，J/m²；

　　　a_0——原子间的平衡距离，m。

σ_m 也可粗略估计为：

$$\sigma_m = 0.1E \tag{4-5}$$

如按上式估算，普通混凝土的理论抗拉强度就可高达 10^3 MPa 数量级。但实际上普通混凝土的抗拉强度远远低于这个理论值。混凝土的这种现象可以用格雷菲斯（Griffith）脆性断裂理论来解释，也就是说在一定的应力状态下，混凝土中的裂缝到达临界宽度后便处于不稳定状态，会自发地扩展，以至断裂。断裂拉应力和裂缝临界宽度的关系基本服从下式：

$$\sigma_C = \sqrt{\frac{2E\gamma}{\pi(1-\mu^2)C}} \tag{4-6}$$

式中　σ_C——材料断裂拉应力，MPa；

C——裂缝临界宽度的一半，cm；

μ——波桑比。

上式又可近似地写为：

$$\sigma_C \approx \sqrt{\frac{E\gamma}{C}} \qquad (4\text{-}7)$$

并与理论抗拉强度计算式对比，可求得：

$$\frac{\sigma_m}{\sigma_C} = \left(\frac{C}{a_0}\right)^{1/2} \qquad (4\text{-}8)$$

这个结果可解释为：裂缝在其两端引起了应力集中，将外加应力放大了 $\left(\dfrac{C}{a_0}\right)$ 倍，使局部区域达到了理论强度，从而导致断裂。如 $a_0 \approx 2 \times 10^{-8}$ cm，则在材料中存在一个 $C \approx 2 \times 10^{-4}$ cm 的裂缝就可以使断裂强度降为理论值的百分之一。

（2）混凝土受力裂缝扩展过程——混凝土的受力变形与破坏过程

在研究混凝土材料的断裂力学时，我们必须了解混凝土在受力状态下的裂缝扩展机理。

硬化后的混凝土在未受外力作用之前，由于水泥水化造成的化学收缩和物理收缩引起砂浆体积的变化，在粗骨料与砂浆界面上产生了分布极不均匀的拉应力。它足以破坏粗骨料与砂浆的界面，形成许多分布很乱的界面裂缝。另外还因为混凝土成型后的泌水作用，某些上升的水分为粗骨料颗粒所阻止，因而聚积于粗骨料的下缘，混凝土硬化后就成为界面裂缝。混凝土受外力作用时，其内部产生了拉应力，这种拉应力很容易在几何形状为楔形的微裂缝顶部形成应力集中，随着拉应力的逐渐增大，导致微裂缝的进一步延伸、汇合、扩大，最后形成几条可见的裂缝。试件就随着这些裂缝扩展而破坏。以混凝土单轴受压为例，绘出的静力受压时的荷载-变形曲线的典型形式如图 4-12 所示。通过显微镜观察，混凝土内部裂缝的发展可分为如图 4-12 所示的四个阶段。每个阶段的裂缝状态示意图如图 4-13 所示。当荷载到达"比例极限"（约为极限荷载的 30%）以前，界面裂缝无明显变化（图 4-12 第 Ⅰ 阶段，图 4-13 Ⅰ）。此时，荷载与变形比较接近直线关系（图 4-12 曲线 OA 段）。荷载超过"比例极限"以后，界面裂缝的数量、长度和宽度都不断增大，界

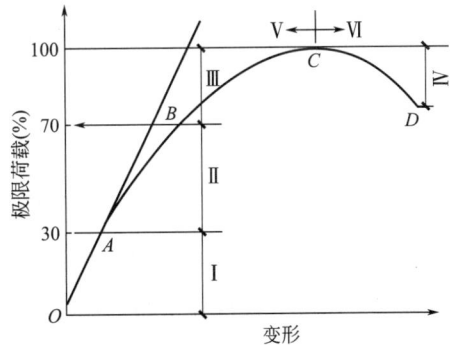

图 4-12　混凝土受压荷载-变形曲线

面借摩阻力继续承担荷载，但尚无明显的砂浆裂缝（图 4-13 Ⅱ）。此时，变形增大的速度超过荷载增大的速度，荷载与变形之间不再接近直线关系（图 4-12 曲线 AB 段）。荷载超过"临界荷载"（约为极限荷载的 70%～90%）以后，在界面裂缝继续发展的同时开始出现砂浆裂缝，并将邻近的界面裂缝连接起来成为连续裂缝（图 4-13 Ⅲ）。此时，变形增大的速度进一步加快，荷载-变形曲线明显地弯向变形轴方向（图 4-12 曲线 BC 段）。超过极限荷载以后，连续裂缝急速扩展（图 4-13 Ⅳ）。此时，混凝土的承载能力下降，荷载减小而变形迅速增大，以至完全破坏，荷载-变形曲线逐渐下降（图 4-12 曲线 CD 段）。

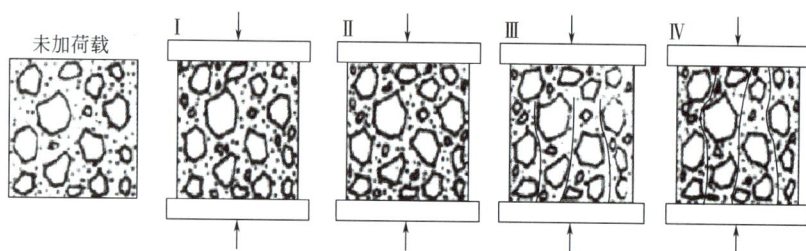

图 4-13　不同受力阶段裂缝示意

Ⅰ—界面裂缝无明显变化；Ⅱ—界面裂缝增长；Ⅲ—出现砂浆裂缝和连续裂缝；Ⅳ—连续裂缝迅速发展

由此可见，荷载与变形的关系是内部微裂缝扩展规律的体现。混凝土在外力作用下的变形和破坏过程也就是内部裂缝的发生和扩展过程，它是一个从量变发展到质变的过程。只有当混凝土内部的微观破坏发展到一定量级时才使混凝土的整体遭受破坏。

2. 混凝土的强度理论

混凝土的强度理论分细观力学理论与宏观力学理论。细观力学理论是根据混凝土细观非匀质性的特征，研究组成材料对混凝土强度所起的作用。宏观力学理论则是假定混凝土为宏观匀质且各向同性的材料，研究混凝土在复杂应力作用下的普适化破坏条件。前者应为混凝土材料设计的主要理论依据之一，后者对混凝土结构设计则很重要。

通常细观力学理论的基本概念都把水泥石性能作为影响混凝土强度的最主要因素，并建立了一系列水泥石孔隙率或密实度与混凝土强度之间的关系式，像鲍罗米的水灰比（或灰水比）与混凝土强度的关系式，正是出于这种基本概念。长期以来，它在混凝土的配合比设计中起理论指导作用。但按照断裂力学的观点来看，决定断裂强度的是某处存在的临界宽度的裂缝，它与孔隙的形状和尺寸有关，而不是总的孔隙率。因此，用断裂力学的基本观念来研究混凝土的强度是一个新的方向。随着混凝土材料科学的不断进步，尤其是混凝土断裂力学理论和试验研究的进展，较以往更深刻地揭示了混凝土受力发生变形直至断裂破坏的机理。人们对混凝土的力学行为有了了解，就有可能通过合理选择组成材料、正确设计配合比以及控制内部结构配制出具有指定性能（力学行为）的混凝土，从而实现混凝土力学行为综合设计的目标。

（1）混凝土立方体抗压强度

按照《混凝土物理力学性能试验方法标准》GB/T 50081—2019，制作边长为150mm 的立方体试件，在标准条件［温度（20±2)℃，相对湿度 95％以上］下，养护到 28d 龄期，测得的抗压强度值为混凝土立方体试件抗压强度（简称立方抗压强度），以 f_{cu} 表示。

采用标准试验方法测定其强度是为了能使混凝土的质量有对比性。在实际的混凝土工程中，其养护条件（温度、湿度）不可能与标准养护条件一样，为了说明工程中混凝土实际达到的强度，往往把混凝土试件放在与工程相同的条件下养护，再按所需的龄期进行试验测得立方体试件抗压强度值作为工地混凝土质量控制的依据。又由于标准试验方法试验周期长，不能及时预报施工中的质量状况，也不能据此及时设计和调整配合比，不利于加强质量管理和充分利用水泥活性。

测定混凝土立方体试件抗压强度也可以按粗骨料最大粒径的尺寸选用不同的试件尺寸。但在计算其抗压强度时应乘以换算系数，以得到相当于标准试件的试验结果。这是由于试块尺寸、形状不同会影响试件的抗压强度值。试件尺寸越小，测得的抗压强度值越大。

（2）混凝土立方体抗压标准强度与强度等级

混凝土立方体抗压标准强度（或称立方体抗压强度标准值）系指按标准方法制作和养护的边长为 150mm 的立方体试件，在 28d 龄期，用标准试验方法测得的强度总体分布中具有不低于 95％保证率的抗压强度值，以 $f_{cu,k}$ 表示。

混凝土强度等级是按混凝土立方体抗压标准强度来划分的。混凝土强度等级采用符号 C 与立方体抗压强度标准值（以 MPa 计）表示。普通混凝土划分为下列强度等级：C15、C20、C25、C30、C35、C40、C45、C50、C55、C60、C65、C70、C75 及 C80 十四个等级。混凝土强度等级是混凝土结构设计时强度计算取值的依据，同时也是混凝土施工中控制工程质量和工程验收的重要依据。

（3）混凝土的轴心抗压强度

确定混凝土强度等级是采用立方体试件，但实际工程中，钢筋混凝土结构的形式极少是立方体的，大部分是棱柱体（正方形截面）或圆柱体。为了使测得的混凝土强度接近于混凝土结构的实际情况，在钢筋混凝土结构计算中计算轴心受压构件（例如柱子、桁架的腹杆等）时，都是采用混凝土的轴心抗压强度 f_{cp} 作为依据。

按照《混凝土物理力学性能试验方法标准》GB/T 50081—2019 的规定，测轴心抗压强度，采用 150mm×150mm×300mm 棱柱体作为标准试件。如有必要，也可采用非标准尺寸的棱柱体试件，但其高（h）与宽（a）之比应在 2～3 的范围内。棱柱体试件是在与立方体相同的条件下制作的，测得的轴心抗压强度 f_{cp} 比同截面的立方体强度值 f_{cu} 小，棱柱体试件高宽比（即 h/a）越大，轴心抗压强度越小，但当 h/a 达到一定值后，强度就不再降低。因为这时在试件的中间区段已无环箍效应，形成了纯压状态。但是过高的试件在破坏前由于失稳产生较大的附加偏心，又会降低其抗压的试验强度值。

关于轴心抗压强度 f_{cp} 与立方体抗压强度 f_{cu} 间的关系，通过许多组棱柱体和立方体试件的强度试验表明：在立方抗压强度 f_{cu} 在 10～55MPa 范围内时，轴心抗压强度 f_{cp} 与 f_{cu} 之比约为 0.70～0.80。

（4）混凝土的抗拉强度

混凝土在直接受拉时，很小的变形就要开裂，它在断裂前没有残余变形，是一种脆性破坏。

混凝土的抗拉强度只有抗压强度的 1/10～1/20，且随着混凝土强度等级的提高，比值有所降低，也就是当混凝土强度等级提高时，抗拉强度的增加不及抗压强度提高得快。因此，混凝土在工作时一般不依靠其抗拉强度。但抗拉强度对于开裂现象有重要意义，在结构设计中抗拉强度是确定混凝土抗裂度的重要指标，有时也用它来间接衡量混凝土与钢筋的黏结强度等。

测定混凝土抗拉强度的方法有轴心抗拉试验法和劈裂试验法两种。由于轴心抗拉试验结果离散性很大，故一般采用劈裂试验法。按照《混凝土物理力学性能试验方法标准》GB/T 50081—2019 的规定，测抗拉强度采用边长为 150mm 的立方体试件作为标准试件。

（5）混凝土的抗折（即弯曲抗拉）强度

实际工程中常会出现混凝土的断裂破坏现象，例如水泥混凝土路面和桥面主要的破坏形态就是断裂。因此，在进行路面结构设计以及混凝土配合比设计时是以弯拉强度作为主要强度指标。根据《公路水泥混凝土路面设计规范》JTG D40—2011 的规定，水泥混凝土的设计强度应采用 28d 龄期的弯拉强度。各交通荷载等级要求的水泥混凝土弯拉强度标准值不得低于表 4-25 的规定。

水泥混凝土弯拉强度标准值			表 4-25
交通荷载等级	极重、特重、重	中等	轻
水泥混凝土的弯拉强度标准值(MPa)	≥5.0	4.5	4.0
钢纤维混凝土的弯拉强度标准值(MPa)	≥6.0	5.5	5.0

（6）影响混凝土强度的因素

普通混凝土受力破坏一般出现在骨料和水泥石的分界面上，这就是常见的黏结面破坏的形式，另外，当水泥石强度较低时，水泥石本身破坏也是常见的破坏形式。在普通混凝土中，骨料最先破坏的可能性小，因为骨料强度经常大大超过水泥石和黏结面的强度。所以，混凝土的强度主要决定于水泥石强度及其与骨料表面的黏结强度，而水泥石强度及其与骨料的黏结强度又与水泥强度等级、水灰比及骨料的性质有密切的关系。此外，混凝土的强度还受施工质量、养护条件及龄期的影响。

1）水灰（胶）比和水泥强度等级是决定混凝土强度的主要因素

水泥是混凝土中的活性组分，其强度的大小直接影响混凝土强度的高低。在配合比相同的条件下，所用的水泥强度等级越高，制成的混凝土强度等级也越高。当用同一种水泥（品种及强度等级相同）时，混凝土的强度主要决定于水灰比。因为水泥水化时所需的结合水一般只占水泥质量的 23% 左右，但在拌制混凝土拌合物时，为了获得必要的流动性，常需用较多的水（约占水泥质量的 40%～70%），也即较大的水灰比。当混凝土硬化后，多余的水分就残留在混凝土中形成水泡或蒸发后形成气孔，大大减少了混凝土抵抗荷载的实际有效断面，而且可能在孔隙周围产生应力集中。因此，可以认为，在水泥强度等级相同的情况下，水灰比越小，水泥石的强度越高，与骨料的黏结力也越大，混凝土的强度就越高。但应说明：如果加水太少（水灰比太小），拌合物过于干硬，在一定的捣实成型条件下无法保证浇灌质量，混凝土中将出现较多的蜂窝、孔洞，强度也将下降。

水泥石与骨料的黏结力还与骨料的表面状况有关，碎石表面粗糙，黏结力比较大，卵石表面光滑，黏结力比较小。因而在水泥强度等级和水灰比相同的条件下，碎石混凝土的强度往往高于卵石混凝土的强度。

2）养护的温度和湿度

混凝土所处的环境温度和湿度等都是影响混凝土强度的重要因素，它们都是通过对水泥水化过程所产生的影响而起作用的。

混凝土的硬化，原因在于水泥的水化作用。周围环境的温度对水化作用进行的速度有显著的影响。养护温度高可以增大初期水化速度，混凝土初期强度也高。但急速的初期水化会导致水化物分布不均匀，水化物稠密程度低的区域将成为水泥石中的薄弱点，从而降低整体的强度；水化物稠密程度高的区域，水化物包裹在水泥粒子的周围，会妨碍水化反应的继续进行，对后期强度的发展不利。而在养护温度较低的情况下，由于水化缓慢，具有充分的扩散时间，从而使水化物在水泥石中均匀分布，有利于后期强度的发展。当温度降至冰点以下时，则由于混凝土中的水分大部分结冰，水泥颗粒不能和冰发生化学反应，混凝土的强度停止发展。不但混凝土的强度停止发展，由于孔隙内水分结冰而引起的膨胀（水结冰体积可膨胀约 9%）会产生相当大的压力，作用在孔隙、毛细管内壁，将使混凝土的内部结构遭受破坏，使已经获得的强度（如果在结冰前，混凝土已经不同程度地硬化的话）受到损失。但气温如再升高时，冰又开始融化。如此反复冻融，混凝土内部的微裂缝逐渐增长、扩大，混凝土的强度逐渐降低，表面开始剥落，甚至混凝土完全崩溃。混凝土早期强度低，更容易冻坏（图 4-14）。所以应当特别防止混凝土早期受冻。周围环境的湿度对水泥的水化作用能否正常进行有显著影响：湿度适当，水泥水化便能顺利进行，使混凝土强度得到充分发展；如果湿度不够，混凝土会失水干燥而影响水泥水化作用的正常进行，甚至停止水化。因为水泥水化只能在为水填充的毛细管内发生，而且混凝土中大量自由水在水泥水化过程中逐渐被产生的凝胶所吸附，内部供水化反应的水则越来越少。这不仅会严重降低混凝土的强度（图 4-15），而且因水化作用未能完成，使混凝土结构疏松，渗水性增大，或形成干缩裂缝，从而影响耐久性。

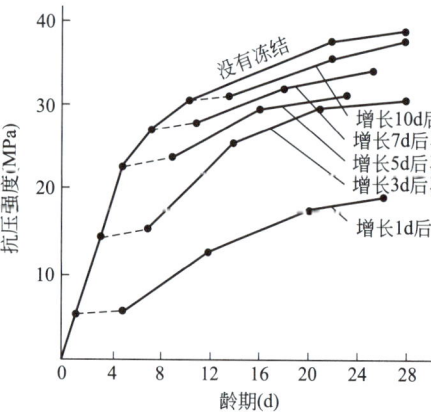

图 4-14 混凝土强度与冻结日期的关系

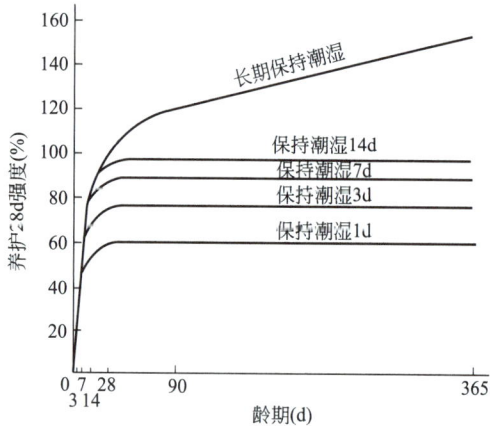

图 4-15 混凝土强度与保持潮湿日期的关系

所以，为了使混凝土正常硬化，必须在成型后一定时间内维持周围环境有一定的温度和湿度。混凝土在自然条件下养护，称为自然养护。自然养护的温度随气温变化，为保持潮湿状态，在混凝土凝结以后（一般在 12h 以内），表面应覆盖草袋等物并不断浇水，这样同时也能防止其发生不正常的收缩。使用硅酸盐水泥、普通水

建筑材料

泥和矿渣水泥时，浇水保湿应不少于 7d；道路路面水泥混凝土宜为 14～21d；使用火山灰水泥和粉煤灰水泥或在施工中掺用缓凝型外加剂或有抗渗要求时，应不少于 14d；如用高铝水泥时，不得少于 3d。在夏季应特别注意浇水，保持必要的湿度，在冬季应特别注意保持必要的温度。目前有的工程也有采用塑料薄膜养护的方法，如道路混凝土常常使用。

3）龄期

混凝土在正常养护条件下，其强度将随着龄期的增加而增长。最初 7～14d 内，强度增长较快，28d 以后增长缓慢。但龄期延续很久其强度仍有所增长。不同龄期混凝土强度的增长情况如图 4-16 所示。因此，在一定条件下养护的混凝土，可根据其早期强度大致地估计 28d 的强度。

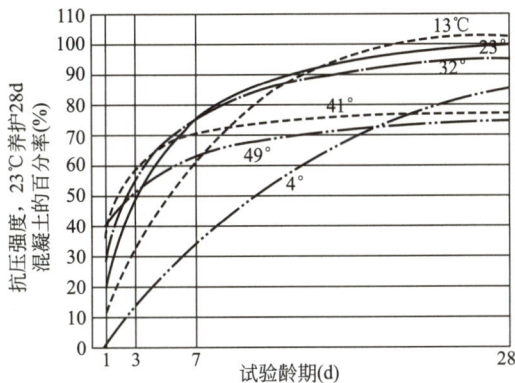

图 4-16 不同龄期混凝土强度的增长情况

【本单元测试】

一、判断题

1. 水泥混凝土中当集料总量确定后，若砂率过小，则混凝土流动性小。（　　）

2. 在满足施工与强度要求的条件下，应选用较小流动性的水泥混凝土拌合物。（　　）

3. 当采用合理砂率时，能使混凝土获得所要求的流动性、良好的黏聚性和保水性，但水泥用量最大。（　　）

4. 在混凝土拌合物中，水泥浆越多和易性就越好。（　　）

5. 在混凝土中加掺合料或引气剂可改善混凝土的黏聚性和保水性。（　　）

6. 当混凝土坍落度达不到要求时，在施工中可适当增加用水量。（　　）

7. 用卵石拌混凝土，由于和易性会更好，因此强度也会较高。（　　）

8. 砂、石的级配若不好，应进行调配，以满足混凝土和易性、强度及耐久性要求。（　　）

9. 改善混凝土的养护条件可提高混凝土强度。（　　）

10. 普通水泥混凝土立方体抗压强度的增长一般与龄期的对数成正比。（　　）

11. 混凝土强度试验，试件尺寸越大，强度越低。（　　）

12. 设计强度等于配制强度时，混凝土的强度保证率为95％。（　　）

13. 普通混凝土的强度等级是根据3d和28d的抗压、抗折强度确定的。（　　）

14. 混凝土试块的尺寸越小，测得的强度值越高。（　　）

15. 混凝土的配制强度必须高于该混凝土的设计强度等级。（　　）

二、单选题

1. 混凝土的砂率越大，则混凝土的流动性（　　）。

A. 越差　　　　　　　B. 越好　　　　　　　C. 不变　　　　　　　D. 无影响

2. 提高混凝土拌合物的流动性，可采取的措施是（　　）。

A. 增加单位用水量

B. 提高砂率

C. 增大水灰比

D. 在保持水灰比一定的条件下，同时增加水泥用量和用水量

3. 砌筑砂浆的流动性指标用（　　）表示。

A. 坍落度　　　　B. 维勃稠度　　　　C. 沉入度　　　　D. 分层度

4. 砌筑砂浆的保水性指标用（　　）表示。

A. 坍落度　　　　B. 维勃稠度　　　　C. 沉入度　　　　D. 分层度

5. 混凝土的水灰比值在一定范围内越大，则其强度（　　）。

A. 越低　　　　　　B. 越高　　　　　　C. 不变　　　　　　D. 无影响

6. 测定混凝土立方体抗压强度时采用的标准试件尺寸为（　　）。

A. 100mm×100mm×100mm　　　　B. 150mm×150mm×150mm

C. 200mm×200mm×200mm　　　　D. 70.7mm×70.7mm×70.7mm

7. 测定砌筑砂浆抗压强度时采用的试件尺寸为（　　）。

A. 100mm×100mm×100mm　　　　B. 150mm×150mm×150mm

C. 200mm×200mm×200mm　　　　D. 70.7mm×70.7mm×70.7mm

单元 4.3　混凝土的耐久性与混凝土的变形

4.3.1　混凝土的耐久性

1. 耐久性的概念

混凝土除应具有设计要求的强度，以保证其能安全地承受设计荷载外，还应根据其周围的自然环境以及在使用上的特殊要求而具有各种特殊性能。例如，承受压力水作用的混凝土，需要具有一定的抗渗性能；遭受反复冰冻作用的混凝土，需要有一定的抗冻性能；遭受环境水侵蚀作用的混凝土，需要具有与之相适应的抗侵蚀性能；处于高温环境中的混凝土，则需要具有较好的耐热性能等，而且要求混凝土在使用环境条件下性能要稳定。因而，把混凝土抵抗环境介质和内部劣化因素作用并长期保持其良好的使用性能和外观完整性，从而维持混凝土结构的安全、正常使用的能力称为耐久性。

环境对混凝土结构的物理和化学作用以及混凝土结构抵御环境作用的能力，是影响混凝土结构耐久性的因素。在我国，混凝土结构的耐久性及耐久性设计受到高度重视，专门编制了《混凝土结构耐久性设计标准》GB/T 50476—2019，指导混凝土结构的耐久性设计。混凝土结构耐久性设计的目标是使混凝土结构在规定的使用年限即设计使用寿命内，在设计确定的环境作用和维修、使用条件下，结构保持其适用性和安全性。混凝土材料的耐久性是保证混凝土结构耐久性的前提。

混凝土的耐久性主要包括抗渗性、抗冻性、抗侵蚀性、抗氯离子渗透性、混凝土的碳化、碱骨料反应等性能。

（1）抗渗性

抗渗性是指混凝土抵抗水、油等液体在压力作用下渗透的性能。它直接影响混凝土的抗冻性和抗侵蚀性。混凝土的抗渗性主要与其密实度及内部孔隙的大小和构造有关。混凝土内部互相连通的孔隙和毛细管通路，以及由于在混凝土施工成型时振捣不实产生的蜂窝、孔洞都会造成混凝土渗水。

对于混凝土的抗渗性，我国一般采用抗渗等级表示，也有采用相对渗透系数来表示的。抗渗等级是按标准试验方法进行试验，用每组 6 个试件中 4 个试件未出现渗水时的最大水压力来表示的，分为 P4、P6、P8、P10、P12 共 5 个等级，即相应表示能抵抗 0.4、0.6、0.8、1.0 及 1.2MPa 的水压力而不渗水。抗渗等级大于等于

P6 级的混凝土为抗渗混凝土。

影响混凝土抗渗性的因素有水灰比、骨料的最大粒径、养护方法、水泥品种、外加剂、掺合料及龄期等。

1）水灰比：混凝土水灰比的大小对其抗渗性能起决定性作用。水灰比越大，其抗渗性越差。在成型密实的混凝土中，水泥石的抗渗性对混凝土的抗渗性影响最大。

2）骨料的最大粒径：在水灰比相同时，混凝土骨料的最大粒径越大，其抗渗性能越差。这是由于骨料和水泥浆的界面处易产生裂隙和较大骨料下方易形成孔穴。

3）养护方法：蒸汽养护的混凝土，其抗渗性较潮湿养护的混凝土要差。在干燥条件下，混凝土早期失水过多，容易形成收缩裂隙，因而降低混凝土的抗渗性。

4）水泥品种：水泥的品种、性质也影响混凝土的抗渗性能。水泥的细度越大，水泥硬化体孔隙率越小，强度就越高，则其抗渗性越好。

5）外加剂：在混凝土中掺入某些外加剂，如减水剂等，可减小水灰比，改善混凝土的和易性，因而可改善混凝土的密实性，即提高了混凝土的抗渗性能。

6）掺合料：在混凝土中加入掺合料，如掺入优质粉煤灰，由于优质粉煤灰能发挥其形态效应、活性效应、微骨料效应和界面效应等，可提高混凝土的密实度、细化孔隙，从而改善其孔结构和骨料与水泥石界面的过渡区结构。因而提高了混凝土的抗渗性。

7）龄期：混凝土的龄期越长，其抗渗性越好。因为随着水泥水化的进展，混凝土的密实性逐渐增大。

凡是受水压作用的构筑物的混凝土，就有抗渗性的要求。提高混凝土抗渗性的措施就是增人混凝土的密实度和改变混凝土中的孔隙结构，减少连通孔隙。

（2）抗冻性

混凝土的抗冻性是指混凝土在水饱和状态下，经受多次冻融循环作用，能保持强度和外观完整性的能力。在寒冷地区，特别是在接触水又受冻的环境下的混凝土，要求具有较高的抗冻性能。混凝土受冻融作用破坏的原因是混凝土内部孔隙中的水在负温下结冰后体积膨胀造成的静水压力和因冰水蒸气压的差别推动未冻水向冻结区的迁移所造成的渗透压力。当这两种压力所产生的内应力超过混凝土的抗拉强度，混凝土就会产生裂缝，多次冻融使裂缝不断扩展直至破坏。

随着混凝土的龄期增加，混凝土的抗冻性能也得到提高。因水泥不断水化，可冻结水量减少；水中的溶解盐随水化深入而浓度增加，冰点也随龄期而降低，抵抗冻融破坏的能力也随之增强。所以，延长冻结前的养护时间可以提高混凝土的抗冻性。一般在混凝土抗压强度尚未达到 5.0MPa 或抗折强度尚未达到 1.0MPa 时，不得遭受冰冻。在接触盐溶液的混凝土受冻时，盐溶液会增大混凝土吸水饱和度，增加混凝土毛细孔水冻结的渗透压，使毛细孔中过冷水的结冰速度加快，同时还会因毛细孔内水结冰后，盐溶液浓缩而产生的盐结晶膨胀作用会使混凝土的受冻破坏更加严重。

混凝土的密实度、孔隙构造和数量、孔隙的充水程度是决定其抗冻性的重要因素。因此，当混凝土采用的原材料质量好、水灰比小、具有封闭细小孔隙（如掺入引气剂的混凝土）及掺入减水剂、防冻剂等时，其抗冻性都较高。

混凝土的抗冻性能一般以加速试验方法检验，按冻融条件，有气冻水融、水冻水融和盐冻三种，分别用抗冻标号、抗冻等级和表面剥落质量表示。

混凝土抗冻标号是用慢冻法（气冻水融）测得的最大冻融循环次数来划分的混凝土的抗冻性能等级。混凝土的抗冻性标号划分为 D50、D100、D150、D200 和＞D200 共 5 个等级。

混凝土抗冻等级是用快冻法（水冻水融）测得的最大冻融循环次数来划分的抗冻性能等级。混凝土按抗冻等级划分为 F50、F100、F150、F200、F250、F300、F350、F400 和＞F400 共 9 个等级。

提高混凝土抗冻性的最有效方法是采用加入引气剂（如松香热聚物等）、减水剂和防冻剂的混凝土或密实混凝土。

（3）抗侵蚀性

侵蚀水环境或侵蚀性土壤环境会使混凝土遭受侵蚀破坏。混凝土遭受的侵蚀有淡水腐蚀、硫酸盐腐蚀、镁盐腐蚀、碳酸腐蚀、一般酸腐蚀与强碱腐蚀或复合盐类腐蚀等。除上述化学侵蚀外，侵蚀环境中的盐结晶作用、混凝土在盐溶液作用下的干湿循环作用、浪溅、冲磨、气蚀作用、腐蚀疲劳作用等物理作用会和前述化学作用一起造成混凝土更为严重的侵蚀破坏。

混凝土的抗侵蚀性与所用水泥的品种或胶凝材料的组成、混凝土的密实程度和孔结构特征有关。一般来说，掺用活性混合材的水泥抗侵蚀性好。密实或孔隙封闭的混凝土抗渗性高，环境水不易侵入，故其抗侵蚀性较强。掺加优质矿物掺合料的混凝土，抗侵蚀能力较好。所以，提高混凝土抗侵蚀性的措施主要是合理选择水泥品种或胶凝材料组成、降低水灰比、提高混凝土的密实度和改善孔结构。

（4）抗氯离子渗透性

环境水、土中的氯离子因浓度差会向混凝土中扩散渗透，当氯离子扩散渗透至混凝土结构中钢筋表面并达到一定浓度后，将导致钢筋很快锈蚀，严重影响混凝土结构的耐久性。对于海洋和近海地区接触海水氯化物、降雪地区接触除冰盐的配筋混凝土结构的混凝土应有较高的抗氯离子渗透性。

在混凝土中，氯离子主要是通过水泥石中的孔隙和水泥石与骨料的界面扩散渗透，因此，提高混凝土的密实度、降低孔隙率、减小孔隙和改善界面结构，是提高混凝土抗氯离子渗透性的主要途径。提高混凝土抗氯离子渗透性最有效的方法是掺加硅灰、优质粉煤灰等矿物掺合料。

（5）混凝土的碳化（中性化）

混凝土的碳化作用是二氧化碳与水泥石中的氢氧化钙作用，生成碳酸钙和水。碳化过程是二氧化碳由表及里向混凝土内部逐渐扩散的过程。因此，气体扩散规律决定了碳化速度的快慢。碳化引起水泥石化学组成及组织结构的变化，从而对混凝土的化学性能和物理力学性能有明显的影响，主要是对碱度、强度和收缩的影响。

碳化对混凝土性能既有有利的影响，也有不利的影响。碳化使混凝土碱度降低，减弱了对钢筋的保护作用，可能导致钢筋锈蚀。碳化将显著增加混凝土的收缩，其是由于在干缩产生的压应力下的氢氧化钙晶体溶解和碳酸钙在无压力处沉淀所致，此时暂时加大了水泥石的可压缩性。碳化使混凝土的抗压强度增大，其原因是碳化放出的水分有助于水泥的水化作用，而且碳酸钙减少了水泥石内部的孔隙。增大值随水泥品种而异（高铝水泥混凝土碳化后强度明显下降）。但是由于混凝土的碳化层产生碳化收缩，对其核心形成压力，而表面碳化层产生拉应力，可能产生微细裂缝，从而使混凝土的抗拉、抗折强度降低。另外，混凝土在水泥用量固定的条件下，水灰比越低，碳化速度就越慢；而当水灰比固定，碳化深度随水泥用量提高而减小。混凝土所处环境条件（主要是空气中的二氧化碳浓度、空气相对湿度等因素）也会影响混凝土的碳化速度。二氧化碳浓度增大自然会加速碳化进程。例如，一般室内较室外快，二氧化碳含量较高的工业车间（如铸造车间）碳化快。混凝土在水中或在相对湿度100％条件下，由于混凝土孔隙中的水分阻止二氧化碳向混凝土内部扩散，碳化停止。同样，处于特别干燥条件（如相对湿度在25％以下）的混凝土，则由于缺乏使二氧化碳及氢氧化钙作用所需的水分，碳化也会停止。一般认为相对湿度50％～75％时碳化速度最快。

（6）碱骨料反应

抑制碱骨料反应的措施：

1）条件许可时选择非活性骨料。

2）当不可能采用完全没有活性的骨料时，则应严格控制混凝土中总的碱量，符合现行有关标准的规定。首先是要选择低碱水泥（含碱量≤0.6%），以降低混凝土总的含碱量。另外，在混凝土配合比设计中，在保证质量要求的前提下，尽量降低水泥用量，从而进一步控制混凝土的含碱量。当掺入外加剂时，必须控制外加剂的含碱量，防止其对碱骨料反应的促进作用。

3）掺用活性混合材料，如硅灰、粉煤灰（高钙高碱粉煤灰除外），对碱骨料反应有明显的抑制效果，因为活性混合材料可与混凝土中的碱（包括 Na^+、K^+ 和 Ca^{2+}）发生反应，又由于它们是粉状、颗粒小、分布较均匀，因此反应进行得快，而且反应产物能均匀地分散在混凝土中，而不集中在骨料表面，从而降低了混凝中的含碱量，抑制了碱骨料反应。同样的道理，采用矿渣含量较高的矿渣水泥也是抑制碱骨料反应的有效措施。

4）碱骨料反应要有水分，如果没有水分，反应就会大为减少乃至完全停止。因此，设法防止外界水分渗入混凝土，或者使混凝土变干可减轻反应的危害程度。

2. 提高混凝土耐久性的措施

混凝土在遭受压力水、冰冻或侵蚀作用时的破坏过程虽然各不相同，但对提高混凝土耐久性的措施来说，却有很多共同之处。除原材料的选择外，混凝土的密实度是提高混凝土耐久性的一个重要因素。

一般提高混凝土耐久性的措施有以下几个方面：

（1）合理选择水泥品种或胶凝材料组成。

（2）选用较好的砂石骨料。质量良好、技术条件合格的砂石骨料是保证混凝土耐久性的重要条件。改善粗细骨料的颗粒级配，在允许的最大粒径范围内尽量选用较大粒径的粗骨料，可减小骨料的空隙率和比表面积，也有助于提高混凝土的耐久性。

（3）掺用外加剂和矿物掺合料。掺用引气剂或减水剂对提高混凝土的抗渗性、抗冻性等有良好的作用，掺用矿物掺合料可显著改善混凝土的抗渗性、抗氯离子渗透性和抗侵蚀性，并能抑制碱骨料反应，还能节约水泥。

（4）适当控制混凝土的水灰比和水泥用量。水灰比的大小是决定混凝土密实性的主要因素，它不但影响混凝土的强度，而且也严重影响其耐性，故必须严格控制水灰比。保证足够的水泥用量同样可以起到提高混凝土密实性和耐久性的作用。按照《普通混凝土配合比设计规程》JGJ 55—2011，除配制 C15 及其以下强度等级的混凝土外，混凝土的最小胶凝材料用量应符合表 4-26 的规定。

混凝土的最小胶凝材料用量   表 4-26

最大水灰比	最小胶凝材料用量（kg/m³）		
	素混凝土	钢筋混凝土	预应力混凝土
0.60	250	280	300
0.55	280	300	300
0.50	320		
≤0.45	330		

《混凝土结构耐久性设计标准》GB/T 50476—2019 对单位体积混凝土的胶凝材料用量作出了规定，见表 4-27。

单位体积混凝土的胶凝材料用量   表 4-27

强度等级	最大水胶比	最小用量（kg/m³）	最大用量（kg/m³）
C25	0.60	260	—
C30	0.55	280	—
C35	0.50	300	—
C40	0.45	320	—
C45	0.40	—	450
C50	0.36	—	500
≥C55	0.33	—	550

注：a 表中数据适用于最大骨料粒径为 20mm 的情况，骨料粒径较大时宜适当降低胶凝材料用量，骨料粒径较小时可适当增加胶凝材料用量。
　　b 引气混凝土的胶凝材料用量与非引气混凝土要求相同。
　　c 当胶凝材料的矿物掺和料参量大于 20% 时，最大水胶比不应大于 0.45。

（5）加强混凝土质量的生产控制

在混凝土施工中，应保证搅拌均匀、浇灌和振捣密实及加强养护，以保证混凝土的施工质量。

4.3.2　混凝土的变形性能

1. 化学收缩

由于水泥水化生成物的体积比反应前物质的总体积小，而使混凝土收缩，这种收缩称为化学收缩。其收缩量是随混凝土硬化龄期的延长而增加的，大致与时间的对数成正比，一般在混凝土成型后 40 多天内增长较快，以后就渐趋稳定。化学收缩是不能恢复的。

2. 干湿变形

干湿变形取决于周围环境的湿度变化。混凝土在干燥过程中，首先发生气孔水和毛细水的蒸发。气孔水的蒸发并不引起混凝土的收缩。毛细孔水的蒸发使毛细孔中形成负压，随着空气湿度的降低负压逐渐增大，产生收缩力，导致混凝土收缩。当毛细孔中的水蒸发完后，如继续干燥，则凝胶体颗粒的吸附水也发生部分蒸发，由于分子引力的作用，粒子间距离变小，使凝胶体紧缩。混凝土的这种收缩在重新吸水以后大部分可以恢复。当混凝土在水中硬化时，体积不变，甚至轻微膨胀。这是由于凝胶体中胶体粒子的吸附水膜增厚，胶体粒子间的距离增大所致。膨胀值远比收缩值小，一般没有坏作用。收缩受到约束时往往引起混凝土开裂，故施工时应予以注意。

3. 温度变形

混凝土与其他材料一样，也具有热胀冷缩的性质。混凝土的温度膨胀系数约为 10×10^{-6}，即温度升高 1℃，每米膨胀 0.01mm。温度变形对大体积混凝土及大面积混凝土工程极为不利。

在混凝土硬化初期，水泥水化放出较多的热量，混凝土又是热的不良导体，散热较慢，因此在大体积混凝土内部的温度较外部高，有时可达 50～70℃。这将使内部混凝土的体积产生较大的膨胀，而外部混凝土却随气温降低而收缩。内部膨胀和外部收缩互相制约，在外表混凝土中将产生很大的拉应力，严重时会使混凝土产生裂缝。因此，对于大体积混凝土工程，必须尽量设法减少混凝土的发热量，如采用低热水泥，减少水泥用量，采取人工降温等措施。一般纵长的钢筋混凝土结构物应采取每隔一段长度设置伸缩缝以及在结构物中设置温度钢筋等措施。

4. 在荷载作用下的变形

（1）在短期荷载作用下的变形

混凝土内部结构中含有砂石骨料、水泥石（水泥石中又存在凝胶、晶体和未水化的水泥颗粒）、游离水分和气泡，这就决定了混凝土本身的不匀质性。它不是一种完全的弹性体，而是一种弹塑性体。它在受力时，既会产生可以恢复的弹性变形，又会产生不可恢复的塑性变形，其应力与应变之间的关系不是直线而是曲线，如图 4-17 所示。

在静力试验的加荷过程中，若加荷至应力为 σ、应变为 ε 的 A 点，然后将荷载逐渐卸去，则卸荷时的应力-应变曲线如 AC 所示。卸荷后能恢复的应变 ε 是由混凝土的弹性作用引起的，称为弹性应变；剩余的不能恢复的应变 ε 则是由混凝土的塑性变形引起的，称为塑性应变。

在重复荷载作用下，随着重复次数的增加，塑性应变逐渐增加（图 4-18），将导致混凝土疲劳破坏。

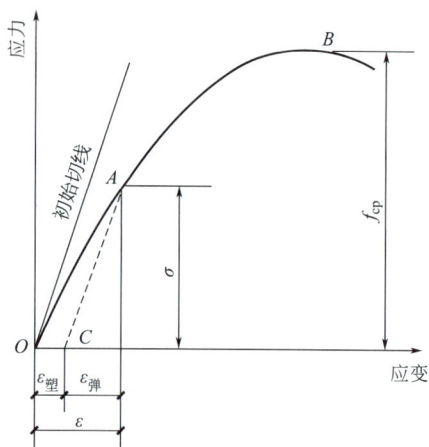

图 4-17　混凝土在压力作用下的
应力-应变曲线

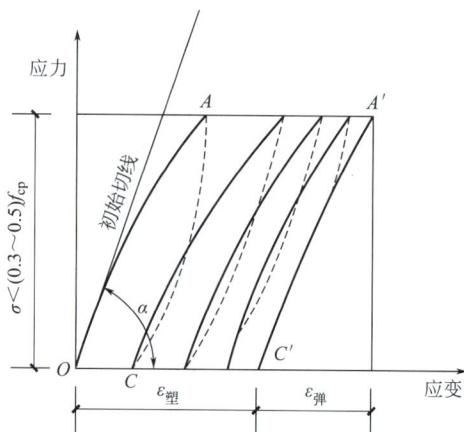

图 4-18　低应力下重复荷载的
应力-应变曲线

（2）徐变

混凝土在长期荷载作用下，沿着作用力方向的变形会随时间不断增长，即荷载不变而变形仍随时间增大，一般要延续 2～3 年才逐渐趋于稳定。这种在长期荷载作用下产生的变形，通常称为徐变。

混凝土徐变一般认为是由于水泥石凝胶体在长期荷载作用下的黏性流动，并向毛细孔中移动，同时吸附在凝胶粒子上的吸附水因荷载应力而向毛细孔迁移渗透的结果。

从水泥凝结硬化过程可知，随着水泥的逐渐水化，新的凝胶体逐渐填充毛细孔，使毛细孔的相对体积逐渐减小。在施加荷载初期或硬化初期，由于未填满的毛细孔较多，凝胶体的移动较易，故徐变增长较快。以后由于内部移动和水化的进展，毛细孔逐渐减小，徐变速度因而越来越慢。

混凝土的徐变和许多因素有关。混凝土的水灰比较小或混凝土在水中养护时同龄期的水泥石中未填满的孔隙较少，故徐变较小。水灰比相同的混凝土，其水泥用量越多，即水泥石相对含量越大，其徐变越大。混凝土所用骨料弹性模量较大时，徐变较小。此外，徐变与混凝土的弹性模量也有密切关系，一般弹性模量大者，徐变小。

混凝土不论是受压、受拉或受弯时，均有徐变现象。混凝土的徐变对钢筋混凝土构件来说，能消除钢筋混凝土内的应力集中，使应力较均匀地重新分布；对于大体积混凝土，能消除一部分由于温度变形所产生的破坏应力。但在预应力钢筋混凝土结构中，混凝土的徐变将使钢筋的预加应力受到损失。

【本单元测试】

一、判断题

1. 火山灰水泥的抗硫酸盐腐蚀性均很好。（　　）

2. 硅酸盐水泥因其耐腐蚀性好、水化热高，故适宜建造混凝土桥墩。（　　）

3. 我国北方有低浓度硫酸盐侵蚀的混凝土工程宜优先选用矿渣水泥。（　　）

4. 硅酸盐水泥的耐磨性优于粉煤灰水泥。（　　）

5. 高铝水泥的耐硫酸盐侵蚀能力强。（　　）

6. 水泥强度越高，则抗腐腐蚀性越强。（　　）

二、单选题

1. 采用泵送混凝土施工时，首选的外加剂通常是（　　）。

A. 减水剂　　　　　　B. 引气剂　　　　　　C. 缓凝剂　　　　　　D. 早强剂

2. 大体积混凝土施工时，常采用的外加剂是（　　）。

A. 减水剂　　　　　　B. 引气剂　　　　　　C. 缓凝剂　　　　　　D. 早强剂

3. 控制水泥混凝土耐久性的指标为（　　）。

A. 最大水灰比、最小水泥用量　　　　　B. 最小水灰比、最大水泥用量

C. 最大水灰比、最大水泥用量　　　　　D. 最小水灰比、最小水泥用量

4. 以下哪些不属于混凝土的耐久性？（　　）

A. 抗冻性　　　　　　B. 抗渗性　　　　　　C. 和易性　　　　　　D. 抗腐蚀性

5. 不属于混凝土耐久性的指标是（　　）。

A. 抗渗性　　　　　　B. 抗冻性　　　　　　C. 保温性　　　　　　D. 抗腐蚀性

单元 4.4　普通混凝土的配合比设计

混凝土配合比是指混凝土中各组成材料数量之间的比例关系。混凝土的组成材料主要包括水泥、粗骨料、细骨料和水。如何确定混凝土单位体积内各组成材料的用量，称为混凝土配合比设计。

4.4.1　普通混凝土配合比的表示方法

混凝土配合比的表示方法主要有两种：一种是以每立方米混凝土中各材料的质

量表示，如每立方米混凝土中水泥 300kg，矿物掺合料 60kg，砂子 660kg，石子 1240kg，水 180kg；另一种是以各材料的相互质量比来表示（水泥质量取为 1），如将上述配合比换算过来为水泥∶矿物掺合料∶砂∶石∶水＝1∶0.2∶2.2∶4.13∶0.6，通常将胶凝材料和水的比例单独以水胶比的形式表示，即水泥∶砂∶石＝1∶2.2∶4.13，水胶比（W/B）为 0.5。

4.4.2 普通混凝土配合比设计的要求

设计混凝土配合比的任务就是要根据原材料的技术性能和施工条件合理选择原材料，并确定能满足工程所要求技术经济指标的各组成材料用量。具体要求主要有以下几点：混凝土结构设计要求的强度等级；施工方面要求混凝土具有的良好工作性；与使用环境相适应的耐久性；节约水泥和降低混凝土成本。

4.4.3 普通混凝土配合比设计的方法与步骤

混凝土配合比设计主要包括初步配合比设计、基准配合比设计、设计实验室配合比和施工配合比确定四项内容。

1. 初步配合比设计

（1）确定配制强度（$f_{cu,o}$）

在实际施工中，由于受到各种因素的影响，混凝土的强度值是不稳定的。为了所配制的混凝土在使用时其强度值达到具有不小于设计所要求的 95％强度保证率，在进行混凝土配合比设计时，必须使混凝土的配制强度大于设计强度。

1）当混凝土的设计强度等级小于 C60 时，配制强度按下式确定：

$$f_{cu,o} \geqslant f_{cu,k} + 1.645\sigma \tag{4-9}$$

式中　$f_{cu,o}$——混凝土配制强度，MPa；

　　　$f_{cu,k}$——混凝土立方体抗压强度标准值，这里取混凝土的设计强度等级值，MPa；

　　　σ——混凝土强度标准差，MPa；

　1.645——混凝土强度保证率为 95％时对应的系数。

2）当设计强度等级不小于 C60 时，配制强度应按下式确定：

$$f_{cu,o} \geqslant 1.15 f_{cu,k} \tag{4-10}$$

混凝土强度标准差 σ 按下述规定确定。

① 当具有近 1～3 个月的同一品种、同一强度等级混凝土的强度资料，且试件组数不小于 30 时，其混凝土强度标准差 σ 按下式计算：

$$\sigma = \sqrt{\frac{\sum_{i=1}^{n} f_{cu,i}^2 - n\overline{f}_{cu}^2}{n-1}}$$ (4-11)

式中 σ——混凝土强度标准差，MPa；

$f_{cu,i}$——第 i 组试件的强度，MPa；

$\overline{f}_{cu}$——n 组试件的强度平均值，MPa；

n——试件组数。

对于强度等级不大于 C30 的混凝土，当混凝土强度标准差计算值不小于 3.0MPa 时，应按上式计算结果取值；当混凝土强度标准差计算值小于 3.0MPa 时，应取 3.0MPa。

对于强度等级大于 C30 且小于 C60 的混凝土，当混凝土强度标准差计算值不小于 4.0MPa 时，应按上式计算结果取值；当混凝土强度标准差计算值小于 4.0MPa 时，应取 4.0MPa。

② 当不具备近期的同一品种、同一强度等级混凝土的强度资料时，混凝土强度标准差 σ 可参照表 4-28 选用。

混凝土强度标准差取值表（参见 JGJ 55—2011） 表 4-28

混凝土设计强度等级	≤C20	C25～C45	C50～C55
标准差 σ(MPa)	4.0	5.0	6.0

（2）确定水胶比（W/B）

当混凝土强度等级小于 C60 时，混凝土水胶比宜按下式计算：

$$W/B = \frac{\alpha_a f_b}{f_{cu,o} + \alpha_a \alpha_b f_b}$$ (4-12)

式中 W/B——混凝土水胶比；

α_a、α_b——回归系数，应根据工程使用的水泥、骨料，通过试验由水灰比与混凝土强度的关系式确定（当无试验统计资料时，对碎石混凝土，α_a 可取 0.53，α_b 可取 0.20；对卵石混凝土，α_a 可取 0.49，α_b 可取 0.13）；

f_b——胶凝材料 28d 胶砂抗压强度，MPa。

当胶凝材料 28d 胶砂抗压强度值（f_b）无实测值时，可按下式计算：

$$f_b = \gamma_f \gamma_s f_{ce}$$ (4-13)

式中 γ_f、γ_s——分别为粉煤灰影响系数和粒化高炉矿渣粉影响系数，可按表 4-29 选用；

f_{ce}——水泥28d胶砂抗压强度,MPa,可实测,也可以按式(4-14)确定。

粉煤灰影响系数(γ_f)和粒化高炉矿渣粉影响系数(γ_s)　　　表4-29

掺量(%)	种类	
	粉煤灰影响系数(γ_f)	粒化高炉矿渣粉影响系数(γ_s)
0	1.00	1.00
10	0.85～0.95	1.00
20	0.75～0.85	0.95～1.00
30	0.65～0.75	0.90～1.00
40	0.55～0.65	0.80～0.90
50	—	0.70～0.85

注：a 采用Ⅰ级、Ⅱ级粉煤灰宜取上限值。
　　b 采用S75级粒化高炉矿渣粉宜取下限值，采用S95级粒化高炉矿渣粉宜取上限值，采用S105级粒化高炉矿渣粉可取上限值加0.05。
　　c 当超出表中的掺量时，粉煤灰和粒化高炉矿渣粉影响系数应经试验确定。

当水泥28d胶砂抗压强度（f_{ce}）无实测值时，可按下式计算：

$$f_{ce} = \gamma_c f_{ce,k} \tag{4-14}$$

式中　γ_c——水泥强度等级值的富余系数，可按实际统计资料确定，当缺乏实际统计资料时可按表4-30选用；

　　　$f_{ce,k}$——水泥强度等级值，MPa。

水泥强度等级值富余系数（γ_c）　　　表4-30

水泥强度等级	32.5	42.5	52.5
富余系数	1.12	1.16	1.10

根据混凝土的使用条件，水胶比值应满足混凝土耐久性对最大水胶比的要求，查表4-27，若计算出的水胶比大于规定的最大水胶比值，则取规定的最大水胶比值。

（3）确定每立方米混凝土用水量（m_{w0}）

每立方米混凝土用水量是决定混凝土流动性的主要因素，通常根据工程实际经验确定，如无经验，也可参照表4-31和表4-32选用。

干硬性混凝土的用水量（参见JGJ 55—2011）（单位：kg/m³）　　　表4-31

拌合物稠度		卵石最大公称粒径(mm)			碎石最大公称粒径(mm)		
项目	指标	10.0	20.0	40.0	16.0	20.0	40.0
维勃稠度(s)	16～20	175	160	145	180	170	155
	11～15	180	165	150	185	175	160
	5～10	185	170	155	190	180	165

拌合物稠度		卵石最大粒径(mm)				碎石最大粒径(mm)			
项目	指标	10.0	20.0	31.5	40.0	16.0	20.0	31.5	40.0
坍落度 （mm）	10～30	190	170	160	150	200	185	175	165
	35～50	200	180	170	160	210	195	185	175
	55～70	210	190	180	170	220	205	195	185
	75～90	215	195	185	175	230	215	205	195

注：a 本表用水量系指采用中砂时的平均取值。采用细砂时，每立方米混凝土用水量可增加 5～10kg；采用粗砂时，则可减少 5～10kg。

　　b 掺用矿物掺合料和外加剂时，用水量应相应调整。

　　c 本表适用于混凝土的水胶比在 0.4～0.8 时选用。

掺用外加剂时，每立方米流动性或大流动性混凝土的用水量 m_{w0} 可按下式计算：

$$m_{wo} = m'_{w0}(1 - \beta) \tag{4-15}$$

式中　m_{wo}——计算配合比每立方米混凝土的用水量，kg/m³；

　　　m'_{w0}——未掺外加剂时推定的满足实际坍落度要求的每立方米混凝土用水量，kg/m³，以表 4-31 中 90mm 坍落度的用水量为基础，按每增大 20mm 坍落度相应增加 5kg/m³ 用水量来计算，当坍落度增大到 180mm 以上时，随坍落度相应增加的用水量可减少；

　　　β——外加剂的减水率（％），应经混凝土试验确定。

（4）计算每立方米混凝土中胶凝材料（m_{b0}）、矿物掺合料（m_{f0}）和水泥（m_{c0}）用量

1）每立方米混凝土的胶凝材料用量（m_{b0}）按下式计算，并应进行试拌调整，在拌合物性能满足的情况下，取经济合理的胶凝材料用量。

$$m_{b0} = \frac{m_{w0}}{W/B} \tag{4-16}$$

除配制 C15 及其以下强度等级的混凝土外，混凝土的最小胶凝材料用量应符合表 4-26 的规定。

2）每立方米混凝土的矿物掺合料用量（m_{f0}）按下式计算：

$$m_{f0} = m_{b0}\beta_f \tag{4-17}$$

式中　β_f——矿物掺合料掺量（％），应通过试验确定，采用硅酸盐水泥或普通硅酸盐水泥时，最大掺量宜符合表 4-33 的规定。

3）每立方米混凝土中的水泥用量（m_{c0}）按下式计算：

$$m_{c0} = m_{b0} - m_{f0} \tag{4-18}$$

钢筋混凝土和预应力混凝土中矿物掺合料的最大掺量（参见 JGJ 55—2011） 表 4-33

混凝土种类	矿物掺合料种类	水胶比	最大掺量（%） 采用硅酸盐水泥时	最大掺量（%） 采用普通硅酸盐水泥时
钢筋混凝土	粉煤灰	≤0.40	45	35
		>0.40	40	30
	粒化高炉矿渣粉	≤0.40	65	55
		>0.40	55	45
	钢渣粉	—	30	20
	磷渣粉	—	30	20
	硅灰	—	10	10
	复合掺合料	≤0.40	65	55
		>0.40	55	45
预应力混凝土	粉煤灰	≤0.40	35	30
		>0.40	25	20
	粒化高炉矿渣粉	≤0.40	55	45
		>0.40	45	35
	钢渣粉	—	20	10
	磷渣粉	—	20	10
	硅灰	—	10	10
	复合掺合料	≤0.40	55	45
		>0.40	45	35

注：a 对基础大体积混凝土，粉煤灰、粒化高炉矿渣粉和复合掺合料的最大掺量可增加 5%。

　b 采用产量大于 30% 的 C 类粉煤灰的混凝土应以实际使用的水泥和粉煤灰产量进行安定性检验。

　c 采用其他通用硅酸盐水泥时，宜将水泥混合材料掺量 20% 以上的混合材料用量计入矿物掺合料。

　d 复合掺合料各组分的掺量不宜超过单掺时的最大掺量。

　e 在混合使用两种或两种以上矿物掺合料时，矿物掺合料总掺量应符合表中复合掺合料的规定。

（5）确定合理砂率（β_s）

砂率是指砂与骨料总量的质量比。合理的砂率应根据骨料的技术指标、混凝土拌合物性能和施工要求，参考既有历史资料确定；如无相关资料，可参照表 4-34 进行选择。

混凝土的砂率（参见 JGJ 55—2011）（单位：%） 表 4-34

水胶比	卵石最大公称粒径(mm) 100.0	卵石最大公称粒径(mm) 20.0	卵石最大公称粒径(mm) 40.0	碎石最大公称粒径(mm) 16.0	碎石最大公称粒径(mm) 20.0	碎石最大公称粒径(mm) 40.0
0.40	26~32	25~31	24~30	30~35	29~34	27~32
0.50	30~35	29~34	28~33	33~38	32~37	30~35
0.60	33~38	32~37	31~36	36~41	35~40	33~38
0.70	36~41	35~40	34~39	39~44	38~43	36~41

注：a 本表数值系中砂的选用砂率，对细砂或粗砂，可相应地减少或增大砂率。

　b 只用一个单粒级粗骨料配制混凝土时，砂率应适当增大。

　c 采用人工砂配制混凝土时，砂率可适当增大。

　d 本表适用于坍落度为 10~60mm 的混凝土，如坍落度小于 10mm，其砂率应经试验确定；如坍落度大于 60mm，其砂率可经试验确定，也可在本表的基础上按坍落度每增大 20mm 砂率增大 1% 的幅度予以调整。

（6）确定每立方米混凝土的砂、石用量（m_{s0}、m_{g0}）

确定砂、石用量可采用质量法或体积法。

1）质量法

根据经验，假定每立方米混凝土拌合物的质量为 m_{cp}（通常可取 2350～2450kg），由下列方程组解得 m_{s0}、m_{g0}。

$$
\begin{cases}
m_{f0} + m_{c0} + m_{g0} + m_{s0} + m_{w0} = m_{cp} \\
\beta_s = \dfrac{m_{s0}}{m_{s0} + m_{g0}} \times 100\%
\end{cases}
\tag{4-19}
$$

2）体积法

假定每立方米混凝土拌合物体积等于各组成材料绝对体积及拌合物所含空气的体积之和，据此列出方程组如下，解得 m_{s0}、m_{g0}。

$$
\begin{cases}
\dfrac{m_{c0}}{\rho_c} + \dfrac{m_{f0}}{\rho_f} + \dfrac{m_{g0}}{\rho_g} + \dfrac{m_{s0}}{\rho_s} + \dfrac{m_{w0}}{\rho_w} + 0.01\alpha = 1 \\
\beta_s = \dfrac{m_{s0}}{m_{s0} + m_{g0}} \times 100\%
\end{cases}
\tag{4-20}
$$

式中　ρ_c——水泥的密度（kg/m³），可取 2900～3100kg/m³；

ρ_g、ρ_s——分别为粗、细骨料的表观密度，kg/m³；

ρ_f——矿物掺合料的密度，kg/m³；

ρ_w——水的密度（kg/m³），可取 1000kg/m³；

α——混凝土的含气量百分数，在不使用引气型外加剂时，可取为 1。

通过上述过程可将混凝土拌合物中的胶凝材料、砂、石和水的用量求出，得到初步配合比。

2. 基准配合比设计

利用上述过程求出的各材料的用量是借助于经验公式或经验数据得到的，因而不一定符合实际情况，还必须要通过混凝土的试拌合调整，直到混凝土拌合物的工作性符合要求为止，这时的混凝土配合比即为基准配合比，作为检验混凝土强度用。

3. 设计（实验室）配合比确定

对满足工作性要求的基准配合比再次进行试拌合调整，还要考虑混凝土的强度、耐久性等方面的要求，直至满足要求，这时的配合比即为设计（实验室）配合比。

4. 施工配合比确定

设计（实验室）配合比的确定都是以干燥的砂、石为基准的，而施工现场存放的砂、石通常是含有一定水分的，所以还应该根据现场砂、石的含水情况对设计

（实验室）配合比进行调整修正，修正后的配合比称为施工配合比，也即最终用来指导施工的混凝土配合比。

施工配合比的调整方法是：在设计（实验室）配合比的基础上，假定现场砂、石的含水率分别为 $a\%$、$b\%$，则可利用下列公式进行调整，确定混凝土施工配合比。

$$m'_c = m_c \qquad (4\text{-}21)$$

$$m'_s = m_s(1 + a\%) \qquad (4\text{-}22)$$

$$m'_g = m_g(1 + b\%) \qquad (4\text{-}23)$$

$$m'_w = m_w - m_s \cdot a\% - m_g \cdot b\% \qquad (4\text{-}24)$$

式中 m'_c、m'_s、m'_g、m'_w 分别为每立方米混凝土拌合物中水泥、砂、石、水的实际用量。

4.4.4 普通混凝土配合比设计实例

【例 4-1】某工程中的现浇钢筋混凝土楼板，混凝土的强度等级为 C25，采用机械搅拌、机械振捣方式浇捣，根据工程的实际情况确定混凝土的坍落度要求为 30～50mm，该工程为异地施工，无相关混凝土强度统计资料，使用原材料如下：水泥为普通硅酸盐水泥 42.5 级，密度 $\rho_c = 3.1\text{g/cm}^3$；粉煤灰采用 II 级粉煤灰，掺量为水泥用量的 20%，密度 $\rho_f = 2.2\text{g/cm}^3$；砂为中砂，颗粒级配合格，表观密度 $\rho_s = 2.6\text{g/cm}^3$；石为碎石，最大粒径 40mm，颗粒级配合格，表观密度 $\rho_g = 2.65\text{g/cm}^3$；水为生活饮用水。试确定混凝土的初步配合比。

【解】

（1）确定配制强度（$f_{cu,0}$）

查表 4-28 确定 σ 值为 5.0。

$$f_{cu,0} = f_{cu,k} + 1.645\sigma = 25 + 1.645 \times 5.0 = 33.23\text{MPa}$$

（2）确定水胶比（W/B）

先查表 4-30 确定 γ_c 取值为 1.16。

水泥 28d 胶砂抗压强度 $f_{ce} = \gamma_c \times f_{ce,g} = 1.16 \times 42.5 = 49.3\text{MPa}$

本工程混凝土中掺加粉煤灰为 II 级，掺量为 20%，查表 4-29 确定 γ_f，γ_s 分别为 0.85、1.00。

胶凝材料 28d 胶砂抗压强度值 $f_b = \gamma_f \gamma_s f_{ce} = 0.85 \times 1 \times 49.3 = 41.91\text{Mpa}$

根据式（4-12）的说明确定 α_a、α_b 取值为 0.53、0.20。则：

$$W/B = \frac{\alpha_a f_b}{f_{cu,a} + \alpha_a \alpha_b f_b} = \frac{0.53 \times 41.91}{33.23 + 0.53 \times 0.2 \times 41.91} = 0.59$$

建筑材料

故取水胶比为 0.59。

（3）确定每立方米混凝土用水量（m_{w0}）

根据坍落度 30～50mm、碎石最大粒径 40mm，查表 4-32 确定每立方米混凝土用水量为 175kg。

（4）计算每立方米混凝土中胶凝材料（m_{b0}）、矿物掺合料（m_{f0}）和水泥（m_{c0}）用量

① 每立方米混凝土的胶凝材料用量 $m_{b0} = \dfrac{m_{w0}}{W/B} = \dfrac{175}{0.59} = 296.6kg$

② 每立方米混凝土的粉煤灰用量 $m_{f0} = m_{b0}\beta_f = 296.6 \times 0.2 = 59.3kg$

③ 每立方米混凝土中的水泥用量 $m_{c0} = m_{b0} - m_{f0} = 296.6 - 59.3 = 237.3kg$

（5）确定砂率（β_s）

依据水胶比、碎石最大粒径，查表 4-34 确定合理砂率 $\beta_s = 37\%$（内插法查表）。

（6）计算砂、石用量 m_{s0}、m_{g0}

① 质量法：假定混凝土拌合物的表观密度为 2400kg/m³，将 $m_{f0} = 59.3kg$，$m_{c0} = 237.3kg$，$m_{w0} = 175kg$，$m_{cp} = 2400kg$，$\beta_s = 0.37$，代入公式（4-19），列出方程组。

解得　　　　　　　　$m_{s0} = 713.5kg, m_{g0} = 1214.9kg$

即 1m³ 混凝土中各种原材料的质量为：

$m_{c0} = 237.3kg, m_{f0} = 59.3kg, m_{w0} = 175kg, m_{s0} = 713.5kg, m_{g0} = 1214.9kg$

② 体积法

依据公式（4-20），列出方程组。

解得　　　　　　　　$m_{s0} = 693.4kg, m_{g0} = 1178.8kg$

即 1m³ 混凝土中各种原材料的质量为：

$m_{c0} = 237.3kg, m_{f0} = 59.3kg, m_{w0} = 175kg, m_{s0} = 693.4kg, m_{g0} = 1178.8kg$

【本单元测试】

一、判断题

1. 计算普通混凝土配合比时，骨料以气干状态为准。（　　　）

2. 卵石混凝土比同条件配合比拌制的碎石混凝土的流动性好，但强度则低一些。（   ）

3. 混凝土施工配合比和试验室配合比二者的水灰比相同。（   ）

二、单选题

1. 确定混凝土配合比的水灰比，必须从混凝土的（   ）考虑。

A. 和易性与强度   B. 强度与耐久性

C. 和易性和耐久性   D. 耐久性与经济性

2. 混凝土配合比设计中，水灰比的值是根据混凝土的（   ）要求来确定的。

A. 强度及耐久性   B. 强度

C. 耐久性   D. 和易性与强度

3. （   ）是既满足强度要求又满足工作性要求的配合比设计。

A. 初步配合比   B. 基准配合比

C. 试验室配合比   D. 工地配合比

4. 在混凝土配合比一定的情况下，砂率越大，混凝土拌合物的流动性（   ）。

A. 越大   B. 越小

C. 不变   D. 不一定

5. 混凝土配合比的试配调整中规定，在混凝土强度试验时至少采用三个不同的配合比，其中一个应为（   ）配合比。

A. 初步   B. 实验室

C. 施工   D. 基准

6. 在混凝土配合比设计中，选用合理砂率的主要目的是（   ）。

Λ. 提高混凝土的强度   B. 改善拌合物的和易性

C. 节省水泥   D. 节省粗骨料

7. 在设计混凝土配合比时，配制强度要比设计要求的强度等级高些，提高幅度的大小取决于（   ）。

A. 设计要求的强度等级的高低   B. 施工单位管理水平的高低

C. 要求的强度保证率   D. B+C

8. 进行配合比设计时，水灰比是根据（   ）确定的。

A. 强度   B. 工作性

C. 耐久性   D. A+C

单元 4.5 混凝土质量控制与强度评定

4.5.1 混凝土质量控制

对普通混凝土进行质量控制是一项非常重要的工作。普通混凝土的质量控制包括初步控制、生产控制和合格控制。

初步控制包括混凝土各组成材料的质量检验与控制和混凝土配合比的合理确定。通常配合比是通过设计计算和试配确定。在施工过程中，一般不得随意改变配合比，应根据混凝土质量的动态信息及时进行调整。

生产控制包括混凝土组成材料的计量，对混凝土拌合物的搅拌、运输、浇筑和养护等工序的控制。施工（生产）单位应根据设计要求，提出混凝土质量控制目标，建立混凝土质量保证体系，制定必要的混凝土生产质量管理制度，并应根据生产过程的质量动态分析及时采取措施和对策。

合格控制是指混凝土质量的验收，即对混凝土强度或其他技术指标进行检验评定。

通过以上对混凝土进行质量控制的各项措施，使混凝土质量符合设计规定。

4.5.2 混凝土强度的检验评定

混凝土的质量如何，要通过其性能检验的结果来表达。在施工中，虽然力求做到既要保证混凝土所要求的性能，又要保持其质量的稳定性。但实际上，由于原材料及施工条件以及试验条件等许多复杂因素的影响，必然会造成混凝土质量的波动。原材料及施工方面的影响因素有：水泥、骨料及外加剂等原材料的质量和计量的波动；用水量或骨料含水量的变化所引起水灰比的波动；搅拌、运输、浇筑、振捣、养护条件的波动以及气温变化等。试验条件方面的影响因素有：取样方法、试件成型及养护条件的差异、试验机的误差和试验人员的操作熟练程度等。

在正常连续生产的情况下，可用数理统计方法来检验混凝土强度或其他技术指标是否达到质量要求。统计方法可用算术平均值、标准差、变异系数和保证率等参数综合评定混凝土的质量。

混凝土强度应分批进行检验评定。一个检验批的混凝土应由强度等级相同、龄期相同以及生产工艺条件和配合比基本相同的混凝土组成。

当混凝土的生产条件在较长时间内能保持一致，且同一品种混凝土的强度变异性能保持稳定时，应由连续的三组试件组成一个检验批，其强度应同时满足规范要求。

当检验结果不能满足规范规定时，该批混凝土强度判为不合格。由不合格批混凝土制成的结构或构件应进行鉴定。对不合格的结构或构件必须及时处理。当对混凝土试件强度的代表性有怀疑时，可采用从结构或构件中钻取试件的方法或采用非破损检验方法，按有关标准的规定对结构或构件中混凝土的强度进行推定。

【本单元测试】

一、判断题

1. 硅酸盐水泥强度高，适用于水库、大坝水泥混凝土工程。（   ）

2. 强度检验不合格的水泥可以降级使用或用作混凝土掺合料。（   ）

3. 水泥强度越高，则抗腐蚀性越强。（   ）

4. 混凝土中掺入引气剂后会引起强度降低。（   ）

5. 混凝土强度随水灰比的增大而降低，呈直线关系。（   ）

6. 用高强度等级水泥配制混凝土时，混凝土的强度能得到保证，但混凝土的和易性不好。（   ）

7. 混凝土强度试验，试件尺寸越大，强度越低。（   ）

二、单选题

1. 棱柱体试件的强度试验值比立方体试件的（   ）。

A. 高   B. 相等   C. 低   D. 不一定

2. 影响混凝土强度的因素是（   ）。

A. 水泥强度等级与水灰比、骨料的性质

B. 养护条件、龄期、施工质量

C. 水泥强度等级与水灰比、骨料的性质、龄期

D. 水泥强度等级与水灰比、骨料的性质、养护条件、龄期等

3. 混凝土的（   ）强度最大。

A. 抗拉   B. 抗压   C. 抗弯   D. 抗剪

4. 普通混凝土立方体强度测试，采用 100mm×100mm×100mm 的试件，其强度换算系数为（   ）。

A. 0.90   B. 0.95   C. 1.05   D. 1.00

5. 在原材料质量不变的情况下，决定混凝土强度的主要因素是（　　）。

A. 水泥用量 　　　　　　　　　　 B. 砂率

C. 单位用水量 　　　　　　　　　 D. 水灰比

6. （　　）是既满足强度要求又满足工作性要求的配合比设计。

A. 初步配合比 　　　　　　　　　 B. 基准配合比

C. 试验室配合比 　　　　　　　　 D. 工地配合比

7. 立方体抗压强度标准值是混凝土抗压强度总体分布中的一个值，强度低于该值的百分率不超过（　　）。

A. 15% 　　　　 B. 10% 　　　　 C. 5% 　　　　 D. 3%

8. 混凝土立方体抗压强度试件的标准尺寸为（　　）。

A. 10mm×10mm×10mm 　　　　　 B. 150mm×150mm×150mm

C. 20mm×20mm×20mm 　　　　　 D. 7.07mm×7.07mm×7.07mm

单元4.6　其他品种混凝土

　　随着城市建设和工业建设迅速发展，对水泥及混凝土的数量需求越来越大，性能要求越来越高，如大跨度结构和高层建筑要求混凝土有更高的强度；地下工程、基础工程、水利工程和港口工程要求混凝土有更好的抗渗性和抗腐蚀性；房屋建筑工程要求混凝土具有良好的保温隔热和隔声性能；化工工业要求混凝土具有抗各种腐蚀介质（酸、碱、盐）的耐蚀性能；冶金建材工业要求混凝土具备耐热性；核工业发展要求混凝土具有防辐射性；公路建设要求混凝土具有高抗裂性、高耐磨性和抗冻性等。现代经济和工业的发展促进了混凝土技术的发展，混凝土技术的发展又反过来促进了工业及科技的更大进步。混凝土外加剂和矿物掺合料在混凝土中得到普遍应用，使混凝土技术进入一个新阶段。同时，许多能满足不同工程要求的混凝土得到了研制、开发和应用。这些混凝土都是在普通混凝土的基础上发展而来的，但又不同于普通混凝土。它们或因材料组成不同、或因施工工艺不同而具有某些特殊性能。本节对工程上应用较多的几种加以介绍。

4.6.1　粉煤灰混凝土

　　粉煤灰是现代混凝土中应用最普遍的矿物掺合料。粉煤灰颗粒多为圆球形，表面光滑、级配良好。掺入混凝土后，粉煤灰颗粒均匀分布于水泥浆体中，能有效阻止水泥颗粒间的相互黏结，显著改善混凝土的和易性和泵送性能；粉煤灰中的活性成分与水泥水化产生的氢氧化钙发生反应，所生成的水化产物填充于混凝土的孔隙之中，不仅使其密实性增强、强度提高，而且可减少水泥石中氢氧化钙的含量，改善混凝土的抗硫酸盐侵蚀性能和抗软水侵蚀性能。在混凝土中掺入粉煤灰还可实现降低混凝土的水化热温升，提高其抗裂性；利用工业废料，减轻环境污染；节约水泥，降低工程造价等目的。

粉煤灰混凝土的突出优点是后期性能优越，尤其适用于不受冻的海港工程和早期强度要求不太高的大体积工程，如高层建筑的地下部分、大型设备基础和水工结构工程。水利工程中的大坝混凝土几乎全部掺用粉煤灰，大多数预拌混凝土搅拌站为了改善混凝土的泵送性能及其他性能，也把粉煤灰作为矿物掺合料。

根据《普通混凝土配合比设计规程》JGJ 55—2011，粉煤灰在混凝土中的掺量应通过试验确定。采用硅酸盐水泥或普通硅酸盐水泥时，钢筋混凝土、预应力混凝土中粉煤灰的最大掺量宜符合表 4-35 的规定。对基础大体积混凝土，粉煤灰的最大掺量可增加 5%。采用掺量大于 30% 的 C 类粉煤灰混凝土时，应以实际使用的水泥和粉煤灰掺量进行安定性检验。

钢筋混凝土和预应力混凝土中粉煤灰的最大限量　　　　　表 4-35

混凝土种类	水胶比	最大掺量(%)	
		采用硅酸盐水泥时	采用普通硅酸盐水泥时
钢筋混凝土	≤0.40	45	35
	>0.40	40	30
预应力混凝土	≤0.40	35	30
	>0.40	25	20

根据掺用粉煤灰的目的不同，一般有超量取代法、等量取代法和外加法三种方法。

超量取代法的粉煤灰掺量大于所取代的水泥量，多出的粉煤灰取代等体积的砂，取代砂的粉煤灰所获得的强度增强效应，用以补偿粉煤灰取代水泥所降低的早期强度，从而保证粉煤灰混凝土的强度等级。

等量取代法的粉煤灰掺量等于所取代的水泥量，其早期强度会有所降低，但随着龄期的增长，粉煤灰的活性效应会使其强度逐渐赶上并超过普通混凝土，因此多用于早期强度要求不高的混凝土，如水利工程中的大体积混凝土。

外加法又称粉煤灰代砂法，是指掺入粉煤灰后水泥用量并不减少，用粉煤灰取代等体积的砂。其主要适用于水泥用量较少、和易性较差的低强度等级混凝土。

4.6.2 泵送混凝土

泵送混凝土是指混凝土拌合物在混凝土泵的推动下，沿输送管道进行输送并在管道出口处直接浇筑的混凝土。泵送混凝土适用于场地狭窄的施工现场及大体积混凝土结构物和高层建筑的施工，是国内外建筑施工中广泛使用的一种混凝土。

泵送混凝土必须具有良好的可泵性，即混凝土拌合物在输送过程中能顺利通过管道、摩擦阻力小、不离析、不阻塞和均匀稳定性良好的性能。一般用坍落度值和相对压力泌水率来评定。

泵送混凝土应掺用泵送剂、高效减水剂、粉煤灰、磨细矿渣等矿物掺合料，最小胶凝材料用量（包括水泥和矿物掺合料）不宜少于300kg/m³；泵送混凝土应选择具有连续级配且级配良好的粗骨料，还要严格控制骨料中针、片状颗粒含量，最大骨料粒径宜小于输送管道管径的1/3；细骨料也应具有良好级配，尽量采用细度模数在2.5～3.0之间的中砂；泵送混凝土的水灰比宜在0.40～0.60之间；泵送混凝土的砂率应比普通混凝土高2%～5%，宜为38%～45%。

4.6.3 水泥路面混凝土

水泥路面混凝土要求具有较好的抗冲击性和耐磨性。应尽量选用铁铝酸四钙含量较高、铝酸三钙含量较低的水泥，以提高混凝土的抗折强度。路面混凝土水泥用量一般不少于300kg/m³；掺用粉煤灰时最小水泥用量不应小于250kg/m³；有抗冰冻性和抗盐冻性要求时，最小水泥用量不应小于320kg/m³；掺用粉煤灰时最小水泥用量不应小于270kg/m³。粗骨料应选择比较坚硬的石灰岩或火山岩。

4.6.4 沥青路面混凝土

沥青混合料是一种黏弹塑性材料，具有良好的力学性能、一定的高温稳定性和低温柔性，修筑路面不需设置接缝，行车较舒适。而且，施工方便、速度快，能及时开放交通，并可再生利用。因此，是高等级道路修筑中的一种主要路面材料。

沥青混合料是由沥青、粗细集料和矿粉按一定比例拌合而成的一种复合材料。通常，它包括沥青混凝土混合料和沥青碎（砾）石混合料两类。沥青混合料按集料的最大粒径，分为特粗式、粗粒式、中粒式、细粒式和砂粒式沥青混合料；按矿料级配，分为密级配沥青混凝土混合料、半开级配沥青混合料、开级配沥青混合料和间断级配沥青混合料；按施工条件，分为热拌热铺沥青混合料、热拌冷铺沥青混合料和冷拌冷铺沥青混合料。按矿质骨架的结构状况，其组成结构分为悬浮密实结构（图 4-19a）、骨架空隙结构（图 4-19b）和骨架密实结构（图 4-19c）。

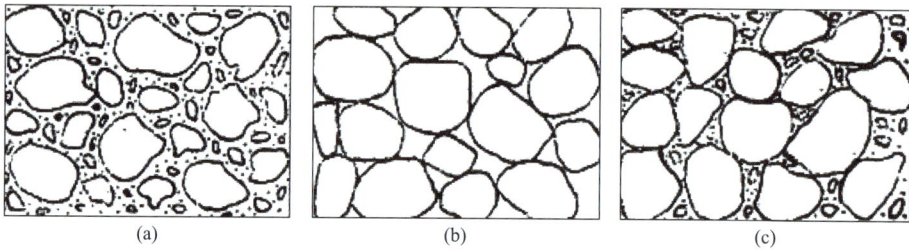

图 4-19　沥青混合料组成结构示意图

（a）悬浮密实结构；（b）骨架空隙结构；（c）骨架密实结构

沥青混合料作为沥青路面的面层材料，承受车辆行驶反复荷载和气候因素的作用，而胶凝材料沥青具有黏-弹-塑性的特点；因此，沥青混合料应具有抗高温变形、抗低温脆裂、抗滑、耐久等技术性质以及施工和易性。

4.6.5　轻骨料混凝土

用轻粗骨料、轻砂（或普通砂）、水泥和水配制的混凝土，称为轻骨料混凝土。粗、细骨料均采用轻质材料配制的混凝土称为全轻混凝土，多用作保温材料或结构保温材料。用轻粗骨料和普通砂配制的混凝土称为砂轻混凝土，可用作承重的结构材料。

堆积密度小于 1000kg/m³，粒径大于 5mm 的骨料称为轻粗骨料；堆积密度小于 1200kg/m³，粒径小于 5mm 的骨料称为轻细骨料。轻骨料按来源可分为工业废料轻骨料，如粉煤灰陶粒、自燃煤矸石、膨胀矿渣珠、煤渣等；天然轻骨料，如浮石、火山渣等；人工轻骨料，如页岩陶粒、黏土陶粒、膨胀珍珠岩等。按其粒形可分为圆球形、普通型和碎石型三种。

轻骨料的制造方法基本可分为烧胀法和烧结法两种。烧胀法是将原料破碎、筛分后经高温烧胀（如膨胀珍珠岩），或将原料加工成粒再经高温烧胀（如黏土陶粒、圆球形页岩陶粒）。由于原料中所含水分或气体在高温下发生膨胀，形成内部具有微细气孔结构和表面由一层硬壳包裹的陶粒；烧结法是将原料加入一定量胶结剂和水，经加工成粒，在高温下烧至部分熔融而形成的多孔结构的陶粒，如粉煤灰陶粒。

轻骨料的技术要求主要包括堆积密度、颗粒级配、筒压强度、吸水率四项，同时对耐久性、安定性和有害杂质含量等也有一定要求。

按堆积密度的大小，轻粗骨料分为 300、400、500、600、700、800、900、1000

共 8 个密度等级；轻细骨料也分为 500、600、700、800、900、1000、1100、1200 共 8 个密度等级。轻骨料堆积密度的大小直接影响所配制混凝土的表观密度。

在轻骨料混凝土中，轻粗骨料的强度对混凝土强度影响很大，是决定混凝土强度的主要因素。表示轻骨料强度高低的指标是筒压强度，采用筒压法测定，方法是将轻骨料装入 115mm×100mm 的标准承压筒中，通过冲压模施加压力，用压入深度为 20mm 时的压力值除以承压面积（100cm^2）即得筒压强度（MPa）。

轻骨料的筒压强度并不是它在混凝土中的真实强度。筒压法测定轻粗骨料强度时，荷载传递是通过颗粒间接触点传递，而在混凝土中，骨料被砂浆包裹，处于受周围硬化砂浆约束的状态，硬化砂浆外壳能起拱架作用，所以混凝土中轻骨料的承压强度要比筒压强度高得多。

4.6.6　高强混凝土

高强混凝土是指强度等级高于 C60 的混凝土。近年来，高强混凝土在国内外得到普遍应用。其特点是强度高、变形小，能适应现代工程结构向大跨度、重载、高耸方向发展的需要。使用高强混凝土可获得明显的工程效益和经济效益。但随着强度的提高，混凝土抗拉强度与抗压强度的比值将会降低，脆性相对增大；由于水泥用量相对增大，水化热温升引起的温度裂缝问题相对比较突出。

1. 组成材料的选择

配制高强混凝土的技术途径：一是提高水泥石基材本身的强度；二是增强水泥石与骨料界面的胶结能力；三是选择性能优良的混凝土骨料。高强度等级的硅酸盐水泥、高效减水剂、高活性的超细矿物掺合料以及优质粗细骨料是配制高强混凝土的基础，低水灰比是高强技术的关键，获得高密实度水泥石、改善水泥石和骨料的界面结构、增强骨料骨架作用是主要环节。高强混凝土的材料选择应注意以下几点：

（1）选用高强度等级水泥：应选用质量稳定、强度等级不低于 42.5 的硅酸盐水泥或普通硅酸盐水泥。水泥细度应比一般水泥稍细，以保证水泥强度正常发挥，水泥用量不宜过高。

（2）选用优质高效减水剂：高强混凝土的水灰比多在 0.25～0.4 之间，有的更低。在这样低的水灰比下，要保证混凝土拌合物具有足够的和易性，以获得高密实性的混凝土，就必须使用高效减水剂。

（3）使用高活性超细矿物掺合料：在水灰比较低的混凝土中，有一部分水泥是永远不能水化的，只能起填充作用，同时还会妨碍水泥的进一步水化。用高活性超细矿物质掺合料代替这部分水泥，可以促进水泥水化，减少水泥石孔隙率，改善水泥石孔径分布和骨料与水泥石界面结构，从而提高混凝土强度及耐久性。常用的超细矿物掺合料有硅灰、优质粉煤灰和磨细矿渣等。将不同矿物掺合料复合使用效果更好。

（4）选用优质骨料：粗骨料应表面洁净、强度高，针、片状颗粒含量小，级配优良，骨料粒径不宜超过31.5mm；细骨料宜采用中砂，细度模数宜大于2.6，而且颗粒级配要良好，含泥量低。

2. 配合比参数的确定

（1）普通混凝土强度计算经验公式（鲍罗米公式）不适用高强混凝土，水灰比或水胶比（水与水泥和矿物掺合料总量的质量比）应根据现有试验资料的经验数据选用。

（2）外加剂和矿物掺合料的品种、掺量应通过试验确定。

（3）高强混凝土的水灰比小、水泥用量较大，因此，最优砂率一般比普通混凝土小，应根据施工工艺通过试验确定。

4.6.7　防水混凝土

防水混凝土（又称抗渗混凝土）是指抗渗等级大于或等于P6级的混凝土。主要用于工业、民用建筑的地下工程（地下室、地下沟道、交通隧道、城市地铁等）、储水构筑物（如水池、水塔等）、取水构筑物以及处于干湿交替作用或冻融作用的工程（如桥墩、海港、码头、水坝等）。

防水混凝土一般分为普通防水混凝土、外加剂防水混凝土和膨胀剂防水混凝土。

混凝土是一种非匀质材料，其内部水泥石和界面区分布有许多大小不同的微细孔隙。这些微细孔隙可能是由于浇筑、振捣不良引起的，也可能是混凝土在凝固过程中由于多余水分蒸发等原因引起的。水的渗透就是通过这些孔隙和裂隙进行的，混凝土的透水性与水泥石和界面区中孔隙的大小、孔隙的连通程度有关。

1. 普通防水混凝土

普通防水混凝土通过调整配合比的方法来改变混凝土内部孔隙的特征（形态和大小），堵塞漏水通路，从而使之不依赖其他附加防水措施，仅靠提高自身密实性达到防水的目的。

配制普通防水混凝土所用的水泥应泌水性小、水化热低，并具有一定的抗侵蚀性。普通防水混凝土的配合比设计首先应满足抗渗性的要求，同时考虑抗压强度、施工和易性和经济性等方面的要求，必要时还应满足抗侵蚀性、抗冻性和其他特殊要求。其设计原理为：提高砂浆的不透水性，在粗骨料周围形成足够数量和良好质量的砂浆包裹层，并使粗骨料彼此隔离，有效阻隔沿粗骨料相互连通的渗水孔网。

2. 外加剂防水混凝土

外加剂防水混凝土是通过掺加适宜品种和数量的外加剂改善混凝土内部结构，隔断或堵塞混凝土中的各种孔隙、裂缝及渗水通道，以达到要求的抗渗性。

混凝土常用外加剂有引气剂、防水剂、减水剂等。

3. 膨胀混凝土

普通水泥混凝土常因水泥石的收缩而开裂，不仅会破坏结构的整体性，形成渗漏途径，而且水和外界侵蚀性介质也会通过裂缝进入混凝土内部腐蚀钢筋。

为克服混凝土硬化收缩的缺点，可采用掺加膨胀剂配制的防水混凝土，这种混凝土称为膨胀混凝土。膨胀混凝土在凝结硬化过程中能形成大量钙矾石，从而产生一定量的体积膨胀，一方面可增加混凝土的密实性，另一方面当膨胀变形受到来自外部的约束或钢筋的内部约束时，就会在混凝土中产生预压应力，使混凝土的抗裂性和抗渗性得到增强。

4.6.8 纤维混凝土

纤维混凝土是以混凝土为基体，外掺各种纤维材料而成。掺入纤维的目的是提高混凝土的抗拉强度和韧性，降低脆性。

工程上常用的纤维分为两类：一类为高弹性模量的纤维，包括玻璃纤维、钢纤维和碳纤维等；另一类为低弹性模量的纤维，如尼龙、聚丙烯、人造丝以及植物纤维等。高弹性模量纤维中钢纤维应用较多；低弹性模量纤维不能提高混凝土硬化后的抗拉强度，但能提高混凝土的抗冲击强度，所以其应用领域也逐渐扩大，其中聚丙烯纤维应用较多。

各类纤维中以钢纤维对抑制混凝土裂缝的形成、提高混凝土抗拉和抗弯强度、增加韧性效果最好。

纤维的种类、含量、几何形状及其在混凝土中的分布情况对于纤维混凝土的性能有重要影响。例如，钢纤维混凝土的抗弯强度或抗拉强度随着纤维含量（体积含量）和纤维长径比的增大而增大，但增强效果并不随纤维含量成比例增长。通常，最佳纤维含量在2%～3%之间。纤维长径比的影响则更为复杂，增大纤维的长径比能改善纤维和基体的界面黏结，提高抗弯和抗拉强度；但过大的长径比会显著影响纤维混凝土的和易性，严重时还会出现纤维弯折或成团，破坏拌合物的均匀性，使强度降低。一般情况下，钢纤维的长径比以60～100为宜。钢纤维的形状有平直状、波纹状和两头带钩等。变形的钢纤维与基体黏结好，比光面纤维能更有效地承担应力，有利于提高纤维混凝土的强度。

混凝土掺入钢纤维后抗压强度提高不大，但抗拉强度和抗弯强度可提高 1.5～2.5 倍，抗冲击强度可提高 5～10 倍，延性和韧性大幅度提高。从受压试件破坏的形式看，试件破坏时无碎块、无崩裂，基本保持原来的形状。

钢纤维混凝土是一种抗冲击和吸收变形能力强的韧性材料，目前已逐渐应用在飞机跑道、断面较薄的轻型结构和压力管道等。随着对纤维混凝土的深入研究，其在建筑工程中将得到更广泛的应用。有关应用技术可参见《纤维混凝土应用技术规程》JGJ/T 221—2010。

4.6.9 聚合物混凝土

聚合物混凝土是指由有机聚合物、无机胶凝材料和骨料结合而成的混凝土，它体现了有机聚合物和无机胶凝材料的优点，并克服了水泥混凝土的一些缺点。聚合物混凝土一般可分为以下三种：

1. 聚合物水泥混凝土

聚合物水泥混凝土是以有机高分子材料和水泥共同作为胶凝材料而制得的混凝土。通常是在搅拌水泥混凝土的同时掺加一定量的有机高分子聚合物，水泥的水化和聚合物的固化同时进行，相互填充形成整体结构。但聚合物与水泥之间并不发生化学反应。

聚合物的掺入形态有胶乳、粉末和液体树脂等。工程上常用的有机聚合物有聚醋酸乙烯、苯乙烯、聚氯乙烯等。

与普通混凝土相比，聚合物水泥混凝土的抗拉和抗折强度高，延性、黏结性和抗渗、抗冲击、耐磨性能好，但耐热、耐火、耐候性较差。主要用于铺设无缝地面，也常用于修补混凝土路面和机场跑道面层、防水层等。

2. 树脂混凝土

树脂混凝土是指完全以液体树脂为胶结材料的混凝土，所用的骨料与普通混凝土相同。常用的树脂有不饱和聚酯树脂、酚醛树脂和环氧树脂等。

树脂混凝土具有硬化快、强度高、耐磨、耐腐蚀等优点，但成本较高。主要用作工程修复材料（如修补路面、桥面等）或制作耐酸储槽、铁路轨枕、核废料容器和人造大理石等。

3. 聚合物浸渍混凝土

聚合物浸渍混凝土是将有机单体渗入混凝土中，然后用加热或放射线照射的方法使其聚合，使混凝土与聚合物形成一个整体。

有机单体可用甲基丙烯酸甲酯、苯乙烯、醋酸乙烯、乙烯、丙烯腈、聚酯一苯乙烯等，最常用的是甲基丙烯酸甲酯。此外，还要加入催化剂和交联剂等。

聚合物浸渍混凝土的制作工艺通常是在混凝土制品成型、养护完毕后，先干燥至恒重并在真空罐内抽真空，然后使单体浸入混凝土中，浸渍后须在80℃湿热条件下养护或用放射线照射（γ射线、X射线等）使单体聚合。

在聚合物浸渍混凝土中，聚合物填充了混凝土的内部空隙，除了填充水泥浆中的毛细孔外，很可能也大量进入胶孔，形成连续的空间网络相互穿插，使聚合物和混凝土形成完整的结构。因此，这种混凝土具有高强度（抗压强度可达200MPa以上）、高防水性（几乎不吸水、不透水），以及高抗冻性、高抗冲击性、高耐蚀性和高耐磨性等特点。

4.6.10　干硬性混凝土

拌合物坍落度小于10mm的混凝土称为干硬性混凝土。干硬性混凝土的和易性根据维勃稠度值的大小来划分。

干硬性混凝土的特点是用水量少，从而使粗骨料含量相对较大，粗骨料颗粒周围的砂浆包裹层较薄，能更充分地发挥粗骨料的骨架作用。因此，不仅可以节约水泥，而且在相同水灰比的条件下可以提高混凝土的密实性及强度。但干硬性混凝土抗拉强度与抗压强度的比值较低，脆性较显著。

干硬性混凝土由于可塑性小，必须采用强制式搅拌机搅拌，浇筑时应采用强力振捣器或加压振捣，否则将影响其强度及密实性。

干硬性混凝土主要应用于预制构件的生产，如钢筋混凝土管、钢筋混凝土柱和桩、钢筋混凝土板及电杆等。成型的方法多为振动法，即采用振动台或振动器将混凝土振捣密实，有时可采用振动加压法或辊碾法。对于圆形空心断面的预制品，如圆柱、管、桩等，则常采用离心浇筑法，即将混凝土拌合物放入高速旋转的钢模内，使其受离心力作用而密实成型。

混凝土预制构件的养护常采用湿热处理的方法，即采用蒸汽养护或蒸压养护。蒸汽养护温度以90℃左右为宜。蒸汽养护混凝土不仅可以加速混凝土硬化，而且可以提高混凝土的强度。蒸压养护的温度和压力分别在175℃和0.8MPa左右。

为了避免混凝土在湿热处理过程中因温度急剧变化而产生裂缝，均需经过试验确定适宜的升温、恒温及降温过程。

采用湿热养护的预制构件应优先选用掺混合材料的硅酸盐水泥，如矿渣水泥、粉煤灰水泥和火山灰水泥等。

4.6.11　碾压混凝土

将混凝土拌合物薄层摊铺，经振动碾碾压密实的混凝土，称为碾压混凝土。

与普通混凝土相比，碾压混凝土具有水泥用量少、施工速度快、工程造价低、温度控制简单等特点，特别适用于坝工混凝土和道路混凝土。近年来，碾压混凝土在筑坝工程中得到了迅速发展。

根据胶凝材料用量（水泥和矿物掺合料）的多少，碾压混凝土分为超贫型、干贫型和大粉煤灰掺量型三种。超贫碾压混凝土的胶凝材料总量在 $100kg/m^3$ 以下，其中粉煤灰或其他矿物掺合料的用量不超过胶凝材料总量的 30%，此类混凝土的水胶比较大，约在 $0.9\sim1.5$ 之间，因而强度低、孔隙率大，多用于小型水利工程和大坝围堰工程；干贫碾压混凝土的胶凝材料用量为 $110\sim130kg/m^3$，其中粉煤灰约占 $25\%\sim30\%$，水胶比为 $0.7\sim0.9$，多用于坝体内部；大粉煤灰掺量碾压混凝土的胶凝材料用量为 $150\sim250kg/m^3$，其中粉煤灰占 $50\%\sim75\%$，水胶比约为 0.5，此种混凝土水泥用量小，粉煤灰用量大，胶凝材料总量相对较大，有利于避免拌合物粗骨料分离并使层间黏结良好，放热量低，节约水泥，在工程中应用较多。

碾压混凝土拌合物的和易性是指在运输和摊铺过程中不易发生骨料分离和泌水、在振动碾压过程中易于振实的性质。碾压混凝土为超干硬性混凝土，不能用传统的坍落度法来检验其和易性，维勃稠度法也不能给出满意测试结果。目前国内外多用 VC 值来表示。其测定方法为：在规定振动频率、振幅和压力作用下，拌合物从开始振动到表面泛浆所需的时间，用秒数 s 值表示。VC 值过大，表明混凝土过于干硬，施工过程中易发生骨料分离，且不易振动密实；VC 值过小，碾压时拌合物中的空气不宜排出，同样不易振压密实。

VC 值的选择应与振动碾的功率、施工现场的温度和湿度相适应，过大或过小都是不利的。根据已有经验，施工现场碾压混凝土拌合物的 VC 值一般为 $(10\pm5)s$。

碾压混凝土的配合比设计方法与普通混凝土基本相同，不同之处在于：

（1）碾压混凝土通常采用 90d 或 180d 的抗压强度作为设计强度。

（2）碾压混凝土的水胶比与强度之间的关系需通过试验确定。

（3）碾压混凝土所用粗骨料最大粒径以不大于 40mm 为宜，为避免骨料分离，常采用较大的砂率。施工前，应通过现场碾压试验确定合理砂率。

（4）碾压混凝土的综合质量评定通常采用钻孔取样的方法。

4.6.12　高性能混凝土

随着现代工程建设对混凝土性能的要求越来越高，为了适应土木工程的发展，人们研究和开发了高性能混凝土。一般认为，高性能混凝土具有高抗渗性（高耐久性的关键性能）；高体积稳定性（低干缩、低徐变、低温度变形和高弹性模量）；适当的高抗压强度；良好的施工性（高流动性、高黏聚性、自密实性）。我国《高性能混凝土应用技术规程》CECS 207—2006 将高性能混凝土定义为：采用常规材料和工艺生产，具有混凝土结构所要求的各项力学性能，且具有高耐久性、高工作性和高体积稳定性的混凝土。

高性能混凝土是由高强混凝土发展而来的，但高性能混凝土对混凝土技术性能的要求比高强混凝土更多、更广泛。高性能混凝土一般具有以下特性：

（1）自密实性

高性能混凝土的用水量较低，流动性好，抗离析性高，从而具有较优异的填充性。因此，配比恰当的大流动性高性能混凝土有较好的自密实性。

（2）体积稳定性

高性能混凝土的体积稳定性较高，表现为具有高弹性模量、低收缩与徐变、低温度变形。普通强度混凝土的弹性模量为 $20\sim25$GPa，而高性能混凝土其弹性模量可达 $40\sim45$GPa。采用高弹性模量、高强度的粗骨料并降低混凝土中水泥浆体的含量，选用合理的配合比配制的高性能混凝土，90d 龄期的干缩值低于 0.04%。

（3）强度

高性能混凝土的抗压强度已超过 200MPa。目前，28d 平均强度介于 $100\sim120$MPa 的高性能混凝土已在工程中应用。高性能混凝土抗拉强度与抗压强度之比较高强混凝土有明显增加。高性能混凝土的早期强度发展较慢，而后期强度的增长率却高于普通强度混凝土。

（4）水化热

由于高性能混凝土的水灰比较低，会较早地终止水化反应，因此，水化热总量相应地降低。

（5）收缩和徐变

高性能混凝土的总收缩量与其强度成反比，强度越高总收缩量越小。但高性能混凝土的早期收缩率随着早期强度的提高而增大。相对的，湿度和环境温度仍然是影响高性能混凝土收缩性能的两个主要因素。

高性能混凝土的徐变变形显著地低于普通混凝土，高性能混凝土与普通强度混凝土相比较，高性能混凝土的徐变总量（基本徐变与干燥徐变之和）有显著减少。在徐变总量中，干燥徐变值的减少更为显著，基本徐变仅略有一些降低，而干燥徐变与基本徐变的比值则随着混凝土强度的提高而降低。

（6）耐久性

高性能混凝土除通常的抗冻性、抗渗性明显高于普通混凝土外，其氯离子渗透率明显低于普通混凝土。高性能混凝土由于具有较高的密实性和抗渗性，因此，其抗化学腐蚀性能显著优于普通强度混凝土。

（7）耐火性

高性能混凝土在高温作用下会产生爆裂、剥落。由于混凝土的高密实度使自由水不易很快地从毛细孔中排出，在受高温时其内部形成的蒸汽压力几乎可达到饱和蒸汽压力。在300℃温度下，蒸汽压力可达到8MPa，而在350℃温度下，蒸汽压力高达17MPa，这样的内部压力可使混凝土发生爆炸性剥蚀和脱落。因此高性能混凝土的耐高温性能是一个值得重视的问题。为克服这一性能缺陷，可在高性能与高强混凝土中掺入有机纤维，在高温下混凝土中的纤维能熔解、挥发形成许多连通的孔隙，使高温作用产生的蒸汽压力得以释放，从而改善高性能混凝土的耐高温性能。

【本单元测试】

一、判断题

1. 萘系减水剂宜单独用于炎热夏季施工的高强泵送混凝土。（　　）

2. 用高强度等级水泥配制混凝土时，混凝土的强度能得到保证，但混凝土的和易性不好。（　　）

二、单选题

1. 对于高强混凝土工程最适宜选择（　　）水泥。

A. 普通 　　　　　　　　　　 B. 硅酸盐

C. 矿渣 　　　　　　　　　　 D. 粉煤灰

2. 为了制造快硬高强水泥，不能采取的措施是（　　）。

A. 增加矿物组成中C3S和C3A的含量　B. 提高石膏的含量

C. 提高水泥的细度 　　　　　　　 D. 增加C3A和C2S的含量

3. 高强度混凝土是指混凝土强度等级为（　　）及其以上的混凝土。

A. C30 　　　　 B. C40 　　　　 C. C50 　　　　 D. C60

4. 配制高强混凝土时，应优先考虑的外加剂是（　　）。

A. 木质素磺酸钙 　　　　　　　 B. 氯化钙

C. 糖蜜减水剂 　　　　　　　　 D. 萘系减水剂

5. 采用泵送混凝土施工时，首选的外加剂通常是（   ）。

A. 减水剂 　　　　　　　　　　　B. 引气剂

C. 缓凝剂 　　　　　　　　　　　D. 早强剂

【综合练习】

一、单选题

1. 在满足水泥混凝土和易性、力学性、耐久性的前提下，水泥混凝土中的水灰比应尽量选择（   ）。

A. 最大水灰比 　　　　　　　　　B. 大值

C. 小值 　　　　　　　　　　　　D. 接近 0.5 的值

2. 水泥混凝土拌合物坍落度选择时应考虑（   ）等方面。

A. 结构尺寸、结构布筋情况

B. 结构尺寸、结构布筋情况、施工方式

C. 结构部位、结构最小尺寸、施工捣实方式、结构布筋情况

D. 结构部位、使用材料、施工方式、布筋情况

3. 大体积混凝土施工应考虑水泥的（   ）性质。

A. 强度 　　　　　B. 变形 　　　　　C. 水化热 　　　　　D. 体积安定性

4. 混凝土对砂子的技术要求是（   ）。

A. 空隙率小 　　　　　　　　　　B. 总表面积小

C. 总表面积小，尽可能粗 　　　　D. 空隙率小，尽可能粗

5. 下列砂子，（   ）不属于普通混凝土用砂。

A. 粗砂 　　　　　B. 中砂 　　　　　C. 细砂 　　　　　D. 特细砂

6. 混凝土用砂的粗细及级配的技术评定方法是（   ）。

A. 沸煮法 　　　　B. 筛析法 　　　　C. 软炼法 　　　　D. 筛分析法

7. 当水灰比大于 0.60 以上时，碎石较卵石配制的混凝土强度（   ）。

A. 大得多 　　　　B. 差不多 　　　　C. 小得多 　　　　D. 无法确定

8. 混凝土用石子的粒形宜选择（   ）。

A. 针状形 　　　　B. 片状形 　　　　C. 方圆形 　　　　D. 椭圆形

9. 最大粒径是指粗骨料公称粒级的（   ）。

A. 上限 　　　　　B. 中限 　　　　　C. 下限 　　　　　D. 具体大小

10. 混凝土用粗骨料的最大粒径不大于结构截面最小边长尺寸的（　　）。

A. 1/4　　　　　B. 1/2　　　　　C. 1/3　　　　　D. 3/4

11. 配制 C25 现浇钢筋混凝土梁，断面尺寸为 300mm×500mm，钢筋直径为 20mm，钢筋间最小中心距为 80mm，石子公称粒级宜选择（　　）。

A. 5～60　　　　B. 20～40　　　　C. 5～31.5　　　　D. 5～40

12. 配制 C20、厚 120mm 的钢筋混凝土楼板，石子的公称粒级宜选择（　　）。

A. 5～60　　　　B. 20～40　　　　C. 5～31.5　　　　D. 5～40

13. 计算普通混凝土配合比时，一般以（　　）的骨料为基准。

A. 干燥状态　　　B. 气干状态　　　C. 饱和面干状态　　　D. 湿润状态

14. 大型水利工程中，计算混凝土配合比通常以（　　）的骨料为基准。

A. 干燥状态　　　B. 气干状态　　　C. 饱和面干状态　　　D. 湿润状态

15. 下列用水，（　　）为符合规范的混凝土用水。

A. 河水　　　　　B. 江水　　　　　C. 海水　　　　　　D. 饮用水

16. 最能体现混凝土拌合物施工能力的性质是（　　）。

A. 流动性　　　　B. 黏聚性　　　　C. 保水性　　　　　D. 凝聚性

17. 坍落度值的大小直观反映混凝土拌合物的（　　）。

A. 保水性　　　　B. 黏聚性　　　　C. 流动性　　　　　D. 需水量

18. 无筋的厚大结构或基础垫层，坍落度宜选择（　　）。

A. 较大值　　　　B. 较小值　　　　C. 平均值　　　　　D. 最大值

19. 当水灰比偏小时，混凝土拌合物易发生（　　）。

A. 分层　　　　　B. 离析　　　　　C. 流浆　　　　　　D. 泌水

20. 当施工要求流动性较大时，混凝土用水量应选择（　　）。

A. 较大值　　　　B. 中间值　　　　C. 较小值　　　　　D. 平均值

21. 石子粒径增大，混凝土用水量应（　　）。

A. 增大　　　　　B. 不变　　　　　C. 减小　　　　　　D. 不能确定

22. 选择合理砂率，有利于（　　）。

A. 增大坍落度　　　　　　　　　B. 节约水泥

C. 提高混凝土工作性或节约水泥　　　D. 提高强度

23. （　　）作为评价硬化后混凝土质量的主要指标。

A. 工作性　　　　B. 强度　　　　　C. 变形性　　　　　D. 耐久性

24. 混凝土强度试件尺寸是由（　　）确定的。

A. 混凝土强度等级　　　　　　　B. 施工难易程度

C. 石子最大粒径　　　　　　　　　　D. 构造部位

二、多选题

1. 下列材料中，属于复合材料的是（　　）。

A. 钢筋混凝土　　　B. 沥青混凝土　　　C. 建筑石油沥青　　　D. 建筑塑料

E. 天然石材

2. 下列关于混凝土说法正确的是（　　）。

A. 在未凝固之前有良好的可塑性

B. 硬化后具有较高的抗压强度和耐久性

C. 与钢筋有牢固的黏结力

D. 抗拉强度高，受拉时抗变形能力大

E. 符合就地取材的经济原则

3. 下列有关混凝土强度说法错误的是（　　）。

A. 在配合比相同的条件下，水泥标号越高，混凝土强度就越高

B. 在水泥标号相同的情况下，水灰比越小，水泥石的强度越高，与骨料的黏结力越大，混凝土强度也就越高

C. 混凝土的强度是按立方体抗拉强度确定

D. 混凝土的强度在养护 28d 以后就不变了

E. 混凝土强度的影响因素有水灰比、水泥强度等级、养护温度、温度和龄期

4. 当混凝土拌合物流动性偏小时，可采用（　　）措施。

A. W/C 不变加适量水泥浆　　　　　　B. 加适量水

C. SP 不变加适量骨料　　　　　　　　D. 加适量 $CaCl_2$

E. 加适量 FDN

5. （　　）对混凝土的和易性有影响。

A. 水泥浆用量　　　　　　　　　　　B. 用水量

C. 水灰比　　　　　　　　　　　　　D. 砂率

E. 强度

6. 其他条件不变时，混凝土最佳砂率随（　　）而增加。

A. 水灰比增大　　　　　　　　　　　B. 砂子细度模数增大

C. 粗骨料最大粒径增大　　　　　　　D. 粗骨料最大粒径减小

E. 水泥用量增加

7. 在混凝土拌合物中，如果水灰比过大，会造成（　　）。

A. 拌合物的黏聚性和保水性不良　　　B. 产生流浆

C. 有离析现象　　　　　　　　　D. 严重影响混凝土的强度

E. 强度提高

8. 混凝土常用的高效减水剂种类有（　　）。

A. 木质素系减水剂　　　　　　　B. 萘系减水剂

C. 糖蜜类减水剂　　　　　　　　D. 水溶性树脂系减水剂

E. 缓凝型减水剂

9. 常用混凝土早强剂有以下几类（　　）。

A. 松香热聚物　　　　　　　　　B. 氯盐类

C. 硫酸盐类　　　　　　　　　　D. 三乙醇胺

E. 碳酸钾

10. 混凝土发生碱-骨料反应的必备条件是（　　）。

A. 水泥中碱含量高　　　　　　　B. 骨料中有机杂质含量高

C. 骨料中夹含有活性二氧化硅成分　D. 有水存在

E. 混凝土工程遭受酸雨侵蚀

11. 混凝土的变形主要分为（　　）。

A. 荷载作用下的变形　　　　　　B. 非荷载作用下的变形

C. 徐变　　　　　　　　　　　　D. 温度变形

E. 蠕变

12. 混凝土的耐久性是一个综合性概念，包含（　　）等很多内容。

A. 抗渗性　　　　　　　　　　　B. 抗冻性

C. 抗腐蚀性　　　　　　　　　　D. 抗高温性

E. 抗碳化性

13. 影响混凝土拌合物和易性的主要因素有（　　）。

A. 单位体积用水量　　　　　　　B. 砂率

C. 外加剂和掺合料　　　　　　　D. 时间和温度

E. 标准稠度用水量

14. 配制混凝土对粗集科的质量要求应从（　　）等方面考虑。

A. 碎石和卵石中泥、黏土块和有害物质含量

B. 颗粒形状及表面特征

C. 最大粒径及颗粒级配

D. 强度及坚固性

E. 压碎值

15. 影响混凝土强度的因素为（　　）。

A. 水泥强度与水灰比　　　　　　　　B. 养护温度和湿度

C. 外加剂的掺量　　　　　　　　　　D. 龄期和集料

E. 水泥的品种

16. 改善混凝土拌合物流变性能的外加剂有（　　）。

A. 减水剂　　　　　　　　　　　　　B. 缓凝剂

C. 引气剂和泵送剂　　　　　　　　　D. 早强剂

E. 防水剂

17. 外加剂的作用是（　　）。

A. 可改善拌合物的和易性　　　　　　B. 减轻体力劳动强度

C. 有利于机械化作业　　　　　　　　D. 提高混凝土的强度

E. 提高钢筋的强度

18. 混凝土中水泥的品种是根据（　　）来选择的。

A. 施工要求的和易性　　　　　　　　B. 粗集料的种类

C. 工程的特点　　　　　　　　　　　D. 工程所处的环境

E. 工程项目成本

19. 在混凝土中加入引气剂，可以提高混凝土的（　　）。

A. 抗冻性　　　　　　　　　　　　　B. 耐水性

C. 抗渗性　　　　　　　　　　　　　D. 抗化学侵蚀性

E. 强度

20. 混凝土中石子比较理想的形状，是接近于（　　）。

A. 细长状　　　　　　　　　　　　　B. 薄片状

C. 球体　　　　　　　　　　　　　　D. 立方体

E. 扁平状

21. 混凝土拌合物的和易性包括（　　）等方面的含义。

A. 流动性　　　　　　　　　　　　　B. 耐水性

C. 抗渗性　　　　　　　　　　　　　D. 黏聚性

E. 保水性

22. 影响混凝土强度的因素有（　　）。

A. 水泥强度　　　　　　　　　　　　B. 水灰比

C. 砂率　　　　　　　　　　　　　　D. 骨料的品种

E. 养护条件

23. 若一袋水泥 50kg 和含水量为 2% 的混合骨料 320kg 拌合时加入 26kg 的水，则此拌合物的水灰比为（　　）。

A. [26＋320×2%/(1＋2%)]/50　　　　B. (26＋320×2%)/50

C. [26＋320－320/(1＋2%)]/50　　　D. 26/50

E. [26－320×2%/(1＋2%)]/50

24. 在普通混凝土中掺入引气剂，能（　　）。

A. 改善拌合物的和易性

B. 切断毛细管通道，提高混凝土抗渗性

C. 使混凝土强度有所提高

D. 提高混凝土的抗冻性

E. 用于制作预应力混凝土

25. 缓凝剂主要用于（　　）。

A. 大体积混凝土　　　　　　　　　B. 高温季节施工的混凝土

C. 远距离运输的混凝土　　　　　　D. 喷射混凝土

E. 冬季施工工程

26. 防水混凝土可通过（　　）方法提高混凝土的抗渗性。

A. 掺外加剂　　　　　　　　　　　B. 采用膨胀水泥

C. 采用较小的水灰比　　　　　　　D. 较高的水泥用量和砂率

E. 加强养护

27. 提高混凝土耐久性的措施有（　　）。

A. 采用高强度水泥　　　　　　　　B. 选用质量良好的砂、石骨料

C. 适当控制混凝土水灰比　　　　　D. 掺引气剂

E. 改善施工操作，加强养护

28. 轻骨料混凝土与普通混凝土相比，具有的特点有（　　）。

A. 表观密度小　　　　　　　　　　B. 强度高

C. 弹性模量小　　　　　　　　　　D. 保温性好

E. 和易性好

模块5
建筑砂浆

模块5
建筑砂浆

【项目引入】

某工程72号楼为六层砖混结构，建筑面积3781m²。2007年11月6日工程竣工验收，2008年3月18日移交住户。移交中部分住户对房屋墙体砌筑砂浆强度表示怀疑，并向有关部门投诉。建设单位为此委托建筑工程质量监督检测站对72号楼的砌筑砂浆、结构混凝土强度进行随机抽样检测。检测结果表明，该楼构造混凝土强度和砌体砂浆抗压强度的测定值都低于设计的要求强度。经过调查，这是一起典型的工程质量责任事故。

【思维导图】

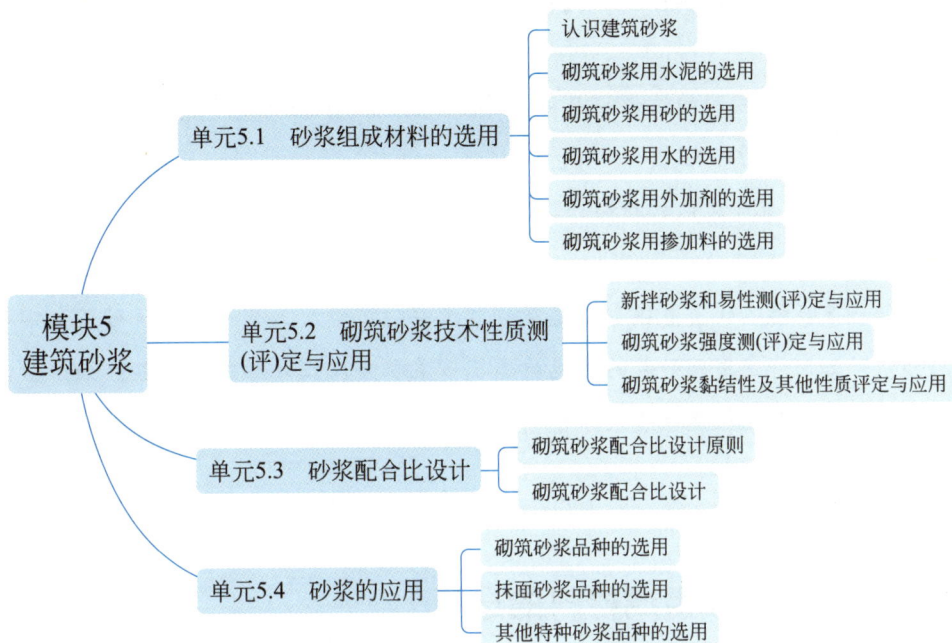

内容介绍

【建议学时】4

【学习目标】

1. 知识目标

• 熟悉建筑砂浆的材料组成。

• 掌握建筑砂浆的分类、技术性质及其检测、评定方法。

• 掌握砂浆配合比的确定步骤。

2. 技能目标

• 能够对砌筑砂浆用水泥、砂、水、外加剂的品种进行合理选用。

• 能够对砂浆性能进行评定；会正确查阅砌筑砂浆的执行标准、规范、规程。

• 能根据施工部位选用合适的建筑砂浆。

3. 素质目标

• 通过不断调整配合比完成建筑砂浆试验，培养学生注重细节、精益求精的职业精神。

• 通过对砂浆原材料的选用、砂浆性能的评定，提升学生举一反三的学习能力。

【学习重点】

• 砌筑砂浆的技术性质评定与应用。

• 砌筑砂浆配合比设计。

• 注重理论与实践的结合，以实际项目为载体，贯穿砂浆材料的选用、配合比的设计和砂浆性能的评定。

• 注重砂浆配合比试验的操作与工程应用。

建筑砂浆性能的优劣直接影响建筑砌体工程的质量。工程中，建筑砂浆由哪些材料组成？如何评定建筑砂浆的性能？建筑砂浆配合比设计原则有哪些？如何结合工程实际，选择合适的建筑砂浆品种？让我们带着这些问题，开启建筑砂浆的学习之旅。

单元 5.1 砂浆组成材料的选用

5.1.1 认识建筑砂浆

建筑砂浆是由胶凝材料、细骨料、水以及根据性能确定的其他组分按适当比例配合、拌制并经硬化而成的工程材料。为改善砂浆的性能，可掺入适量的外加剂或保水增稠材料等其他成分。

建筑砂浆常用于砌筑砌体（如砖、石、砌块）结构（图 5-1），建筑物内外表面（如墙面、地面、顶棚）的抹面（图 5-2），大型墙板、砖石墙的勾缝，以及装饰材料的黏结等。另外，随着砂浆的日益多功能化，某些砂浆还具有特殊的功能，如防水、吸声、保温、防辐射、耐腐蚀等。

建筑砂浆根据用途分类，可分为砌筑砂浆、抹面砂浆和特种砂浆。抹面砂浆包括普通抹面砂浆和装饰抹面砂浆。特种砂浆包括防水砂浆、耐酸砂浆、绝热砂浆、吸声砂浆等。

建筑砂浆根据胶凝材料分类，可分为水泥砂浆、石灰砂浆、混合砂浆。混合砂浆又可分为水泥石灰砂浆、水泥黏土砂浆、石灰黏土砂浆、石灰粉煤灰砂浆等。

建筑砂浆根据来源不同，可分为施工现场拌制的砂浆和由专业生产厂生产的预拌砂浆（湿拌砂浆和干混砂浆）。

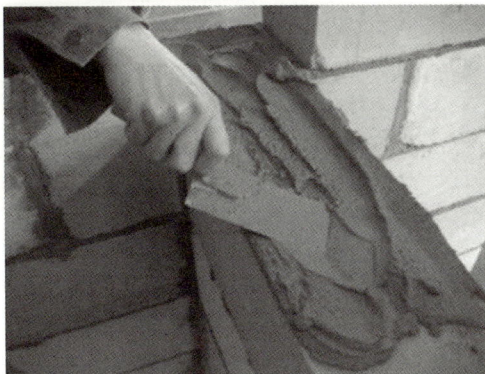

图 5-1　砌筑砂浆

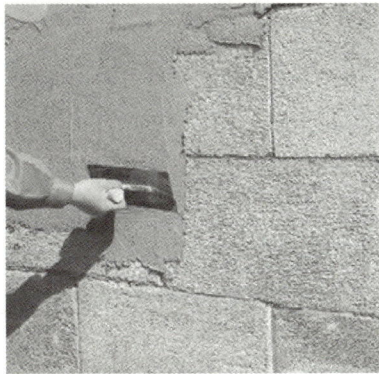

图 5-2　抹面砂浆

5.1.2　砌筑砂浆用水泥的选用

水泥是砂浆的主要胶凝材料，常用的水泥品种有：普通水泥、矿渣水泥、火山灰质水泥、粉煤灰水泥和复合水泥等。具体可根据设计要求、砌筑部位及所处的环境条件选择适宜的水泥品种（图 5-3）。

图 5-3　建筑砂浆用水泥

为改善砂浆的和易性、降低水泥用量，往往在水泥砂浆中掺入部分石灰膏、黏土膏、电石膏或粉煤灰等，这样配制的砂浆称为水泥混合砂浆。

水泥宜采用通用硅酸盐水泥或砌筑水泥，且应符合《通用硅酸盐水泥》GB 175—2023 和《砌筑水泥》GB/T 3183—2017 的规定。水泥强度等级应根据砂浆品种及强度等级的要求进行选择。不同品种的水泥不宜混合使用。

5.1.3　砌筑砂浆用砂的选用

砂浆用砂应符合普通混凝土用砂的技术要求。由于砌筑砂浆层较薄，对砂子的最大粒径应有所限制。对于毛石砌体宜用粗砂,最大粒径应小于砂浆层厚度的 $1/5\sim1/4$。砖砌体使用中砂为宜,粒径不得大于 2.5mm。对于光滑抹面及勾缝用的砂浆,则应使用细砂。

砂中的含泥量会影响砂浆的强度、变形性、稠度及耐久性。M5 以上砂浆用砂的含泥量不应大于 5%,M5 以下水泥混合砂浆的含泥量须在 10% 以内。

5.1.4 砌筑砂浆用水的选用

砌筑砂浆对于水质的要求与混凝土基本相同,必须采用不含有害物质的洁净水。一般凡是可饮用的水均可拌制砂浆,未经鉴定的污水不能使用。

5.1.5 砌筑砂浆用外加剂的选用

为改善砂浆的和易性,除掺用石灰膏外,还常掺用微沫剂、保水剂等砂浆外加剂。在砂浆中掺用外加剂以改善性能在我国古时已有之,例如,在砂浆中掺糯米浆、猪血等以改善砂浆的耐久性。

微沫剂是一种有机物质,加入砂浆拌合物中能在砂粒之间产生大量微小的、高度分散的、不破灭的气泡,增大拌合物的流动性,并在硬化后能保持微气泡。常用的微沫剂有松香皂等。在某些情况下,水泥石灰砂浆中掺入微沫剂可使石灰用量减少一半。引气剂、减水剂对砂浆也有增塑作用。

保水剂是一种加入砂浆中能显著减少砂浆泌水,防止离析,并改善和易性的物质。常用的保水剂有甲基纤维素、硅藻土等。

为改善砂浆其他性能也可掺入另外一些材料,例如,掺入纤维材料可改善砂浆的抗裂性,掺入防水剂可提高砂浆的防水性和抗渗性,掺入引气剂可提高砂浆的保温性等。

5.1.6 砌筑砂浆用掺加料的选用

掺加料是为了改善砂浆的和易性而加入的无机材料,其可以改善新拌砂浆的和易性,节约水泥用量。常用的掺加料有石灰膏、黏土膏、粉煤灰、电石膏及一些其他工业废料等。其中,粉煤灰是拌制砂浆较好的掺加料,掺入后不但能改善砂浆的和易性,而且因粉煤灰具有活性,能显著提高砂浆的强度并节省水泥。当利用其他工业废料或电石膏等作为掺加料时,必须经过砂浆的技术性质检验,在不影响砂浆质量的前提下才能够采用。

为了保证砂浆的质量,《砌筑砂浆配合比设计规程》JGJ/T 98—2010 中对掺加料作出了相关规定，石灰应先制成石灰膏，并用孔径不大于 3mm×3mm 的滤网过滤，熟化时间不得少于 7d，磨细生石灰粉熟化时间不得少于 2d。严禁直接使用干燥、被冻结、受污染及脱水硬化的石灰膏。所用的磨细生石灰需要满足行业标准《建筑生石灰》JC/T 479—2013 的要求。为了保证石灰膏的质量，沉淀池中储存的石灰膏应采取防止干燥、冻结和污染的措施。严禁使用脱水硬化的石灰膏，因为脱水硬化的石灰膏不但起不到塑化作用，还会影响砂浆的强度。

需要指出的是，消石灰粉是未充分熟化的石灰，颗粒太粗，起不到改善砂浆和易性的作用，因此，消石灰粉不得直接用于砌筑砂浆。

【本单元测试】

一、判断题

1. 砌筑砂浆用水泥种类与使用环境无关。（　　）

2. 砌筑砂浆对于水质的要求与混凝土基本相同，一般凡是可饮用的水均可拌制砂浆。（　　）

二、单选题

1. 凡涂在建筑物或构件表面的砂浆，可统称为（　　）。

A. 砌筑砂浆　　　　B. 抹面砂浆　　　　C. 混合砂浆　　　　D. 防水砂浆

2. 在抹面砂浆中掺入纤维材料可以改变砂浆的（　　）。

A. 强度　　　　　　B. 抗拉强度　　　　C. 保水性　　　　　D. 分层度

3. 为改善砌筑砂浆的和易性和节约水泥用量，常掺入（　　）。

A. 石灰膏　　　　　B. 麻刀　　　　　　C. 石膏　　　　　　D. 细石

单元 5.2　砌筑砂浆技术性质测（评）定与应用

5.2.1　新拌砂浆和易性测（评）定与应用

砂浆的和易性是指砂浆是否容易在粗糙的砖石等表面铺成均匀、连续的薄层，且与基底紧密黏结的性质。使用和易性良好的砂浆，既便于施工操作，提高劳动生产率，又能保证工程质量。砂浆的和易性包括流动性和保水性两个方面。

1. 流动性

砂浆的流动性（又称稠度），即表示砂浆在自重或外力作用下的流动性能，用沉入度表示（单位为 mm）。通常用砂浆稠度仪检测（图 5-4），将标准圆锥体在砂浆内自由沉入 10s，沉入度越大，表示砂浆的流动性越好。

图 5-4 砂浆稠度仪

影响砂浆流动性的因素主要有胶凝材料的种类和用量、用水量及骨料的种类、颗粒形状、粗细程度与级配。此外，还与掺加料及外加剂的种类和数量有关。

砂浆流动性的选择与耐体材料的种类、施工条件及气候条件等因素有关。对于多孔吸水的砌体材料和干热的天气，则要求砂浆的流动性大些；相反对于密实不吸水的材料和湿冷的天气，则要求砂浆的流动性小一些。用于砌体的砂浆的稠度应符合行业标准《砌筑砂浆配合比设计规程》JGJ/T 98—2010 的规定。

2. 保水性

砂浆的保水性是指新拌砂浆保持内部水分的能力。保水性良好的砂浆在砌筑时容易铺成均匀密实的薄层，保证砂浆整体的均匀性及与基层材料有良好的黏结力和较高的强度。砂浆的保水性用分层度或保水率表示。

砂浆拌合物在运输及停放时内部组分的稳定性可用砂浆分层度仪检测，以分层度（mm）表示。将砂浆搅拌均匀，先测其沉入度，然后将其装入分层度检测仪，静置 30min 后去掉上部 200mm 厚的砂浆，剩余的 100mm 砂浆倒出放在拌合锅内拌 2min，再测其剩余部分砂浆的沉入度，两次沉入度的差值称为分层度，以毫米（mm）表示。分层度过大，表示砂浆易产生分层离析，不利于施工及水泥硬化；分层度过小，容易发生干缩裂缝，故通常建筑砂浆的分层度一般在 10～30mm 之间为宜。

影响新拌砂浆保水性的主要因素是胶凝材料的种类和用量，砂的品种、细度和用量，以及用水量。在砂浆中掺入石灰膏、粉煤灰等掺加料，加入适量的微沫剂或塑化剂，能明显改变砂浆的保水性和流动性。

5.2.2 砌筑砂浆强度测（评）定与应用

1. 砌筑砂浆强度

砂浆在砌体中主要起传递荷载的作用，并经受周围环境介质作用，因此砂浆应具有一定的黏结强度、抗压强度和耐久性。实践证明：砂浆的黏结强度、耐久性均随抗压强度的增大而提高，即它们之间存在一定的相关性，而且抗压强度的试验方法较为成熟，检测较为简单准确，因此工程上常以抗压强度作为砂浆的主要技术指标。

评定砂浆强度等级是按照《建筑砂浆基本性能试验方法标准》JGJ/T 70—2009执行。砂浆的强度等级是以标准试件（尺寸为 70.7mm×70.7mm×70.7mm 的立方体试件，一组 3 块）在规定条件下养护 28d 测其抗压强度。

水泥砂浆及预拌砂浆按 28d 抗压强度标准值划分为 M5、M7.5、M10、M15、M20、M25、M30 共 7 个强度等级。水泥混合砂浆按 28d 抗压强度标准值划分为 M5、M7.5、M10、M15 共 4 个强度等级。工程中常用的砂浆强度等级为 M5、M7.5、M10，对于配筋砌体结构、特别重要的砌体或有较高耐久性要求的工程，宜采用 M20 以上的砂浆。

影响砂浆强度的因素有材料性质、配合比、施工质量等。砂浆的实际强度除了与水泥的强度和用量有关外，还与基底材料的吸水性有关（基底可据此分为不吸水基底和吸水基底）。

（1）不吸水基层材料：影响砂浆强度的因素主要取决于水泥强度和水灰比。砂浆强度计算公式为：

$$f_m = \alpha \cdot f_{ce}\left(\frac{C}{W} - \beta\right) \tag{5-1}$$

式中　　f_m——砂浆 28d 抗压强度，MPa；

　　　　f_{ce}——水泥的实测强度，MPa；

　　　　$\dfrac{C}{W}$——灰水比；

　　　　α、β——经验系数，用普通水泥时，$\alpha = 0.29$，$\beta = 0.4$。

（2）吸水性基层材料：砂浆强度主要取决于水泥强度和水泥用量，而与水灰比无关。浆强度计算公式如下：

$$f_m = f_{ce} \cdot Q_C \cdot \frac{\alpha}{1000} + \beta \tag{5-2}$$

式中　　f_m——砂浆 28d 抗压强度，MPa；

　　　　f_{ce}——水泥的实测强度，MPa；

　　　　Q_C——每立方米砂浆中水泥用量，kg/m³；

　　　　α、β——砂浆的特征系数，其中 $\alpha = 3.03$，$\beta = -15.09$。

需要注意的是，在实际工程中通过公式计算出来的强度还需要通过具体试验来调整确定。

2. 砌筑砂浆的稠度（流动性）

砌筑砂浆的稠度应根据砂浆和砌体种类、施工方法与气候条件来选择。砌筑砂浆的施工稠度见表5-1。

砌筑砂浆的施工稠度（参见 JGJ/T 98—2010）　　　　　　　表 5-1

砌体种类	施工稠度（mm）
烧结普通砖砌体、粉煤灰砖砌体	70～90
混凝土砖砌体、普通混凝土小型空心砌块砌体、灰砂砖砌体	50～70
烧结多孔砖砌体、烧结空心砖砌体、轻集料混凝土小型空心砌块砌体、蒸压加气混凝土砌块砌体	60～80
石砌体	30～50

5.2.3　砌筑砂浆黏结性及其他性质评定与应用

1. 黏结性

由于砖、石、砌块等材料是靠砂浆黏结成一个坚固整体并传递荷载的，因此要求砂浆与基材之间应有一定的黏结强度。两者黏结得越牢，整个砌体的整体性、强度、耐久性及抗震性等越好。一般砂浆抗压强度越高，则其与基材的黏结强度越高。此外，砂浆的黏结强度与基底材料的表面状态、清洁程度、湿润状况以及施工养护等条件也有很大关系。同时，其还与砂浆的胶凝材料种类有很大关系，如加入聚合物可使砂浆的黏结性大为提高。实际上，对于砌体这个整体来说，砂浆的黏结性较砂浆的抗压强度更为重要。

2. 变形性

建筑砂浆在承受荷载或在温度变化时会产生变形。如果变形过大或不均匀，则容易使砌体的整体性下降，产生沉陷或裂缝，影响到整个砌体的质量。抹面砂浆在空气中容易产生收缩等变形，变形过大也会使面层产生裂纹或剥离等质量问题。因此，要求砂浆具有较小的变形性。

影响砂浆变形性的因素很多，如胶凝材料的种类和用量、用水量、细骨料的种类、级配和质量以及外部环境条件等。

3. 抗冻性

强度等级 M2.5 以上的砂浆常用于受冻融影响较多的建筑部位。当设计中有冻融循环要求时，必须进行冻融试验，经冻融试验后，质量损失率不应大于 5%，强度损失率不应大于 25%。

一、判断题

1. 砂浆的和易性包括流动性、黏聚性、保水性三方面的含义。（   ）

2. 用于多孔吸水基面上的砌筑砂浆，其强度主要决定于水泥标号和水泥用量，而与水灰比无关。（   ）

3. 砌筑砂浆可视为无粗骨料的混凝土，影响其强度的主要因素应与混凝土的基本相同，即水泥强度和水胶比。（   ）

4. 砂浆的流动性是用分层度表示的。（   ）

5. 进行砂浆分层度测定时，砂浆在分层度仪中应静置 30min。（   ）

二、单选题

1. 砌筑砂浆的流动性指标用（   ）表示。

A. 坍落度   B. 维勃稠度

C. 沉入度   D. 分层度

2. 砌筑砂浆的保水性指标用（   ）表示。

A. 坍落度   B. 维勃稠度

C. 沉入度   D. 分层度

三、多选题

新拌砂浆应具备的技术性质是（   ）。

A. 流动性   B. 保水性

C. 黏结力   D. 强度

E. 经济性

单元 5.3　砂浆配合比设计

5.3.1　砌筑砂浆配合比设计原则

砌筑砂浆配合比设计应遵循以下原则：

（1）砌筑砂浆的稠度、保水率、强度必须同时符合设计要求。砌筑砂浆的稠度可按表 5-1 的规定选用，在满足施工的前提下尽量选择较小的稠度。保水率应满足表 5-2。

（2）砌筑砂浆的表观密度应满足表 5-3。

（3）砌筑砂浆中的水泥、矿物掺合料、石灰膏等材料用量应满足表 5-4。

（4）具有抗渗性、抗冻性要求的砂浆，经试验后必须符合要求。

（5）砂浆试配时宜采用机械搅拌，对水泥砂浆和水泥混合砂浆，搅拌的时间不得少于 120s，对预拌砌筑砂浆和掺有粉煤灰、外加剂、保水增稠材料等的砂浆，搅拌时间不得小于 180s。

砌筑砂浆的保水率（参见 JGJ/T 98—2010）　　表 5-2

砂浆种类	保水率（%）
水泥砂浆	≥80
水泥混合砂浆	≥84
预拌砌筑砂浆	≥88

砌筑砂浆的表观密度（参见 JGJ/T 98—2010）　　表 5-3

砂浆种类	表观密度（kg/m³）
水泥砂浆	≥1900
水泥混合砂浆	≥1800
预拌砌筑砂浆	≥1800

砌筑砂浆的材料用量（参见 JGJ/T 98—2010）　　表 5-4

砂浆种类	材料用量（kg/m³）
水泥砂浆	≥200
水泥混合砂浆	≥350
预拌砌筑砂浆	≥200

5.3.2 砌筑砂浆配合比设计

根据《砌筑砂浆配合比设计规程》JGJ/T 98—2010 的规定，现场配置水泥混合砂浆配合比设计步骤如下：

1. 计算砂浆试配强度 $f_{m,0}$

$$f_{m,0} = k f_2 \tag{5-3}$$

式中　$f_{m,0}$——砂浆的试配强度（MPa），精确至 0.1MPa；

　　　k——与施工水平相关的系数，详见表 5-5；

f_2——砂浆强度等级值（MPa），精确至 0.1MPa。

k 的取值　　　　　　　　　　　　　　　表 5-5

施工水平	k
优良	1.15
一般	1.20
较差	1.25

2. 计算每立方米砂浆中的水泥用量 Q_C

$$Q_C = \frac{1000(f_{m,0} - \beta)}{\alpha \cdot f_{ce}} \tag{5-4}$$

式中　　Q_C——每立方米砂浆的水泥用量（kg），精确至 1kg；

　　　　f_{ce}——水泥的实测强度（MPa），精确至 0.1MPa；

　　α、β——砂浆的特征系数，其中 $\alpha = 3.03$，$\beta = -15.09$。

提醒：当水泥砂浆中水泥计算用量不足 200kg/m³ 时，应按 200kg/m³ 采用。

3. 计算每立方米砂浆中的石灰膏用量 Q_D

$$Q_D = Q_A - Q_C$$

式中　　Q_D——每立方米砂浆的石灰膏用量（kg），精确至 1kg；石灰膏使用时的稠度宜为（120±5）mm；

　　　　Q_C——每立方米砂浆的水泥用量（kg），精确至 1kg；

　　　　Q_A——每立方米砂浆中水泥和石灰膏总量，精确至 1kg，可为 350kg。

4. 确定每立方砂浆中的砂用量 D_S

每立方米砂浆中的砂用量应按干燥状态（含水率小于 0.5%）的堆积密度值作为计算值（kg）。

5. 按砂浆稠度选每立方米砂浆用水量 Q_W

每立方米砂浆中的用水量，可根据砂浆稠度等要求选用 210～310kg。

注：（1）混合砂浆中的用水量不包括石灰膏中的水；

　　（2）当采用细砂或粗砂时，用水量分别取上限或下限；

　　（3）稠度小于 70mm 时，用水量可小于下限；

　　（4）施工现场气候炎热或干燥季节，可酌量增加用水量。

6. 确定初步配合比

按上述方法和步骤得到的配合比即砂浆的初步配合比，常用"质量比"表示。

另外，根据《砌筑砂浆配合比设计规程》JGJ/T 98—2010 的规定，现场配制水泥砂浆的试配应符合表 5-6 或表 5-7 规定。

每立方米水泥砂浆材料用量（单位：kg/m³） 表 5-6

强度等级	水泥	砂	用水量
M5	200～230		
M7.5	230～260		
M10	260～290		
M15	290～330	砂的堆积密度值	270～330
M20	340～400		
M25	360～410		
M30	430～480		

每立方米水泥粉煤灰砂浆材料用量（单位：kg/m³） 表 5-7

强度等级	水泥和粉煤灰总量	粉煤灰	砂	用水量
M5	210～240			
M7.5	240～270	粉煤灰掺量可占胶凝材料总量的15%～25%	砂的堆积密度值	270～330
M10	270～300			
M15	300～330			

7. 砂浆配合比的试配、调整与确定

按计算或查表所得配合比进行试拌时应采用工程中实际使用的材料，水泥砂浆、水泥混合砂浆搅拌时间不少于120s，掺用粉煤灰和外加剂的砂浆搅拌时间不少于180s，按《建筑砂浆基本性能试验方法标准》JGJ/T 70—2009检测拌合物的稠度和保水率。当稠度和保水率不能满足要求时应调整材料用量，直到符合要求为止，然后确定为试配的砂浆基准配合比。

试配时至少应采用三个不同的配合比，其中一个配合比为按照本任务得出的基准配合比，其余两个配合比的水泥用量按基准配合比分别增加和减少10%。在保证稠度、保水率合格的条件下，可将用水量或掺加料用量做相应调整。分别按规定成型试件，养护，检测砂浆强度，并选用符合试配强度要求且水泥用量最低的配合比作为砂浆配合比。

【本单元测试】

一、判断题

1. 砌筑砂浆的稠度在满足施工的前提下尽量选择较大的稠度。（   ）

2. 砂浆配合比常用体积比。（　　）

二、单选题

用于砌筑砖砌体的砂浆强度主要取决于（　　）。

A. 外加剂　　　　　　　　　　　B. 砂子用量

C. 水灰比　　　　　　　　　　　D. 水泥强度等级

单元 5.4　砂浆的应用

5.4.1　砌筑砂浆品种的选用

在工程中应根据工程类别、砌筑部位、使用条件等要求来合理选择适宜的砂浆种类及强度等级。对于干燥条件下使用的建筑部位，可考虑采用水泥混合砂浆，而对于潮湿部位应采用水泥砂浆。水泥石灰砂浆宜用于砌筑干燥环境中的砌体；多层房屋的墙一般采用强度等级为 M5 的水泥石灰砂浆，砖柱、砖拱、钢筋砖过梁等一般采用强度等级为 M5～M10 的水泥砂浆；砖基础一般采用不低于 M5 的水泥砂浆；低层房屋或平房可采用石灰砂浆；简易房屋可采用石灰黏土砂浆。

5.4.2　抹面砂浆品种的选用

1. 普通抹面砂浆

抹面砂浆是以薄层涂抹建筑物的表面，既能提高建筑物防风、雨及潮气侵蚀的能力，又使建筑物表面平整、光滑、清洁和美观。抹面砂浆一般用于粗糙和多孔的底面，其水分容易被底面吸收，因此要有很好的保水性。抹面砂浆对强度的要求不高，而主要是能与底面很好地黏结。

为了保证抹灰质量及表面平整，避免裂缝、脱落，常分底层、中层、面层三层涂抹。底层砂浆主要起与材料底层的黏结作用，一般多采用水泥砂浆，但对于砖墙，则多用混合砂浆。中层砂浆主要起找平作用，多用混合砂浆。面层主要起装饰作用，多采用细砂配制的混合砂浆、麻刀石灰砂浆或纸筋石灰砂浆。在容易碰撞或潮湿的地方应采用水泥砂浆。

2. 装饰抹面砂浆

装饰抹面砂浆是用于室内外装饰，以增加建筑物美感为主要目的的砂浆，应具有特殊的表面形式及不同的色彩和质感。

装饰抹面砂浆常以白水泥、石灰、石膏、普通水泥等为胶结材料，以白色、浅色或彩色的天然砂、大理岩及花岗岩的石屑或特制的塑料色粒为骨料。为进一步满足人们对建筑艺术的需求，还可利用矿物颜料调制成多种彩色，但所加入的颜料应具有耐碱、耐光、不溶等性质。

装饰砂浆的表面可进行各种艺术处理，以形成不同形式的风格，达到不同的建筑艺术效果，如制成水磨石、水刷石、斩假石、麻点、干粘石、粘花拉毛（图 5-5）、拉条及人造大理石等。

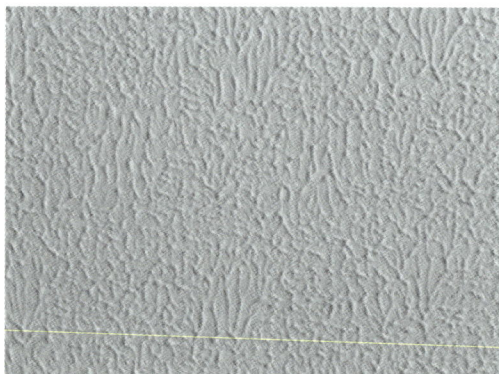

图 5-5 拉毛装饰抹面砂浆

3. 防水砂浆

用于防水层的砂浆称为防水砂浆。防水砂浆适用于堤坝、隧洞、水池、沟渠等具有一定刚度的混凝土或砖石砌体工程。对于变形较大或可能发生不均匀沉陷的建筑物防水层不宜采用。

为了提高砂浆的防水性能，可掺入防水剂。常用的防水剂有氯化铁、金属皂类防水剂等。近年来采用的引气剂、减水剂、三乙醇等作为砂浆的防水剂，也取得了良好的防水效果。防水砂浆的水泥用量较多，砂灰比一般为 2.5～3.0，水灰比为 0.50～0.55，水泥应选用 42.5 级以上的火山灰质水泥、硅酸盐水泥或普通水泥；采用级配良好的中砂。防水砂浆要分多层涂抹，逐层压实，最后一层要压光，并且要注意养护，以提高防水效果。

5.4.3 其他特种砂浆品种的选用

1. 绝热砂浆

绝热砂浆又称保温砂浆，是采用水泥、石灰和石膏等胶凝材料与膨胀珍珠岩或膨胀蛭石、陶砂等轻质多孔骨料按一定比例配合制成的砂浆。保温砂浆具有轻质、保温、隔热、吸声等性能，其导热系数为 0.07～0.10W/(m·K)，可用于屋面保温层、保温墙壁及供热管道保温层等处。

常用的保温砂浆有水泥膨胀珍珠砂浆、水泥膨胀蛭石砂浆和水泥石灰膨胀蛭石砂浆等。随着国内节能减排工作的推进，涌现出众多新型墙体保温材料，其中 EPS（聚苯乙烯）颗粒保温砂浆就是一种得到广泛应用的新型外保温砂浆，其采用分层抹灰的工艺，最大厚度可达 100mm，此砂浆保温、隔热、阻燃、耐久。

2. 吸声砂浆

一般由轻质多孔骨料制成的砂浆都具有吸声性能。另外，也可以用水泥、石膏、砂、锯末按体积比为 1：1：3：5 配制成吸声砂浆，或在石灰、石膏砂浆中掺入玻璃纤维和矿棉等松软纤维材料制成吸声砂浆。吸声砂浆主要用于室内墙壁和平顶。

3. 膨胀砂浆

在水泥砂浆中加入膨胀剂或使用膨胀水泥可配制膨胀砂浆。膨胀砂浆具有一定的膨胀特性，可补偿水泥砂浆的收缩，防止干缩开裂。膨胀砂浆可在修补工程和装配式大板工程中应用，靠其膨胀作用填充缝隙，以达到黏结密封目的。

4. 耐酸砂浆

以水玻璃与氟硅酸钠为胶凝材料，加入石英岩、花岗岩、铸石等耐酸粉料和细骨料拌制并硬化而成的砂浆称为耐酸砂浆。水玻璃硬化后具有很好的耐酸性能。耐酸砂浆可用于耐酸底面、耐酸容器基座及与酸接触的结构部位。在某些有酸雨腐蚀的地区，建筑物外墙装修也可应用耐酸砂浆，以提高建筑物耐酸雨腐蚀的作用。

5. 自流平砂浆

自流平砂浆是指在自重作用下能流平的砂浆；地坪和地面常采用自流平砂浆。自流平砂浆的施工方便、质量可靠。自流平砂浆的关键技术是：①掺用合适的外加剂；②严格控制砂的级配和颗粒形态；③选择具有合适级配的水泥或其他胶凝材料。良好的自流平砂浆可使地坪平整光洁、强度高、耐磨性好、无开裂现象。

【本单元测试】

判断题

1. 砂浆种类及强度等级与工程类别、砌筑部位、使用条件有关。（   ）

2. 抹面砂浆主要考虑黏结性能。（   ）

3. 防水砂浆只抹一层即可。（   ）

【综合练习】

一、判断题

1. 砂浆抗压强度标准试件尺寸是边长为100mm的立方体。（　　）

2. 砂浆抗压强度试验的试件数量为一组三块。（　　）

3. 水泥砂浆和水泥混合砂浆的养护温度和湿度要求是一样的。（　　）

二、单选题

1. 砌筑砂浆的搅拌时间应自开始加水算起，对水泥砂浆和水泥混合砂浆，搅拌时间不得少于（　　）。

A. 60s   B. 120s   C. 150s   D. 180s

2. 进行砂浆稠度试验时，拧松制动螺栓，同时开始计时，在（　　）s时立即拧紧螺栓，读数。

A. 5   B. 10   C. 15   D. 20

3. 当砂浆稠度两次试验结果分别为70mm、83mm，那么该组砂浆稠度值为（　　）。

A. 83mm   B. 76.5mm   C. 77mm   D. 无效

模块6
墙体材料

模块6
墙体材料

【项目引入】

在某建筑工程项目中，原设计方案使用传统砖块进行墙体施工，但存在施工周期长、工艺烦琐等问题。为了改进这一情况，施工方引入了新型轻质隔墙板材料，通过在项目进展过程中对材料进行试验并与原设计方案进行对比，发现隔墙板材料具备施工快速、质量稳定等优点。最终，工程项目成功改为使用轻质隔墙板材料，大大提高了施工效率和质量。

【思维导图】

```
                        ┌─ 单元6.1  墙用砖技术性质测 ──┬─ 烧结砖技术性质测(评)定与选用
                        │   (评)定与选用              └─ 非烧结砖技术性质评定与选用
                        │
  模块6 ────┤           ┌─ 单元6.2  墙用砌块技术性质 ──┬─ 混凝土小型空心砌块技术性质测(评)定与选用
  墙体材料               │   测(评)定与选用            └─ 蒸压加气混凝土砌块技术性质评定与选用
                        │
                        │                            ┌─ 轻质隔墙条板的评定与选用
                        └─ 单元6.3  墙用板材技术性质 ──┼─ 平板评定与选用
                            评定与选用                └─ 复合墙板评定与选用
```

内容介绍

【建议学时】4

【学习目标】

1. 知识目标

- 了解墙体材料的种类。

- 掌握烧结普通砖、烧结多孔砖和空心砖的技术要求、特点及应用。

- 掌握砌块的种类、组成、构造和特点。

- 了解墙用板材的特点及用途。

- 掌握砖的外观质量、强度检测和等级评定。

- 了解砌块的规格尺寸及用途。

- 掌握砌块的分类及尺寸偏差、外观质量和抗压强度等技术要求。

2. 技能目标

- 能够进行墙用砖、砌块和板材的技术性能检测。

- 能够进行墙用砖、砌块和板材的合格判定。

- 能够结合工程实践要求,合理选用墙用砖、砌块和板材。

3. 素质目标

- 培养认真严谨和敢于吃苦的工作态度。

- 具备勇于创新和精益求精的工匠精神。

【学习重点】

- 烧结普通砖、烧结多孔砖和空心砖的技术要求、特点及应用。

- 砖的外观质量、强度检测和等级评定。

- 砌块的分类及尺寸偏差、外观质量和抗压强度等技术要求。

【学习难点】

• 墙用砖、砌块和板材的技术要求、特点及应用。

【学习建议】

• 注重理论与实践的结合，以实际项目为载体，贯穿墙用砖、砌块和板材的技术性能检测与评定、操作与工程应用。

【项目导读】

墙体材料的种类有哪些？如何评定墙用砖、砌块和板材的技术性能？如何结合工程实际选择合适的墙用砖、砌块和板材？让我们带着这些问题，开启墙体和屋面材料的学习之旅。

在房屋建筑中，墙体具有承重、围护和分隔的作用，是建筑结构中的重要建筑材料之一，主要有砌墙砖、砌块和板材等。

单元 6.1 墙用砖技术性质测（评）定与选用

砌墙砖是以黏土、页岩、煤矸石、粉煤灰等工业废料为主要原料，按照不同的生产工艺制造而成。砌墙砖的类型很多，按规格、孔洞率及孔的大小可分为普通砖、多孔砖和空心砖；按工艺不同又分为烧结砖和非烧结砖。

6.1.1 烧结砖技术性质测（评）定与选用

砌墙烧结砖是以黏土、页岩、煤矸石和粉煤灰等为主要原料经焙烧而成的砖。焙烧窑中若氧气充足，使之在氧化气氛中焙烧，可烧得红砖；若在焙烧阶段使窑内缺氧，焙烧窑中为还原气氛，则所烧得的砖呈现青色，即烧得青砖。青砖较红砖耐碱、耐久性好，但价格较红砖高。砖在焙烧时窑内温度存在差异，因此，除了正火砖（合格品）外还常出现欠火砖和过火砖。欠火砖的焙烧温度低于烧结范围，得到色浅、敲击时音哑、孔隙率大、强度低、吸水率大、耐久性差的砖，称为欠火砖。过火砖的焙烧温度高于烧结范围，色深、敲击声清脆、吸水率低、强度较高，但容易弯曲变形。欠火砖和过火砖均属于不合格产品。

1. 烧结普通砖

（1）质量要求

烧结普通砖按主要原料分为烧结黏土砖（N）、烧结页岩砖（Y）、烧结煤矸石砖（M）和烧结粉煤灰砖（F）等。砖的孔洞率小于15%或无孔洞。根据国家标准

《烧结普通砖》GB/T 5101—2017 规定，烧结普通砖的技术要求包括尺寸偏差、外观质量、强度等级、抗风化性、泛霜和石灰爆裂、产品标记等。该标准适用于以黏土、页岩、煤矸石和粉煤灰为主要原料的普通砖。

1）尺寸偏差

烧结普通砖的公称尺寸为 240mm×115mm×53mm，如图 6-1 所示。通常将 240mm×115mm 面称为大面，240mm×53mm 面称为条面，115mm×53mm 面称为顶面。4 块砖长、8 块砖宽、16 块砖厚，再加上砌筑灰缝（10mm），长度均为 1m，则 1m³ 砖砌体理论上需用砖 512 块。砖的尺寸允许偏差应符合表 6-1 的规定。

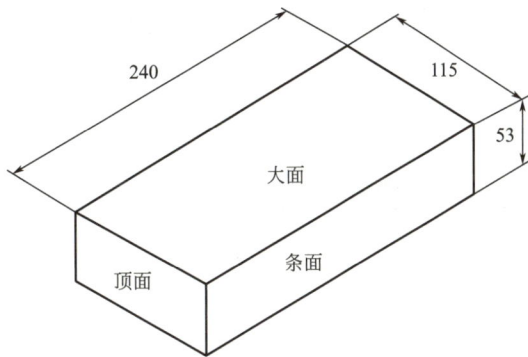

图 6-1　烧结普通砖的尺寸及各部分名称

砖的尺寸允许偏差（单位：mm）　　　　　　　　　　　　表 6-1

公称尺寸	指标	
	样本平均偏差	样本极差≤
240	±2.0	6
115	±1.5	5
53	±1.5	4

2）外观质量

烧结普通砖的外观质量见表 6-2。

烧结普通砖的外观质量（单位：mm）　　　　　　　　　　表 6-2

项目		指标
两条面高度差	≤	2
弯曲	≤	2
杂质凸出高度	≤	2
缺棱掉角的三个破坏尺寸	不得同时大于	5
裂纹长度	≤	

项目		指标
a. 大面上宽度方向及其延伸至条面的长度		30
b. 大面上长度方向及其延伸至顶面的长度或条顶面上水平裂纹的长度		50
完整面	不得少于	一条面和一顶面

注：为砌筑挂浆面施加的凹凸纹、槽、压花等不算作缺陷。凡有下列缺陷之一者，不得称为完整面：缺损在条面或顶面上造成的破坏面尺寸同时大于 $10mm \times 10mm$；条面或顶面上裂纹宽度大于 $1mm$，其长度超过 $30mm$；压陷、粘底、焦花在条面或顶面上的凹陷或凸出超过 $2mm$，区域尺寸同时大于 $10mm \times 10mm$。

3）强度等级

烧结普通砖按抗压强度分为 MU30、MU25、MU20、MU15、MU10 五个强度等级。在评定强度等级时，抽取试样 10 块，分别测其抗压强度。若强度变异系数 $\delta \leqslant 0.21$ 时，采用平均值-标准值方法；若强度变异系数 $\delta > 0.21$ 时，则采用平均值-最小值方法。烧结普通砖的强度等级见表 6-3。

烧结普通砖的强度等级（单位：MPa） 表 6-3

强度等级	抗压强度平均值 $\overline{f}$ $\geqslant$	强度标准值 f_a $\geqslant$
MU30	30.0	22.0
MU25	25.0	18.0
MU20	20.0	14.0
MU15	15.0	10.0
MU10	10.0	6.5

$$\delta = \frac{s}{\overline{f}} \tag{6-1}$$

$$s = \sqrt{\frac{1}{9} \sum_{i=1}^{10} (f_i - \overline{f})^2} \tag{6-2}$$

$$f_k = \overline{f} - 1.83s \tag{6-3}$$

式中　δ——砖强度变异系数，精确至 0.01；

　　　s——标准差，精确至 $0.01MPa$；

　　　f_i——单块试样的抗压强度测定值，精确至 $0.01MPa$；

　　　$\overline{f}$——10 块试样的抗压强度平均值，精确至 $0.01MPa$；

　　　f_k——强度标准值，精确至 $0.1MPa$。

4）抗风化性

抗风化性是烧结普通砖主要的耐久性之一，按划分的风化区采用不同的抗风化指标，风化区用风化指数进行划分。风化指数是指日气温从正温降至负温或从负温升至正温的每年平均天数与每年从霜冻之日起至消失霜冻之日止这一期间降雨总量（以 mm 计）的平均值的乘积。全国风化区划分见表6-4。

全国风化区划分　　　　　表6-4

严重风化区		非严重风化区	
1. 黑龙江省	11. 河北省	1. 山东省	11. 福建省
2. 吉林省	12. 北京市	2. 河南省	12. 台湾省
3. 辽宁省	13. 天津市	3. 安徽省	13. 广东省
4. 内蒙古自治区	14. 西藏自治区	4. 江苏省	14. 广西壮族自治区
5. 新疆维吾尔自治区		5. 湖北省	15. 海南省
6. 宁夏回族自治区		6. 江西省	16. 云南省
7. 甘肃省		7. 浙江省	17. 上海市
8. 青海省		8. 四川省	18. 重庆市
9. 陕西省		9. 贵州省	
10. 山西省		10. 湖南省	

严重风化区中1、2、3、4、5地区的砖必须进行冻融试验。其他地区的砖的抗风化性能符合表6-5的规定时可不做冻融试验，当有一项指标达不到要求时必须进行冻融试验。

烧结普通砖的抗风化性能　　　　　表6-5

砖种类	严重风化区				非严重风化区			
	5h沸煮吸水率(%)≤		饱和系数≤		5h沸煮吸水率(%)≤		饱和系数≤	
	平均值	单块最大值	平均值	单块最大值	平均值	单块最大值	平均值	单块最大值
黏土砖	18	20	0.85	0.87	19	20	0.88	0.90
粉煤灰砖	21	23			23	25		
页岩砖	16	18	0.74	0.77	18	20	0.78	0.80
煤矸石砖								

5）泛霜和石灰爆裂

泛霜又称盐析，它是指可溶性盐类（如硫酸盐等）在砖或砌块表面的析出现象，一般呈白色粉末、絮团或絮片状。石灰爆裂是指烧结砖的黏土原料中夹杂着石灰石，焙烧时被烧成生石灰块，在使用过程中吸水消化成熟石灰并产生体积膨胀，导致砖发生膨胀性破坏，严重时甚至使砖砌体强度降低，直至破坏。烧结普通砖的质量缺陷如图6-2所示。

(a)   (b)

图 6-2　烧结普通砖的质量缺陷

（a）泛霜的墙面；（b）石灰爆裂导致砖碎裂

泛霜的砖如果用于建筑物中的潮湿部位时，由于大量盐类的溶出和结晶膨胀会造成砖砌体表面粉化及剥落、孔隙率变大，砖的抗冻性明显下降。

6）产品标记

烧结普通砖的产品标记按产品名称的英文缩写、强度等级、类别、强度等级和标准编号的顺序编写。

例如：烧结普通砖，强度等级 MU15 的黏土砖，其标记为：FCB N MU15 GB/T 5101。

（2）烧结普通砖的应用

烧结普通砖是传统墙体材料，主要用于砌筑建筑物的内墙、外墙、柱、烟囱和窑炉。烧结普通砖具有一定的强度、隔热、隔声性能及较好的耐久性，价格低廉。它的缺点是烧砖能耗高、砖自重大、成品尺寸小、施工效率低、抗震性能差。对于烧结黏土砖，因制砖取土大量毁坏农田，我国已经加以控制。

砖砌体的强度不仅取决于砖的强度，而且受砂浆性质的影响。砖的吸水率大，在砌筑中吸收砂浆中的水分，如果砂浆保持水分的能力差，就不能正常硬化，导致砌体强度下降。为此，在选择砌筑砂浆时除了要合理配制砂浆外，还要使砖润湿。烧结砖应在砌筑前 1～2d 浇水湿润，以浸入砖内深度 1cm 为宜。

烧结普通砖块体小、表观密度大、施工效率低，而且保温隔热等性能不好，因此开发新型墙体材料势在必行。我国正大力推广墙体材料改革，用多孔砖、空心砖及砌块、轻质板材来代替烧结普通砖，以减轻建筑物的自重、节约能源、改善环境。

2. 烧结多孔砖

烧结多孔砖以黏土、页岩、煤矸石、粉煤灰等为主要原料，经成型、干燥和焙烧而成的，主要用于承重部位的砖。烧结多孔砖的孔洞率大于等于 28％，孔的尺寸小而数量多，孔型采用矩形孔和矩形条孔。烧结多孔砖的高孔洞率不仅可以降低资源消耗，而且有利于干燥焙烧。烧结多孔砖在使用时孔洞垂直于受压面。

烧结多孔砌块以黏土页岩、煤矸石、粉煤灰等为主要原料，经成型、干燥和焙烧而成，孔洞率大于或等于 33％，孔的尺寸小而数量多的砌块主要用于建筑物承重部位。

烧结多孔砖和多孔砌块的外形一般为直角六面体，烧结多孔砖和多孔砌块按主要原料分为黏土砖和黏土砌块（N）、页岩砖和页岩砌块（Y）、煤矸石砖和煤矸石砌块（M）、粉煤灰砖和粉煤灰砌块（F）、淤泥砖和淤泥砌块（U）、固体废弃物砖和固体废弃物砌块（G）。

根据《烧结多孔砖和多孔砌块》GB/T 13544—2011 的规定，烧结多孔砖和多孔砌块的技术要求包括尺寸规格和密度等级、尺寸允许偏差、强度等级、质量等级、泛霜和石灰爆裂、抗风化性能、产品标记等。

（1）技术要求

1）尺寸规格和密度等级

烧结多孔砖的外形为直角六面体，其长度、宽度、高度尺寸应符合下列要求：290mm、240mm、190mm、180mm；140mm、115mm、90mm。砌块规格尺寸：490mm、440mm、390mm、340mm、290mm、240mm、190mm、180mm、140mm、115mm、90mm。其他规格尺寸由供需双方协商确定。

典型烧结多孔砖规格有 190mm×190mm×90mm（M 型）和 240mm×115mm×90mm（P 型）两种，如图 6-3 所示。

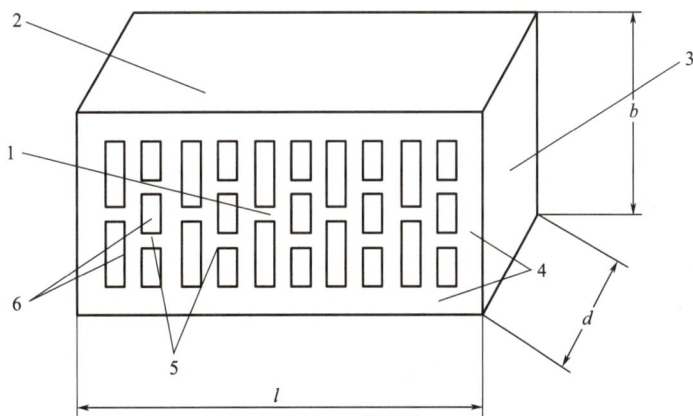

图 6-3 烧结多孔砖和多孔砌块孔结构示意图

1—大面（坐浆面）；2—条面；3—顶面；4—外壁；5—肋；

6—孔洞；l—长度；b—宽度；d—高度

烧结多孔砖的密度等级分为1000、1100、1200、1300四个等级。烧结多孔砌块的密度等级分为900、1000、1100、1200四个等级。

2）尺寸允许偏差

为保证砌筑质量，要求砖的尺寸偏差必须符合《烧结多孔砖和多孔砌块》GB/T 13544—2011的规定，烧结多孔砖和多孔砌块的尺寸允许偏差见表6-6。

烧结多孔砖和多孔砌块的尺寸允许偏差 　　表6-6

尺寸(mm)	样本平均偏差(mm)	样本极差≤(mm)
>400	±3.0	10.0
300～400	±2.5	9.0
200～300	±2.5	8.0
100～200	±2.0	7.0
<100	±1.5	6.0

3）强度等级

烧结多孔砖和多孔砌块根据抗压强度分为MU30、MU25、MU20、MU15、MU10五个强度等级。按抗压强度平均值、强度标准值评定砖和砌块的强度等级，各级别强度规定值见表6-7。

烧结多孔砖和多孔砌块的强度等级 　　表6-7

强度等级	抗压强度平均值$\bar{f}\geqslant$	强度标准值$f_k\geqslant$
MU30	30.0	22.0
MU25	25.0	18.0
MU20	20.0	14.0
MU15	15.0	10.0
MU10	10.0	6.5

4）质量等级

烧结多孔砖和多孔砌块的外观质量要求见表6-8。

5）泛霜和石灰爆裂

每块砖或砌块不允许出现严重泛霜。根据《烧结多孔砖和多孔砌块》GB/T 13544—2011的规定：最大破坏尺寸大于2mm且小于等于15mm的爆裂区域，每组砖样不得多于15处；不允许出现最大破坏尺寸大于15mm的爆裂区域。

烧结多孔砖和多孔砌块的外观质量要求 　　表6-8

项目	指标
完整面不得少于	一条面和一顶面
缺棱掉角的3个破坏尺寸不得同时大于	30

项目		指标
裂纹长度(mm)≤	大面(有孔面)上深入孔壁 15mm 上,宽度方向及其延伸到条面的长度	80
	大面(有孔面)上深入孔壁 15mm 以上,宽度方向及其延伸到顶面的长度	100
	条顶面上的水平裂纹	100
杂质在砖面上造成的突出高度(mm)≤		5

注：凡有下列缺陷之一者,不能称为完整面:缺损在条面或顶面上造成的破坏面尺寸同时大于 20mm×30mm;条面或顶面上裂纹宽度大于 1mm,其长度超过 70mm;压陷、焦花、粘底在条面或顶面上的凹陷或凸出超过 2mm,区域尺寸同时大于 20mm×30mm。

6) 抗风化性能

抗风化性能见表 6-9。

烧结多孔砖和多孔砌块的抗风化性能　　　　　表 6-9

种类	项目							
	严重风化区				非严重风化区			
	5h 沸煮吸水率(%)≤		饱和系数≤		5h 沸煮吸水率(%)≤		饱和系数≤	
	平均值	单块最大值	平均值	单块最大值	平均值	单块最大值	平均值	单块最大值
黏土砖和砌块	21	23	0.85	0.87	23	25	0.88	0.90
粉煤灰砖和砌块	23	25			30	32		
页岩砖和砌块	16	18	0.74	0.77	18	20	0.78	0.80
煤矸石砖和砌块	19	21			21	23		

注：粉煤灰掺入量（质量比）小于 30%时按黏土砖和砌块规定判定。

7) 产品标记

烧结多孔砖的产品标记按产品名称、品种、规格、强度等级、质量等级和标准编号顺序编写。如规格尺寸 290mm×140mm×90mm、强度等级 MU25、密度 1200 级的黏土烧结多孔砖,其标记为:烧结多孔砖 N 290×140×90 MU25 1200 GB/T 13544—2011。

（2）烧结多孔砖的应用

烧结多孔砖可以代替烧结黏土砖用于承重墙体,尤其在小城镇建设中用量非常大。强度等级不低于 MU10,最好在 MU15 以上;优等品可用于墙体装饰和清水墙砌筑，中等泛霜的砖不得用于潮湿部位。

3. 烧结空心砖

烧结空心砖属于新型墙体材料的一种，具有节约资源、减轻建筑物自重、降低造价的优点。

烧结空心砖是以黏土、页岩、煤矸石和粉煤灰等为原料，经焙烧制成的孔洞率大于等于40%而且孔洞数量少、尺寸大的烧结砖，多用于非承重墙和填充墙。各类烧结空心砖如图6-4所示。

图6-4　烧结空心砖
（a）烧结煤矸石多孔砖（右）与空心砖（左）；（b）烧结粉煤灰空心砖

空心砖采用塑性成型方法生产。生产过程包括泥料制备、成型、干燥和焙烧等一系列操作过程。开采出来的原料不能直接成型坯体，必须经过制备（如剔除石灰石颗粒、较大的块状石英等杂质）、破碎、混合、风化等处理，使其成为适宜成型的泥料。泥料在挤出机的作用下成型，经坯体干燥后进行焙烧。

焙烧是制品质量的关键环节，焙烧过程分为四个阶段，即干燥与预热阶段、加热阶段、烧成阶段和冷却阶段。各组分在高温作用下发生一系列物理化学变化，最后烧成具有一定机械强度及各种建筑性能的制品。

（1）技术要求

1）尺寸规定

《烧结空心砖和空心砌块》GB/T 13545—2014规定：烧结空心砖的长、宽、高应符合下列要求：390、290、240、190、180（175）、140；190、180（175）、140、115；180（175）、140、115、90（单位：mm）。烧结空心砖和空心砌块基本构造如图6-5所示。

2）密度等级

烧结空心砖和空心砌块分为800、900、1000、1100（单位：kg/m³）四个密度

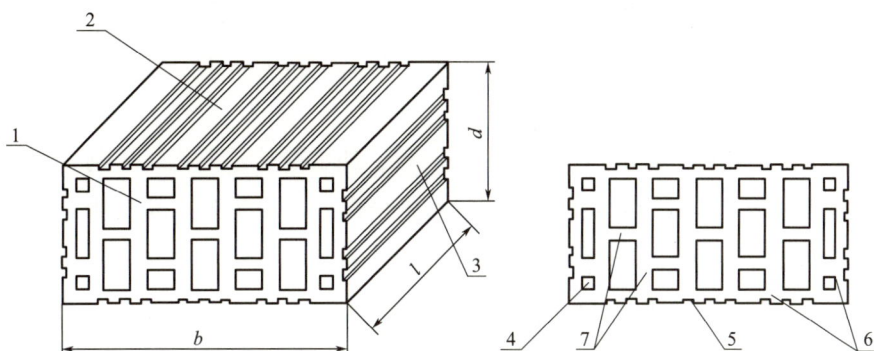

图 6-5 烧结空心砖和空心砌块示意图

1—顶面；2—大面；3—条面；4—壁孔；5—粉刷槽；6—外壁；7—肋

l—长度；b—宽度；d—高度

等级，不得低于 800，否则为不合格产品。

3）强度等级

抗压强度分为 MU10.0、MU7.5、MU5.0、MU3.5 四个级别，见表 6-10。

烧结空心砖和空心砌块的强度等级　　　　　　　表 6-10

强度等级	抗压强度（MPa）		
	抗压强度平均值 $\overline{f} \geqslant$	变异系数 $\delta \leqslant 0.21$ 强度标准值 $f_k \geqslant$	变异系数 $\delta > 0.21$ 单块最小抗压强度值 $f_{min} \geqslant$
MU10.0	10.0	7.0	8.0
MU7.5	7.5	5.0	5.8
MU5.0	5.0	3.5	4.0
MU3.5	3.5	2.5	2.8

4）烧结空心砖和空心砌块的产品标记

烧结空心砖和空心砌块的产品标记按产品名称、类别、规格（长度×宽度×高度）、密度等级、强度等级和标准编号顺序编写。

示例：规格尺寸 290mm×190mm×90mm、密度等级 800、强度等级 MU7.5 的页岩空心砖，其标记为：烧结空心砖 Y（290×190×90）800 MU7.5 GB 13545—2014。

（2）应用

烧结空心砖主要用作非承重墙，如多层建筑内隔墙或框架结构的填充墙等。

6.1.2　非烧结砖技术性质评定与选用

不经过焙烧而制成的砖均为非烧结砖。目前，非烧结砖主要有蒸养砖、蒸压砖和碳化砖等，根据生产原材料区分主要有蒸压灰砂砖、蒸压粉煤灰砖、蒸压炉渣砖和混凝土多孔砖等。

1. 蒸压灰砂砖

蒸压灰砂砖是以生石灰和砂子为主要原料，加水搅拌，消化、压制成型、蒸压养护而制成的砖，代号为 LSSB。生石灰的质量直接影响灰砂砖的品质，生石灰的消化对成型后砖坯的性能影响较大。消化是将生石灰熟化成熟石灰的必要过程，一般采用钢仓、混凝土仓进行间歇式消化，控制在 2～3h；也可以采用地面堆置消化，由于消化时散热较慢，所以消化时间较长，一般需要 8h 以上。

蒸压灰砂砖按抗压强度和抗折强度分为 MU30、MU25、MU20、MU15、MU10 五个强度等级。蒸压灰砂砖的强度等级和抗冻指标见表 6-11、表 6-12。

蒸压灰砂砖的强度等级（单位：MPa）　　　　　　　　　表 6-11

强度等级	抗压强度	
	平均值	单个最小值
MU10	≥10.0	≥8.5
MU15	≥15.0	≥12.8
MU20	≥20.0	≥17.0
MU25	≥25.0	≥21.2
MU30	≥30.0	≥25.5

蒸压灰砂砖的抗冻性　　　　　　　　　表 6-12

使用地区[a]	抗冻指标	干质量损失率[b]（%）	抗压强度损失率（%）
夏热冬暖地区	D15	平均值≤3.0 单个最大值≤4.0	平均值≤15 单个最大值≤20
温和与夏热冬冷地区	D25		
寒冷地区[c]	D35		
严寒地区[c]	D50		

注：a 区域划分执行 GB 50176 的规定。

　　b 当某个试件的试验结果出现负值时，按 0.0% 计。

　　c 当产品明确用于室内环境等，供需双方有约定时，可降低抗冻指标要求，但不应低于 D25。

蒸压灰砂砖一般采用压制成型，又经过蒸压养护，砖体组织致密，具有强度高、稳定性好、干缩率小、尺寸偏差小、外形光滑平整等特点。它主要用于工业与民用建筑的墙体和基础。其中，MU15、MU20 和 MU25 的灰砂砖可用于基础及其他部位，MU10 的灰砂砖可用于防潮层以上的建筑部位。

蒸压灰砂砖不得用于长期受热 200℃ 以上、急冷、急热或有酸性介质侵蚀的环境，也不宜用于受流水冲刷的部位。蒸压灰砂砖表面光滑平整，使用时注意提高砖与砂浆之间的黏结力。

蒸压灰砂砖出釜后应放置一个月以上方可用于砌体的施工，砌筑前提前两天浇水，不宜与其他品种的砖同层混砌，不宜雨天施工。

2. 蒸压粉煤灰砖

蒸压粉煤灰砖是以粉煤灰、生石灰为原料，掺加适量石膏和骨料，经坯料制备、压制成型、蒸压养护而成的砖。粉煤灰具有活性，使制品获得一定的强度；石灰的主要作用是提供钙质原料。

蒸压粉煤灰砖的尺寸规格为 240mm×115mm×53mm，表观密度为 1500kg/m^3。按蒸压粉煤灰砖的抗压强度和抗折强度分为 MU30、MU25、MU20、MU15、MU10 五个强度等级。蒸压粉煤灰砖的强度等级见表 6-13。

蒸压粉煤灰砖的强度等级 表 6-13

强度等级	抗压强度（MPa）		抗折强度（MPa）	
	10 块平均值≥	单块值≥	10 块平均值≥	单块值≥
MU30	30.0	24.0	4.8	3.8
MU25	25.0	20.0	4.5	3.6
MU20	20.0	16.0	4.0	3.2
MU15	15.0	12.0	3.7	3.0
MU10	10.0	8.0	2.5	2.0

蒸压粉煤灰砖可用于工业与民用建筑的基础和墙体，但应注意以下几点：

（1）在易受冻融和干湿交替的部位必须使用优等品或一等品砖。用于易受冻融作用的部位时要进行抗冻性检验，并采取适当措施以提高其耐久性。

（2）用粉煤灰砖砌筑的建筑物应适当增设圈梁及伸缩缝或采取其他措施，以避免或减少收缩裂缝的产生。

（3）粉煤灰砖出釜后应至少存放 1～2 周后再用，以减少相对伸缩值。砌筑时提前浇水，保持砖的含水量在 10% 左右，雨天施工时采取防雨措施。

（4）长期受高于 200℃ 作用，或受冷热交替作用，或有酸性侵蚀的建筑部位不得使用粉煤灰砖。

3. 蒸压炉渣砖

蒸压炉渣砖是以煤燃烧后的炉渣为主要原料，掺入适量的石灰和少量石膏，经加水搅拌混合、压制成型、蒸养或蒸压养护而制成的实心砖。炉渣砖的外形尺寸同普通黏土砖，为 240mm×115mm×53mm。根据《炉渣砖》JC/T 525—2007，炉渣砖按抗压强度分为 MU25、MU20 和 MU15 三个等级。

蒸压炉渣砖可用于一般工业与民用建筑的墙体和基础，用于基础或易受冻融和干湿交替作用的建筑部位必须使用 MU15 及以上强度等级的砖。蒸压炉渣砖不得用于长期受热在 200℃以上，或受急冷急热，或有侵蚀性介质的部位。

4. 混凝土多孔砖

混凝土多孔砖是以水泥为胶结材料，以砂、石等为主要集料，加水搅拌、压制成型、养护制成的一种多排小孔的混凝土砖。混凝土多孔砖具有自重小、强度高、保温效果好、耐久、收缩变形小、外观规整和施工方便等特点，是一种替代烧结黏土砖的理想材料。

图 6-6　混凝土多孔砖

混凝土多孔砖的外形为直角六面体，产品的主要规格尺寸（长、宽、高）有：240mm×190mm×180mm；240mm×115mm×90mm；115mm×90mm×53mm。最小外壁厚不应小于 15mm，最小肋厚不应小于 10mm，典型规格如图 6-6 所示。为了减轻墙体自重及增加保温隔热性能，规定其孔洞率应不小于 30%。混凝土多孔砖按强度等级分为 MU10、MU15、MU20、MU25、MU30 五个等级。

用混凝土多孔砖代替实心黏土砖、烧结多孔砖可以不占耕地、节省黏土资源，且不用焙烧设备，节省能耗，对于改善环境、保护土地资源和推进墙体材料革新与建筑节能，以及"禁实"工作的深入开展具有十分重要的社会和经济意义。其可直接替代烧结黏土砖用于各类承重、保温和框架填充等不同建筑墙体结构中，具有广泛的应用前景。

【本单元测试】

单选题

1. 砌筑有保温要求的非承重墙体时宜选用（　　　）。

A. 烧结多孔砖　　　B. 烧结空心砖　　　C. 烧结普通砖　　　D. 石灰岩

2. 烧结普通砖的质量等级是根据（　　）划分的。

A. 强度等级和风化性能　　　　　　　B. 尺寸偏差和外观质量

C. 石灰爆裂和泛霜　　　　　　　　　D. A＋B＋C

3. 下面哪些不是加气混凝土砌块的特点（　　　）。

A. 轻质　　　　　B. 保温隔热　　　　C. 加工性能好　　　D. 韧性

4. 目前所用的墙体材料有砖、砌块和（　　　）三大类。

A. 天然石材　　　　　　B. 墙用板材　　　　　　C. 彩钢板

5. 烧结多孔砖的强度等级按（　　　）来确定。

A. 孔洞率　　　　　　　B. 抗压强度　　　　　　C. 黏结强度

单元 6.2　墙用砌块技术性质测（评）定与选用

砌块是比砖大的砌筑用人造石材，外形多为直角六面体，也有各种异型的。生产砌块的原料多为工业废渣，因此能节约土地、降低能耗、保护环境，同时改善建筑功能和提高建筑施工效率。

按产品的规格尺寸，可分为大型砌块（高度大于980mm）、中型砌块（高度为380～980mm）和小型砌块（高度为115～380mm）。按有无孔洞可分为实心砌块和空心砌块。空心砌块是指空心率不小于25％的砌块。

目前在国内推广应用较为普遍的砌块有混凝土小型空心砌块、蒸压加气混凝土砌块、粉煤灰砌块、石膏砌块等。

6.2.1　混凝土小型空心砌块技术性质测（评）定与选用

1. 分类

（1）按主要原材料分类

混凝土小型空心砌块按主要原材料分为普通混凝土小型空心砌块、工业废渣骨料混凝土小型空心砌块、天然轻骨料和人造轻骨料混凝土小型空心砌块。

（2）按功能分类

混凝土小型空心砌块按功能分为承重和非承重混凝土小型空心砌块、装饰砌块、保温砌块和吸声砌块等。

（3）按用途分类

混凝土小型空心砌块按用途分为墙用砌块、铺地砌块、异型砌块等。

混凝土小型空心砌块分为单排孔和多排孔两种。单排孔砌块为沿宽度方向只有一排孔的砌块，砌块示意图如图6-7所示。单排孔砌块的孔洞分为通孔和盲孔两种。多排孔砌块是沿宽度方向有双排或多排孔的砌块，通常为盲孔砌块，保温隔热性能好。这里主要介绍普通混凝土小型空心砌块。

普通混凝土小型空心砌块是以水泥为胶凝材料，砂、碎石或卵石、煤矸石、炉

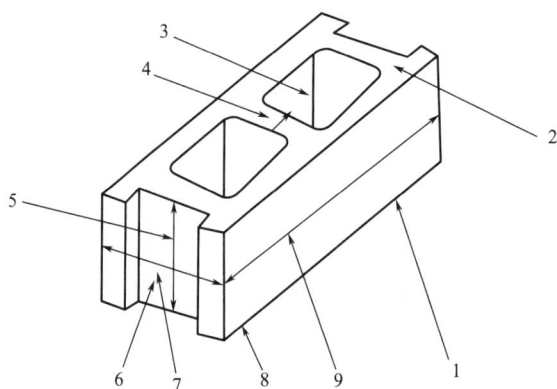

图 6-7　单排孔混凝土小型空心砌块各部位名称

1—条面；2—坐浆面（肋厚较小的面）；3—壁；4—肋；5—高度；

6—顶面；7—宽度；8—铺浆面（肋厚较大的面）；9—长度

渣为集料，经加水搅拌、振动加压或冲压成型、养护而成的小型砌块。

2. 技术要求

（1）尺寸规格

普通混凝土小型空心砌块的规格尺寸为 390mm×190mm×90mm，最小外壁厚不应小于 30mm，最小肋厚不应小于 25mm，空心率应不小于 25%。

（2）强度和质量等级

普通混凝土小型空心砌块按抗压强度分为 MU5.0、MU7.5、MU10.0、MU15.0、MU20.0、MU25、MU30、MU35、MU40 九个强度等级。

（3）产品标识

普通混凝土小型空心砌块按砌块种类、规格尺寸、强度等级和标准代号的顺序进行标记。

示例：规格尺寸 390mm×190mm×190mm、强度等级 MU15.0、承重结构用实心砌块，其标记为：

LS 390×190×190 MU15.0 GB/T 8239—2014。

规格尺寸 395mm×190mm×194mm、强度等级 MU15.0、非承重结构用空心砌块，其标记为：

NH 395×190×194 MU5.0 GB/T 8239—2014。

规格尺寸 190mm×190mm×190mm、强度等级 MU15.0、承重结构用的半块砌块，其标记为：

LH50 190×190×190 MU15.0 GB/T 8239—2014。

3. 应用

普通混凝土小型空心砌块建筑体系比较灵活，砌筑方便，可以用于各种墙体、柱类及特殊构筑物砌体等，如各种公用或民用住宅建筑以及工业厂房、仓库和农村建筑的内外墙体。为防止或避免小砌块因失水而产生的收缩导致墙体开裂，小砌块采用自然养护时必须养护 28d 后方可上墙，保证砌体达到应有的强度指标；出厂时小砌块的相对含水率必须严格控制；在施工现场堆放时必须采取防雨措施；砌筑前一般不宜浇水，以防止墙体开裂，应根据建筑的情况设置伸缩缝，在必要的部位增加构造钢筋。

6.2.2 蒸压加气混凝土砌块技术性质评定与选用

蒸压加气混凝土砌块是钙质材料（水泥、生石灰等）和硅质材料（矿渣和粉煤灰）加水按一定比例配合，加入少量铝粉作发气剂，经蒸压养护而成的多孔轻质墙体材料，简称加气混凝土砌块，其代号为 ACB。生产加气混凝土时，水泥的品种通常选择硅酸盐水泥，以保证浇筑稳定性和防止坯体硬化。生石灰除了提供有效 CaO，使之与 SiO_2、Al_2O_3 作用生成水化产物，使制品具有强度外，生石灰还可为料浆提供碱度，促进铝粉发气，提高料浆温度，促进料浆稠化。一般要求生石灰中有效 CaO 的含量大于 65%。

加气混凝土砌块的生产工艺包括原材料制备、配料浇筑、坯体切割、蒸压养护、脱模加工等工序。浇筑工艺方式主要有移动浇筑和定点浇筑两种，它与配料工序共同构成加气混凝土生产工艺的中心环节；蒸压养护工艺为制品提供反应所需的温度、湿度和时间。

1. 技术要求

（1）尺寸规定

按《蒸压加气混凝土砌块》GB/T 11968—2020 的规定，砌块长度范围为：600mm；高度范围为：200mm、240mm、250mm、300mm；宽度范围为：100mm、120mm、125mm、150mm、180mm、200mm、240mm、250mm、300mm，如需要其他规格，可由供需双方协商解决。

（2）强度等级

按抗压强度可分为 A1.5、A2.0、A2.5、A3.5、A5.0 五个等级。

（3）密度等级

按干密度可分为 B03、B04、B05、B06、B07 五个等级。

蒸压加气混凝土砌块的抗压强度和干密度应符合表 6-14 的规定。

加气混凝土砌块的抗压强度和干密度要求 表 6-14

强度级别	抗压强度（MPa）		干密度级别	平均干密度（kg/m³）
	平均值	最小值		
A1.5	≥1.5	≥1.2	B03	≤350
A2.0	≥2.0	≥1.7	B04	≤450
A2.5	≥2.5	≥2.1	B04	≤450
			B05	≤550
A3.5	≥3.5	≥3.0	B04	≤450
			B05	≤550
			B06	≤650
A5.0	≥5.0	≥4.2	B05	≤550
			B06	≤650
			B07	≤750

（4）抗冻性和导热系数

蒸压加气混凝土砌块的保温隔热性能好，主要是由于它的导热系数小。蒸压加气混凝土砌块的抗冻性和导热系数见表 6-15 和表 6-16。

加气混凝土砌块的抗冻性 表 6-15

强度级别		A2.5	A3.5	A5.0
抗冻性	冻后质量平均值损失（%）		≤5.0	
	冻后强度平均值损失（%）		≤20	

加气混凝土砌块的导热系数 表 6-16

干密度级别	B03	B04	B05	B06	B07
导热系数（干态）[W/(m·K)]，≤	0.10	0.12	0.14	0.16	0.18

（5）产品标识

蒸压加气混凝土砌块的产品标识由砌块代号、强度级别、干密度级别、规格尺寸及标准编号五部分组成。

示例：抗压强度为 A3.5、干密度为 B05、规格尺寸为 600mm×200mm×250mm 的蒸压加气混凝土 I 型砌块，其标记为：

AAC-B　A3.5 B05　600×200×250（I）　GB/T 11968

2. 应用

蒸压加气混凝土砌块具有表观密度小、保温及耐火性好、易加工、抗震性好、施工方便的特点；适用于框架结构、现浇混凝土结构建筑的外墙填充、内墙隔断，三层以下的承重墙，有抗震圈梁和构造柱的多层建筑的外墙等。加气混凝土不宜用于长期浸水或经常干湿交替部位，受化学侵蚀环境，承重制品表面温度高于 800℃ 的部位。加气混凝土砌块砌筑时应向砌筑面适量浇水，每天砌筑高度不宜超过 1.8m。加气混凝土外墙面应采取饰面防护措施。

【本单元测试】

单选题

1. 混凝土小型空心砌块的空心率一般为（   ）。

A. 10%～20%   B. 25%～50%   C. 50%～80%   D. 80%～100%

2. 蒸压加气混凝土砌块的主要制作原料是（   ）。

A. 钙质材料和硅质材料   B. 钙质材料和碳质材料

C. 磷质材料和钠质材料   D. 碳质材料和硅质材料

3. 在选择墙用砌块时，（   ）因素不是主要考虑的。

A. 砌块的强度等级   B. 砌块的热工性能

C. 砌块的价格和运输成本   D. 砌块的颜色和外观

4. 关于粉煤灰砌块，以下哪个描述是正确的。（   ）

A. 粉煤灰砌块又称为粉煤灰空心砌块   B. 粉煤灰砌块只适用于低层建筑

C. 粉煤灰砌块的主要成分是粉煤灰硅酸盐 D. 粉煤灰砌块不能用于承重墙

5. （   ）不是墙用砌块技术性质测定的主要内容。

A. 强度测定   B. 密度和重量测定

C. 吸水率测定   D. 抗震性能测定

单元 6.3　墙用板材技术性质评定与选用

随着建筑结构体系的改革与墙体材料的发展，各种墙用板材、轻质墙板也迅速兴起。以板材为围护墙体的建筑体系具有轻质、节能、施工便捷、开间布置灵活、节约空间等特点，具有很好的发展前景。

墙用板材分为内墙板材和外墙板材。内墙板材大多为各类石膏板、石棉水泥板、加气混凝土板等；外墙板材大多采用加气混凝土板、各类复合板材、玻璃钢板等。

墙用板材主要有条板、平板、复合墙板等品种，按制作材料主要有水泥混凝土类、石膏类、纤维类和发泡塑料类等。

6.3.1 轻质隔墙条板的评定与选用

建筑用轻质隔墙条板是指采用轻质材料或轻质构造制作，面密度符合标准要求，长宽比不小于 2.5 的预制板。常见种类有石膏空心条板、蒸压加气混凝土条板、GRC 水泥多孔隔墙板。空心条板示意图如图 6-8 所示。

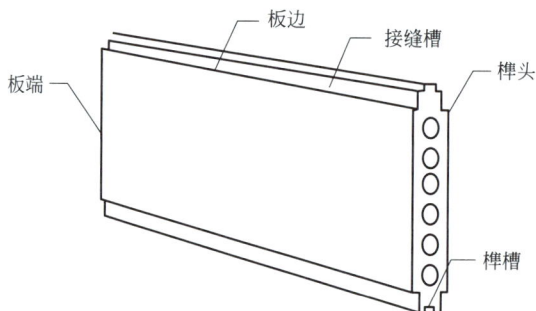

图 6-8 空心条板示意图

1. 石膏空心条板

石膏空心条板是以建筑石膏为主要原料，掺加适量轻质填充料或纤维材料后加工而成的一种空心板材。这种板材不用纸和黏结剂，安装时不用龙骨，是发展比较快的一种轻质板材。

石膏空心条板具有质量轻、强度高、隔热、隔声、防水等性能，可锯、可刨、可钻，施工简便。与纸面石膏板相比，石膏用量多，不用纸和胶黏剂，不用龙骨，工艺设备简单，因此比纸面石膏板造价低。石膏空心条板主要用于工业与民用建筑的内隔墙，其墙面可做喷浆、涂料、贴瓷砖、贴壁纸等各种饰面。

2. 蒸压加气混凝土板

蒸压加气混凝土板是以水泥、石灰、硅砂等为主要原料，再根据结构要求配置添加不同数量且经防腐处理的钢筋网片的一种轻质多孔的绿色环保建筑材料。

经高温高压、蒸汽养护，蒸压加气混凝土板内部含有大量微小非连通的气孔，孔隙率达 70%～80%。其密度较一般水泥质材料小，且具有良好的耐火、防火、隔声、隔热、保温等性能。

3. 玻璃纤维增强水泥轻质多孔隔墙条板（GRC 水泥多孔隔墙板）

GRC 水泥多孔隔墙板是以高强水泥为胶结料，珍珠岩为骨料，高强耐碱玻璃纤维为增强材料，加入适量粉煤灰及发泡剂和防水剂等，经搅拌、振动成型、养护而成，具有防老化、防水、防裂、耐火不燃及可锯、可钻、可钉、可刨等优点，安装速度快，可提高工效、缩短工期、扩大室内使用空间，同时降低工程基础造价。

6.3.2 平板评定与选用

此类板材为厚度 20mm 以下的实心板，强度较低，不能单独做墙体隔断，一般结合龙骨使用，或与其他材料一起做成复合墙体。

建筑平板的主要品种有水泥类、石膏类和植物纤维类。

1. 纤维增强水泥平板（TK 板）

TK 板是以低碱水泥、耐碱玻璃为主要原料，加水混合成浆，制坯、压制、蒸养而成的薄型平板。其尺寸规格为：长度 1200～3000mm，宽度 800～900mm，厚度 40、50、60、80mm。其抗冲击强度大于 $0.25J/cm^3$，耐火极限为 9.3～9.8min，导热系数为 $0.58W/(m \cdot K)$。

TK 板质量轻、强度高，防火、防潮，不易变形，可加工性好，适用于各类建筑物的复合外墙和内墙及有防潮、防火要求的隔墙。

2. 水泥刨花板

水泥刨花板是以水泥和木材加工的下脚料刨花为主要原料，加入适量水和化学助剂，经搅拌成型、加压、养护而成。它具有自重轻、强度高、防水、防火、防蛀、保温、隔声等性能，可加工性强，主要用于建筑物的内外墙板、天花板、壁橱板等。

3. 纸面石膏板

纸面石膏板是以掺入纤维增强材料的建筑石膏作芯材，两面用纸作护面而成，有普通型、耐水型、耐火型、耐水耐火型四种。纸面石膏板具有表面平整、尺寸稳定、轻质、隔热、吸声、防火、抗震、施工方便、能调节室内湿度等特点。它主要用于内隔墙、内墙贴面、天花板、吸声板等，但耐水性差，不宜用于潮湿环境。

纸面石膏板的表观密度为 800～950kg/m³，导热系数为 0.19～0.21W/(m · K)，隔声指数为 35～50dB，抗折荷载为 400～800N。

纸面石膏板韧性好、不燃、尺寸稳定、表面平整、可以锯割，便于施工。它主要用于内隔墙、内墙贴面、天花板、吸声板等，但耐水性差，不宜用于潮湿环境中。

4. 石膏纤维板

石膏纤维板又称纤维石膏板或无纸石膏板，是一种以石膏为基材，加入适量有机或无机纤维为增强材料，经打浆、铺装、脱水、成型、烘干而制成的一种无面纸纤维石膏板。它具有质轻、高强、耐火、隔声、韧性高的特点，可进行锯、钉、刨、粘等，其用途与纸面石膏板相同。

5. 植物纤维水泥复合板

植物纤维水泥复合板是一种以水泥作胶结材料，用一年生植物纤维代替多年生木质纤维，添加适量复合添加剂所生产的复合新型建筑板材。它具有保温、隔热、吸声、隔声、安全防火、抗震等性能。

6.3.3　复合墙板评定与选用

普通墙体板材因材料本身的局限性而使其应用受到限制，例如，水泥混凝土类板材的强度和耐久性好，但其自重太大；石膏板等虽然质量较轻，但其强度又较低。为了克服普通墙体板材功能单一的缺点，达到一板多用的目的，通常将不同材料经过加工组合成新的复合墙板，以满足工程的需要。

1. 钢丝网架水泥夹芯板

钢丝网架水泥夹芯板是指以阻燃型泡沫塑料板条或半硬质岩棉板做芯材的钢丝网架夹芯板。该板具有重量轻、保温、隔热性能好、安全方便等优点，主要用于房屋建筑的内隔板、围护外墙、保温复合外墙、楼面、屋面及建筑加层等。

钢丝网架水泥夹芯板通常包括舒乐舍板、泰柏板等板材。

（1）舒乐舍板

舒乐舍板是以阻燃型聚苯乙烯泡沫塑料板为整体芯板，双面或单面覆以冷拔钢丝网片，双向斜插钢丝焊接而成的一种新型墙体材料。在舒乐舍板两侧喷抹水泥砂浆后，墙板的整体刚性好、强度高、自重轻、保温隔热性能好且隔声、防火，适用于建筑的内外墙以及框架结构的围护墙和轻质内墙等。

（2）泰柏板

泰柏板是以钢丝焊接而成的三维笼为构架，与阻燃聚苯乙烯（EPS）泡沫塑料芯材组成的另一种钢丝网架水泥夹心板，是目前取代轻质墙体最理想的材料。其质量轻、强度高、防火、抗震、隔热、隔声、抗风化、耐腐蚀的性能优良，并有组合性强、易于搬运、适用面广、施工简便等特点，广泛用于建筑业、装饰业的内隔墙、围护墙、保温复合外墙和双轻体系（轻板、轻框架）的承重墙，以及楼面、屋面、吊顶和新旧楼房加层、卫生间隔墙等。

2. 轻型夹芯板

轻型夹芯板是以轻质高强的薄板为外层，以轻质的保温隔热材料为芯材组成的复合板，用于外墙面的外层薄板有不锈钢板、彩色镀锌钢板、铝合金板、纤维增强水泥薄板等，芯材有岩棉毡、玻璃棉毡、阻燃型发泡聚苯乙烯、发泡聚氨酯等，用于内墙面的外层薄板可根据需要选用石膏类板材、植物纤维类板材、塑料类板材等。

由于具有强度高、质量轻、较高的绝热性、施工方便快捷、可多次拆卸重复安装、较高的耐久性等优点,轻型夹芯板普遍用于冷库、仓库、工厂车间、仓储式超市、商场、办公楼、洁净室、旧楼房加层、展览馆、体育场馆等建筑物。

【本单元测试】

单选题

1. 墙用板材的主要类型不包括（　　）。

A. 加气混凝土板　　　　　　　　　　B. 石膏板

C. 木质纤维板　　　　　　　　　　　D. 玻璃纤维增强水泥板

2.（　　）墙用板材具有优良的保温隔热性能。

A. 石膏板　　　　　　　　　　　　　B. 加气混凝土板

C. 水泥纤维板　　　　　　　　　　　D. 复合木板

3. 按照制作材料分类,墙用板材不包括（　　）。

A. 水泥混凝土类　　B. 石膏类　　　　C. 塑料类　　　　D. 玻璃类

4.（　　）墙用板材适用于防火等级较高的建筑。

A. 石膏板（普通型）　　　　　　　　B. 加气混凝土板（A 级不燃）

C. PVC 发泡板　　　　　　　　　　D. 木质复合板

5. 在节能建筑设计中,（　　）墙用板材的应用较为广泛。

A. 实体砖墙　　　　　　　　　　　　B. 加气混凝土板

C. 木质装饰板　　　　　　　　　　　D. 玻璃幕墙

【综合练习】

一、单选题

1. 鉴别过火砖和欠火砖的常用方法是（　　）。

A. 强度　　　　　　　　　　　　　　B. 颜色及敲击声

C. 外形尺寸　　　　　　　　　　　　D. 缺棱掉角情况

2. 烧结普通砖的强度等级是根据（　　）来划分的。

A. 3 块样砖的平均抗压强度　　　　　B. 5 块样砖的平均抗压强度

C. 8块样砖的平均抗压强度　　　　　　D. 10块样砖的平均抗压强度

3. 砖在砌筑之前必须浇水湿润的目的是（　　　）。

A. 提高砖的质量　　　　　　　　　　B. 提高砂浆的强度

C. 提高砂浆的黏结力　　　　　　　　D. 便于施工

4. 下面哪些不是加气混凝土砌块的特点？（　　　）

A. 轻质　　　　　B. 保温隔热　　　　C. 加工性能好　　　　D. 韧性好

5. 下列地区中，烧结普通砖必须进行冻融试验的是（　　　）。

A. 黑龙江省　　　　　　　　　　　　B. 宁夏回族自治区

C. 甘肃省　　　　　　　　　　　　　D. 青海省

6. 烧结多孔砖根据抗压强度可分为（　　　）强度等级。

A. 3个　　　　　B. 4个　　　　　　C. 5个　　　　　　D. 6个

7. 烧结多孔砖的孔洞率应（　　　）。

A. ＞15％　　　　B. ＞18％　　　　C. ＞20％　　　　D. ＞28％

8. MU7.5中7.5的含义是（　　　）。

A. 指抗折强度平均值大于7.5MPa　　B. 指抗压强度平均值大于等于7.5MPa

C. 指抗折强度平均值小于等于7.5MPa　D. 指抗压强度平均值小于7.5MPa

9. 烧结普通砖在墙体中广泛应用，主要是由于其具有下述除（　　　）外的性能特点。

A. 一定的强度　　　　　　　　　　　B. 高强

C. 耐久性较好　　　　　　　　　　　D. 隔热性较好

二、判断题

1. 烧结时窑内为氧化气氛制得青砖，还原气氛制得红砖。（　　　）

2. 泛霜是一种盐析现象。（　　　）

3. 增加加气混凝土砌块墙厚度，该加气混凝土的导热系数减小。（　　　）

4. 烧结普通砖的外形为直角六面体，其公称尺寸为：长240mm、宽115mm、高53mm。（　　　）

5. 中等泛霜的烧结普通砖可用于潮湿部位。（　　　）

6. 烧结空心砖可用于建筑物的承重部位。（　　　）

7. 烧结空心砖的孔洞率≥33％。（　　　）

8. 烧结普通砖的强度等级是按抗折强度来划分的。　　（　　　）

9. 烧结普通砖在砌筑前应预先用水润湿，以保证砌体的外观效果。（　　　）

　　　　　　　　　　　　　　　　　　　　　　　　　　建筑材料

建筑防水密封材料

【项目引入】

防水材料是建筑物的围护结构，要防止雨水、雪水和地下水的渗透；要防止空气中的湿气、蒸汽和其他有害气体与液体的侵蚀；分隔结构要防止给水排水的渗翻。建筑物需要进行防水处理的部位主要是屋面、地下室、地面和墙面。

某屋面防水涂料选用彩色焦油聚氨酯，涂膜厚度为 2mm。底层与面层涂料分别为两家不同生产厂的产品。施工后发现三个质量问题：一是大面积涂膜呈龟裂状，部分涂膜表面不结膜；二是整个屋面颜色不均，面层厚度普遍不足；三是局部（约 3%）涂膜有皱褶、剥离现象。

【思维导图】

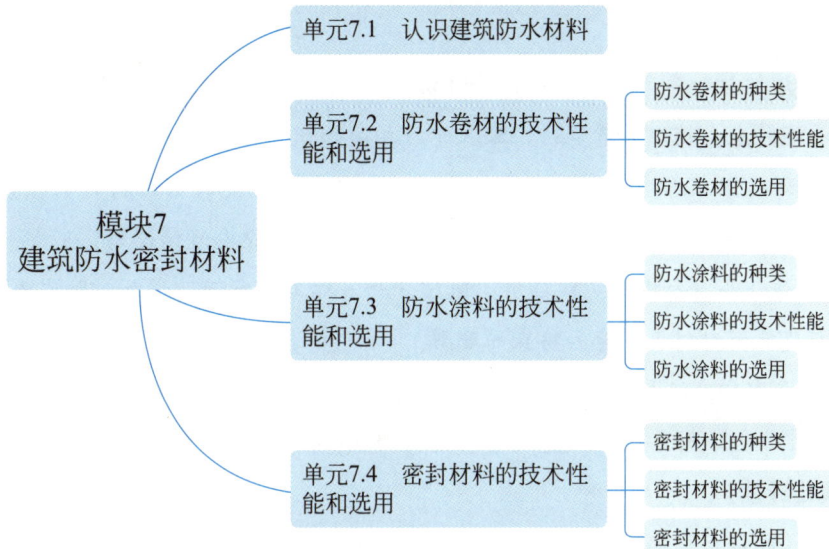

内容介绍

【建议学时】4

【学习目标】

1. 知识目标

• 掌握防水卷材的性能特点和应用。

• 掌握防水卷材的贮运与保管。

• 掌握防水涂料与建筑密封材料的性能特点和应用。

• 掌握防水涂料与密封材料的贮运与保管。

2. 技能目标

• 能够正确查阅防水材料的执行标准、规范、规程。

• 能够操作检测设备，完成防水卷材的性能检测。

• 能够正确选用防水材料。

3. 素质目标

• 培养知行合一、真抓实干社会责任感，树立攻坚克难、不畏艰辛的职业操守。

• 树立认真严谨、细致入微的工匠精神。

• 培养行远自迩、笃行不怠的务实态度。

【学习重点】

• 防水卷材、防水涂料与建筑密封材料的性能特点和应用。

【学习难点】

• 防水卷材、防水涂料与建筑密封材料的贮运与保管。

【学习建议】

• 阅读教材和参考资料：认真阅读教材，熟悉防水卷材、防水涂料与建筑密封材料的性能特点，辅以参考资料，深入学习相关知识。

• 做好知识点总结：建议将防水卷材、防水涂料与建筑密封材料的性能特点、应用、贮运与保管整理成思维导图或总结表格，帮助记忆和理清思路。

• 多结合实例分析和实践应用：通过分析实际工程案例，增加对防水卷材、防水涂料与建筑密封材料性能和特点的理解。

• 多与同学交流和讨论：与同学们共同学习、交流思想，参与讨论，能够帮助加深对防水卷材、防水涂料与建筑密封材料的理解和应用。

【项目导读】

收集、阅读与防水材料有关的标准规范，了解工程对防水材料的基本要求，并结合引导问题，学习和认识防水材料。

引导问题 1：防水材料按照其采用的主要原料进行分类，分为哪些种类？

引导问题 2：你知道的防水材料有哪几种形态？

单元 7.1 认识建筑防水材料

随着人们对建筑物的质量要求不断提高，建筑功能材料应运而生。它们的出现大大改善了建筑物的使用功能，优化了人们的生活和工作环境。建筑功能材料在建筑物中的主要作用有防水密封、保温隔热、吸声隔声、防火和抗腐蚀等，它对扩展建筑物的功能、延长其使用寿命以及节能具有重要意义。

建筑防水是指为防止水对建筑物某些部位的渗透，而从建筑材料上和构造上采取的技术措施。使用防水材料是做好建筑防水的重要手段，对于建筑物正常使用功能的发挥和耐久性都有重要意义。

防水材料是在建筑、水利水电、公路及桥梁等土木工程中广泛应用的一种能够防止雨水、地下水、地表水与其他水分渗透的材料。

建筑物防水处理的部位主要有屋面、墙面、地面和地下室等。

防水材料具有品种多、发展快的特点，有传统使用的沥青防水材料，也有正在发展的改性沥青防水材料和合成高分子防水材料。防水设计由多层向单层防水发展，由单一材料向复合型多功能材料发展，施工方法也由热熔法向冷粘贴法或自粘贴法发展。

防水材料按状态可分为沥青、防水卷材、防水涂料、防水密封材料和防水黏结材料。

目前建筑防水以沥青基卷材为主。改性沥青防水卷材的使用已上升为主导的防水材料，高分子防水卷材占有重要地位。EPDM、PVC、TPO等材料耐久性高、安全环保无污染，甚至可以重复使用，是未来防水材料发展的主流。

防水涂料向聚合物和渗透性方向发展。传统的沥青防水涂料性能欠佳，屋面防水材料逐步被聚氨酯、丙烯酸等聚合物防水涂料取代。渗透性防水涂料可渗入混凝土内与水反应形成晶体，堵塞孔隙以达到防水目的，在工程上得到极大的应用。

密封材料向弹性密封膏过渡，产品向高功能的弹性密封膏方向发展。

本模块主要介绍防水材料中的防水卷材、防水涂料和密封材料。

【本单元测试】

一、单选题

目前，建筑防水以（　　）为主。

A. 沥青基卷材　　　　　　　　　B. 改性沥青防水卷材

C. 高分子防水卷材　　　　　　　D. 防水黏结材料

二、多选题

1. 建筑物防水处理的部位主要有（　　）。

A. 屋面　　　　　　　　　　　　B. 墙面

C. 地面　　　　　　　　　　　　D. 地下室

E. 柱面

2. 防水材料按状态可分为（　　）。

A. 沥青　　　　　　　　　　　　B. 防水卷材

C. 防水涂料　　　　　　　　　　D. 防水密封材料

E. 防水黏结材料

单元 7.2　防水卷材的技术性能和选用

7.2.1　防水卷材的种类

防水卷材是建筑防水材料的重要品种，它是具有一定宽度和厚度并可卷曲的片状定型防水材料。其主要用于房屋建筑的基础、地下室外墙、屋面等处，起到抵御外界雨水、地下水渗漏的作用，如图7-1所示。

目前，防水卷材有沥青防水卷材、高聚物改性沥青防水卷材和合成高分子防水卷材三大系列，如图7-2所示。

沥青防水卷材是我国传统的防水卷材，生产历史久、成本较低、应用广泛，沥青材料的低温柔性差，温度敏感性大，在大气作用下易老化，防水耐用年限较短，它属于低档防水材料。

图 7-1　防水卷材

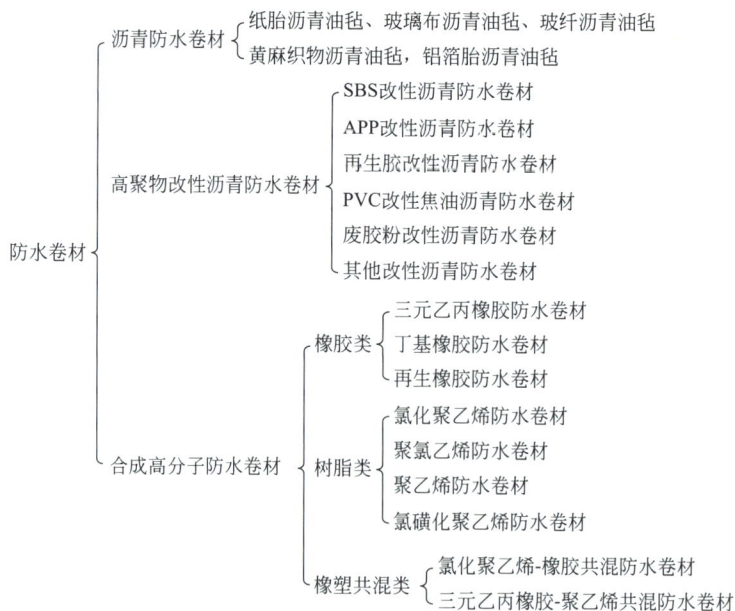

图 7-2　防水卷材分类

以合成高分子聚合物改性沥青为涂盖层，纤维毡、纤维织物或塑料薄膜为胎体，粉状、粒状、片状或薄膜材料为覆面材料制成可卷曲的片状防水材料，称为高聚物改性沥青防水卷材。

合成高分子防水卷材是以合成橡胶、合成树脂或两者的共混体为基料，加入适量的化学助剂和填充剂等，采用密炼、挤出或压延等橡胶或塑料的加工工艺所制成的可卷曲片状防水材料。

后两个系列卷材的性能较沥青防水材料优异，是防水卷材的发展方向。

7.2.2 防水卷材的技术性能

防水卷材要满足建筑防水工程的要求，必须具备以下性能：

（1）耐水性：指在水的作用和被水浸润后其性能基本不变，在压力水作用下具有不透水性。常用不透水性、吸水性等指标表示。

（2）温度稳定性：指在高温下不流淌、不起泡、不滑动，低温下不脆裂的性能，也即在一定温度变化下保持原有性能的能力。常用耐热度、耐热性等指标表示。

（3）机械强度、延伸性和抗断裂性：指防水卷材承受一定荷载、应力或在一定变形条件下不断裂的性能。常用拉力、拉伸强度和断裂伸长率等指标表示。

（4）柔韧性：指在低温条件下保持柔韧性的性能。常用柔度、低温弯折性等指标表示。

（5）大气稳定性：指在阳光、热、臭氧及其他化学侵蚀介质等因素的长期综合作用下抵抗侵蚀的能力。常用耐老化性、热老化保持率等指标表示。

7.2.3 防水卷材的选用

各类防水卷材的选用应充分考虑建（构）筑物的特点、地区环境条件、使用条件等多种因素，结合材料的特性和性能指标来选择。

1. 沥青防水卷材

沥青防水卷材是用原纸、纤维织物、纤维毡等胎体浸涂沥青，表面撒布粉状、粒状或片状材料而制成的。常用品种有石油沥青纸胎油毡、石油沥青玻璃布油毡、石油沥青玻纤胎油毡、石油沥青麻布胎油毡等。

石油沥青纸胎油毡是用低软化点的石油沥青浸渍原纸，然后用高软化点的石油沥青涂盖油纸的两面，再涂撒隔离材料制成的一种防水材料。按《石油沥青纸胎油毡》GB/T 326—2007 的规定：油毡按卷重和物理性能分为Ⅰ型、Ⅱ型和Ⅲ型。各类型油毡的物理性能应符合表 7-1 的规定。其中Ⅰ型和Ⅱ型油毡适用于简易防水、临时性建筑防水、防潮及包装等，Ⅲ型油毡适用于多层建筑防水。

石油沥青纸胎油毡物理性能　　　　　　　　　表 7-1

项目		指标		
		Ⅰ型	Ⅱ型	Ⅲ型
单位面积浸涂材料总量(g/m²) ≥		600	750	1000
不透水性	压力(MPa) ≥	0.02	0.02	0.10
	保持时间(min) ≥	20	30	30
吸水率(%) ≤		3.0	2.0	1.0
耐热度		(85±2)℃,2h涂盖层无滑动、流淌和集中性气泡		
拉力(纵向)(N/50mm) ≥		240	270	340
柔度		(18±2)℃,绕 φ20mm 棒或弯板无裂纹		

注：本标准Ⅲ型产品物理性能要求为强制性的，其余为推荐性的。

为了克服纸胎的抗拉能力低、易腐烂、耐久性差的缺点，通过改进胎体材料来改善沥青防水卷材的性能，开发出玻璃布沥青油毡、玻纤沥青油毡、黄麻织物沥青油毡、铝箔胎沥青油毡等一系列沥青防水卷材。沥青防水卷材一般都是叠层铺设、热粘贴施工。常用沥青防水卷材的特点及适用范围见表 7-2。

常用沥青防水卷材的特点及适用范围　　　　　　表 7-2

卷材名称	特点	适用范围	施工工艺
石油沥青纸胎油毡	传统的防水材料,低温柔性差,防水层耐用年限较短,但价格较低	三毡四油、二毡三油叠层设的屋面工程	热玛琋脂、冷玛琋脂粘贴施工
玻璃布胎沥青油毡	抗拉强度高,胎体不易腐烂,材料柔韧性好,耐久性比纸胎油毡提高一倍以上	多用作纸胎油毡的增强附加层和突出部位的防水层	热玛琋脂、冷玛琋脂粘贴施工
玻纤毡胎沥青油毡	具有良好的耐水性、耐腐蚀性和耐久性,柔韧性也优于纸胎沥青油毡	常用做屋面或地下防水工程	热玛琋脂、冷玛琋脂粘贴施工
黄麻胎沥青油毡	抗拉强度高,耐水性好,但胎体材料易腐烂	常用作屋面增强附加层	热玛琋脂、冷玛琋脂粘贴施工
铝箔胎沥青油毡	有很高的阻隔蒸汽的渗透能力,防水功能好,且具有一定的抗拉强度	与带孔玻纤毡配合或单独使用,宜用于隔汽层	热玛琋脂粘贴施工

根据《屋面工程技术规范》GB 50345—2012，防水卷材的选择应符合下列规定：根据当地历年最高气温、最低气温、屋面坡度和使用条件等因素，选择耐热度、

低温柔性相适应的卷材；应根据地基变形程度、结构形式、当地年温差、日温差和振动等因素，选择拉伸性能相适应的卷材；应根据屋面卷材的暴露程度，选择耐紫外线、耐老化、耐霉烂相适应的卷材；种植隔热屋面的防水层应选择耐根穿刺防水卷材。按照 GB 50345—2012 的规定，目前防水卷材应按合成高分子防水卷材和高聚物改性沥青防水卷材选用。

2. 高聚物改性沥青防水卷材

高聚物改性沥青防水卷材是以合成高分子聚合物改性沥青为涂盖层，纤维织物或纤维毡为胎体，粉状、粒状、片状或薄膜材料为覆面材料制成的可卷曲片状防水材料。

在沥青中添加适量的高聚物可以改善沥青防水卷材温度稳定性差和延伸率小的不足，具有高温不流淌、低温不脆裂、拉伸强度高、延伸率较大等优异性能，且价格适中，在我国属中低档防水卷材。按改性高聚物的种类，有 SBS 改性沥青防水卷材、APP 改性沥青防水卷材、聚氯乙烯改性焦油沥青防水卷材、再生胶改性沥青防水卷材、废橡胶粉改性沥青防水卷材等。按油毡使用的胎体品种又可分为玻纤胎、聚乙烯膜胎、聚酯胎、黄麻布胎、复合胎等品种。此类防水卷材按厚度可分为 2mm、3mm、4mm、5mm 等规格，一般单层铺设，也可复合使用，根据不同卷材可采用热熔法、冷粘法、自粘法施工。

（1）SBS 改性沥青防水卷材

SBS 改性沥青防水卷材属弹性体沥青防水卷材中的一种，弹性体沥青防水卷材是用沥青或热塑性弹性体（如苯乙烯-丁二烯嵌段共聚物 SBS）改性沥青（简称"弹性体沥青"）浸渍胎基，两面涂以弹性体沥青涂盖层，上表面撒以细砂、矿物粉（片）料或覆盖聚乙烯膜，下表面撒以细砂或覆盖聚乙烯膜所制成的一类防水卷材。按《弹性体改性沥青防水卷材》GB 18242—2008 的规定，弹性体沥青防水卷材按胎基分为聚酯毡、玻纤毡和玻纤增强聚酯毡；按上表面隔离材料分为聚乙烯膜、细砂、矿物粒料；按材料性能分为Ⅰ型和Ⅱ型。

该类防水卷材适用于各类建筑防水、防潮工程，尤其适用于寒冷地区和结构变形频繁的建筑物防水。其中，玻纤毡卷材适用作多层防水；玻纤增强聚酯毡卷材可用作单层防水或多层防水的面层，并可采用热熔法施工。

（2）APP 改性沥青防水卷材

APP 改性沥青防水卷材属塑性体沥青防水卷材中的一种。塑性体沥青防水卷材是用沥青或热塑性塑料（如无规聚丙烯 APP）改性沥青（简称"塑性体沥青"）浸渍胎基，两面涂以塑性体沥青涂盖层，上表面撒以细砂、矿物粒（片）料或覆盖聚乙烯膜，下表面撒以细砂或覆盖聚乙烯膜所制成的一类防水卷材。按《塑性体改性沥青防水卷材》GB 18243—2008 的规定，塑性体沥青防水卷材按胎基分为聚酯毡、玻纤毡和玻纤增强聚酯毡；按上表面隔离材料分为聚乙烯膜、细砂、矿物粒料；按材料性能分为Ⅰ型和Ⅱ型。

该类防水卷材适用于各类建筑防水、防潮工程，尤其适用于高温或有强烈太阳辐射地区的建筑物防水。其中，玻纤毡卷材用作多层防水；玻纤增强聚酯毡卷材可用作单层防水或多层防水的面层，并可采用热熔法施工。

高聚物改性沥青防水卷材除弹性 SBS 改性沥青防水卷材和塑性 APP 改性沥青防水卷材外，还有许多其他品种，它们因高聚物品种和胎体品种的不同而性能各异，在建筑防水工程中的适用范围也各不相同。常用的几种高聚物改性沥青防水卷材的特点和适用范围见表 7-3。在防水设计中可参照选用。

常用高聚物改性沥青防水卷材的特点和适用范围　　　　　表 7-3

卷材名称	特点	适用范围	施工工艺
SBS 改性沥青防水卷材	耐高温、低温性能有明显提高，卷材的弹性和耐疲劳性明显改善	单层铺设的屋面防水工程或复合使用，适合于寒冷地区和结构变形频繁的建筑	冷施工铺贴或热熔铺贴
APP 改性沥青防水卷材	具有良好的强度、延伸性、耐热性、耐紫外线照射及耐老化性能	单层铺设，适合于紫外线辐射强烈及炎热地区屋面使用	热熔法或冷粘法铺设
聚氯乙烯改性焦油防水卷材	有良好的耐热及耐低温性能，最低开卷温度为－18℃	有利于在冬季负温度下施工	可热作业，亦可冷施工
再生胶改性沥青防水卷材	有一定的延伸性，且低温柔性较好，有一定的防腐蚀能力，价格低廉，属低档防水卷材	变形较大或档次较低的防水工程	热沥青粘贴
废橡胶粉改性沥青防水卷材	比普通石油沥青纸胎油毡的抗拉强度、低温柔性均有明显改善	叠层使用于一般屋面防水工程，宜在寒冷地区使用	热沥青粘贴

对于屋面防水工程，《屋面工程技术规范》GB 50345—2012 规定，高聚物改性沥青防水卷材适用于防水等级为Ⅰ级（特别重要的民用建筑和对防水有特殊要求的工业建筑。防水耐用年限为 25 年）、Ⅱ级（重要的工业与民用建筑、高层建筑。防水耐用年限为 15 年）和Ⅲ级的屋面防水工程。对于Ⅰ级屋面防水工程，除规定应有的一道合成高分子防水卷材外，高聚物改性沥青防水卷材可用于应有的三道或三道以上防水设防的各层，且厚度不宜小于 3mm。对于Ⅱ级屋面防水工程，在应有的二道防水设防中，应优先采用高聚物改性沥青防水卷材，且所有卷材厚度不宜小于 3mm。对于Ⅲ级屋面防水工程，应有一道防水设防，或两种防水材料复合使用；如单独使用，高聚物改性沥青防水卷材厚度不宜小于 4mm；如复合使用，高聚物改性沥青防水卷材的厚度不应小于 2mm。高聚物改性沥青防水卷材除外观质量和规格应符合要求外，还应检验拉伸性

能、耐热度、柔性和不透水性等物理性能，并应符合表 7-4 的要求。

高聚物改性沥青防水卷材物理性能

表 7-4

项目		性能要求				
		聚酯毡胎体	玻纤毡胎体	聚乙烯胎体	自粘聚酯胎体	自粘无胎体
可溶物含量		3mm 厚≥2100 4mm 厚≥2900		—	2mm>1300 3mm>2100	
拉力 （N/50mm）		≥450	纵向≥350 横向≥250	≥100	≥350	≥250
延伸率 （%）		最大拉力时≥30	—	断裂时≥200	最大拉力时≥30	断裂时≥450
耐热度 （℃,2h）		SBS 卷材 90， APP 卷材 110， 无滑动、流淌、滴落		PEE 卷材 90，无流 淌、起泡	70，无滑 动、流淌、 滴落	70，无起泡、 滑动
低温柔度 （℃）		SBS 卷材-18，APP 卷材-5，PEE 卷材-10			—20	
		3mm 厚，$r=15$mm；4mm 厚， $r=25$mm；3s，180°无裂纹			$r=15$mm 3s， 弯 180°无裂纹	$\phi20$mm，3s， 弯 180°无裂纹
不透水性	压力 （MPa）	≥0.3	≥0.2	≥0.3	≥0.3	≥0.2
	保持时间 （min）	≥30				≥120

注：SBS 卷材——弹性体改性沥青防水卷材；APP 卷材——塑性体改性沥青防水卷材；PEE 卷材——高聚物改性沥青聚乙烯胎防水卷材。

3. 合成高分子防水卷材

合成高分子防水卷材是以合成橡胶、合成树脂或它们两者的共混体为基料，加入适量的化学助剂和填充料等，经混炼、压延或挤出等工序加工而制成的可卷曲的片状防水材料。其中又可分为加筋增强型与非加筋增强型两种。

合成高分子防水卷材具有拉伸强度和抗撕裂强度高、断裂伸长率大、耐热性和低温柔性好、耐腐蚀、耐老化等一系列优异的性能。常用的有聚氯乙烯（PVC）防水卷材、氯化聚乙烯防水卷材。

（1）聚氯乙烯（PVC）防水卷材

聚氯乙烯防水卷材是以聚氯乙烯树脂为主要原料，掺加填充料和适量的改性剂、增塑剂及其他助剂，经混炼、压延或挤出成型、分卷包装而成的防水卷材。

按《聚氯乙烯（PVC）防水卷材》GB 12952—2011 的规定，聚氯乙烯防水卷材按产品的组成分为均质卷材（代号 H）、带纤维背衬卷材（代号 L）、织物内增强卷材（代号 P）、玻璃纤维内增强卷材（代号 G）、玻璃纤维内增强带纤维背衬卷材（代号 GL）。该卷材的尺度稳定性、耐热性、耐腐蚀性、耐细菌性等均较好，适用于各类建筑的屋面防水工程和水池、堤坝等防水抗渗工程。

（2）氯化聚乙烯防水卷材

氯化聚乙烯防水卷材是以氯化聚乙烯为主要原料制成的防水卷材，包括无复合层、用纤维单面复合及织物内增强的氯化聚乙烯防水卷材。

按《氯化聚乙烯防水卷材》GB 12953—2003 的规定，氯化聚乙烯防水卷材按有无复合层分类，无复合层的为 N 类、用纤维单面复合的为 L 类、织物内增强的为 W 类。该种卷材由于氯化聚乙烯分子结构的饱和性及氯原子的存在，使其具有优良的耐候性、耐化学腐蚀性以及阻燃性。在施工中便于黏结成为整体防水层，施工方便，但需要注意其后期收缩问题，以确保长期使用的稳定性。

合成高分子防水卷材因所用的基材不同而性能差异较大，使用时应根据其性能的特点合理选择，常见的合成高分子防水卷材的特点和适用范围见表 7-5。

常见合成高分子防水卷材的特点和适用范围　　　　　表 7-5

卷材名称	特点	适用范围	施工工艺
聚氯乙烯防水卷材 GB 12952—2011	具有较高的拉伸和撕裂强度，延伸率较大，耐老化性能好，原材料丰富，价格便宜，容易黏结	单层或复合使用于外露或有保护层的防水工程	冷粘法或热风焊接法施工
氯化聚乙烯防水卷材 GB 12953—2003	具有良好的耐候、耐臭氧、耐热老化、耐油、耐化学腐蚀及抗撕裂的性能	单层或复合作用宜用于紫外线强的炎热地区	冷粘法施工

按《屋面工程技术规范》GB 50345—2012 的规定，合成高分子防水卷材适用于防水等级为Ⅰ级、Ⅱ级的屋面防水工程。在Ⅰ级屋面防水工程中，每道卷材防水层最小厚度为 1.2mm；在Ⅱ级屋面防水工程中，每道卷材防水层最小厚度为 1.5mm。屋面工程中使用的合成高分子防水卷材，除外观质量和规格应符合要求外，还应检验拉伸强度、断裂伸长率、低温弯折性和不透水性等物理性能，并应符合表 7-6 的规定。

合成高分子防水卷材主要性能指标　　　　　表 7-6

项目		指标			
		硫化橡胶类	非硫化橡胶类	树脂类	树脂类（复合片）
断裂拉伸强度（MPa）		≥6	≥3	≥10	≥60 N/10mm
扯断伸长率（%）		≥400	≥200	≥200	≥400
低温弯折（℃）		—30	—20	—25	—20
不透水性	压力（MPa）	≥0.3	≥0.2	≥0.3	≥0.3
	保持时间（min）	≥30			
加热收缩率（%）		<1.2	<2.0	≤2.0	≤2.0

续表

项目		指标			
		硫化橡胶类	非硫化橡胶类	树脂类	树脂类（复合片）
热老化保持率（80℃×168h，%）	断裂拉伸强度	≥80		≥85	≥80
	扯断伸长率	≥70		≥80	≥70

【本单元测试】

多选题

1. 防水卷材有（　　）三大系列。

A. 沥青防水卷材　　　　　　　　B. 高聚物改性沥青防水卷材

C. 合成高分子防水卷材　　　　　D. 防水涂料

E. 防水涂膜

2. （　　）的性能较沥青防水材料优异，是防水卷材的发展方向。

A. 沥青防水卷材　　　　　　　　B. 高聚物改性沥青防水卷材

C. 合成高分子防水卷材　　　　　D. 防水涂料

E. 防水涂膜

3. 防水卷材要满足建筑防水工程的要求，必须具备（　　）性能。

A. 耐水性　　　　　　　　　　　B. 温度稳定性

C. 机械强度、延伸性和抗断裂性　D. 柔韧性

E. 大气稳定性

单元 7.3　防水涂料的技术性能和选用

7.3.1　防水涂料的种类

防水涂料是一种流态或半流态物质，可用刷、喷等工艺涂布在基层表面，经溶剂或水分挥发或各组分间的化学反应，形成具有一定弹性和一定厚度的连续薄膜，使基层表面与水隔绝，起到防水、防潮作用。

防水涂料固化成膜后的防水涂膜具有良好的防水性能，特别适用于各种复杂不规则部位的防水，能形成无接缝的完整防水膜。它大多采用冷施工，不必加热熬制，涂布的防水涂料既是防水层的主体又是黏结剂，因而施工质量容易保证，维修也较简单。但是，防水涂料须采用刷子或刮板等逐层涂刷（刮），故防水膜的厚度较难保持均匀一致。因此，防水涂料广泛适用于工业与民用建筑的屋面防水工程、地下室防水工程和地面防潮、防渗等。

防水涂料按液态类型可分为溶剂型、水乳型和反应型三种。溶剂型的黏结性较好，但污染环境；水乳型的价格低，但黏结性差些。从涂料发展趋势来看，随着水乳型的性能提高，它的应用会更广。按成膜物质的主要成分可分为沥青类、高聚物改性沥青类和合成高分子类，如图 7-3 所示。

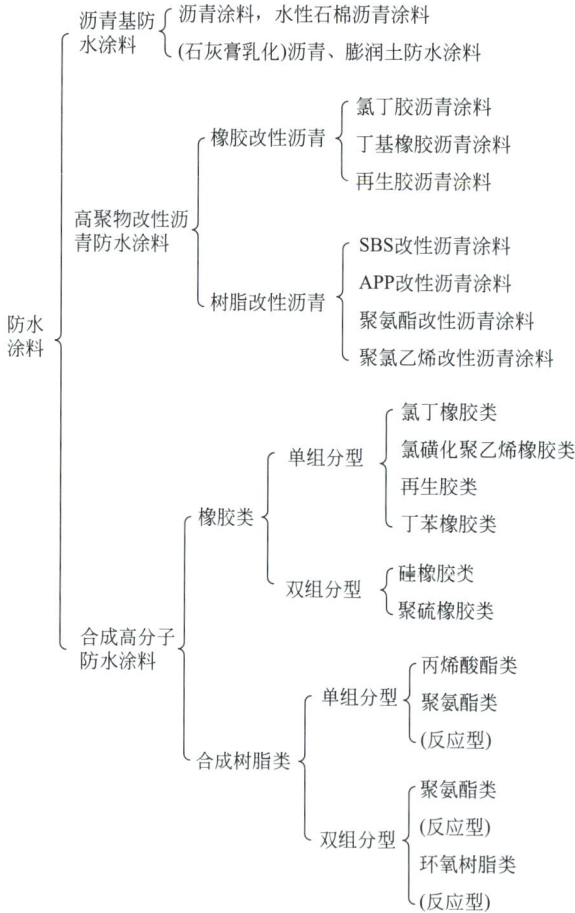

图 7-3　防水涂料分类

7.3.2 防水涂料的技术性能

防水涂料要满足防水工程的要求，必须具备以下性能：

（1）固体含量：指防水涂料中所含固体比例。由于涂料涂刷后涂料中的固体成分会形成涂膜，因此，固体含量多少与成膜厚度及涂膜质量密切相关。

（2）耐热度：指防水涂料成膜后的防水薄膜在高温下不发生软化变形、不流淌的性能。它反映防水涂膜的耐高温性能。

（3）柔性：指防水涂料成膜后的膜层在低温下保持柔韧的性能。它反映防水涂料在低温下的施工和使用性能。

（4）不透水性：指防水涂膜在一定水压（静水压或动水压）和一定时间内不出现渗漏的性能，是防水涂料满足防水功能要求的主要质量指标。

（5）延伸性：指防水涂膜适应基层变形的能力。防水涂料成膜后必须具有一定的延伸性，以适应由于温差、干湿等因素造成的基层变形，保证防水效果。

7.3.3 防水涂料的选用

防水涂料的使用应考虑建筑物的特点、环境条件和使用条件等因素，结合防水涂料特点和性能指标选择。

1. 沥青基防水涂料

沥青基防水涂料指以沥青为基料配制而成的水乳型或溶剂型防水涂料。这类涂料对沥青基本没有改性或改性作用不大，主要有石灰膏乳化沥青、膨润土乳化沥青和水性石棉沥青防水涂料等。

其中，石灰乳化沥青涂料是以石油沥青为基料，石灰膏为乳化，在机械强制搅拌下将沥青乳化制成的厚质防水涂料。石灰乳化沥青涂料为水性、单组分涂料，具有无毒、不燃、可在潮湿基层上施工等特点。按《水乳型沥青防水涂料》JC/T 408—2005 的规定，水乳型沥青防水涂料的物理力学性能应满足表 7-7 的要求。

水乳型沥青防水涂料的物理力学性能 表 7-7

项目	L	H
固体含量(%)≥	45	
耐热度(℃)	80±2	110±2
	无流淌、滑动、滴落	
不透水性	0.10MPa,30min 无渗水	
黏结强度(MPa)≥	0.30	

项目		L	H
表干时间(h)≤		8	
实干时间(h)≤		24	
低温柔度(℃)	标准条件	−15	0
	碱处理	−10	5
	热处理		
	紫外线处理		
断裂伸长率(%)≥	标准条件	600	
	碱处理		
	热处理		
	紫外线处理		

注：供需双方可以商定温度更低的低温柔度指标。

2. 高聚物改性沥青防水涂料

高聚物改性沥青防水涂料指以沥青为基料，用合成高分子聚合物进行改性，制成的水乳型或溶剂型防水涂料。这类涂料在柔韧性、抗裂性、拉伸性、耐高低温性能、使用寿命等方面比沥青基涂料有很大改善。品种有再生橡胶性防水涂料、氯丁橡胶改性沥青防水涂料、SBS 橡胶改性沥青防水涂料、聚氯乙烯改性沥青防水涂料等。

3. 合成高分子防水涂料

合成高分子防水涂料指以合成橡胶或合成树脂为主要成膜物质制成的单组分或多组分的防水涂料。这类涂料具有高弹性、高耐久性及优良的耐高低温性能，品种有聚氨酯防水涂料、丙烯酸酯防水涂料、环氧树脂防水涂料和有机硅防水涂料等。

其中，聚氨酯防水涂料属双组分反应型涂料。甲组分是含有异氰酸基的预聚体，乙组分是含有多羟基的固化剂与增塑剂、稀释剂等，甲乙两组分混合后，经固化反应形成均匀、富有弹性的防水涂膜。聚氨酯防水涂料是反应型防水涂料，固化时体积收缩很小，可形成较厚的防水涂膜，并具有弹性高、延伸率大、耐高低温性好、耐油、耐化学侵蚀等优异性能。按《聚氨酯防水涂料》GB/T 19250—2013 的规定，其基本性能应满足表 7-8 的要求。

聚氨酯防水涂料基本性能　　　　表 7-8

序号	项目		技术指标		
			Ⅰ	Ⅱ	Ⅲ
1	固体含量(%)	单组分	85.0		
		多组分	92.0		

序号	项目		技术指标		
			Ⅰ	Ⅱ	Ⅲ
2	表干时间(h) ≤		12		
3	实干时间(h) ≤		24		
4	流平性ᵃ		20min时,无明显齿痕		
5	拉伸强度(MPa) ≥		2.0	6.00	12.00
6	断裂伸长率(%) ≤		500	450	250
7	撕裂强度(N/mm)		15	30	40
8	低温弯折性		−35℃,无裂纹		
9	不透水性		0.3MPa,120min,不透水		
10	加热伸缩率%		−4.0～+1.0		
11	黏结强度(MPa) ≥		1.0		
12	吸水率(%) ≤		5.0		
13	定伸时老化	加热老化	无裂纹及变形		
		人工气候老化ᵇ	无裂纹及变形		
14	热处理 (80℃,168h)	拉伸强度保持率(%)	80～150		
		断裂伸长率(%) ≥	450	400	200
		低温弯折性	−30℃,无裂纹		
15	碱处理 [0.1%NaOH+饱和 Ca(OH)₂溶液,168h]	拉伸强度保持率(%)	80～150		
		断裂伸长率(%) ≥	450	400	200
		低温弯折性	−30℃,无裂纹		
16	酸处理 [2%H₂SO₄溶液,168h]	拉伸强度保持率(%)	80～150		
		断裂伸长率(%) ≥	450	400	200
		低温弯折性	−30℃,无裂纹		
17	人工气候老化ᵇ (1000h)	拉伸强度保持率(%)	80～150		
		断裂伸长率(%) ≥	450	400	200
		低温弯折性	−30℃,无裂纹		
18	燃烧性能ᵇ		B2-E(点火 15s,燃烧 20s,Fs≤150mm, 无燃烧滴落物引燃滤纸)		

注：a 该项性能不适用于单组分和喷涂施工的产品。流平性时间也可根据工程要求和施工环境由供需双方商定并在订货合同与产品包装上明示。

b 仅外露产品要求测定。

【本单元测试】

一、判断题

1. 溶剂型防水涂料的黏结性较好，但污染环境。（   ）

2. 水乳型防水涂料的价格高，但黏结性好。（   ）

3. 防水涂料按成膜物质的主要成分可分为沥青类、高聚物改性沥青类和合成高分子类。（   ）

二、单选题

防水涂料要满足防水工程的要求，必须具备（   ）性能。

A. 固体含量   B. 耐热度   C. 柔性   D. 不透水性

E. 延伸性

单元 7.4　密封材料的技术性能和选用

7.4.1　密封材料的种类

建筑密封材料是嵌入建筑物缝隙、门窗四周、玻璃镶嵌部位以及由于开裂产生的裂缝，能承受位移且能达到气密、水密目的的材料，又称嵌缝材料。这种材料以优异的性能得到越来越广泛的应用。

密封材料按构成类型分为溶剂型、乳液型和反应型；按使用时的组分分为单组分密封材料和多组分密封材料；按组成材料分为改性沥青密封材料和合成高分子密封材料。

目前，常用的密封材料有沥青嵌缝油膏、塑料油膏、丙烯酸类密封膏、聚氨酯密封膏、聚硫密封膏和硅酮密封膏等。

7.4.2　密封材料的技术性能

为保证防水密封的效果，建筑密封材料应具有高水密性和气密性、良好的黏结性、良好的耐高低温性和耐老化性能、一定的弹塑性和拉伸-压缩循环性能。

密封材料的选用应首先考虑它的黏结性和使用部位。密封材料与被黏基层的良好黏结是保证密封的必要条件。因此，应根据被黏基层的材质、表面状态和性质来选择黏结性良好的密封材料。建筑物中不同部位的接缝对密封材料的要求不同，如室外的接缝要求较高的耐候性，而伸缩缝则要求较好的弹塑性和拉伸-压缩循环性能。

7.4.3 密封材料的选用

1. 沥青嵌缝油膏

沥青嵌缝油膏是以石油沥青为基料，加入改性材料、稀释剂及填充料混合制成的密封膏。改性材料有废橡胶粉和硫化鱼油；稀释剂有松焦油、松节重油和机油；填充料有石棉绒和滑石粉等。

沥青嵌缝油膏主要作为屋面、墙面、沟和槽的防水嵌缝材料。

建筑防水沥青嵌缝油膏的技术性能应符合《建筑防水沥青嵌缝油膏》JC/T 207—2011 的要求，见表7-9。

建筑防水沥青嵌缝油膏的技术性能要求　　　　　　　　　　表 7-9

序号	项目			技术指标	
				702	801
1	密度(g/cm³)		≥	规定值*±0.1	
2	施工度(mm)		≥	22.0	20.0
3	耐热性	温度(℃)		70	80
		下垂值(mm)	≤	4.0	
4	低温柔性	温度(℃)		−20	−10
		黏结状况		无裂纹和剥离现象	
5	拉伸黏结性(%)		≥	125	
6	浸水后拉伸黏结性(%)		≥	125	
7	渗出性	渗出幅度(mm)	≤	5	
		渗出张数(张)	≤	4	
8	挥发性(%)		<	2.8	

注：*规定值由生产商提供或供需双方商定。

使用沥青油膏嵌缝时，缝内应洁净干燥，先涂刷冷底子油一道，待其干燥后即嵌填注油膏。油膏表面可加石油沥青、油毡、砂浆、塑料为覆盖层。

2. 聚氯乙烯接缝膏和塑料油膏

聚氯乙烯接缝膏是以煤焦油和聚氯乙烯（PVC）树脂粉为基料，按一定比例加入增塑剂（邻苯二甲酸二丁酯、邻苯二甲酸二辛酯）、稳定剂（三盐基硫酸铝、硬脂酸钙）及填充料（滑石粉、石英粉）等，在140℃下塑化而成的膏状密封材料，简称 PVC 接缝膏。

塑料油膏是用废旧聚氯乙烯（PVC）塑料代替聚氯乙烯树脂粉，其他原料和生产方法同聚氯乙烯接缝膏。塑料油膏成本较低。

PVC 接缝膏和塑料油膏有良好的黏结性、防水性、弹塑性、耐热、耐寒、耐腐蚀和抗老化性能。PVC 接缝膏（J 型）和塑料油膏（G 型）应符合《聚氯乙烯建筑防水接缝材料》JC/T 798—1997 的要求，见表 7-10。

这种密封材料适用于各种屋面嵌缝或表面涂布作为防水层，也可用于水渠、管道等接缝，用于工业厂房自防水屋面嵌缝，大型墙板嵌缝等。

聚氯乙烯建筑防水接缝材料的技术要求 表 7-10

项目		技术要求	
		801	802
密度(g/cm³)ᵃ		规定值±0.1ᵃ	
下垂度(mm),80℃	不大于	4	
低温柔性	温度(℃)	−10	−20
	柔性	无裂缝	
拉伸黏结性	最大抗拉强度(MPa)	0.02~0.15	
	最大延伸率(%) 不小于	300	
浸水拉伸黏结性	最大抗拉强度(MPa)	0.02~0.15	
	最大延伸率(%) 不小于	250	
恢复率(%)	不小于	80	
挥发率(%)ᵇ	不大于	3	

注：a 规定值是指企业标准或产品说明书所规定的密度值。
　　b 挥发率仅限于 G 型 PVC 接缝材料。

3. 丙烯酸类密封膏

丙烯酸类密封膏是丙烯酸树脂掺入增塑剂、分散剂、碳酸钙、增量剂等配制而成，有溶剂型和水乳型两种，常为水乳型。丙烯酸类密封膏在一般建筑基底（包括砖、砂浆、大理石、花岗石、混凝土等）上不产生污渍。它具有优良的抗紫外线性能，尤其是对于透过玻璃的紫外线。它的延伸率很好，在固化初期延伸率较高，经过热气老化、气候老化后延伸率有所下降。

丙烯酸类密封膏主要用于屋面、墙板、门、窗嵌缝，但它的耐水性不算很好，所以不宜用于经常泡在水中的工程，如不宜用于广场、公路、桥面等有交通往来的接缝中，也不用于水池、污水处理厂、灌溉系统、堤坝等水下接缝中。

根据《丙烯酸酯建筑密封胶》JC/T 484—2006，丙烯酸建筑密封膏的技术性能应符合表 7-11 的规定。

序号	项目	技术指标		
		12.5E	12.5P	7.5P
1	密度(g/cm³)	规定值±0.1		
2	下垂度(mm)	≤3		
3	表干时间(h)	≤1		
4	挤出性(mL/min)	≥100		
5	弹性恢复率(%)	≥40	见表注	
6	定伸黏结性	无破坏	—	
7	浸水后定伸黏结性	无破坏	—	
8	冷拉-热压后黏结性	无破坏	—	
9	断裂伸长率(%)	—	≥100	
10	浸水后断裂伸长率(%)	—	≥100	
11	同一温度下拉伸-压缩循环后黏结性	—	无破坏	
12	低温柔性(℃)	—20	—5	
13	体积变化率(%)	≤30	—	

注：报告实测值。

丙烯酸类密封膏比橡胶类的便宜，属于中等价格及性能的产品。

丙烯酸类密封膏一般在常温下用挤枪嵌填于各种清洁、干燥的缝内，为节省材料，缝宽不宜太大，一般为 9～15mm。

4. 聚氨酯密封膏

聚氨酯密封膏一般用双组分配制，甲组分是含有异氰酸基的预聚体，乙组分是含有多羟基的固化剂与增塑剂、填充料、稀释剂等。使用时，将甲乙两组分按比例混合，经固化反应成弹性体。

聚氨酯密封膏的弹性、黏结性及耐气候老化性能特别好，与混凝土的黏结性也很好，同时不需要打底。所以聚氨酯密封材料可以用作屋面、墙面的水平或垂直接缝。尤其适用于游泳池工程。它还是公路及机场跑道补缝、接缝的好材料，也可用于玻璃、金属材料的嵌缝。

聚氨酯密封膏的流变性、低温柔性、拉伸黏结性和拉伸-压缩循环性能等应符合《聚氨酯建筑密封胶》JC/T 482—2022 的规定。

5. 硅酮密封膏

硅酮密封膏是以聚硅氧烷为主要成分的单组分和双组分室温固化型的建筑密封材料。目前大多为单组分系统，它以氧烷聚合物为主体，加入硫化剂、硫化促进剂以及增强填料组成。硅酮密封膏具有优异的耐热、耐寒性和良好的耐候性；与各种材料都有较好的黏结性能；耐拉伸-压缩疲劳性强，耐水性好。

根据《硅酮和改性硅酮建筑密封胶》GB/T 14683—2017 的规定，硅酮建筑密封胶是以聚硅氧烷为主要成分、室温固化的单组分和多组分密封胶，按固化体系分为酸性和中性，主要用于普通装饰装修和建筑幕墙非结构性装配。改性硅酮建筑密封胶是以端硅烷基聚醚为主要成分、室温固化的单组分和多组分密封胶，主要用于建筑接缝和干缩位移接缝。

硅酮和改性硅酮建筑密封胶产品按组分分为单组分（Ⅰ）和多组分（Ⅱ）两个类型。

硅酮建筑密封胶按用途分为 F、Gn、Gw 三类。其中：F 类适用于建筑接缝；Gn 类适用于普通装饰装修镶装玻璃，不适用于中空玻璃；Gw 类适用于建筑幕墙非结构性装配，也不适用于中空玻璃。

改性硅酮建筑密封胶按用途分为 F、R 两类。其中：F 类适用于建筑接缝用；R 类适用于干缩位移接缝用，常见于装配式预制混凝土外挂墙板接缝。

单组分硅酮密封膏是在隔绝空气的条件下将各组分混合均匀后装于密闭包装筒中；施工后，密封膏借助空气中的水分进行交联反应，形成橡胶弹性体。

【本单元测试】

一、判断题

1. 密封材料的选用应首先考虑它的黏结性能和使用部位。（　　）

2. 建筑物中不同部位的接缝对密封材料的要求不同，如室外的接缝要求较高的耐候性，而伸缩缝则要求较好的弹塑性和拉伸-压缩循环性能。（　　）

二、多选题

为保证防水密封的效果，建筑密封材料应具有（　　）。

A. 高水密性和气密性

B. 良好的黏结性

C. 良好的耐高低温性和耐老化性能

D. 一定的弹塑性和拉伸-压缩循环性能

📑【综合练习】

一、判断题

1. 水玻璃在防酸和耐热工程中不能使用。（　　）

2. 沥青胶又称冷底子油，是粘贴沥青防水卷材或高聚物改性沥青防水卷材的胶粘剂。（　　）

3. 合成高分子防水卷材属于低档防水卷材。（　　）

4. 沥青防水卷材是根据原纸每平方米的质量（克）来划分标号的。（　　）

5. 炎热地区屋面防水可以选用 100 号石油沥青。（　　）

6. 炎热地区屋面防水用的沥青胶可以用 10 号沥青配制。（　　）

7. 防水砂浆属于刚性防水。（　　）

二、单选题

1. 石油沥青的针入度越大，则其黏滞性（　　）。

A. 越大　　　　　　　　　　　　B. 越小

C. 不变　　　　　　　　　　　　D. 无法判断

2. 为避免夏季流淌，一般屋面用沥青材料软化点应比本地区屋面最高温度高（　　）。

A. 10℃以上　　　　　　　　　　B. 15℃以上

C. 20℃以上　　　　　　　　　　D. 25℃以上

3. 下列不宜用于屋面防水工程中的沥青是（　　）。

A. 建筑石油沥青　　　　　　　　B. 煤沥青

C. SBS 改性沥青　　　　　　　　D. 聚合物改性沥青

4. 石油沥青的牌号主要根据其（　　）划分。

A. 针入度　　　　　　　　　　　B. 延伸度

C. 软化点　　　　　　　　　　　D. 闪点

5. 对于 SBS 改性沥青防水卷材，（　　）号及其以下品种用作多层防水，该标号以上的品种可用作单层防水或多层防水的面层。

A. 55　　　　　　　　　　　　　B. 45

C. 35　　　　　　　　　　　　　D. 30

6. 弹性体沥青防水卷材、塑性体沥青防水卷材均以（　　）划分标号。

A. 每 1m 的质量（kg/m）   B. 每 1m² 的质量（kg/m²）

C. 每 10m² 的质量（kg）   D. 每 100m² 的质量（kg）

7. 三元乙丙橡胶（EPDM）防水卷材属于（   ）防水卷材。

A. 合成高分子   B. 沥青

C. 高聚物改性沥青   D. SBS 改性沥青

8. 沥青胶的标号主要根据其（   ）划分。

A. 黏结力   B. 耐热度

C. 柔韧性   D. 脆性

9. 按所用的主体材料分，下列哪项不是我国常用的合成高分子防水卷材
（   ）。

A. 硫化型   B. 橡胶型

C. 塑料型   D. 橡塑共混型

10. 三毡四油防水层中的"油"是指（   ）。

A. 沥青胶   B. 冷底子油

C. 玛琋脂   D. 乳化沥青

11. 不宜作为防水材料的沥青是（   ）。

A. 建筑石油沥青   B. 煤沥青

C. 橡胶改性沥青   D. 合成树脂改性沥青

12. 炎热地区的屋面防水材料，一般选择（   ）。

A. 纸胎沥青油毡   B. SBS 改性沥青防水卷材

C. APP 改性沥青防水卷材   D. 聚乙烯防水卷材

13. 高聚物改性沥青防水卷材克服了传统沥青防水卷材（   ）的不足。

A. 成本高   B. 温度稳定性差

C. 延伸率小   D. 温度稳定性差及延伸率小

绝热、吸声和隔声材料

绝热、吸声和隔声材料

建筑材料

【项目引入】

悉尼歌剧院（Sydney Opera House）是澳大利亚的象征。悉尼歌剧院以其卓越的音效闻名于世。它的声学设计被认为是世界之最，确保了音乐和表演的高质量传递，使得每个观众都能享受到一致且极佳的听觉体验。这一成就归功于精心设计的内部结构和材料的使用，旨在优化声音的扩散与平衡，从而让坐在任何位置的观众都能感受到最佳的音质。除了歌剧院，电影院、会堂均有较好的音效，请查阅资料，说一说这些场所应用了哪些专业声学设计和材料？

【思维导图】

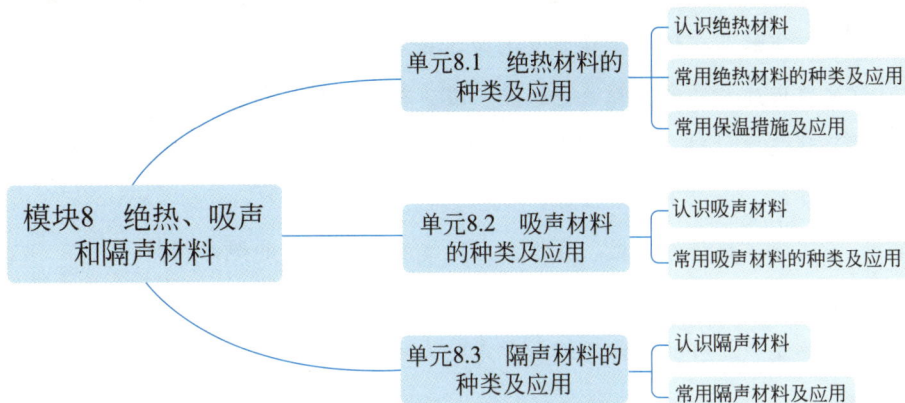

内容介绍

【建议学时】 2

【学习目标】

1. 知识目标

• 了解绝热材料、吸声材料和隔声材料的种类及应用。

2. 技能目标

• 能够认识不同类型绝热材料、吸声材料、隔声材料并了解其在工程中的应用。

3. 素质目标

• 培养积极乐观、耐于吃苦的工作作风。

• 培养终身学习精神，敢于接触新知识、新技术。

【学习重点】

• 绝热材料：常用保温措施及应用。

• 吸声材料：吸声材料种类、吸声板材种类、结构种类及应用。

• 隔声材料：常用隔声材料的性能及应用。

【学习难点】

• 绝热材料、吸声材料和隔声材料的性能。

【学习建议】

• 阅读教材和参考资料：认真学习教材和参考资料，掌握绝热材料、吸声材料、隔声材料的种类。

• 分析工程案例并进行实践应用：了解现今建筑常用的热绝材料、吸声材料和隔声材料的种类和施工工艺。

当我们置身于国家大剧院的天籁之声中，或寒冬里温暖如春的玻璃幕墙建筑，抑或在繁华都市的写字楼享受静谧空间时，是否思考过这些卓越体验背后的材料奥秘呢？这些现代建筑的魔法都源自绝热、吸声与隔声材料的精妙运用。在本模块中，我们将学习到绝热材料、吸声材料、隔声材料的种类及应用。请通过本模块学习，结合工程背景，完成以下几个任务：

（1）了解绝热材料的分类，并根据实际工程选择合适的绝热材料。

（2）了解常见的吸声材料，并根据实际工程选择出适宜的吸声材料。

（3）了解隔声材料的工作原理、常用隔声材料及应用。

单元 8.1　绝热材料的种类及应用

8.1.1　认识绝热材料

绝热材料是指一类能够有效地阻碍热量传递的材料，也被称作热绝缘材料。这类材料通常具有低热导率和高热阻，它们能够减缓或限制热能从高温区域向低温区域的流动。绝热材料在建筑、工业生产和能源领域中有广泛的应用，用于减少能量损失、维持恒定温度或保护人员和设备免受过高或过低温度的影响。

影响材料绝热性能的因素有导热系数、微观结构、孔隙特征、湿度、温度、热力学属性等。一般来说，金属的导热系数最大，液体导热系数较小，气体最小。理想的绝热材料应具备导热系数低、体积密度小、孔隙率高、耐高温或低温性好、吸湿性低、强度适中、化学稳定性好、环境友好等特点。绝热材料种类繁多，可按不同性质进行分类。

1. 按成分分类

绝热材料按成分可分为有机材料、无机材料和金属绝热材料。有机材料通常包含泡沫塑料、聚氨酯泡沫、酚醛树脂泡沫等。无机材料包含石棉、玻璃棉、硅酸铝纤维、硅藻土、珍珠岩、矿渣棉、泡沫混凝土、陶瓷纤维等。镀膜金属、夹层金属箔等材料通过增加内部空气间隙或采用特殊结构达到隔热效果，属于金属绝热材料。

2. 按使用温度范围分类

绝热材料按使用温度范围可分为低温绝热材料、中温绝热材料、高温绝热材料。低温绝热材料适用于常温和低温环境；中温绝热材料适用于中等温度环境；高温绝热材料适用于高温环境，如耐火绝热材料。

3. 按物理形态分类

绝热材料按物理形态分类可分为纤维类、颗粒类、发泡类、板材等。纤维类包含玻璃纤维、陶瓷纤维等。颗粒类常见的有膨胀珍珠岩、矿渣棉等颗粒状材料。发泡类包含发泡聚苯乙烯、聚氨酯泡沫等。其他常见的形式如板材、管壳、毡毯、棉带等形式的产品均可作为绝热材料。

4. 按施工方法分类

按施工方法可分为湿抹式绝热材料、填充式绝热材料、绑扎式绝热材料、包裹及缠绕式绝热材料。需要现场配制浆料并涂抹施工的绝热材料为湿抹式绝热材料。直接填充到空腔或空间中的材料，如矿棉、泡沫颗粒等为填充式绝热材料。玻璃纤维布、陶瓷纤维毯等绝热材料可以通过捆绑固定在设备表面，其属于绑扎式绝热材料。包裹及缠绕式绝热材料如绝热包覆带、预成型的绝热管壳等，可以直接包裹或缠绕在管道或其他物体上。

8.1.2　常用绝热材料的种类及应用

1. 矿物棉类

矿物棉是一种由天然岩石（玄武岩、辉绿岩、页岩等）或冶金矿渣经过高温熔融、纤维化处理后制成的棉状纤维材料。

岩棉是一类矿物棉绝热材料，它是由玄武岩、辉绿岩、页岩等天然岩石经过高温熔融后，用高速离心法或喷吹法制成纤维状产品，再加入适量的黏结剂、防尘油、憎水剂等添加剂，经过固化、切割等工序加工而成。岩棉具有优异的保温性能，且不燃、耐高温，常用于建筑墙体、屋面和管道的保温隔热，如图 8-1 所示。

玻璃棉也是常见的矿物棉类绝热材料，其是由废弃玻璃或其他玻璃原料经高温熔融后拉丝制成，同样具有优良的保温、隔声性能，且环保、无毒，适用于建筑内外墙、天花板、风管等部位的绝热，如图 8-2 所示。

图 8-1　岩棉

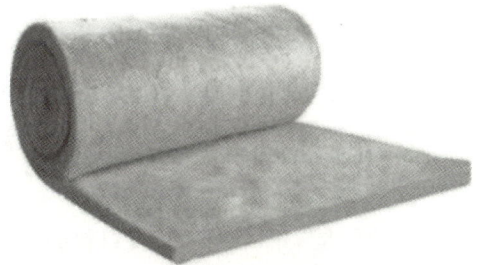

图 8-2　玻璃棉

矿渣棉是一种以钢铁厂冶炼过程中产生的废渣（主要是铁合金冶炼渣）为主要原料，经过高温熔融、纤维化加工处理而形成的棉状纤维材料，类似岩棉和玻璃棉，具有较好的保温性能和环保效益。

陶瓷纤维由含有氧化铝和二氧化硅的原料制成，具有耐高温、低热容、低热导率的特点，主要用于高温环境下的工业炉衬、热工设备和管道的保温隔热。

2. 泡沫塑料类

聚苯乙烯泡沫（EPS/XPS）是以聚苯乙烯树脂为基础，通过添加发泡剂等助剂，经加热发泡后制成的轻质、闭孔结构的塑料泡沫，是一种常用的低成本保温材料，适用于建筑墙体和屋面的内、外保温，以及地面保温。

聚氨酯泡沫（PUR/PIR）是一种高性能的高分子聚合物材料，主要由异氰酸酯和聚醚（或聚酯）多元醇通过化学反应生成，其保温性能好、强度高，尤其是在低温条件下表现优越，广泛应用于冷库、低温管道以及部分高品质建筑的保温层。

3. 无机非金属材料

膨胀珍珠岩是一种来源于天然酸性玻璃质火山熔岩的非金属矿产。经过特定工艺处理后，膨胀珍珠岩具有显著的膨胀特性，在 $1000 \sim 1300℃$ 的高温下，其体积能迅速膨胀 $4 \sim 30$ 倍。这种材料具有轻质、多孔、隔热、不燃、吸声、耐水、抗腐蚀、无毒等特点，常作为墙体填充、屋面保温以及管道保温的材料，如图 8-3 所示。

图 8-3　膨胀珍珠岩

硅酸钙板主要由硅质材料（如硅藻土、石英粉等）、钙质材料（如石灰石、水泥等）和增强纤维（如石棉、玻璃纤维、纸纤维等）等原料组成，其是经过配料、混匀、制浆、成型、蒸压养护和表面处理等一系列复杂的生产工艺，最终形成质地坚硬、轻质高强、耐火耐潮、寿命长、保温性能优良的板状建材，具有较高的耐火等级，可用作建筑墙体、楼板的保温隔热材料。

泡沫玻璃是一种高性能的无机多孔绝热材料，它由碎玻璃、发泡剂、改性添加剂（如稳定剂、助熔剂等）以及发泡促进剂等原材料经过精细粉碎、混合、高温熔化、发泡、退火等工艺步骤制成。泡沫玻璃具有耐高温、抗老化、阻燃、不吸水等特性，常用于高温管道和特殊环境下的保温隔热，如图 8-4 所示。

4. 气凝胶材料

气凝胶毡是一种采用气凝胶材料制成的高性能绝热产品，具有极低的导热系数，是目前世界上最高效的绝热材料之一，用于高端建筑、冷藏运输等对绝热性能要求极高的领域，如图 8-5 所示。

图 8-4　泡沫玻璃

图 8-5　气凝胶材料

5. 复合材料

复合材料包含铝箔复合绝热材料、真空绝热板等。铝箔本身导热快，但由于其反射热辐射性能好，与其他绝热材料复合形成铝箔复合材料可以增强保温效果，减少热辐射的传递。真空绝热板内部为真空密封结构，几乎消除了气体对流造成的热量传递，显著提高了绝热性能。

8.1.3　常用保温措施及应用

在建筑工程中，常用的保温措施主要是对外墙、屋面、楼底面、门窗、管道、通风空调等部位进行保温。

1. 外墙保温系统

常见的外墙保温系统主要有外挂式保温板、外墙内保温、夹芯保温和外保温一体化体系。

常用的外挂式保温板有聚苯乙烯泡沫板、挤塑板、聚氨酯保温板等，将其以粘贴、锚固或干挂的方式固定在外墙面上从而完成建筑保温。外墙内保温是在墙体内部设置石膏聚苯板、玻纤网格布增强的保温砂浆等形成保温层。夹芯保温是在墙体中间设置保温材料，如加气混凝土砌块、保温砖等。外保温一体化体系是将保温层、装饰层整合在一起，如保温装饰一体化板等。

2. 屋面保温

屋面保温方式主要有倒置式、正置式和种植屋面保温。

倒置式屋面保温是将防水层置于保温层之上，保温层可以选择挤塑板、泡沫玻璃、岩棉板等。正置式屋面保温区别于倒置式屋面保温，其是将防水层置于保温层之下，保温层采用同样的材料。种植屋面又称绿色屋面或生态屋面，是在建筑物屋顶上种植植被，以实现隔热保温、美化环境、改善城市微气候、减轻城市热岛效应等多种目的。其通常在防水层与种植土壤之间设置保温层，保证冬季不冻伤植物根系。

3. 楼地面保温

楼地面保温主要是指在建筑物楼层地面结构中采取的保温措施，以减少通过楼板向下传递的热量损失。地暖保温是在地暖盘管下方铺设聚苯乙烯泡沫板或挤塑板等保温材料，从而减少热量向下传递损失。层间楼板保温在楼层间的楼板内或下方设置保温层，减少上下层间的热量交换。

4. 门窗保温

门窗保温可以通过选择保温材料、门窗设计、安装质量和适当的辅助设施配备等多个方式进行保温。使用低导热系数的中空玻璃窗，双层或多层中空玻璃填充惰性气体如氩气或氪气，提高窗户的保温性能。还可在门窗框口处设置保温条，防止冷桥现象，提高门窗边缘部位的保温效果。

5. 管道保温

管道保温主要用于防止输送流体的管道在传输过程中因热量散失或冷量侵入而导致能量损失，以及防止低温条件下管道内物料冻结或高温条件下管道过热引发的安全隐患。可通过在管道外部包裹聚氨酯泡沫管壳、岩棉管壳、玻璃棉管壳等保温材料，防止热量损失或冷凝滴落。

6. 通风空调系统保温

通风空调系统保温是对风管、水管等进行保温处理，降低热量损失，防止冷凝水的产生。

所有这些保温措施的设计与实施都需要遵循相关建筑节能标准和施工规范，确保建筑的整体保温性能达到预期目标。同时，不同的地区、气候条件和建筑类型也会对保温材料的选择和保温构造方式有所影响。

【本单元测试】

一、判断题

1. 倒置式屋面保温是将防水层置于保温层之上，而正置式屋面保温是将防水层置于保温层之下。（　　）

2. 真空绝热板内部为松散结构，可显著提高绝热性能。（　　）

3. 层间楼板保温是在楼层间的楼板内或下方设置保温层，从而减少上下层间的热量交换。（　　）

4. 聚氨酯泡沫广泛应用于冷库、低温管道以及部分高品质建筑的保温层。（　　）

二、单选题

1. （　　）是由废弃玻璃或其他玻璃原料经高温熔融后拉丝制成。

A. 岩棉   B. 玻璃棉

C. 矿物棉   D. 陶瓷纤维

2. 导热系数最大的是（　　）。

A. 木材   B. 石棉

C. 空气   D. 金属

3. （　　）是一种采用气凝胶材料制成的高性能绝热产品，具有极低的导热系数。

A. 气凝胶毡   B. 泡沫玻璃

C. 矿渣棉   D. 石棉

4. 材料导热系数越小，保温隔热效果越（　　）。

A. 差   B. 好

C. 不变   D. 没有关系

三、多选题

1. 理想的绝热材料应具备（　　）。

A. 导热系数低   B. 体积密度小

C. 孔隙率高   D. 耐高温

E. 环境友好

2. 下列属于无机材料的有（　　）。

A. 泡沫塑料   B. 石棉

C. 玻璃棉   D. 硅酸铝纤维

E. 硅藻土

3. 管道外部包裹（　　）保温材料，可防止热量损失或冷凝滴落。

A. 聚氨酯泡沫管壳   B. 岩棉管壳

C. 玻璃棉管壳   D. 膨胀珍珠岩

E. 水泥混凝土

单元 8.2　吸声材料的种类及应用

8.2.1　认识吸声材料

吸声材料是一种专门设计用来吸收声波能量，从而减少声波在室内空间中反射和传播的材料。这种材料通过自身结构（如多孔性、薄膜效应或共振效应）将入射声波转化为其他形式的能量，从而降低声音在空间中的回响、混响时间和噪声水平。

吸声材料按照工作原理和结构特点可以分为多孔吸声材料、薄膜吸声材料、共振吸声材料、结构吸声材料等。多孔吸声材料包含矿棉、玻璃棉、毛毡、木丝吸声板等，其通过自身内部大量的微小孔隙来吸收声波，减少声波在孔隙间的反复反射，将声能转化为热能。薄膜吸声材料主要针对中频段声音的吸收，通过振动薄膜来吸收声波能量。共振吸声材料常见的有穿孔板共振吸声结构，当声波频率与其结构的自然频率相近时会发生共振现象，通过结构振动吸收大量声能。结构吸声材料包括悬挂吸声体、空间吸声体等，通过特定几何结构和内部构造设计，吸收各个频段的声能。微穿孔板吸声结构是指板面上有许多微小孔洞，声波穿过孔洞时会引起空气运动，消耗声能。

吸声材料广泛应用于音乐厅、剧院、会议室、录音棚、教室、办公室、住宅等多种场合，以提高声场品质、改善听觉环境、减少噪声污染。同时，选择吸声材料时还需考虑其防火、防潮、环保、强度、装饰性及施工便捷性等方面的性能。

8.2.2　常用吸声材料的种类及应用

常用吸声材料的种类及其应用领域非常广泛，以下是一些主要的吸声材料类型及其用途。

1. 多孔吸声材料

岩棉、玻璃棉、矿棉具有大量内部孔隙，能有效吸收声波能量，广泛应用于建筑墙体、天花板、地板、管道的隔声和保温，以及录音室、音乐厅等专业声学场所。木丝吸声板以木材边角料为原料，具有良好的中高频吸声性能，常用于室内装饰吸声，如图 8-6 所示。聚酯纤维吸声棉质地柔软，吸声性能良好，可用于家庭影院、KTV、会议厅等场所，如图 8-7 所示。

图 8-6　木丝吸声板

图 8-7　聚酯纤维吸声棉

2. 穿孔吸声材料

穿孔石膏板、穿孔金属板、穿孔木质板是在板材上开孔，背后的空气层可以增强中频吸声，通过调整孔径、孔距和板后空腔深度，可以有针对性地改变吸声频率，适用于办公室、会议室、剧院等场所的墙面和天花吸声装饰，如图 8-8 所示。

图 8-8　穿孔石膏板

3. 共振吸声结构

共振吸声结构是基于声学原理设计的一种吸声装置，它主要是利用材料或结构的固有频率与特定声波频率相匹配时发生的共振现象来吸收声音能量。当声波进入结构后，如果其频率与结构的共振频率相同或接近，结构会以最大的振幅响应，从而将更多的声能转化为热能或其他形式的耗散能量，达到高效吸声的目的。共振吸声器如亥姆霍兹共鸣器，通过精确设计的箱体结构，在特定频率下共振吸收声波，适用于需要精准调控声学环境的专业场所。

4. 吸声织物

吸声布、吸声窗帘、吸声地毯都是良好的吸声织物，其采用具有良好吸声性能的纺织品制成，既实用又有装饰效果，常用于酒店、办公、家居等场所。

5. 气凝胶吸声材料

气凝胶吸声材料是一种高级别的吸声材料，其是基于气凝胶技术制造的高性能吸声产品，它通过特殊工艺去除湿凝胶中的大部分溶剂，形成内部网络结构中几乎全为空气的固体材料。这种材料具有极高的孔隙率、极低的密度、开放的三维网格结构，能够在声波传播过程中有效地吸收、散射和衰减声能，从而发挥出色的吸声性能。常见的气凝胶吸声材料如气凝胶毡，其是一种以气凝胶为主要成分，经过特殊工艺制备而成的轻质、高效保温隔热材料，具有极低的导热系数和高孔隙率，适合对隔声效果要求较高的高端场所。

6. 吸声泡沫

吸声泡沫是一种专门设计用于吸收和减弱声波能量的泡沫材料，常见的吸声泡沫为聚氨酯泡沫、聚苯乙烯泡沫，其轻质且易于加工，可用于建筑墙体、屋顶、地面等部位的保温和吸声，同时也广泛应用于冷藏车、冰柜等需要保温吸声的场合。

在实际应用中，吸声材料的选择需要根据具体的声学环境要求、使用地点、装饰风格、防火等级、环保要求等因素综合考量。

【本单元测试】

一、判断题

1. 薄膜吸声材料主要针对中频段声音的吸收，通过振动薄膜吸收声波能量。（   ）

2. 共振吸声器适用于需要精准调控声学环境的专业场所。（   ）

3. 微穿孔板吸声结构主要利用不透板抵挡声波，消耗声能。（   ）

二、单选题

1. （   ）以木材边角料为原料，常用于室内装饰吸声。

A. 穿孔石膏板　　　　　　　　　　B. 玻璃棉

C. 气凝胶毡　　　　　　　　　　　D. 木丝吸声板

2. （   ）是利用材料或结构的固有频率与特定声波频率相匹配时发生的共振现象来吸收声音能量。

A. 共振吸声结构　　　　　　　　　B. 吸声织物

C. 多孔吸声材料　　　　　　　　　D. 泡沫材料

三、多选题

1. 下列属于多孔吸声材料的是（   ）。

A. 穿孔金属板　　　B. 岩棉　　　C. 玻璃棉　　　D. 矿棉

E. 吸声布

2. 吸声织物主要为下列（　　）织物。

A. 吸声布　　　B. 吸声窗帘　　　C. 吸声地毯　　　D. 吸声板

E. 金属板

单元 8.3　隔声材料的种类及应用

8.3.1　认识隔声材料

隔声材料是用来阻止或减少声波在空气或固体结构中传播的材料、构件或结构。隔声材料的主要作用是阻碍声音从一个空间向另一个空间的传播，以降低噪声污染和改善室内声环境质量。隔声材料的特性通常要求其具有密实、厚重的物理特性，这样可以减少声音穿透材料的能力，即减少透射声能。

隔声材料的工作原理是基于声波在不同介质中的传播特性，通过以下方式来阻止或削弱声音的传播。

1. 质量定律

隔声材料的单位面积质量越大，其隔声效果越好，其原因为质量较大的材料对声波能量的吸收和转化效果更强，不容易让声波轻易穿过。根据质量定律，提高隔声材料的面密度可以增强其隔声性能。

2. 多层结构

双层或多层结构的隔声材料，如双层墙或双层玻璃窗，中间留有空气层。声波在传播过程中遇到这些结构时，一部分能量会在各层界面反射回去，另一部分能量会穿过界面并在空气层中衰减，通过这样的多次反射和吸收，达到降低声音传播强度的效果。

3. 阻尼效应

一些隔声材料具有内在的阻尼特性，可以将机械振动（包括声波引起的振动）转化为热能，从而消耗声波能量，减少其传播。

4. 共振吸收

隔声材料或结构可以设计成与特定频率的声波产生共振，当声波频率与材料或结构的固有频率一致时，能量会被大量吸收，达到峰值吸声效果。

5. 空气阻力

空气层或材料内部的孔隙结构会对声波传播产生阻力，声波在穿越这些孔隙时会产生能量的衰减。

6. 结构完整性

在安装隔声材料时，确保各个接缝和缝隙得到有效的密封，防止"漏声"，也就是防止声波绕过隔声材料直接通过缝隙传播，这对于提高整体隔声效果至关重要。

8.3.2 常用隔声材料及应用

常用的隔声材料主要有岩棉隔声材料、实体墙或结构、隔声板、隔声窗和门、隔声屏障、阻尼材料等。

1. 岩棉隔声材料

岩棉隔声材料是由天然岩石熔融后纤维化而成，具有大量的微孔结构，对中高频声音有良好的吸收和阻隔作用。岩棉隔声材料主要有玻璃棉隔声材料、吸声棉隔声材料、聚氨酯隔声材料和隔声毡等。玻璃棉隔声材料以玻璃为原料制成，同样具有多孔结构，可吸收和减弱声波能量，应用于建筑隔声、管道保温等方面。吸声棉如聚酯纤维吸声棉、玻璃纤维吸声棉等，可有效吸收噪声并降低室内混响时间。聚氨酯隔声材料是一种高分子材料，具有弹性和良好的阻尼特性，能有效隔离振动和声波传播，常用于墙体、地板和天花板的隔声处理。隔声毡柔软而富有弹性，能够贴附在硬质表面上，通过减少结构振动和声波直接传递来提升隔声性能。

2. 实体墙或结构

砖墙、混凝土墙、重型石膏板墙等均为实体墙，这些实体材料本身的密度较大，不易让声波通过，从而起到很好的隔声效果。

3. 隔声板

隔声板材是通过特殊的结构设计和材料组合提高隔声性能。常见的隔声板有高密度石膏板、特制隔声砖、隔声复合板等。

4. 隔声窗和门

隔声窗是采用双层或多层玻璃，中间抽真空或充入惰性气体，并配以优质的隔声密封条，可以大幅降低声音的穿透。

5. 隔声屏障

隔声屏障多用于户外噪声控制，如高速公路两侧的隔声屏障通常由多层不同材质组成，以最大限度地反射和吸收噪声。

6. 阻尼材料

阻尼材料能够抑制振动和降低结构噪声的传播，例如阻尼垫、阻尼涂层等，它们能在声波引起结构振动时消耗能量，从而降低声波的穿透。

选择和使用隔声材料时需要考虑材料的隔声性能指标，如隔声指数、声压级差、传递损失、计权隔声量等，并结合具体的声源频率分布、建筑结构和空间功能需求来进行综合设计和施工。在实际应用中，常常会将隔声材料与吸声材料结合使用，以达到最优的声学效果。

【本单元测试】

一、判断题

1. 双层墙或双层玻璃窗，中间留有空气层，从而达到隔声目的。（　　）

2. 隔声材料的单位面积质量越大，其隔声效果越差。（　　）

3. 隔声屏障通常由相同材质组成，以最大限度地反射和吸收噪声。（　　）

二、单选题

1. （　　）是由天然岩石熔融后纤维化而成，对中高频声音有良好的吸收和隔声作用。

    A. 隔声窗   B. 阻尼垫

    C. 石膏板   D. 岩棉隔声材料

2. （　　）能贴附在硬质表面上，通过减少结构振动和声波从而提升隔声性能。

    A. 隔声毡   B. 聚氨酯隔声材料

    C. 玻璃棉隔声材料   D. 隔声板

三、多选题

1. 隔声材料主要通过（　　）等方式来阻止或削弱声音的传播。

    A. 质量定律   B. 多层结构   C. 阻尼效应   D. 共振吸收

    E. 空气阻力

2. 隔声性能指标通常含有（　　）。

    A. 计权隔声量   B. 隔声指数   C. 声压级差   D. 传递损失

    E. 空间结构

【综合练习】

一、判断题

1. 材料的吸声系数越大，其吸声性能越好。（　　）

2. 隔声材料的单位面积质量越大，其隔声效果越差。（　　）

3. 膨胀珍珠岩是一种来源于天然酸性玻璃质火山熔岩的金属矿产。（　　）

4. 微穿孔板面上有许多微小孔洞，声波穿过孔洞时会引起空气运动，消耗声能。（　　）

二、单选题

1. 绝热材料的基本结构特征是轻质和（　　）。

A. 多孔　　　　　　　B. 密实　　　　　　　C. 导电　　　　　　　D. 厚实

2. 隔声材料主要隔绝（　　）和固体声。

A. 水　　　　　　　　B. 气味　　　　　　　C. 空气　　　　　　　D. 溶液

3. 吸声材料有抑制噪声和（　　）作用。

A. 隔热　　　　　　　B. 减弱声波　　　　　C. 增强声波　　　　　D. 降温

4. 下列为无机绝热材料的是（　　）。

A. 泡沫塑料　　　　　B. 矿棉　　　　　　　C. 蜂窝板　　　　　　D. 砖墙

5. 下列不属于吸声材料要求的是（　　）。

A. 轻质　　　　　　　　　　　　　　　　B. 连通的孔隙

C. 大量闭口孔隙　　　　　　　　　　　　D. 细小的开口孔隙

模块9
建筑装饰材料

建筑材料

【项目引入】

　　本项目计划以某家庭装修流程为案例，通过不同环节的施工内容，引入该环节中对不同类型装饰材料的选用，配合施工标准及验收标准，帮助学生掌握不同种类装饰材料的特点以及适用范围。

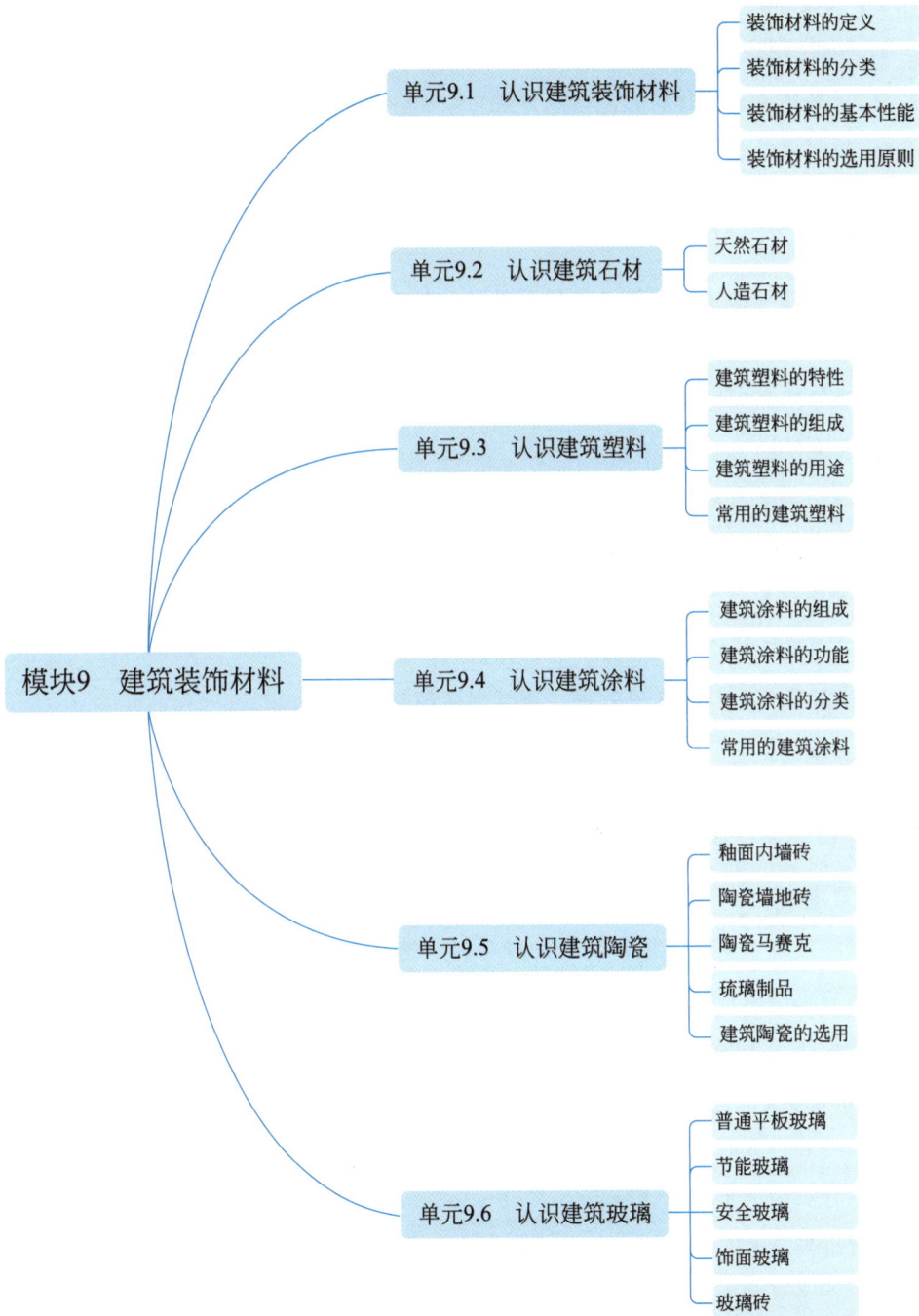

单元9.1　认识建筑装饰材料
- 装饰材料的定义
- 装饰材料的分类
- 装饰材料的基本性能
- 装饰材料的选用原则

单元9.2　认识建筑石材
- 天然石材
- 人造石材

单元9.3　认识建筑塑料
- 建筑塑料的特性
- 建筑塑料的组成
- 建筑塑料的用途
- 常用的建筑塑料

模块9　建筑装饰材料

单元9.4　认识建筑涂料
- 建筑涂料的组成
- 建筑涂料的功能
- 建筑涂料的分类
- 常用的建筑涂料

单元9.5　认识建筑陶瓷
- 釉面内墙砖
- 陶瓷墙地砖
- 陶瓷马赛克
- 琉璃制品
- 建筑陶瓷的选用

单元9.6　认识建筑玻璃
- 普通平板玻璃
- 节能玻璃
- 安全玻璃
- 饰面玻璃
- 玻璃砖

内容介绍

【建议学时】2

【学习目标】

1. 知识目标

• 了解建筑装饰材料的定义及分类。

• 理解建筑装饰材料的性能及选用原则。

• 掌握常见建筑装饰材料的特点及应用范围。

2. 技能目标

• 能够准确描述不同建筑装饰材料的性能和特点。

• 能够辨别不同装饰材料的质量好坏。

• 能够根据环境及质量要求选用合适的装饰材料。

3. 素质目标

• 培养学生的职业责任、敬业精神，将安全教育、环保理念融入本单元内容中，引导学生树立诚实守信的职业道德。

【学习重点】

• 不同建筑装饰材料的内涵、功能、特点以及用途。

• 建筑装饰材料的选用依据，质量优劣的判断方法。

【学习难点】

本单元的学习难点在于建筑装饰材料种类较多，内容较丰富，不同材料的特性与适用场景不同，需要根据不同施工环境和需求，选择出相对应的装饰材料。

【学习建议】

建议按照日常房屋的装修流程进行学习，通过不同工序，了解需要使用的装饰材料，明确无法采用其他材料替代的原因。建筑装修是日常生活中接触较多的场景，网络资源也较为丰富，可以根据自身经验和网络资源，加深对知识的理解。

【项目导读】

近几年装饰业的发展带动装饰材料行业的快速发展，新材料的研发和使用也促进了装饰行业的进步。

通过本模块学习，结合工程背景，完成以下几个任务：

（1）在房屋装修过程中，不同的装饰材料应用的部位有什么不同？

（2）不同装饰材料的分类有哪些？各有什么优缺点？

单元 9.1   认识建筑装饰材料

9.1.1   装饰材料的定义

通常，人们将铺设、粘贴或涂刷在建筑物内外表面，主要起装饰和美化作用的材料称为装饰材料。传统的装饰材料按形态来定义，主要分为五材，即实材、板材、型材、片材以及线材五个类型，如图 9-1～图 9-6 所示。

图 9-1   实材

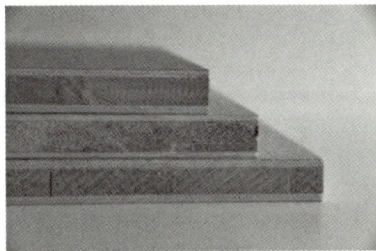

图 9-2   板材

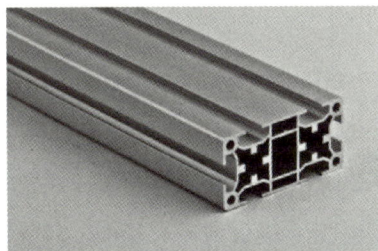

图 9-3   型材一

图 9-4   片材

图 9-5   线材

图 9-6   型材二

9.1.2 装饰材料的分类

（1）按化学成分的不同分类

根据化学成分的不同，装饰材料可分为金属装饰材料（如不锈钢、铝合金、铜等）、非金属装饰材料（如天然饰面石材、陶瓷、木材等）和复合装饰材料（如装饰砂浆、胶合板、塑钢复合门窗等）三大类，具体见表9-1。

建筑装饰材料按化学成分分类　　表 9-1

类别	细分	常用建筑装饰材料举例	
金属装饰材料	黑色金属材料	不锈钢、彩色不锈钢	
	有色金属材料	铜及铜合金、金、银、铝及铝合金	
非金属装饰材料	无机材料	天然饰面石材	天然大理石、天然花岗石
		烧结与熔融制品	琉璃、釉面砖、陶瓷、烧结砖
		胶凝材料	各类水泥
			石膏制品、水玻璃
	有机材料	植物材料	木材、竹材
		合成高分子材料	塑料制品、涂料、胶粘剂
复合装饰材料	无机复合材料	装饰砂浆、装饰混凝土等	
	有机复合材料	人造花岗石、人造大理石、玻璃钢等	
	其他复合材料	涂塑钢板、涂塑铝合金板、塑钢复合门窗等	

（2）按使用部位的不同分类

根据使用部位的不同，装饰材料可分为外墙装饰材料（包括外墙、阳台、台阶、雨篷等建筑物全部外露的外部结构装饰所用的材料）、内墙装饰材料（包括内墙墙面、墙裙、踢脚线、隔断、花架等全部内部构造装饰所用的材料）、顶棚装饰材料（包括室内顶棚装饰所用的材料）和地面装饰材料（包括地面、楼面、楼梯等结构的全部装饰材料）四大类，具体见表9-2。

建筑装饰材料按使用部位分类　　表 9-2

类别	装饰部位	常用建筑装饰材料举例
外墙装饰材料	外墙、台阶、阳台等	天然花岗岩、陶瓷制品、玻璃制品、外墙涂料、装饰混凝土等
内墙装饰材料	内墙墙面、墙群、踢脚线	壁纸、内墙涂料、大理石、塑料饰面板、玻璃制品等
顶棚装饰材料	室内顶棚	石膏板、玻璃棉、涂料、金属材料、木材、矿棉吸声板等
地面装饰材料	地面、楼面、楼梯	天然石材、人造石材、地毯、陶瓷地砖、木地板等

（3）按商品形式的不同分类

根据商品形式的不同，装饰材料可分为成品板材、塑料板材、复合板材、金属板材、装饰石材、玻璃制品、填料、装饰涂料、水路材料、电路材料等。这种分类方式直观、普遍，是目前各种装饰材料市场的销售分类，为大多数专业人士所接受，见表 9-3。

建筑装饰材料按商品形式分类　　　　　　　　　　　　　　表 9-3

商品形式	常用建筑装饰材料举例
成品板材	木芯板、生态板、指接板、胶合板、薄木贴面板、装饰纤维板、刨花板、实木板、实木复合地板、竹地板、吸声板、波纹板等
塑料板材	亚克力板、阳光板、耐力板、聚氯乙烯板、塑料地板等
复合板材	岩棉吸声板、纸质石膏板、铝塑复合板、三聚氰胺板、防火装饰板、布艺吸声板、吸声棉、泰柏板、水泥板、隔声毡等
金属板材	镀铝锌钢板、镀锌钢板、彩色涂层钢板、铝合金扣板、不锈钢板等
装饰石材	花岗石、大理石、文化石、水磨石、微晶石、釉面砖、抛光砖、劈离砖、聚酯人造石、仿古砖、陶瓷棉砖、玻璃棉砖等
玻璃制品	平板玻璃、镜面玻璃、钢化玻璃、夹层玻璃、夹丝玻璃、吸热玻璃、中空玻璃、磨砂玻璃、变色玻璃、雕花玻璃、空心玻璃砖、实心玻璃砖等
填料	石灰粉、石膏粉、腻子粉、原子灰等
装饰涂料	仿瓷涂料、发光涂料、艺术涂料、裂纹漆、硅藻涂料、真石漆等
水路材料	PP-R 管、PVC 管、铝塑复合管、不锈钢管、编制软管、镀锌管等
电路材料	单股电线、护套电线、电话线、网络线、PVC 穿线管、接线暗盒、断路器、普通开关插座、地面插座、红外感性开关等

9.1.3　装饰材料的基本性能

日常生活中，建筑装饰性的体现在很大程度上受到材料的颜色、光泽、质感、图案、花纹等装饰特性的影响。因此，对装饰材料的基本要求如下：

（1）材料的颜色、光泽

材料的颜色是最直观的视觉感受之一，它能够影响人们的情绪、心理状态以及对空间大小的认知。材料表面的光泽通常以光泽度来表示，其是指装饰材料表面反射光线的能力，如图 9-7 所示。

（2）材料的花纹、图案

材料的花纹和图案是影响空间视觉效果和风格的重要元素，它们可以增强空间的艺术性和个性化特征。花纹和图案应与整体设计的主题和风格保持一致，但在某些情况下，材料的图案可能具有特定的文化或地域特色。

（3）材料的质地、质感

材料的质地和质感是决定室内空间氛围、触感体验及视觉效果的关键因素之一。

图 9-7　材料的光泽

质地主要指材料表面的物理属性，包括粗糙度、光滑度、细腻度等；而质感则是由质地、纹理、颜色、光泽等多种元素综合形成的一种感觉，它超越了物理层面，更侧重于人们的主观感受，如图 9-8 所示。

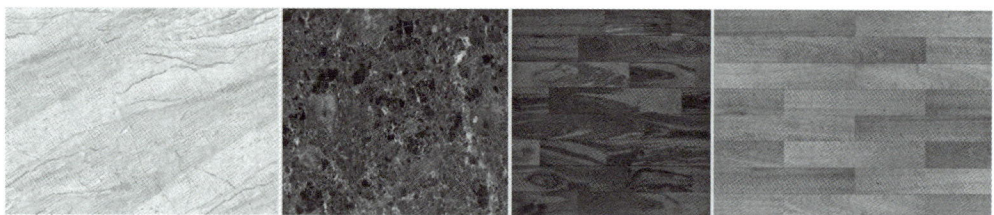

图 9-8　材料的质地及质感

（4）材料的耐污、易洁

材料表面抵抗污物污染、保持其原有颜色和光泽的性质称为材料的耐污性。材料表面易于清洗洁净的性质称为材料的易洁性。装饰材料的耐污性和易洁性是衡量其在实际使用中保持清洁状态和持久美观程度的重要指标，特别是在家居、商业空间以及公共设施等环境中显得尤为关键。

（5）材料的尺寸、形状

材料的尺寸和形状能使人感觉到空间尺寸的大小和使用是否舒适。在进行装饰设计时，一般要考虑人体尺寸的需求，对装饰材料的形状和尺寸作出合理的规定。同时，对表面带有一定色彩或花纹图案的材料进行拼花施工时，也需要考虑其尺寸和形状。

9.1.4　装饰材料的选用原则

建筑物的种类繁多，不同功能的建筑物对装饰的要求不同；即使是同一类建筑物，也因设计标准不同而对装饰的要求有所不同。在建筑装饰工程中，应根据不同的装饰档次、使用环境及要求，正确合理地选择建筑装饰材料。

（1）环保性原则

优先选择低污染、无毒或低毒、低挥发性有机化合物（VOCs）的装饰材料，确保室内空气质量良好。材料应符合国家和地区的环保标准，如通过中国十环认证或其他国际公认的绿色建材标志，如图 9-9 所示。

图 9-9　绿色建材标志

（2）实用性原则

根据不同功能区域的具体需求来选择合适的装饰材料。例如，厨房和卫生间应选用耐水、抗渗、易清洁的材料；地面要耐磨耐用，不易变形或开裂。考虑到使用寿命和维护成本，不片面追求高档次而忽视实际使用性能具体见表 9-4。

不同装饰材料的实用性 表 9-4

材料名称	耐久性	易维护性	防火性	隔声性	环保性	成本效益
实木地板	高	中等	中等	良好	高（取决于来源）	高
瓷砖	高	高	高	良好	高	中等
PVC 地板	中等	高	中等	一般	高	低至中等
大理石	非常高	中等	高	优秀	高（天然材料）	高
乳胶漆	中等	高	中等	一般	高（取决于来 VOC 含量）	低
玻璃隔断	高	高	高	一般	高	中等至高
布艺窗帘	中等	低	低	一般	高（取决于来源）	低至中等
铝合金门窗	高	高	高	良好	高	中等至高
石膏板吊顶	中等	高	中等	良好	高（取决于生产过程）	低至中等

（3）安全性原则

确保装饰材料具备必要的防火、防滑、防潮等安全性能，避免潜在的安全隐患。同时，避免使用含有放射性物质或可能产生有害辐射的装饰材料，具体见表 9-5。

材料名称	环保性	防火等级	甲醛释放量（mg/m³）	VOCs含量（g/L）	耐久性	对人体健康的影响
实木地板	高	B1（难燃）	≤0.12	低	高	一般无害，但需关注木材防腐处理剂
环保涂料	高	无燃烧性	≤5	≤100	中等	低，减少室内空气污染
瓷砖	高（无机材料）	A（不燃）	无	无	非常高	无害
大理石	高（天然石材）	A（不燃）	无	无	非常高	天然放射性需关注
玻璃	高（无机材料）	A（不燃）	无	无	高	无害
PVC地板	中等	B1（难燃）	≤0.5	中等	中等	可能含有增塑剂有害物质，需选择环保型
布艺材料	中等	C（可燃）	无直接标准	中等	中等	可能含有甲醛挥发性有机物，需选择环保染料
铝合金门窗	高（金属材质）	A（不燃）	无	无	高	无害，但需关注表面活性剂是否环保

（4）美观性原则

材料的颜色、光泽、质感、纹理等视觉效果需与整体装修风格协调一致，以达到理想的装饰效果。合理运用色彩心理学原理，如在寝室中采用有助于放松、促进睡眠的柔和色调，图片见本章二维码。

（5）经济性原则

在保证质量的前提下，根据预算选择性价比高的装饰材料，实现既美观又经济的目标。另外，材料应方便安装和施工，同时考虑其后续维护是否便捷，以及可能出现损坏时能否方便地修复或更换，具体见表9-6。

不同装饰材料的经济性 表 9-6

材料名称	材料单价	施工难度	维护成本	使用寿命（年）	综合经济性评价
瓷砖	50～200 元/m²	中等	低	10～30	高性价比，耐久性强
实木地板	200～1000 元/m²	中等	中等	15～50	高端选择，长期投资回报高
乳胶漆	10～50 元/L	低	低	5～10	经济实惠，适合快速翻新
PVC地板	30～100 元/m²	低	低	5～15	成本适中，适用于多种场合
玻璃隔断	200～500 元/m²	中高	低	10～20	高档美观，提升空间感
壁纸	20～200 元/卷	低	低	3～8	短期装饰效果好，成本较低
大理石	300～2000 元/m²	中等	低	20～50	高端奢华，适合长期投资

单选题

1. 传统的装饰材料按形态来定义主要分为五材，即实材、（   ）、型材、片材以及线材五个类型。

A. 板材 　　　　　　B. 木材 　　　　　　C. 塑料 　　　　　　D. 石材

2. 不锈钢属于（   ）。

A. 黑色金属 　　　　　　　　　　　　B. 无色金属

C. 无机材料 　　　　　　　　　　　　D. 有机材料

3. 装饰材料的（   ）决定了室内空间的氛围及触感体验。

A. 颜色光泽 　　　　　　　　　　　　B. 质地质感

C. 尺寸形状 　　　　　　　　　　　　D. 花纹图案

4. 选择装饰材料时要确保材料具备必要的防火、防滑、防潮等安全性能，该原则属于（   ）。

A. 环保性原则 　　　　　　　　　　　B. 安全性原则

C. 实用性原则 　　　　　　　　　　　D. 经济性原则

5. 下列哪种装饰材料的经济性较好。（   ）

A. 玻璃隔断 　　　　B. 大理石 　　　　C. 乳胶漆 　　　　D. 壁纸

单元 9.2　认识建筑石材

建筑石材是指用于建筑物表面装饰的石材。建筑石材分天然石材和人造石材。天然石材主要用于装饰等级较高的工程，是一种高级的装饰材料；人造石材常用于中、低档的室内装饰工程，如图 9-10、图 9-11 所示。

9.2.1　天然石材

天然石材是指从天然岩体中开采出来的毛料，经过加工制成的板状或块状材料。天然石材结构致密、抗压强度高、耐水、耐磨、装饰性好、耐久性好。由于石材具有特有的色泽和纹理美，作为高级饰面材料颇受人们欢迎，许多商场、宾馆等公共

图 9-10　天然石材

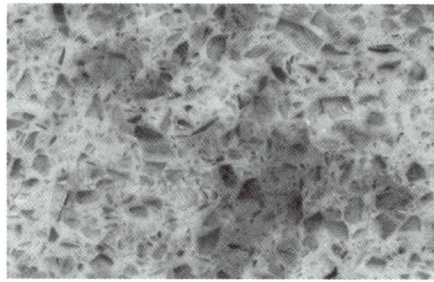

图 9-11　人造石材

建筑均使用石材作为墙面、地面等装饰材料，使得其在室内外装饰中得到了更为广泛的应用。

常用的装饰天然石材有天然大理石和天然花岗石。

1. 天然大理石

天然大理石是地壳中原有的岩石经过地壳内高温高压作用形成的变质岩，主要由方解石、石灰石、蛇纹石和白云石组成。天然大理石的品种繁多、纹理自然、花色多样、经久耐用。纯大理石为白色，称为汉白玉，是上等的建筑和雕刻材料，如图 9-12 所示。

图 9-12　白色大理石

（1）产品分类及等级

根据《天然大理石建筑板材》GB/T 19766—2016 的规定，天然大理石板材按形状分为毛光板（MG）、普型板（PX）和圆弧板（HM）。按加工质量和外观质量分为 A、B、C 三级，具体见表 9-7～表 9-9。

毛光板平面度和厚度要求（单位：mm）　　　　表 9-7

项目		技术标准		
		A	B	C
平面度		0.8	1.0	1.5
厚度	≤12	±0.5	±0.8	±1.0
	>12	±1.0	±1.5	±2.0

普型板规格尺寸允许偏差（单位：mm）　　　　表 9-8

项目		技术标准		
		A	B	C
长度、宽度		0 −1.0		0 −1.5
厚度	≤12	±0.5	±0.8	±1.0
	>12	±1.0	±1.5	±2.0

圆弧板规格尺寸允许偏差（单位：mm）　　　　表 9-9

项目	技术指标		
	A	B	C
弦长	0 −1.0		0 −1.5
高度	0 −1.0		0 −1.5

（2）性能特点及应用

天然大理石质地较为密实、吸水率低、抗压强度较高，但硬度不高；石质细腻，光泽柔润，容易加工、雕琢和磨平等，常被制成抛光石材，装饰性强。

天然大理石板材是装饰工程的常用饰面材料，用于宾馆、酒店、会所、展厅、商场、剧院、机场、娱乐场所、住宅等工程的室内墙面、地面、柱面、服务台、栏板、电梯间门口等部位；天然大理石板材还被广泛地用于高档卫生间的洗漱台面及各种家具的台面，如图 9-13 所示。

大理石饰面材料的主要成分碳酸钙属于碱性物质，不耐大气中酸雨的腐蚀，当用于室外时，又因其抗风化能力差，易受空气中二氧化硫的腐蚀而使其表层失去光泽、变色并逐渐破损。所以除了少数几个含杂质少、质地较纯的品种（汉白玉、艾叶青等）外，天然大理石板材一般只适用于室内。

2. 天然花岗石

建筑工程上通常所说的花岗石是指具有装饰功能，可锯切、研磨、抛光的各种

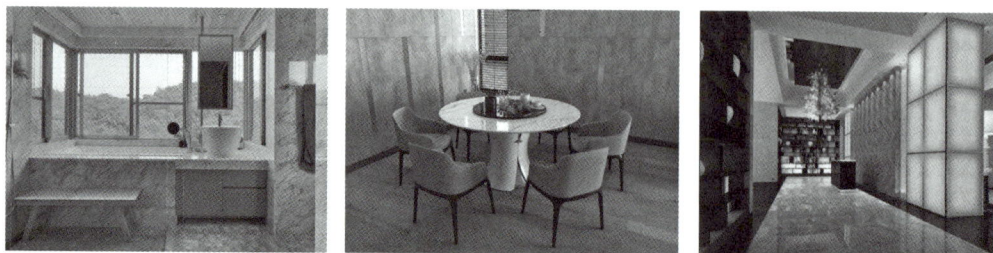

图 9-13 大理石的应用

岩浆岩或少数其他类岩石，主要是指岩浆岩中的深成岩和部分喷出岩及变质岩，如花岗岩、辉绿岩、玄武岩等。从外观特征看，花岗石呈整体均粒状结构，如图 9-14 所示。

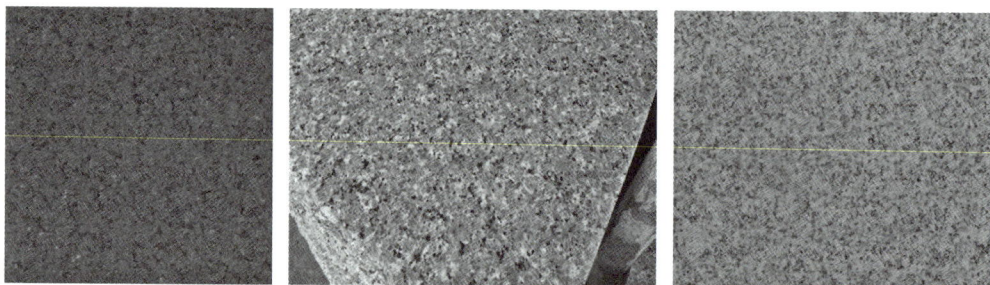

图 9-14 天然花岗石

（1）产品分类及等级

根据《天然花岗石建筑板材》GB/T 18601—2024 的规定，天然花岗石板材按形状分为毛光板（MG）、普型板（PX）和异型板（YX）。

毛光板按厚度偏差、平面度公差、外观质量等可分为 A、B、C 三个等级；普型板按板材的规格尺寸偏差、平面度公差、角度公差等可分为 A、B、C 三个等级。

（2）性能特点及应用

天然花岗石构造非常致密，吸水率极低，材质坚硬，抗压强度高，耐磨性很强，耐冻性强、化学稳定性好，抗风化能力强，耐腐蚀性及耐久性很强。花岗石质感丰富，磨光后色彩斑斓。

花岗石的缺点是自重大，用于房屋建筑与装饰会增加建筑物的质量；硬度大，给开采和加工造成困难；质脆，耐火性差，因为石英在高温时会发生晶型转变产生膨胀从而破坏岩石结构；某些花岗石含有微量放射性元素，应根据花岗石石材的放射性强度水平确定其应用范围。

天然花岗石属于高级建筑装饰材料，主要应用于大型公共建筑或装饰等级要求较高的室内外装饰工程。一般镜面花岗石板材和细面花岗石板材表面整洁光滑，质感细腻，多用于室内墙面和地面、部分建筑的外墙面装饰；粗面花岗石板材表面质感粗糙、粗犷，主要用于室外墙基础和墙面装饰，有一种古朴、回归自然的亲切感；花岗石饰面石材抗压强度高，耐磨性、耐久性高，不论用于室内或室外的使用年限都很长，如图9-15所示。

图9-15 天然花岗石的应用

3. 天然石材的选用原则

（1）适用性

适用性主要考虑石材的技术性能能否满足使用要求。可根据石材在建筑物中的用途和部位及所处环境选定主要技术性质能满足要求的岩石，以保证建筑物的耐久性。

（2）经济性

天然石材的密度大，运输不便、费用高，应综合考虑地方资源，尽可能做到就地取材。难以开采和加工的石料将使材料成本提高，选材时应注意。

（3）装饰性

在装饰性方面，应注意石材的色彩、纹理与建筑物周围环境的协调性，充分体现石材建筑的艺术美。

（4）安全性

由于天然石材是构成地壳的基本物质，因此可能含有放射性的物质。在选用天然石材时，应有放射性检验合格证明或检测鉴定。

9.2.2 人造石材

人造石材是采用无机或有机胶凝材料作为胶结剂，以天然砂、碎石、石粉或工业渣等粗、细填充料，经搅拌混合、成型、固化、表面处理而成的一种人造材料。人造石材具有类似大理石、花岗石的机理特点、色泽均匀、结构致密，具有重量轻、强度大、厚度薄、色泽鲜艳、花色繁多、装饰性好、耐腐蚀、耐污染、便于施工、价格较低的特点。根据生产用料和制造工艺的不同，人造石材一般可分为树脂型人造石材、水泥型人造石材、复合型人造石材和烧结型人造石材。

（1）树脂型人造石材

这种人造石材一般以不饱和树脂为胶黏剂，石英砂、大理石碎粒或粉等无机材料为集料，经搅拌混合、浇筑成型、固化、脱模、烘干、抛光等工序制成。不饱和树脂的黏度低，易于成型，且可在常温下快速固化，产品光泽好、基色浅，可调制成各种鲜艳的颜色，如图 9-16 所示。

（2）水泥型人造石材

它是以各种水泥为胶黏剂，与砂和大理石或花岗石碎粒等，经配料、搅拌、成型、养护、磨光、抛光等工序制成。如果采用铝酸盐水泥和表面光洁的模板，则制成的人造石材表面无须抛光即可具有较高的光泽度，这是由于铝酸盐水泥的主要矿物 $CA(CaO \cdot Al_2O_3)$ 水化后生成大量的氢氧化铝凝胶，这些水化产物与光滑的模板相接触，形成致密结构而具有光泽。这类人造石材的耐腐蚀性较差，且表面容易出现龟裂和泛霜，不宜用作卫生洁具，也不宜用于外墙装饰，如图 9-17 所示。

图 9-16　树脂型人造石材

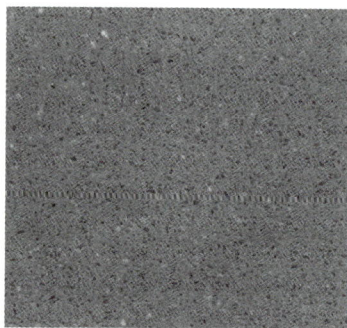

图 9-17　水泥型人造石材

（3）复合型人造石材

这类人造石材所用的胶黏剂中既有有机聚合物树脂又有无机水泥。其制作工艺可采用浸渍法，即将无机材料（如水泥砂浆）成型的坯体浸渍在有机单体中，然后使单体聚合。对于板材，基层一般用性能稳定的水泥砂浆，面层用树脂和大理石碎粒或调制的浆体制成，如图 9-18 所示。

建筑材料

（4）烧结型人造石材

烧结型的生产工艺类似于陶瓷，是把高岭土、石英、斜长石等混合材料制成泥浆，成型后经 1000℃ 左右的高温焙烧而成，如图 9-19 所示。

图 9-18　复合型人造石材

图 9-19　烧结型人造石材

人造石材适用于墙面、门套或柱面装饰，也可用作工厂、学校等的工作台面及各种卫生洁具，还可加工成浮雕、工艺品等。与天然石材相比，人造石材是一种比较经济的饰面材料。

【本单元测试】

单选题

1. 天然大理石属于（　　）。

A. 变质岩　　　　　　B. 岩浆岩　　　　　　C. 沉积岩　　　　　　D. 喷出岩

2. 水磨石属于（　　）。

A. 树脂型人造石材　　　　　　　　　　B. 水泥型人造石材

C. 复合型人造石材　　　　　　　　　　D. 烧结型人造石材

3. 根据《天然花岗石建筑板材》GB/T 18601—2009 的规定，（　　）按厚度偏差、平面度公差、外观质量等可分为 A、B、C 三个等级。

A. 普型板（PX）　　　　　　　　　　B. 异型板（YX）

C. 毛光板（MG）　　　　　　　　　　D. 圆弧板（HM）

4. 天然石材选用的（　　）原则应该主要考虑石材的技术性能能否满足使用要求。

A. 适用性　　　　　B. 经济性　　　　　C. 装饰性　　　　　D. 安全性

5. 以下哪种人造石材是把高岭土、石英、斜长石等混合材料制成泥浆，成型后经1000℃左右的高温焙烧而成的。（　　　）

A. 树脂型人造石材　　　　　　　B. 水泥型人造石材

C. 复合型人造石材　　　　　　　D. 烧结型人造石材

单元9.3　认识建筑塑料

　　塑料是以合成树脂为主要组成材料，加入适量的填料和添加剂，在一定温度和压力下制成各种形状，且在常温常压下能保持其形状不变的有机合成高分子材料。

　　建筑塑料主要指用于建筑工程的各种塑料及制品。目前建筑塑料工业在我国已成为一个独立的建筑工业体系，无毒、无害、无污染的塑料建材将成为市场需求的热点。建筑塑料通常会被运用到塑料门窗、管道和地板等多个方面。由于其具有价格上的优势，被广泛运用于建筑装修之中，如图9-20所示。

图 9-20　塑料门窗

9.3.1　建筑塑料的特性

（1）密度小、质量轻

　　塑料制品的密度小，约为钢材的1/5、铝的1/2、混凝土的1/3，与木材的相近。这既可降低施工的劳动强度，又可减轻建筑物的自重。

（2）比强度高

塑料按单位质量计算的强度已接近甚至超过钢材，是一种优良的轻质高强材料。

（3）保温隔热、吸声性好

塑料的导热系数小，为 $0.020\sim0.046\mathrm{W/(m\cdot K)}$，特别是泡沫塑料的导热系数更小，是理想的保温隔热和吸声材料。

（4）化学性能稳定

塑料由高分子有机材料组成，具有良好的耐腐蚀性，比一般的金属材料和一些无机材料强，对环境水及盐类也有较好的抗腐蚀能力。

（5）可塑性好

塑料可以采用多种方法加工成各种类型和形状的产品，可以根据建筑造型的要求加工成所需的形状，其工艺流程简单，可以批量生产。

（6）装饰性能好

塑料制品不仅可以着色，而且色泽鲜艳耐久，还可进行印刷、电镀、压花等加工，使塑料制品呈现丰富多彩的艺术装饰效果。

（7）节能效果显著

建筑塑料在生产和使用两方面均显示出明显的节能效果。如生产聚氯乙烯（PVC）的能耗仅为生产同质量钢材的 $1/4$、铝材的 $1/8$，采暖地区采用塑料窗代替普通钢窗，可节约采暖能耗 $30\%\sim40\%$。

总之，塑料具有很多优点，而且有些性能是一般传统建筑材料所无法比拟的。但塑料易老化、耐热性差、弹性模量低，热变形温度一般在 $60\sim120\,℃$。部分塑料易着火或缓慢燃烧，且产生有毒气体。在选用时应扬长避短，特别要注意安全防火等。

9.3.2　建筑塑料的组成

塑料是由合成或天然树脂为主要组成材料，按一定比例加入各种填充料、增塑剂、稳定剂、着色剂及其他助剂等，在一定条件下经混炼、塑化成型，在常温常压下能保持产品形状不变的材料。

（1）树脂

树脂是塑料中的主要成分，占塑料总含量的 $40\%\sim100\%$，在塑料中主要起胶结作用，它决定了塑料的类型和性质。

（2）填充料

填充料可以改善塑料的使用温度，提高塑料的强度、硬度，增强其化学稳定性，同时也能降低塑料的成本。常用的无机填充料有滑石粉、硅藻土、云母、石灰石粉、玻璃纤维等；有机填充料有木粉、纸屑、棉布等。

（3）增塑剂

增塑剂可以提高塑料的可塑性和柔软性，降低脆性。增塑剂通常是沸点高、难挥发的液体，或是低熔点的固体。其缺点是会降低塑料制品的机械性能和耐热性能。常用的增塑剂有邻苯二甲酸二丁酯、邻苯二甲酸二辛酯、樟脑、甘油等。

（4）稳定剂

塑料在成型加工和使用中，因受热、光或氧的作用，会出现降解、氧化断链、交联等现象，造成颜色变深、性能降低。加入稳定剂可以提高塑料的质量，延长使用寿命。常用稳定剂有硬脂酸盐、铅白、环氧化物等。

（5）着色剂

着色剂使塑料具有鲜艳的色彩和光泽。着色剂应具有分散性好、附着力强、不与塑料成分发生化学反应、抗溶解、不褪色等特性。常用的着色剂有有机染料、无机染料或颜料等。

（6）润滑剂

塑料加工时，加入润滑剂是为了便于脱模和使制品表面光洁。

此外，根据建筑塑料使用及成型加工的需要，还可添加硬化剂（固化剂）、发泡剂、抗静电剂、阻燃剂等。

9.3.3 建筑塑料的用途

塑料在建筑上可作为装饰材料、绝热材料、吸声材料、防火材料、墙体材料、管道及卫生洁具等，如图 9-21～图 9-23 所示。

图 9-21 塑料吸声材料　　图 9-22 塑料吊顶　　图 9-23 塑料隔墙

9.3.4 常用的建筑塑料

用于建筑的塑料制品较多，几乎遍及建筑物的各个部位，建筑中常见的塑料制品主要有塑料管材、塑料装饰板材、塑料壁纸、塑料地板、塑料门窗、玻璃钢等。

（1）塑料管材

建筑塑料管材及管件制品应用极为广泛，正在逐步取代陶瓷管和金属管。塑料管材与金属管材相比，具有生产成本低、容易模制、质量轻、运输和施工方便、表面光滑、流体阻力小、不生锈、耐腐蚀、适应性强、韧性好、强度高、使用寿命长、能回收加工再利用等优点。塑料管材被公认为是目前建筑塑料中重要的品种之一，被大量用于建筑工程中。

工程中常用的类型有：硬质聚氯乙烯（UPVC）管、聚乙烯（PE）管、三型聚丙烯（PP-R）管、交联聚乙烯（PEX）管等，如图 9-24～图 9-27 所示。

图 9-24　硬质聚氯乙烯管

图 9-25　聚乙烯管

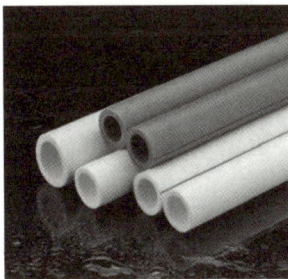

图 9-26　三型聚丙烯管

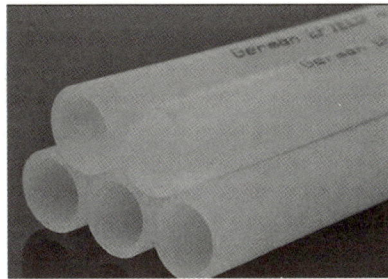

图 9-27　交联聚乙烯管

（2）塑料板材

建筑用塑料装饰板材是指以树脂为浸渍材料或以树脂为基材，采用一定的生产工艺制成的具有装饰功能的普通或异形断面的板材，主要用作护墙板、层面板和平顶板，此外有夹芯层的夹芯板可用作非承重墙的墙体和隔断。塑料装饰板材重量轻，能减轻建筑物的自重。塑料护墙板可以具有各种形状的断面和立面，并可任意着色、干法施工，分为波形板、异形板、格子板和夹层墙板等形式，如图 9-28 所示。

（3）塑料壁纸

塑料壁纸由基底材料（纸、麻、棉布、丝织物、玻璃纤维）涂以各种塑料，加入颜料经配色印花而成。塑料壁纸有一定的伸缩性和耐裂强度，装饰效果好，耐水，性能优越，使用寿命长，易维修保养，施工方便，成本低。目前，塑料壁纸被广泛用作内墙、天花板、梁柱等的贴面材料。

塑料壁纸的种类有普通壁纸、发泡壁纸和特种壁纸，如图 9-29 所示。

图 9-28　塑料护墙板

图 9-29　塑料壁纸

（4）塑料地板

塑料地板装饰效果好、色彩图案不受限制，可仿真，施工维护方便，耐磨性好，使用寿命长，具有隔热、隔声、隔潮的功能，脚感舒适暖和。目前，我国塑料地板大多采用 PVC（聚氯乙烯）树脂，使用年限在 20 年左右。

塑料地板表面可压成凹凸花纹，吸收冲击力好，防滑，耐磨。在使用过程中要注意：定期打蜡；避免用大量的水拖地，特别是要避免热水、碱水和地板接触，以免影响黏结强度或引起变色、翘曲等；避免硬质刻划；脏污后用稀释的肥皂水和布擦洗痕迹，还要用少量汽油擦洗；避免长期阳光照射，如图 9-30 所示。

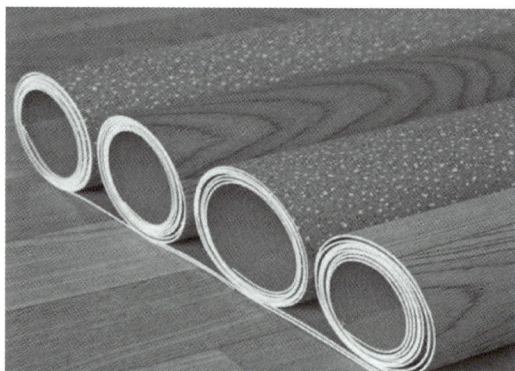

图 9-30　塑料地板

（5）塑料门窗

塑料门窗是以聚氯乙烯（PVC）为主要原料，加入一定比例的各种添加剂，经混炼、挤出成型为内部带有空腔的异型材，以此塑料为框材，经切割、组装而成的门窗。

随着建筑塑料工业的发展，全塑料门窗、喷塑钢门窗和钢塑门窗将逐步取代木门窗、金属门窗，得到越来越广泛的应用。与其他门窗相比，塑料门窗具有耐水性、耐腐蚀性、气密性、水密性、绝热性、隔声性、耐燃性、尺寸稳定性、装饰性好，而且不需要粉刷油漆，维修保养方便，节能效果显著，节约木材、钢材、铝材的特点。

【本单元测试】

单选题

1. 下列（　　）不属于建筑塑料的特性。

A. 可塑性好　　　　　　　　　　　B. 比强度高

C. 密度大　　　　　　　　　　　　D. 吸声性好

2. （　　）可以提高塑料的可塑性和柔软性，降低脆性。

A. 增塑剂　　　　　　　　　　　　B. 润滑剂

C. 填充料　　　　　　　　　　　　D. 树脂

3. 下列（　　）成分占塑料总含量的 40%～100%。

A. 树脂　　　　　　　　　　　　　B. 稳定剂

C. 填充料　　　　　　　　　　　　D. 着色剂

4. 塑料在建筑上不可作为（　　）使用。

A. 绝热材料　　　　　　　　　　　B. 防火材料

C. 墙体材料　　　　　　　　　　　D. 保温材料

5. 下列（　　）不是以聚氯乙烯（PVC）为主要原料制造而成的。

A. 塑料门窗　　　　　　　　　　　B. 塑料地板

C. 塑料管材　　　　　　　　　　　D. 塑料壁纸

单元 9.4　认识建筑涂料

涂料是指涂敷于物体表面，并能与物体表面材料很好黏结形成连续性薄膜，从而对物体起到装饰、保护或使物体具有某些特殊功能的材料。涂料在物体表面干结形成的薄膜称为涂膜，又称涂层。一般将用于建筑物内墙、外墙、顶棚、屋面及地面的涂料称为建筑涂料，如图 9-31 所示。

图 9-31　建筑涂料

9.4.1　建筑涂料的组成

建筑涂料由主要成膜物质、次要成膜物质、辅助成膜物质组成。

（1）主要成膜物质

主要成膜物质又称为基料、黏结剂或固着剂，是将涂料中的其他组分黏结在一起，并能牢固附着在基层表面形成连续均匀、坚韧的保护膜。主要成膜物质是涂料中最重要的组成部分，对涂料的性能起决定性作用。主要成膜物质一般为高分子化合物或成膜后形成高分子化合物的有机物质。目前，我国建筑涂料所用的成膜物质主要以合成树脂为主。

（2）次要成膜物质

次要成膜物质是指涂料中的各种颜料和填料，其本身不具备成膜能力，但它可以依靠主要成膜物质黏结成为涂膜的组成部分，从而改善涂膜的性能、增加涂膜的质感并增加涂料的品种。

颜料在涂料中的主要作用是使涂膜具有一定的遮盖力和提供所需要的各种色彩，同时也具有一定的耐候性和耐碱性。因为外墙涂料直接暴露于大气中，还直接涂刷在呈碱性的水泥砂浆表面，因而宜选用耐候性、耐碱性较好的颜料。

填料主要起填充作用，能有效改善涂料的储存稳定性和漆膜的相关性能，如提高涂膜的耐久性、耐热性和表面硬度，降低涂膜的收缩等。常用的填料有碳酸钙、滑石粉、煅烧高岭土、沉淀硫酸钡、硅酸铝等。

（3）辅助成膜物质

辅助成膜物质主要指各种溶剂（稀释剂）和各种助剂。涂料所用的溶剂有两大类：一类是有机溶剂，如松香水、酒精、汽油、苯、二甲苯等；另一类是水。助剂是为了改善涂料的性能，提高涂膜的质量而加入的辅助材料，如催化剂、增塑剂、固化剂、分散剂、增稠剂、防冻剂、紫外线吸收剂、抗氧化剂、防霉剂、防老化剂等。

9.4.2　建筑涂料的功能

（1）保护建筑物

建筑涂料通过刷涂、滚涂或喷涂等施工方法，涂覆在建筑物的表面上，形成连续的薄膜，厚度适中，有一定的硬度和韧性，并具有耐磨、耐候、耐化学侵蚀以及抗污染等性能，可以提高建筑物的使用寿命。

（2）装饰建筑物

建筑涂料所形成的涂层能装饰美化建筑物。若在涂料中掺加粗、细骨料，再采用拉毛、喷涂和滚花等方法进行施工，可以获得各种纹理、图案及质感的涂层，使建筑物产生不同凡响的艺术效果，以达到美化环境、装饰建筑的目的。

（3）调节建筑物的使用功能

建筑涂料能提高室内的自然亮度，保持环境清洁，给人们创造一种生活与学习的气氛。

（4）改善建筑物的使用特殊要求

特殊涂料还具备防火、防水、隔热保温、防辐射、防霉、防结露、杀虫、发光、吸声隔声等功能。

9.4.3　建筑涂料的分类

建筑涂料是当今产量最大、应用最广的建筑装饰材料之一。按主要成膜物质的化学组分不同，建筑涂料可分为有机涂料、无机涂料和复合涂料；按建筑物的使用部位不同，可分为内墙和顶面涂料、外墙涂料、地面涂料、木器涂料等；按涂料的使用功能不同，可分为普通涂料、防水涂料、防火涂料、防霉涂料、保温涂料等；按溶剂特性不同，可分为溶剂型涂料、水溶性涂料和乳液型涂料，如图 9-32 所示。

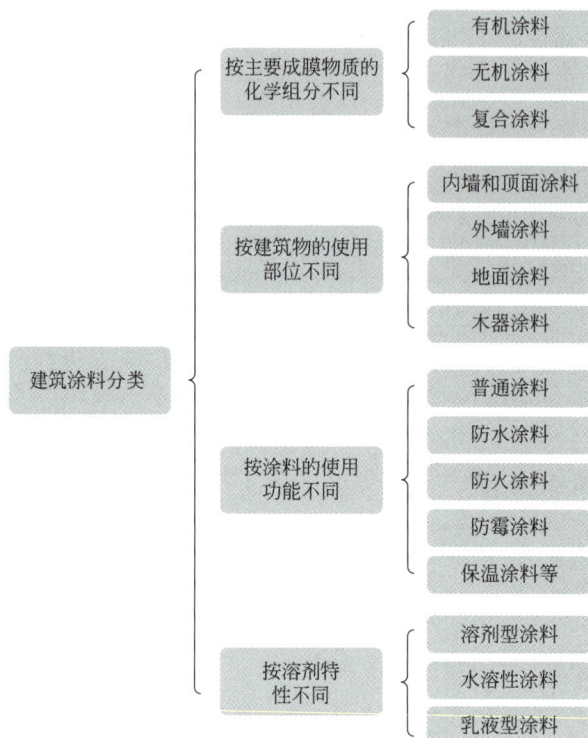

图 9-32 建筑涂料的分类

建筑涂料分类
- 按主要成膜物质的化学组分不同
  - 有机涂料
  - 无机涂料
  - 复合涂料
- 按建筑物的使用部位不同
  - 内墙和顶面涂料
  - 外墙涂料
  - 地面涂料
  - 木器涂料
- 按涂料的使用功能不同
  - 普通涂料
  - 防水涂料
  - 防火涂料
  - 防霉涂料
  - 保温涂料等
- 按溶剂特性不同
  - 溶剂型涂料
  - 水溶性涂料
  - 乳液型涂料

图 9-32　建筑涂料的分类

9.4.4　常用的建筑涂料

1. 外墙涂料

外墙涂料的主要功能是装饰和保护建筑物的外墙，使建筑物外观整洁美观，达到美化环境的作用，延长其使用时间。由于直接暴露在大气中，并且受阳光、温度变化、干湿变化、外界有害介质的侵蚀等作用，因此要求外墙涂料在具有良好装饰性的同时还要兼具良好的耐水性、耐候性、耐久性、防污性等性能。常用的外墙涂料类型有：溶剂型外墙涂料、乳液型外墙涂料、复层外墙涂料、无机外墙涂料等，如图 9-33 所示。

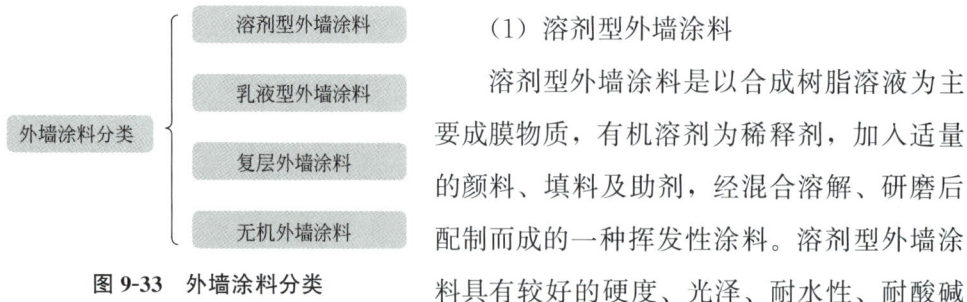

外墙涂料分类
- 溶剂型外墙涂料
- 乳液型外墙涂料
- 复层外墙涂料
- 无机外墙涂料

图 9-33　外墙涂料分类

（1）溶剂型外墙涂料

溶剂型外墙涂料是以合成树脂溶液为主要成膜物质，有机溶剂为稀释剂，加入适量的颜料、填料及助剂，经混合溶解、研磨后配制而成的一种挥发性涂料。溶剂型外墙涂料具有较好的硬度、光泽、耐水性、耐酸碱性及良好的耐候性、耐污染性等。目前国内外使用较多的溶剂型外墙涂料主要有丙烯酸酯外墙涂料、聚氨酯系外墙涂料等，如图 9-34 所示。

图 9-34　聚氨酯系外墙涂料

（2）乳液型外墙涂料

乳液型外墙涂料是以高分子合成树脂乳液为主要成膜物质的外墙涂料。按照涂料的质感可分为薄质乳液涂料（乳胶漆）、厚质涂料、彩色砂壁状涂料等。乳液型外墙涂料的主要特点有：以水为分散介质，涂料中无有机溶剂，因而不会对环境造成污染，不易燃，毒性小；施工方便，可刷涂、滚涂、喷涂，施工工具可以用水清洗；涂料透气性好，可以在稍湿的基层上施工；耐候性好。目前，薄质外墙涂料有乙-丙乳液涂料、乙-顺乳液涂料、苯-丙乳液涂料、聚丙烯酸酯乳液涂料等；厚质外墙涂料有乙-丙厚质涂料、氯-偏厚质涂料、砂壁状涂料等，如图 9-35 所示。

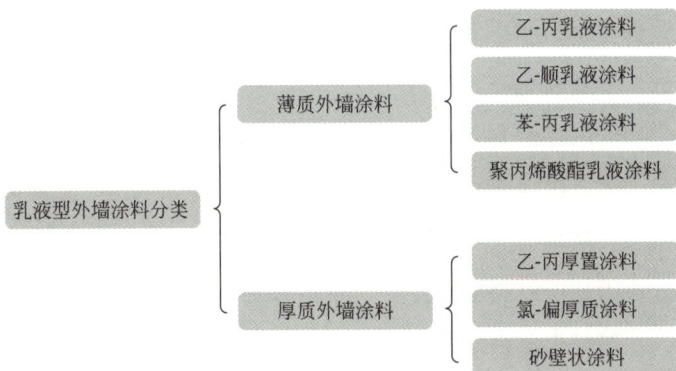

图 9-35　乳液型外墙涂料分类

（3）复层外墙涂料

复层外墙涂料是由两种以上涂层组成的复合涂料。复层涂料由底层涂料、主层涂料和罩面涂料三部分组成。按主层涂料主要成膜物质的不同，可分为聚合物水泥系复层涂料（CE）、硅酸盐系复层涂料（Si）、合成树脂乳液系复层涂料（E）、反应固化型合成树脂乳液系复层涂料（RE）四类，如图 9-36 所示。复层外墙涂料适用于多种基层材料。

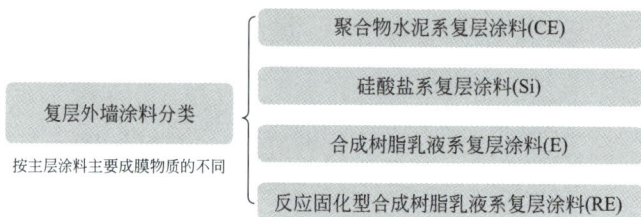

図 9-36　复层外墙涂料分类

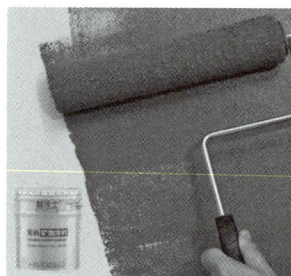

图 9-37　无机外墙涂料

（4）无机外墙涂料

无机外墙涂料是以碱金属硅酸盐或硅溶胶为主要成膜物质，加入填料、颜料、助剂等配制而成的建筑外墙涂料。按其主要成膜物质的不同可分为两类：一类是以碱金属硅酸盐为主要成膜物质；另一类是以硅溶胶为主要成膜物质。广泛用于住宅、办公楼、商店、宾馆等的外墙装饰，也可用于内墙和顶棚等的装饰，如图 9-37 所示。

2. 内墙涂料

内墙涂料也可用作顶棚涂料，它的主要功能是装饰及保护内墙墙面及顶棚，建立一个美观舒适的生活环境。内墙涂料应具有的性能有：色彩丰富、细腻、协调；耐碱、耐水性好，不易粉化；好的透气性、吸湿排湿性；涂刷方便、重涂性好；无毒、无污染。常用的内墙涂料类型有：合成树脂乳液内墙涂料、溶剂型内墙涂料、水溶性内墙涂料、多彩内墙涂料、幻彩内墙涂料等。

（1）合成树脂乳液内墙涂料

合成树脂乳液内墙涂料又称乳胶漆，是以合成树脂乳液为基料（成膜材料）的薄型内墙涂料。一般用于室内墙面装饰，但不宜用于厨房、卫生间、浴室等潮湿墙面。目前，常用的品种有苯丙乳胶漆、乙丙乳胶漆、聚醋酸乙烯乳胶内墙涂料、氯-偏共聚乳胶内墙涂料等，如图 9-38 所示。

（2）溶剂型内墙涂料

溶剂型内墙涂料与溶剂型外墙涂料基本相同。目前主要用于大型厅堂、室内走廊、门厅等部位。可用作内墙装饰的溶剂型涂料主要有过氯乙烯墙面涂料、聚乙烯醇缩丁醛墙面涂料、氯化橡胶墙面涂料、丙烯酸酯墙面涂料、聚氨酯系墙面涂料及聚氨酯-丙烯酸酯系墙面涂料等，如图 9-39 所示。

图 9-38　乳胶漆

溶剂型内墙涂料分类
- 过氯乙烯墙面涂料
- 聚乙烯醇缩丁醛墙面涂料
- 氯化橡胶墙面涂料
- 丙烯酸酯墙面涂料
- 聚氨酯系墙面涂料
- 聚氨酯-丙烯酸酯系墙面涂料

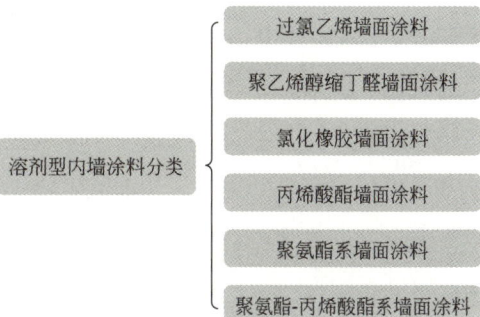

图 9-39　溶剂型内墙涂料分类

（3）水溶性内墙涂料

水溶性内墙涂料是以水溶性化合物为基料，加入适量的填料、颜料和助剂，经过研磨、分散后制成的，属低档涂料，可分为Ⅰ类和Ⅱ类。目前，常用的水溶性内墙涂料有聚乙烯醇水玻璃内墙涂料、聚乙烯醇缩甲醛内墙涂料和改性聚乙烯醇系内墙涂料，如图 9-40 所示。

（4）多彩内墙涂料

多彩内墙涂料是一种国内外较为流行的高档内墙涂料，它是经一次喷涂即可获得具有多种色彩的立体涂膜的涂料。多彩内墙涂料按其介质可分为水包油型、油包水型、油包油型和水包水型四种。多彩内墙涂料的涂层由底层、中层、面层涂料复合而成，适用于建筑物内墙和顶棚水泥、混凝土、砂浆、石膏板、木材、钢、铝等多种基面的装饰，如图 9-41 所示。

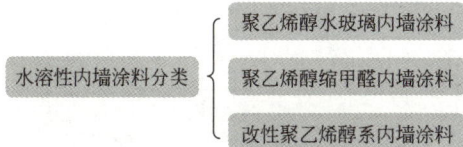

水溶性内墙涂料分类
- 聚乙烯醇水玻璃内墙涂料
- 聚乙烯醇缩甲醛内墙涂料
- 改性聚乙烯醇系内墙涂料

图 9-40　水溶性内墙涂料分类

图 9-41　多彩内墙涂料

（5）幻彩内墙涂料

幻彩内墙涂料是用特种树脂乳液和专门的有机、无机颜料制成的高档水性内墙涂料。幻彩内墙涂料的成膜物质是经特殊聚合工艺加工而成的合成树脂乳液，具有良好的触变性及适当的光泽，涂膜具有优异的抗回黏性。幻彩内墙涂料具有无毒、无味、无接缝、不起皮等优点，并具有优良的耐水性、耐碱性和耐洗刷性，主要用于办公、住宅、宾馆、商店、会议室等的内墙、顶棚等的装饰。幻彩内墙涂料适用于混凝土、砂浆、石膏、木材、玻璃、金属等多种基层材料。幻彩内墙涂料施工首先是封闭底涂，其主要作用是保护涂料免受墙体碱性物质的侵蚀。中层涂层一是增加基层材料与面层的黏结，二是可作为底色。中层涂料可采用水性合成乳胶涂料、半光或有光乳胶涂料。中层涂料干燥后再进行面层涂料的施工。面层涂料可单一使用也可套色配合使用。施工方式有喷、涂、刷、辊、刮等。如图9-42所示。

3. 地面涂料

地面涂料是采用耐磨树脂和耐磨颜料制成的用于地面涂刷的涂料。与一般涂料相比，地面涂料的耐磨性和抗污染性特别突出，因此广泛用于商场、车库、跑道、工业厂房等地面装饰。

最常见的地面涂料有环氧地面涂料和聚氨酯地面涂料，其中环氧地面涂料分为两种类型：溶剂型和无溶剂自流平型。溶剂型用于薄涂，耐磨性符合一般需求；无溶剂自流平型用于厚涂，符合高标准的耐磨性要求。如果在环氧地面涂料中加入功能性材料，则可制成功能性涂料，如抗静电地坪涂料、砂浆型防滑地坪涂料等。环氧地面涂料只适用于室内地面装饰。聚氨酯地坪涂料是可以在户外使用的地面涂料，尤其是弹性聚氨酯地坪涂料，广泛应用在跑道、过街天桥等地面装饰，如图9-43所示。

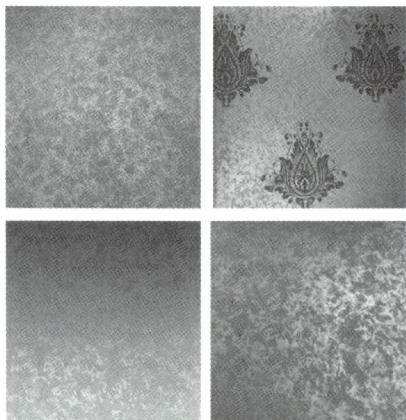

图 9-42　幻彩内墙涂料

图 9-43　聚氨酯地坪涂料

单选题

1. （   ）主要以碱金属硅酸盐或硅溶胶为主要成膜物质配制而成的。

A. 复层外墙涂料   B. 无机外墙涂料

C. 溶剂型外墙涂料   D. 乳液型外墙涂料

2. 填料在建筑涂料的组成中属于（   ）。

A. 主要成膜物质   B. 次要成膜物质

C. 辅助成膜物质   D. 助剂

3. 建筑涂料的功能不包括（   ）。

A. 保护建筑物   B. 调节建筑物功能

C. 装饰建筑物   D. 改善建筑物的性质

4. 按建筑物的使用部位不同，建筑涂料可分为内墙涂料、外墙涂料、地面涂料、（   ）等。

A. 木器涂料   B. 复合涂料

C. 通用涂料   D. 顶面涂料

5. 与一般涂料相比，（   ）的耐磨性和抗污染性特别突出。

A. 木外墙涂料   B. 地面涂料

C. 内墙涂料   D. 顶面涂料

单元 9.5　认识建筑陶瓷

建筑陶瓷通常是指以黏土为主要原料，经原料处理、成型、焙烧而成的无机非金属材料。

陶瓷是陶器、炻器和瓷器的总称。炻器是介于陶器与瓷器之间的一类产品，或称其为半瓷、石胎瓷等。三类陶瓷的原料和制品性能的变化是连续和相互交错的，很难有明确的区分界限。从陶器、炻器到瓷器，其原料从粗到精，烧成温度由低到高，胚体结构由多孔到致密。建筑陶瓷主要是指用于建筑内外饰面的干压陶瓷砖和陶瓷洁具，其按材质主要属于陶和炻。

建筑装饰陶瓷包括各类陶瓷釉面砖、陶瓷墙地砖、卫生陶瓷、园林陶瓷、琉璃陶瓷和陶瓷壁画等。其中应用最广泛的是陶瓷釉面砖和陶瓷墙地砖，如图 9-44 所示。

图 9-44　陶瓷墙地砖

9.5.1　釉面内墙砖

釉面内墙砖简称内墙砖，属于多孔精陶或炻质釉制品，通常称为瓷砖。以烧结后呈白色的耐火黏土、叶蜡石或高岭土等为原料制成坯体，面层为釉料，经高温烧结而成。

釉面内墙砖按釉面颜色分为单色（含白色）、花色和图案砖三种；按正面形状分为正方形、长方形和异形配件砖。釉面内墙砖种类繁多，规格不一，可按需要选配。

釉面内墙砖色泽柔和、典雅、朴实大方，热稳定性好，防火、防潮、耐酸碱，表面光滑、耐污性好、便于清洗，因此常被用在对卫生要求较高的室内环境中，如厨房、卫生间、浴室、实验室、精密仪器车间及医院等处。由于釉面内墙砖的花色品种很多、装饰性较好且易清洗，现在一些室内台面、墙面的装饰也会使用花色品种好的高档釉面内墙砖。

由于釉面内墙砖为多孔坯体，坯体吸水率较大，会产生湿胀现象，而其表面釉层的吸水率和湿胀性又很小，再加上冻胀现象的影响，会在坯体和釉层之间产生应力，当坯体内产生的胀应力超过釉层本身的抗拉强度时，就会导致釉层开裂或脱落，严重影响饰面效果。因此釉面内墙砖不宜用在室外。

釉面内墙砖在粘贴前通常要求浸水 2h 以上，取出晾干至表面干燥才可进行粘贴。否则，因干坯会吸走水泥浆中的大量水分，影响水泥浆的凝结硬化，降低黏结强度，从而造成空鼓、脱落等现象。另外，通常在水泥浆中掺入一定量的建筑胶水，以改善水泥浆的和易性，延缓水泥的凝结时间，从而提高铺贴质量，并提高与基层的黏结强度，如图 9-45 所示。

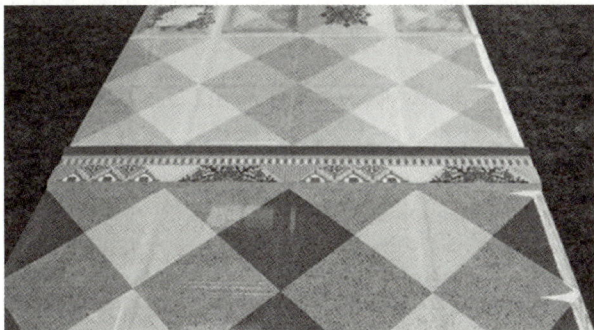

图 9-45　釉面内墙砖

9.5.2　陶瓷墙地砖

陶瓷墙地砖包括建筑物外墙装饰贴面用砖和室内外地面装饰铺贴用砖，由于目前这类砖的发展趋向为墙地两用，故称为墙地砖。陶瓷墙地砖属或炻质或瓷质陶瓷制品，是以优质陶土为主要原料，加入其他辅助材料配成生料，经半干压后在1100℃左右的温度环境中焙烧而成。

陶瓷墙地砖具有强度高、致密坚实、耐磨、吸水率小、抗冻、耐污染、易清洗、耐腐蚀、耐急冷急热、经久耐用等特点。

陶瓷墙地砖主要有彩色釉面陶瓷墙地砖、无釉陶瓷墙地砖以及劈离砖、玻化砖、陶瓷麻面砖、陶瓷壁画（壁雕）、金属釉面砖、黑瓷钒钛装饰板等新型墙地砖，如图 9-46 所示。

图 9-46　陶瓷墙地砖

9.5.3　陶瓷马赛克

陶瓷马赛克又称为陶瓷锦砖，是以优质瓷土烧制成的，长边小于 50mm 的片状小瓷砖。陶瓷马赛克有挂釉和不挂釉两种。现在的主流产品大部分不挂釉。陶瓷马赛克的规格较小，直接粘贴很困难，故在产品出厂前按各种图案粘贴在牛皮纸上（正面与纸相粘）。

陶瓷马赛克质地坚实，经久耐用，色泽图案多样，防滑、耐酸、耐碱、耐火、耐磨，吸水率小，不渗水，易清洗，热稳定性好。陶瓷马赛克主要用于室内地面装饰，如浴室、厨房、餐厅、化验室等地面，也可用作内、外墙饰面，并可镶拼成风景名胜和花鸟动物图案的壁画，形成别具风格的马赛克壁画艺术，装饰性和艺术性均较好，且可增强建筑物的耐久性，如图 9-47 所示。

图 9-47　陶瓷马赛克

9.5.4　琉璃制品

建筑琉璃制品是我国陶瓷宝库中的古老珍品，是我国古建筑中最具代表性和特色的部分。琉璃制品是以难熔黏土做原料，经配料、成型、干燥、素烧、表面涂以琉璃釉料后，再经烧制而成。琉璃制品属于精陶瓷制品，颜色有金、黄、绿、蓝、青等。品种分为三类：瓦类（板瓦、筒瓦、沟头）、脊类和饰件类（物、博古、兽等）。其主要产品有琉璃瓦、琉璃砖、琉璃兽、琉璃花窗、栏杆等装饰制件，还有琉璃桌、绣墩、鱼缸、花盆、花瓶等陈设用的建筑工艺品。

琉璃制品表面光滑、色彩绚丽、造型古朴、坚实耐用、富有民族特色。其彩釉不易剥落，装饰耐久性好，比瓷质饰面材料容易加工，且花色品种很多。主要用作具有民族风格的房屋材料，如板瓦、筒瓦、滴水、勾头以及飞禽走兽等用作檐头和屋脊的装饰物；还可用于建筑园林中的亭、台、楼阁等，以增加园林的特色，如图 9-48 所示。

9.5.5　建筑陶瓷的选用

建筑陶瓷种类繁多、性能各异，在选用时应根据建筑物类别、位置、用途、地区等的不同选择合适的产品，这样才能达到预期的目的和满意的效果。

外墙由于要经受风雨寒暑的考验，所以应选择抗冻性能优良、吸水率低、坯釉

建筑材料

图 9-48　琉璃瓦

结合好的炻质、瓷质类的砖，最好选择无釉砖。使用中应注意避免将高吸水率的内墙砖用于外墙。

内墙砖主要是用于厨房、卫生间的内墙装饰。内墙釉面砖吸水率高，易于铺贴，无须留砖缝，釉面光滑，易于清洗、清洁。内墙砖中具有装饰效果的腰线砖和彩色墙裙砖的品种多样、色彩绚丽，是其他内墙砖无法比拟的。使用中应避免将瓷质砖、无釉外墙砖等用于内墙装饰。

陶瓷地面砖分为室外地面砖和室内地面砖。室外地面砖重点要求强度高，以及耐磨性、抗冻性和防滑性好。应避免将未经防滑处理的彩色抛光砖用在人行道、步行街的地面铺设中。室内地面砖主要要求耐磨、防滑性好，有釉产品要求坯釉结合性好，不脱釉、无釉裂。卫生间等有下水坡度要求的地面可选择防滑性好的陶瓷马赛克或施亚光釉的炻质砖等。

【本单元测试】

单选题

1. 我国将凡是以（　　）为主要来源，通过烧结方法制成的无机多晶产品均称为陶瓷。

    A. 石灰石　　　　　　B. 纯碱　　　　　　C. 长石　　　　　　D. 黏土

2. 陶瓷马赛克就是（　　）。

    A. 玻化砖　　　　　　B. 陶瓷锦砖　　　　　C. 劈离砖　　　　　D. 彩胎砖

3. 凡是吸水率不大于（　　）的陶瓷均称为瓷质砖。

A. 18％   B. 12％   C. 5％   D. 0.5％

4. 釉面内墙砖在粘贴前通常要求浸水（　　）以上，取出晾干至表面干燥才可进行粘贴。

A. 2h   B. 3h   C. 5h   D. 10h

5. 室内地面砖主要要求耐磨、（　　）性好。

A. 吸水   B. 抗压   C. 防滑   D. 抗冻

单元 9.6　认识建筑玻璃

在建筑工程中，玻璃是一种重要的装饰材料。传统意义上的玻璃是典型的脆性材料，在冲击荷载作用下极易破碎，热稳定性差，遇沸水易破裂。但是，随着现代科学技术和玻璃技术的发展，建筑玻璃的品种日益增多，其功能日渐优异。除了过去单纯的透光、围护等基本功能外，现在还具有控制光线、调节热量、节约能源、控制噪声、安全（防弹、防盗、防火、防辐射、防电磁波干扰）、提高装饰艺术等功能。

常用的建筑玻璃按其功能一般分为五类：普通平板玻璃、节能玻璃、安全玻璃、饰面玻璃和玻璃砖，如图 9-49 所示。

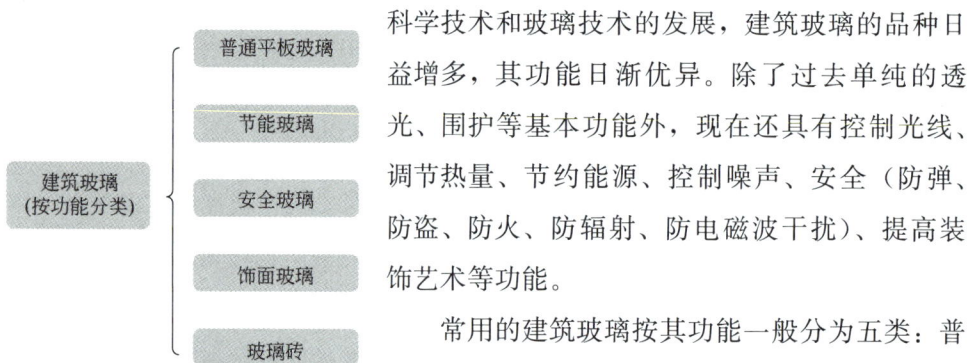

图 9-49　建筑玻璃分类

9.6.1　普通平板玻璃

平板玻璃是指未经其他加工的钠钙玻璃类平板。其透光率为 85％～90％，也称单光玻璃、白片玻璃或净片玻璃，主要用于门、窗，起透光、保温、隔声、挡风雨等作用。其特点是成型容易控制，可同时生产不同宽度和厚度的玻璃，但宽度和厚度也会受到成型设备的限制，产品质量不是很高，易产生波筋、线道、表面不平整等缺陷。

平板玻璃是建筑中使用最多、应用最广泛的玻璃。根据《平板玻璃》GB 11614—2022 的规定，平板玻璃按公称厚度分为：2mm、3mm、4mm、5mm、6mm、8mm、10mm、12mm、15mm、19mm、22mm、25mm 共 12 种；按颜色属性分为无色透明平板玻璃和本体着色平板玻璃；按其外观质量分为普通级平板玻璃和优质加工级平板玻璃两级。各等级平板玻璃的尺寸偏差、对角线差、厚度、厚薄差、外观质量、弯曲度、虹彩、光学性能和颜色均匀性的要求应符合《平板玻璃》GB 11614—2022 的要求。平板玻璃如图 9-50 所示。

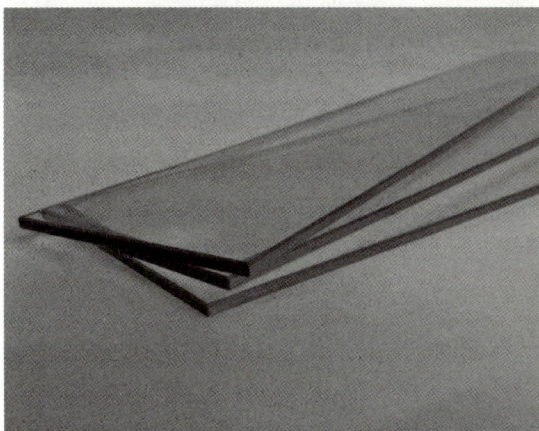

图 9-50　平板玻璃

9.6.2　节能玻璃

节能玻璃是集节能和装饰于一体的玻璃，除用于一般门窗外，常用于建筑物的玻璃幕墙，可以起到显著的节能效果，现已被广泛地应用于各种高级建筑物之中。常用的节能玻璃主要有：吸热玻璃、热反射玻璃、中空玻璃等，如图 9-51 所示。

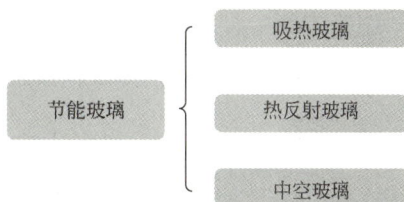

图 9-51　节能玻璃的分类

（1）吸热玻璃

吸热玻璃能吸收大量红外辐射能，又能保持良好的光透过率。其制作方法有两种：一种是在普通平板玻璃中加入一定量的有吸热性能的着色剂，如氧化铁、氧化钴等；另一种是在玻璃表面喷涂有强烈吸热性能的氧化物薄膜，如氧化锡、氧化锑等。

吸热玻璃广泛应用于现代建筑物的门窗和外墙，以及用作车、船等的挡风玻璃等，起到采光、隔热、防眩作用。吸热玻璃的色彩具有极好的装饰效果，已成为一种新型的外墙和室内装饰材料。

吸热玻璃能阻挡夏天透入室内的太阳辐射热，在严寒地区反而阻挡了阳光进入室内。因此，吸热玻璃对全年日照率较低的西南地区和尚无采暖设施的长江中下游地区是不利的，如图 9-52 所示。

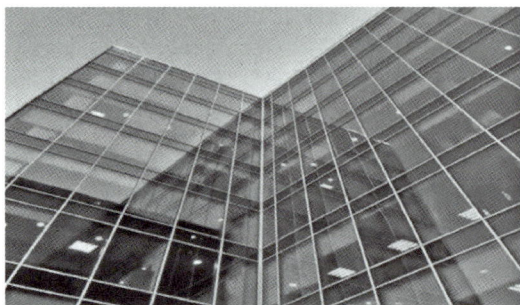

图 9-52 吸热玻璃在幕墙中的应用

（2）热反射玻璃

热反射玻璃又称镀膜玻璃，既具有较高的热反射能力，又能保持良好的透光性。热反射玻璃是在玻璃表面用加热、蒸汽、化学等方法喷涂金、银、铜、铝、铁等金属氧化物，或粘贴有机薄膜，或以某种金属离子置换玻璃表面原有离子而制成。热反射玻璃的反射率为 $30\%\sim40\%$，装饰性好，具有单向透像作用，还有良好的耐磨性、耐化学腐蚀性和耐候性。热反射玻璃越来越多地用作高层建筑的幕墙，如图 9-53 所示。

（3）中空玻璃

中空玻璃由两片或多片平板玻璃构成，用边框隔开，四周边缘部分用密封胶密封，玻璃层间充有干燥气体。构成中空玻璃的玻璃原片有平板玻璃、钢化玻璃、吸热玻璃、热反射玻璃等。

中空玻璃的特性是保温绝热，隔声性能优良，并能有效地防止结露，非常适合在住宅中使用。中空玻璃主要用于需要采暖、防止噪声、防止结露及需要无直射阳光和需要特殊光线的建筑上，如住宅、饭店、宾馆、办公楼、学校、医院、商店等，如图 9-54 所示。

图 9-53 热反射玻璃（镀膜玻璃）

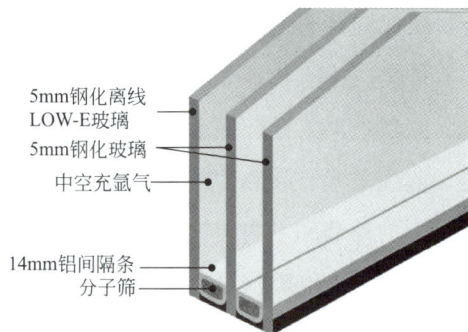

5mm钢化离线
LOW-E玻璃
5mm钢化玻璃
中空充氩气
14mm铝间隔条
分子筛

图 9-54 中空玻璃

9.6.3 安全玻璃

安全玻璃指具有良好安全性能的玻璃，其特点是力学强度较高，抗冲击能力较好，经剧烈振动或撞击不破碎，即使破碎也不易伤人，并兼有防火的功能。安全玻璃的主要品种有钢化玻璃、夹丝玻璃、夹层玻璃等，如图 9-55 所示。

（1）钢化玻璃

钢化玻璃又称为强化玻璃，它是利用加热到一定温度后迅速冷却的方法或化学方法进行特殊处理的玻璃。钢化玻璃强度约为普通玻璃的 3~5 倍，抗冲击性能好、弹性好、热稳定性高，当玻璃破碎时会裂成圆钝的小碎片，不致伤人。

钢化玻璃可用作窗用玻璃、幕墙玻璃、全玻门、玻璃隔墙、浴室玻璃、商店橱窗、自动扶梯围栏、建筑屏蔽、球场后挡、架子搁板、桌面玻璃、柜台、电话亭等。

钢化玻璃一旦局部破碎，则易造成整体呈发散状破坏，如图 9-56 所示。钢化后的玻璃不能直接钻孔，应先钻孔，然后再进行钢化处理。

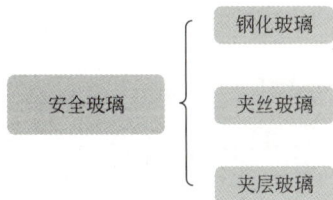

图 9-55　安全玻璃的分类

图 9-56　钢化玻璃破碎呈现的状态

（2）夹丝玻璃

夹丝玻璃也称为钢丝玻璃，又称防碎玻璃，是玻璃内部夹有金属丝（网）的玻璃。生产时将普通平板玻璃加热至红热状态，再将预热的金属丝网压入而制成。其受到冲击作用或温度剧变时，玻璃裂而不散，碎片仍附在金属丝上，从而避免了玻璃碎片飞溅伤人。此外还能较好地隔绝火焰，起到防火的作用，夹丝玻璃因而也属于安全玻璃。

夹丝玻璃因金属丝网的热膨胀系数和导热系数与玻璃相差较大，在遇水后易产生锈蚀，并且锈蚀会向内部延伸，锈蚀物体逐渐增大后引起开裂，此种现象通常在

1～2年后出现。夹丝玻璃主要用于厂房天窗、各种采光屋顶和防火门窗等，如图9-57所示。

（3）夹层玻璃

夹层玻璃也称夹胶玻璃，是通过先进的专用设备将透明或有色（乳白、绿色、古铜色、花纹色等）PVB胶片夹在两层或多层玻璃中间，经预热预压后进入高压釜内热压成型而成，可生产平、弯夹层玻璃，防爆、防弹和冰花等夹层玻璃。

夹层玻璃破碎时不裂成分离的碎片，只有辐射状的裂纹和少量玻璃碎屑、碎片黏贴在膜片上，不致伤人；具有较高的耐震、防盗、防爆及防弹性能；具有良好的隔热性能，可节省能源；夹层玻璃中的PVB胶片对声波有阻尼作用，是良好的隔声材料；夹层玻璃中的PVB胶片有阻挡紫外线的功能，可防室内家具、物品的褪色。夹层玻璃主要用于建筑物的门、窗、天花板、玻璃幕墙、船舶、水槽、车辆、金融、珠宝、商行等防盗防弹玻璃、家具用玻璃。

防弹玻璃是夹层玻璃的一种，由三层玻璃与PVB胶片组成，可以有效抵御子弹及子弹击碎的玻璃片的穿透。玻璃的防弹性能很大程度上取决于它的总厚度和子弹能量，如图9-58所示。

图9-57　夹丝玻璃

图9-58　夹层玻璃

9.6.4　饰面玻璃

（1）磨砂玻璃

磨砂玻璃又称为毛玻璃、暗玻璃，采用机械喷砂、手工研磨或氢氟酸溶液磨蚀等方法将普通平板玻璃表面处理成均匀毛面，具有透光不透视，使室内光线不眩目、不刺眼的特点。常用于需要隐蔽的浴室、卫生间、办公室的门窗及隔断，还可用作黑板，如图9-59所示。

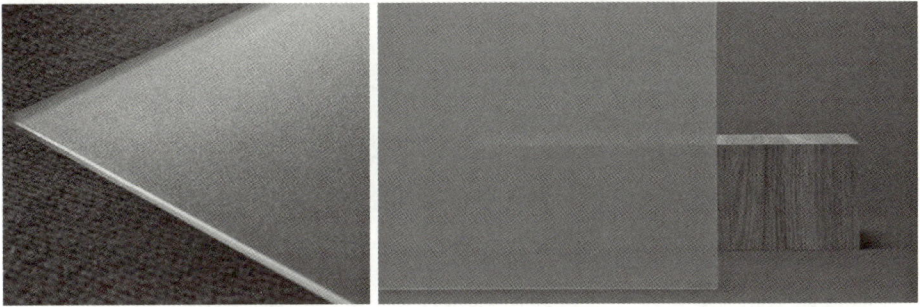

图 9-59　磨砂玻璃

（2）磨光玻璃

磨光玻璃又称为白片玻璃，是用平板玻璃经过抛光后制得的玻璃。分单面磨光和双面磨光两种。磨光玻璃具有表面平整光滑且有光泽、物像透过玻璃不变形、透光率大等特点，如图 9-60 所示。

图 9-60　磨光玻璃

经过机械研磨和抛光的磨光玻璃虽质量较好，但既费工又不经济，自浮法工艺出现之后，作为一般建筑和汽车工业用的磨光玻璃用量已逐渐减少。

（3）花纹玻璃

花纹玻璃根据加工方法的不同，可分为压花玻璃、喷花玻璃和刻花玻璃三种，如图 9-61 所示。

图 9-61　花纹玻璃

压花玻璃又称滚花玻璃，是在玻璃硬化前，用刻有花纹的滚筒在玻璃单面或双面上压有深浅不同的各种花纹图案。压花玻璃适用于要求采光但需隐蔽的建筑物门窗以及有装饰效果的半透明室内隔断，还可作为卫生间、游泳池等处的装饰和分割材料，使用时应将花纹朝向室内。

喷花玻璃又称为胶花玻璃，是在平板玻璃表面贴上花纹图案，抹上护面层，经过喷砂处理制成，其性能和装饰效果与压花玻璃相同，适用于门窗装饰和采光。

刻花玻璃是在普通平板玻璃上用机械加工的方法或化学腐蚀的方法制出图案或花纹的玻璃。该玻璃透光不透明，有明显的立体层次感，装饰效果高雅。

（4）彩色玻璃

彩色玻璃又称为有色玻璃（或颜色玻璃），分透明和不透明两种。透明彩色玻璃是在原料中加入着色金属氧化物使玻璃带色。不透明彩色玻璃又称为釉面玻璃，是在一定形状的玻璃表面喷以色釉，经过烘烤而成。

彩色玻璃适用于各种内外墙面、柱面的装饰，它除了具有美丽的颜色外，往往还具有导电、吸热、热反射、吸收紫外线等功能，还可用作信号玻璃和滤光玻璃等，如图 9-62 所示。

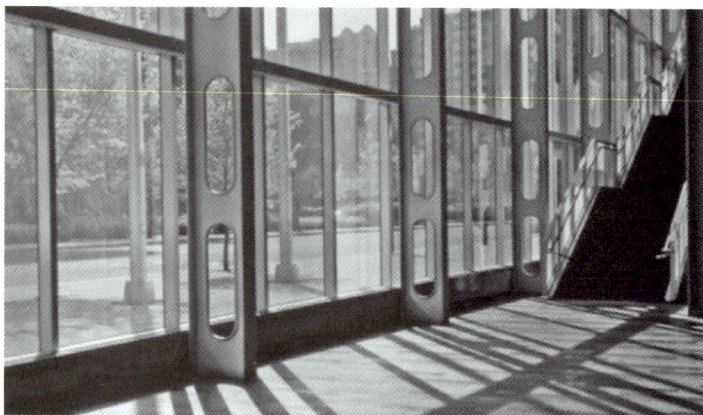

图 9-62　彩色玻璃

9.6.5　玻璃砖

玻璃砖又称特厚玻璃，有空心砖和实心砖两种。实心玻璃砖是用机械压制方法制成的。空心玻璃砖是将两种模压成凹型的玻璃原体，熔接或胶接成整体，其空腔内充以干燥空气的玻璃制品。

玻璃砖被誉为"透光墙壁"，它具有强度高、绝热、隔声、透明度高、耐水、耐火等优越特性。玻璃砖常用来砌筑透光的墙壁、建筑物的非承重内外隔墙、淋浴隔断、门厅、通道等，特别适用于高级建筑、体育馆、图书馆等场合，用以控制透光、眩光和太阳光，如图 9-63 所示。

图 9-63　玻璃砖

【本单元测试】

单选题

1. 根据《平板玻璃》GB 11614—2022 的规定，平板玻璃按公称厚度有（　　）种。

A. 8

B. 10

C. 12

D. 15

2. 下列（　　）不属于安全玻璃。

A. 夹丝玻璃

B. 夹层玻璃

C. 钢化玻璃

D. 中空玻璃

3. 特厚玻璃通常是指（　　）。

A. 玻璃砖

B. 钢化玻璃

C. 防弹玻璃

D. 安全玻璃

4. 钢化玻璃强度约为普通玻璃的（　　）倍。

A. 2～3

B. 3～5

C. 8～10

D. 10 倍以上

5. 下列（　　）又被称为"透光墙壁"。

A. 钢化玻璃

B. 花纹玻璃

C. 彩色玻璃

D. 玻璃砖

【综合练习】

一、单选题

1. 下面（　　）主要用于珠宝店、银行、保险公司等金融系统的柜台隔断和落地窗，也可用在军事车辆的观察窗上。

　　A. 防弹夹层玻璃　　　　　　　　B. 夹丝玻璃

　　C. 钢化玻璃　　　　　　　　　　D. 中空玻璃

2. 根据化学成分的不同，装饰砂浆属于（　　）。

　　A. 无机材料　　　　　　　　　　B. 有机材料

　　C. 无机复合材料　　　　　　　　D. 有机复合材料

3. 纯净的大理石为白色，我国称为（　　）。

　　A. 晶白　　　　　　　　　　　　B. 莱州白

　　C. 汉白玉　　　　　　　　　　　D. 雪云

4. 下列（　　）按形状划分属于花岗岩独有的类型。

　　A. 毛光板　　　　　　　　　　　B. 普型板

　　C. 圆弧板　　　　　　　　　　　D. 异型板

5. （　　）导热系数小，是理想的保温隔热和吸声材料。

　　A. 天然石材　　　　　　　　　　B. 泡沫塑料

　　C. 黏土砖　　　　　　　　　　　D. 塑料壁纸

6. 在建筑装饰陶瓷的众多种类中，目前应用最广泛的是（　　）。

　　A. 陶瓷釉面砖　　　　　　　　　B. 卫生陶瓷

　　C. 园林陶瓷　　　　　　　　　　D. 陶瓷壁画

7. 下列（　　）吸水率高，易于铺贴，无须留砖缝。

　　A. 外墙无釉砖　　　　　　　　　B. 室内地面砖

　　C. 室外地面砖　　　　　　　　　D. 内墙釉面砖

8. 平板玻璃按其外观质量等级，最高等级是（　　）。

　　A. 优质加工级　　　　　　　　　B. 一等品

　　C. 优等品　　　　　　　　　　　D. 特等品

9. （　　）保温绝热，隔声性能优良，非常适合在住宅中使用。

　　A. 夹丝玻璃　　　　　　　　　　B. 中空玻璃

C. 钢化玻璃   D. 吸热玻璃

10. 下列装饰材料中耐久性最高的是（   ）。

A. PVC 地板   B. 实木地板

C. 大理石   D. 乳胶漆

二、判断题

1. 弹性聚氨酯地坪涂料被广泛应用在跑道、过街天桥等地面装饰。（   ）

2. 天然大理石板材不仅适用于室内，还适用于室外外墙。（   ）

3. 炻器是介于陶器与瓷器之间的一类产品。（   ）

4. 塑料按单位质量计算的强度已超过钢材，是一种优良的轻质高强材料。（   ）

5. 填充料在塑料中主要起胶结作用，它决定了塑料的类型和性质。（   ）

6. 建筑涂料是当今产量最大、应用最广的建筑装饰材料之一。（   ）

7. 实木地板经济实惠，适合快速翻新。（   ）

8. 乳液型涂料是由底层涂料、主层涂料和罩面涂料三部分组成。（   ）

9. 琉璃制品表面光滑、色彩绚丽，彩釉不易剥落，装饰耐久性好，但相比瓷质饰面材料不易加工。（   ）

10. 乳胶漆的环保性取决于其 VOC 含量。（   ）

参考文献

[1] 中华人民共和国国家质量监督检验检疫总局，中国国家标准化管理委员会．碳素结构钢：GB/T 700—2006 [S]．北京：中国标准出版社，2007．

[2] 中华人民共和国国家发展和改革委员会．丙烯酸酯建筑密封胶：JC/T 484—2006 [S]．北京：中国建材工业出版社，2007．

[3] 中华人民共和国国家质量监督检验检疫总局，中国国家标准化管理委员会．弹性体改性沥青防水卷材：GB 18242—2008 [S]．北京：中国标准出版社，2008．

[4] 国家能源局．道路石油沥青：NB/SH/T 0522—2010 [S]．北京：中国石化出版社，2010．

[5] 中华人民共和国住房和城乡建设部．粉煤灰混凝土应用技术规范：GB/T 50146—2014 [S]．北京：中国计划出版社，2015．

[6] 中国工程建设标准化协会．高性能混凝土应用技术规程：CECS 207—2006 [S]．北京：中国计划出版社，2006．

[7] 中华人民共和国交通运输部．公路水泥混凝土路面设计规范：JTG D40—2011 [S]．北京：人民交通出版社，2011．

[8] 中华人民共和国国家质量监督检验检疫总局，中国国家标准化管理委员会．硅酮和改性硅酮建筑密封胶：GB/T 14683—2017 [S]．北京：中国标准出版社，2017．

[9] 中华人民共和国住房和城乡建设部．混凝土泵送施工技术规程：JGJ/T 10—2011 [S]．北京：中国建筑工业出版社，2011．

[10] 中华人民共和国住房和城乡建设部．混凝土结构工程施工质量验收规范：GB 50204—2015 [S]．北京：中国建筑工业出版社，2015．

[11] 中华人民共和国住房和城乡建设部，国家市场监督管理总局．混凝土结构耐久性设计标准：GB/T 50476—2019 [S]．北京：中国建筑工业出版社，2019．

[12] 中华人民共和国国家质量监督检验检疫总局，中国国家标准化管理委员会．混凝土外加剂：GB 8076—2008 [S]．北京：中国标准出版社，2009．

[13] 中华人民共和国住房和城乡建设部．混凝土外加剂应用技术规范：GB 50119—2013 [S]．北京：中国建筑工业出版社，2014．

[14] 中华人民共和国住房和城乡建设部，国家市场监督管理总局．混凝土物理力学性能试验方法标准：GB/T 50081—2019 [S]．北京：中国建筑工业出版社，2019．

[15] 中华人民共和国建设部．混凝土用水标准：JGJ 63—2006 [S]．北京：中国建筑工业出版社，2006．

[16] 中华人民共和国住房和城乡建设部．混凝土质量控制标准：GB 50164—2011 [S]．北京：

中国建筑工业出版社，2012.

[17] 中华人民共和国住房和城乡建设部，中华人民共和国国家质量监督检验检疫总局. 普通混凝土拌合物性能试验方法标准：GB/T 50080—2016 [S]. 北京：中国建筑工业出版社，2017.

[18] 中华人民共和国住房和城乡建设部. 建筑砂浆基本性能试验方法标准：JGJ/T 70—2009 [S]. 北京：中国建筑工业出版社，2009.

[19] 中华人民共和国工业和信息化部. 建筑生石灰：JC/T 479—2013 [S]. 北京：中国建材工业出版社，2013.

[20] 国家质量监督检验检疫总局，国家标准化管理委员会. 建筑石油沥青：GB/T 494—2010 [S]. 北京：中国标准出版社，2011.

[21] 中华人民共和国工业和信息化部. 建筑消石灰：JC/T 481—2013 [S]. 北京：中国建材工业出版社，2013.

[22] 中华人民共和国国家质量监督检验检疫总局，中国国家标准化管理委员会. 聚氯乙烯（PVC）防水卷材：GB 12952—2011 [S]. 北京：中国标准出版社，2012.

[23] 中华人民共和国国家质量监督检验检疫总局，氯化聚乙烯防水卷材：GB 12953—2003 [S]. 北京：中国标准出版社，2003.

[24] 国家市场监督管理总局，国家标准化管理委员会. 平板玻璃：GB 11614—2022 [S]. 北京：中国标准出版社，2022.

[25] 中华人民共和国住房和城乡建设部. 普通混凝土配合比设计规程：JGJ 55—2011 [S]. 北京：中国建筑工业出版社，2011.

[26] 中华人民共和国建设部. 普通混凝土用砂、石质量标准及检验方法标准：JGJ 52—2006 [S]. 北京：中国建筑工业出版社，2007.

[27] 中华人民共和国国家质量监督检验检疫总局，中国国家标准化管理委员会. 砌筑水泥：GB/T 3183—2017 [S]. 北京：中国标准出版社，2017.

[28] 中华人民共和国住房和城乡建设部. 砌筑砂浆配合比设计规程：JGJ/T 98—2010 [S]. 北京：中国建筑工业出版社，2011.

[29] 中华人民共和国国家质量监督检验检疫总局，中国国家标准化管理委员会. 烧结多孔砖和多孔砌块：GB 13544—2011 [S]. 北京：中国标准出版社，2012.

[30] 中华人民共和国国家质量监督检验检疫总局，中国国家标准化管理委员会. 烧结普通砖：GB/T 5101—2017 [S]. 北京：中国标准出版社，2017.

[31] 国家市场监督管理总局，国家标准化管理委员会. 水泥胶砂强度检验方法（ISO 法）：GB/T 17671—2021 [S]. 北京：中国标准出版社，2021.

[32] 中华人民共和国国家质量监督检验检疫总局，中国国家标准化管理委员会. 天然大理石建筑板材：GB/T 19766—2016 [S]. 北京：中国标准出版社，2017.

[33] 中华人民共和国国家市场监督管理总局，国家标准化管理委员会. 天然花岗石建筑板材：

GB/T 18601—2024［S］. 北京：中国标准出版社，2024.

［34］国家市场监督管理总局，国家标准化管理委员会. 通用硅酸盐水泥：GB 175—2023［S］. 北京：中国标准出版社，2023.

［35］中华人民共和国住房和城乡建设部，国家质量监督检验检疫总局. 屋面工程技术规范：GB 50345—2012［S］. 北京：中国建筑工业出版社，2012.

［36］中华人民共和国住房和城乡建设部. 纤维混凝土应用技术规程：JGJ/T 221—2010［S］. 北京：中国建筑工业出版社，2011.

［37］湖南大学，同济大学，东南大学. 土木工程材料［M］. 北京：中国建筑工业出版，2011.

［38］张海梅，张广峻. 建筑材料［M］. 北京：科学出版社，2019.

［39］隋良志，纪明香. 建筑材料［M］. 天津：天津大学出版社，2021.

［40］刘萍. 建筑材料［M］. 北京：北京理工大学出版社，2021.

［41］谭平. 建筑材料与检测［M］. 2版. 北京：北京出版社，2021.

［42］孙家国，欧阳和平，钟含. 建筑材料与检测［M］. 郑州：黄河水利出版社，2022.

［43］王玉江. 建筑装饰材料［M］. 北京：中国建筑工业出版社，2021.

［44］伍勇华，何娟，杨守磊. 土木工程材料［M］. 武汉：武汉理工大学出版社，2022.

［45］国家市场监督管理总局，国家标准化管理委员会. 建筑石膏：GB/T 9776—2022［S］. 北京：中国标准出版社，2022.

［46］中华人民共和国国家质量监督检验检疫总局，中国国家标准化管理委员会. 道路硅酸盐水泥：GB/T 13693—2017［S］. 北京：中国标准出版社，2017.

［47］国家能源局. 道路石油沥青：NB/SH/T 0522—2010［S］. 北京：中国石化出版社，2010.

［48］国家市场监督管理总局，中国国家标准化管理委员会. 低合金高强度结构钢：GB/T 1591—2018［S］. 北京：中国质检出版社，2018.

［49］中华人民共和国国家质量监督检验检疫总局，中国国家标准化管理委员会. 烧结空心砖和空心砌块：GB/T 13545—2014［S］. 北京：中国标准出版社，2015.

［50］中华人民共和国国家发展和改革委员会. 炉渣砖：JC/T 525—2007［S］. 北京：建材工业出版社，2008.

［51］国家市场监督管理总局，国家标准化管理委员会. 蒸压加气混凝土砌块：GB/T 11968—2020［S］. 北京：中国标准出版社，2020.

［52］国家市场监督管理总局，国家标准化管理委员会. 蒸压灰砂实心砖和实心砌块：GB/T 11945—2019［S］. 北京：中国标准出版社，2019.

［53］中华人民共和国国家质量监督检验检疫总局，中国国家标准化管理委员会. 石油沥青纸胎油毡：GB/T 326—2007［S］. 北京：中国标准出版社，2008.

［54］中华人民共和国国家质量监督检验检疫总局，中国国家标准化管理委员会. 塑性体改性沥青防水卷材：GB 18243—2008［S］. 北京：中国标准出版社，2008.

［55］中华人民共和国国家发展和改革委员会 . 水乳型沥青防水涂料：JC/T 408—2005 ［S］. 北京：中国建材工业出版社，2005.

［56］中华人民共和国国家质量监督检验检疫总局，中国国家标准化管理委员会 . 聚氨酯防水涂料：GB/T 19250—2013 ［S］. 北京：中国标准出版社，2014.

［57］中华人民共和国工业和信息化部 . 建筑防水沥青嵌缝油膏：JC/T 207—2011 ［S］. 北京：建材工业出版社，2012.

［58］国家建材工业局 . 聚氯乙烯建筑防水接缝材料：JC/T 798—1997 ［S］. 北京：中国标准出版社，1997.

［59］中华人民共和国工业和信息化部 . 聚氨酯建筑密封胶：JC/T 482—2022 ［S］. 北京：中国建材工业出版，2022.

［60］国家市场监督管理总局，国家标准化管理委员会 . 建设用砂：GB/T 14684—2022 ［S］. 北京：中国标准出版社，2022.

［61］中华人民共和国国家质量监督检验检疫总局，中国国家标准化管理委员会 . 用于水泥和混凝土中的粉煤灰：GB/T 1596—2017 ［S］. 北京：中国标准出版社，2017.